LES LIMITES DE L'UNION AFRICAINE DANS LA RÉSOLUTION DES CONFLITS

Collection « Études africaines »

dirigée par Denis Pryen et son équipe

Forte de plus de mille titres publiés à ce jour, la collection « Études africaines » fait peau neuve. Elle présentera toujours les essais généraux qui ont fait son succès, mais se déclinera désormais également par séries thématiques : droit, économie, politique, sociologie, etc.

Dernières parutions

Odilon OBAMI, *L'évolution des droits de la femme congolaise,* 2018.
Kayamba TSHITSHI NDOUBA, *Agonie et fin de la première République du Congo-Kinshasa,* 2018.
Christian ROCHE, *Histoire des relations des pays du Sahel avec la France*, 2018.
Mamoudou SY, *La vallée du fleuve Sénégal dans le jeu des échelles politiques. Le Dimar aux XVIIIe et XIXe siècles,* 2018.
Ousseynou FAYE, *Les tirailleurs sénégalais entre le Rhin et la Méditerranée (1908-1939)*, 2018.
Jean-Paul MWENGE NGOIE, *L'enfant, cet oublié du divorce ou de la séparation parentale en Afrique subsaharienne*, 2018.
Laurent GAMET, *Le droit du travail ivoirien*, 2018.
Bakary CISSÉ, *L'épreuve orale de culture générale, Préparation aux concours d'entrée de l'ENA et de la Fonction publique, Tome 1 : Connaissance de l'environnement ivoirien ; Tome 2 : Problèmes majeurs de la société contemporaine*, 2018.
Jacques KABEYA I. TENDA, *Entreprises publiques, en République Démocratique du Congo, La nécessité d'un cadre de bonne gouvernance axée sur la responsabilisation et la performance,* 2018.
Diensia Oris-Armel BONHOULOU, *Le terrorisme international existe-t-il en Afrique noire ?, Essai,* 2018.
Augustin RAMAZANI BISHWENDE, Di-Kuruba Dieudonné MUHINDUKA (dir.), *Les Bavira entre tradition et modernité*, 2018.
Claude KAYEMBE-MBAYI, *Verrous et contrôles constitutionnels en Afrique. Pour des mécanismes efficients*, 2018.
Marie Romuald POUKA POUKA, *Politiques publiques et PME au Cameroun. Les impacts de la Bourse de sous-traitance et de*

Jean-Pierre Barthélemy MPOUANDO

LES LIMITES DE L'UNION AFRICAINE DANS LA RÉSOLUTION DES CONFLITS

Compétences, objectifs, institutions et opérations

Préface de Philippe GUILLOT

L'Harmattan

5-7, rue de l'École-Polytechnique ; 75005 Paris

http://www.editions-harmattan.fr/

ISBN : 978-2-343-13513-7
EAN : 9782343135137

REMERCIEMENTS ET DÉDICACES

Merci, seigneur d'avoir gardé ton enfant avec la force nécessaire ainsi que la vie spirituelle pour réaliser ce travail, qu'il en soit loué.

Nous témoignons de la gratitude à l'endroit de M. Philippe GUILLOT de son énorme contribution à la concrétisation de cet ouvrage.

Mes remerciements s'adressent particulièrement à M. Guy FEUER, agrégé des facultés de droit et professeur à l'Université René Descartes, Paris V, pour les références des documents clés indispensables à cet ouvrage qu'il a pu mettre à ma disposition.

Que tous ceux qui, de près ou de loin, ont mis leur talent à contribution pour la réalisation de ce travail soient assurés de mon immense gratitude.

À titre posthume, je dédie cet ouvrage à notre regretté père M'POUANDO Adolphe prématurément disparu le 6 avril 1996 après avoir rempli dignement son devoir de père jusqu'au dernier jour. Encore une fois, au nom de tous les enfants, nous t'adressons nos sincères remerciements et te rendons hommage de tout notre cœur.

À notre mère MATSIMOUNA Hélène qui a également su maîtriser les caprices d'un enfant et malgré celles-ci, ne cessait de nous recommander le chemin de l'école. Chère mère, pour toutes tes souffrances et pour tous tes louables efforts, il est impérieux de reconnaître ta grandeur en tant que mère digne de tes louables attitudes et aptitudes.

Je rends hommage à madame MPOUANDO née NGANGA Estelle Natacha décédée le 4 mai 2014. Jetons des fleurs pour son indéfectible soutien moral qu'elle m'apportait continuellement malgré l'éloignement et la pénible solitude endurée pendant toute une décennie. Pour tous ses efforts, qu'une paix profonde inonde son âme. Ainsi, le seigneur Dieu peut la garder là qu'elle se repose.

À mes sœurs, frères, grands-parents, oncles, tous mes enfants MPOUANDO et tous ceux qui œuvrent pour le développement du continent africain dans son ensemble, je dédie cet ouvrage.

CARTE POLITIQUE DE L'AFRIQUE

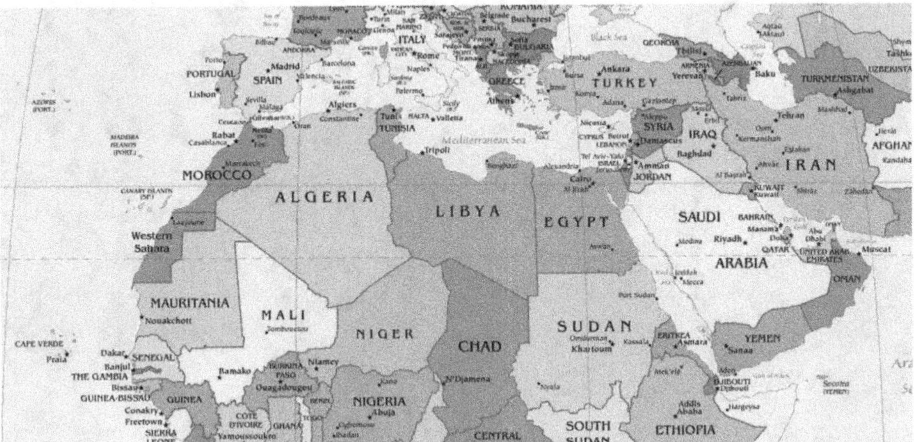

Source : http://www.cosmovisions.com/Afrique-Carte-Politique.htm- consulté le 16/12/2017

PRÉFACE

Ancien officier congolais et militant des droits de l'Homme, Jean-Pierre Barthélemy MPOUANDO ressent évidemment un vif intérêt pour les conflits qui meurtrissent le continent africain. C'est pourquoi il a choisi d'analyser dans « Les limites de l'Union africaine dans la résolution des conflits » le rôle que cette organisation panafricaine entend jouer pour sauvegarder la sécurité, tout en s'efforçant d'effectuer la jonction entre le respect des droits de l'Homme — alors même que la plupart de ses États membres les négligent *in foro domestico* — et le maintien de la paix continentale. Effectivement, l'Union africaine poursuit ces deux objectifs, cependant, en dépit des prévisions, les causes de blocage qui avaient affecté sa devancière, l'Organisation de l'unité africaine perdurent au sein de l'Union africaine. Certes, des progrès ont été réalisés dont, bien sûr, l'existence de la Cour africaine des droits de l'Homme et des peuples, mais, malgré la volonté politique affichée par l'Union africaine, de nombreux obstacles continuent à se dresser dans son cheminement vers le règlement des différends régionaux.

Comme le montre pertinemment M. MPOUANDO, l'Union africaine doit surmonter un défi majeur pour assurer le maintien de la paix et de la sécurité : tenter de dégager un intérêt général panafricain en s'appuyant sur des États ayant une conception ombrageuse de la souveraineté. C'est pourquoi M. MPOUANDO s'intéresse particulièrement au principe de subsidiarité, que l'Union africaine comprend d'une manière certes différente de celle de l'Union européenne, mais sans doute plus proche de la véritable signification du principe. De surcroît, l'Union africaine est non seulement confrontée au manque de moyens financiers et matériels qui empêche particulièrement « l'architecture de paix et de sécurité » d'être opérationnelle — d'où le fait qu'elle ne soit abordée que succinctement dans le présent ouvrage — mais aussi à la propension des Communautés économiques régionales à s'emparer elles-mêmes des conflits, à l'instar de la Communauté économique des États d'Afrique de l'Ouest en Côte d'Ivoire ou en Guinée après le coup d'État qui valut à ce pays d'être suspendu de sa qualité de membre de l'Union africaine. L'absence de hiérarchie entre les Communautés économiques régionales — le grand mérite de cet ouvrage est d'ailleurs de développer certains points peu souvent détaillés au sujet des

Communautés économiques régionales — et l'Union africaine rend les choses difficiles, puisqu'on assiste plus à un phénomène de concurrence que de complémentarité.

À partir des expériences de la pratique de l'Union africaine et des Communautés économiques régionales ou de la jurisprudence de la Cour africaine, M. MPOUANDO a choisi d'organiser son ouvrage dans un plan didactique : les compétences de l'Union africaine sont examinées au Titre I de la première partie, ses organes dans le Titre II, tandis que la seconde partie est consacrée aux différends régionaux, l'étude des conflits politiques faisant l'objet d'un premier Titre, celle des conflits juridictionnalisés d'un deuxième titre. Sur ce dernier point, l'auteur s'en tient au droit positif, l'éventualité de la création d'une Cour régionale pénale comme substitut africain à la Cour pénale internationale n'est pas abordée, M. MPOUANDO trouvant la question largement théorique puisqu'on ne voit guère avec quel argent elle pourrait être financée, étant donné que les bailleurs usuels ne seront pas enclins à payer pour une alternative à la Cour de La Haye.

L'impécuniosité de l'Union africaine parcourt le présent ouvrage puisque, faute des moyens, l'organisation panafricaine se tourne vers l'extérieur. Ce qui ne va sans poser des problèmes : si, en principe, il y a une complémentarité entre l'Union africaine et l'Organisation des Nations Unies, dans les faits, il y a souvent tutelle onusienne ; de même, l'assistance financière ou militaro-diplomatique de l'Union européenne pèse subtilement, mais réellement, sur les politiques de l'Union africaine.

Il résulte de cette étude — dans laquelle M. MPOUANDO déploie une analyse critique, sévère à certains moments, mais justifiée — qu'une véritable intégration en Afrique est difficile à atteindre.

Philippe Ch.-A. GUILLOT
Maître de conférences (H.D.R.)
en droit public à l'Université de Rouen

LES ACRONYMES

ACUA : Acte constitutif de l'Union africaine
AFRIPOL : Africain Police Office
ALC : Armée de Libération du Congo
AMIS : African Union Mission in Sudan
AMISOM : Mission de l'Union africaine en Somalie
ANAD : Accord de non-agression et d'Assistance en matière de Défense
ANC : Congrès national africain
ANI : Armée Nationale Intégrée
APG : Accord de Paix Global
APRD : Armée populaire pour la restauration de la République et la démocratie
APSA : Architecture africaine de Paix et de Sécurité
AQMI : Al-Qaïda au Maghreb islamique
ARPCT : Alliance pour la restauration de la paix et contre le terrorisme
ARS : Alliance pour une nouvelle libération de la Somalie
AUC : African Union Commission
AUHIP : Groupe de mise en œuvre de haut niveau de l'Union africaine sur le Soudan
BMICE : Banque Maghrébine d'Investissement et du Commerce Extérieur
BOA : Base opérationnelle avancée
BPC : Bâtiment de projection et de commandement
CADHP : Cour africaine des droits de l'Homme et des Peuples
ACHPR : Commission africaine des droits de l'homme et des peuples
CAERT : Centre africain d'Études et de Recherche sur le Terrorisme
CAJDH : Cour africaine de justice et des droits de l'Homme
CARIC : Capacité africaine de Réponse Immédiate aux Crises
CCDAA : Conférence pour la coordination du développement en Afrique Australe
CDAA : Communauté de Développement d'Afrique Australe
CDI : Commission du droit international
CDS : Commission pour la Défense et la Sécurité
CE : Conseil Exécutif
CEDEAO : Communauté des États de l'Afrique de l'Ouest
CEEAC : Communauté Économique des États de l'Afrique Centrale
CEMAC : Communauté Économique et Monétaire de l'Afrique Centrale
CEM : Comité d'État-major
CEPGL : Communauté Économique des Pays des Grands Lac
CER : Communautés économiques régionales
CEWARN : Mécanisme d'Alerte Précoce et des Réactions aux Conflits
CIISE : Commission internationale de l'intervention et de la souveraineté des États
CIJ : Cour Internationale de Justice
CISSA: Committee of Intelligence and Security Services of Africa
CJCE : Cour de Justice des Communautés européennes
CJUE : Cour de Justice de l'Union européenne
CMCA : Commission de Médiation, de Conciliation et d'Arbitrage

CMS : Conseil de Médiation et de Sécurité
CNRDRE : Comité National pour le Redressement de la Démocratie et la Restauration de l'État
CNT : Conseil National de Transition
COMESA: Common Market for Eastern and Southern Africa
COPAX : Conseil de Paix et de Sécurité de l'Afrique centrale
COREP : Comité des Représentants Permanents
CPA : Comprehensive Peace Agreement *(Accord de paix global)*
CPI : Cour pénale internationale
CPJI : Cour permanente de justice internationale
CPJP : Convention des Patriotes pour la Justice et la Paix
CPS : Conseil de Paix et de Sécurité
CPSK : Convention des Patriotes pour le Salut du Kodro
CS : Conseil de Sécurité
CSRR : Conseil Somalien de Réconciliation et de Restauration
CSSDCA : Conférence pour la Sécurité, la Stabilité, le Développement et la Coopération en Afrique
CUADI : Commission de l'Union africaine pour le Droit International
DDPD : Document de Doha pour la Paix au Darfour
DIH : Droit International Humanitaire
DPA : Accord de Paix sur le Darfour
DPI : Droit Pénal International
DUDH : Déclaration Universelle des droits de l'Homme
EAC : East African Community,
ECOBRIG : Brigade de la Communauté économique des États de l'Afrique de l'Ouest
ECOSOCC : Conseil économique, social et culturel
ECOMIL : Mission de la CEDEAO au Liberia
ECOMOG : ECOWAS Ceasefire Monitoring Group
ECPAT : End Child Prostitution in Asian Tourism
ENDF : Forces de défense nationale éthiopiennes
EUA : États-Unis d'Amérique
EUFOR RCA : Force opérationnelle dirigée par l'Union européenne en RCA
EUMAM RCA : Mission militaire européenne de conseil en RCA
EUTM : European Union Training Mission
FAA : Force africaine en Attente
FAAC : Forces Armées Alliées de la Communauté
FAC : Forces Armées congolaises
FACA : Forces Armées Centrafricaines
FAN : Forces Armées Nationales
FDC : Front Démocratique Centrafricain
FHQ : Force Headquarters
FIDH : Fédération internationale des ligues des droits de l'Homme
FDPC : Front Démocratique du Peuple Centrafricain
FISNUA. : Force Intérimaire de Sécurité des Nations Unies pour Abyei
FOMAC : Force Multinationale de l'Afrique Centrale
FOMUC : Force Multinationale en Centrafrique
FRCI : Forces Républicaines de Côte d'Ivoire
FSP : Fonds Spécial pour la Paix
GFS : Gouvernement Fédéral Somalien
GFT : Gouvernement Fédéral de Transition
GOS : Gouvernement du Soudan
GS : Groupe des Sages de l'Union africaine
GUNT : Gouvernement d'Union Nationale de Transition
HCR : Haut-commissariat des Nations Unies aux refugiés
IGAD : Autorité Intergouvernementale pour le Développement
IGADD : Autorité Intergouvernementale sur la sécheresse et le Développement.

IGASOM : IGAD Peace Support Mission in Somalia
IPF : Forum des Partenaires de l'IGAD
JIP : Juridictions Internationales Pénales
JEM : Justice and Egality Movement
KFOR : Force de paix au Kosovo
LDF : Force de Défense du Lesotho
LRA : Lord's Resistance Army
LURD : Libériens Unis pour la Réconciliation et la Démocratie
MAES : Mission d'Assistance Électorale et Sécuritaire
MARAC : Mécanisme d'Alerte Rapide de l'Afrique Centrale
MIAB : Mission africaine au Burundi
MICECI : Mission de la CEDEAO en Côte d'Ivoire
MICOPAX : Mission de Consolidation de la Paix en Centrafrique
MINUAD : Mission des Nations Unies et de l'Union africaine au Darfour
MINUEE : Mission des Nations Unies en Éthiopie et en Érythrée
MINUK : Mission d'administration intérimaire des Nations Unies au Kosovo
MINUL : Mission des Nations Unies au Liberia
MINUS : Mission des Nations Unies au Soudan
MINUSMA : Mission multidimensionnelle intégrée des Nations Unies pour la Stabilisation au Mali
MINURCA : Mission des Nations Unies en République Centrafricaine
MISAB : Mission Interafricaine de Surveillance des Accords de Bangui
MISCA : Mission internationale de Soutien à la Centrafrique
MLC : Mouvement de Libération du Congo
MLCJ : Mouvement des Libérateurs Centrafricains pour la Justice
MODEL : Mouvement pour la Démocratie au Liberia
MONUC : Mission des Nations Unies en République démocratique du Congo
MNLA : Mouvement National de Libération de l'Azawad
MUAS : Mission de l'Union africaine au Soudan
NARC : Capacité Régionale de l'Afrique du Nord
NEPAD : Nouveau Partenariat pour le Développement de l'Afrique
NPC : Parti du Congrès National
NSSP : Plan National de Sécurité et de Stabilisation
OEA : Organisation des États américains
OI : Organisation internationale
OMP : Opérations de Maintien de la Paix
OMS : Organisation Mondiale de la Santé
ONG : Organisations Non Gouvernementales
ONU : Organisation des Nations Unies
ONUSOM : Mission de l'Organisation des Nations Unies en Somalie
OSCE : Organisation pour la Sécurité et la Coopération en Europe
OTAN : Organisation du Traité de l'Atlantique Nord
OUA : Organisation de l'Unité africaine
PACDS : Politique africaine Commune de Défense et de Sécurité
PAMD : Protocole concernant l'Aide Mutuelle à la Défense
PCN : Parti du Congrès National
PESC : Politique Étrangère et de Sécurité Commune
RCA : République Centrafricaine
RDC : République Démocratique du Congo
R2P : Responsabilité de protéger les civils
RECAMP : Renforcement des Capacités Africaines en matière de Maintien de la Paix
RSS : Réforme du Secteur de la Sécurité
SADC : Southern African Development Community
SADCBRIG : Brigade de la Communauté de Développement de l'Afrique Australe
SCAR : Système Continental d'Alerte Rapide

SDN : Société des Nations
SLM : Sudan Liberation Mouvement
SNA : Armée Nationale Somalienne
SPLA : Armée Populaire de Libération du Soudan
SPLM/A : Mouvement/Armée de Libération du Peuple Soudanais
TCE : Traité sur la Communauté Européenne
TFUE : Traité sur le Fonctionnement de l'Union européenne
TMI : Tribunaux Militaires Internationaux
TANU : Tribunal Administratif des Nations Unies
TAOIT : Tribunal Administratif de l'Organisation internationale du Travail
TNG : Gouvernement National de Transition
TPIR : Tribunal Pénal international pour le Rwanda
TPIY : Tribunal pénal International pour l'ex-Yougoslavie
TUE : Traité de l'Union européenne
UA : Union africaine
UAI : Union des Associations Internationales
UDEAC : Union Douanière et Économique d'Afrique Centrale
UE : Union Européenne
UFDR : Union des Forces Démocratiques pour le Rassemblement
UFVN : Union des Forces Vives de la Nation
UMA : Union du Maghreb Arabe
UNAIDS : ONUSIDA
UNESCO : Organisation des Nations Unies pour l'Éducation, la Science et la Culture
UNHCR : Haut-Commissariat des Nations Unies pour les Refugiés
UNICEF : Fonds des Nations Unies pour l'enfance
UNITA : Union Nationale pour l'Indépendance Totale de l'Angola
UNITAF : Force d'Intervention Unifiée
UTI : Union des Tribunaux Islamiques
ZEANA : Zone exempte d'armes nucléaires en Afrique

INTRODUCTION

Depuis les indépendances, le continent africain est continuellement agité par une série de conflits qui traduisent une instabilité difficile à maîtriser[1] et qui l'empêchent d'accéder à un meilleur niveau du développement. Ces rivalités qui altèrent les relations interétatiques se heurtent aussi aux normes du droit international et perturbent l'ordre international en mettant constamment la paix et la sécurité internationales en danger. Les différends entre peuples d'une même nation résultent souvent des violations massives des droits de l'Homme et des libertés fondamentales par les forces gouvernementales, lors des situations de troubles et tensions internes des États. À ce titre, la question du règlement des différends constitue la pierre angulaire du développement et de l'intégrité continentale, ainsi que de la sauvegarde de la paix et la sécurité internationales. Cette approche justifie bien l'objet de l'intervention fréquente de l'Union africaine sur le terrain.

Pour pallier le dysfonctionnement de l'Organisation de l'unité africaine (OUA) et lutter contre les effets pervers de la mondialisation, les États africains ont inauguré l'Union africaine (UA) le 9 juillet 2002 à Durban en Afrique du Sud[2]. En effet, la création de l'UA a été « projetée » à Syrte en 1999 et son Acte constitutif a été adopté en 2000 au sommet de Lomé (Togo) et entré en vigueur en 2001. Dans ce contexte, l'UA a prévu dans cet Acte constitutif, entre autres buts d'accélérer le processus

---

[1] Pierre-François GONIDEC, *Relations internationales africaines*, Paris, Librairie générale et de jurisprudence, EJA, 1996, p. 147.

[2] L'UA est composée des États regroupés en cinq régions dont : Afrique du Nord composé de 6 pays : *Algérie, Égypte, Libye, Mauritanie, République arabe sahraouie démocratique, Tunisie.* L'Afrique de l'Ouest a 16 pays moins 1, soit 15 pays : *Bénin, Burkina Faso, Cap-Vert, Côte d'Ivoire, Gambie, Ghana, Guinée, Guinée-Bissau, Liberia, Mali, Niger, Nigeria, Sénégal, Sierra Leone, Togo.* L'Afrique centrale : 10 pays : *Burundi, Cameroun, Congo, Gabon, Guinée équatoriale, République centrafricaine, République démocratique du Congo, Rwanda, Sao Tomé et Principe, Tchad.* L'Afrique de l'Est : 13 pays : *Comores, Djibouti, Érythrée, Éthiopie, Kenya, Madagascar, Ile Maurice, Ouganda, Seychelles, Somalie, Soudan, République du Soudan du Sud, Tanzanie.* L'Afrique australe : 10 pays : *Afrique du Sud, Angola, Botswana, Lesotho, Malawi, Mozambique, Namibie, Swaziland, Zambie, Zimbabwe.* Il convient de préciser que la Mauritanie a demandé son transfert de la région de l'Ouest vers la région du Nord lors de la session ordinaire du Conseil exécutif tenue les 15 et 16 février 2004, demande qui a été entérinée par le Conseil. Voir Jean Dominique GESLIN, « L'état de l'Afrique », dans *Jeune Afrique* hors-série N° 21, mai 2009, pages 107 et suiv.

d'intégration continentale, de jouer un meilleur rôle dans l'économie mondiale et dans les négociations internationales puis de régler les multiples difficultés présentes sur les plans économiques, sociaux et politiques. Chemin faisant, les difficultés de l'OUA se sont perpétuées dans l'UA : la question récurrente de règlement des différends reste entière. Ce problème exige des solutions indispensables et le rôle des organes de l'UA dans la prévention et le règlement des différends reste particulièrement important. L'UA mettra en place une Cour africaine de justice et des droits de l'Homme (CAJDH) chargée d'interpréter l'Acte constitutif de l'Union africaine (ACUA), les traités et les décisions de l'Union ainsi que sanctionner leur inapplication.

L'OUA avait été créée le 25 mai 1963 à Addis-Abeba (Éthiopie) par les États indépendants africains conformément à l'article 53 de la Charte des Nations Unies[3]. Son but était de régler les différends interétatiques. Les principaux objectifs étaient surtout d'éliminer les derniers vestiges du colonialisme et de l'apartheid ; de renforcer l'unité et la solidarité des Africains ; de coordonner et identifier la coopération internationale dans le cadre des Nations Unies[4]. Cependant, l'accélération du rythme très variable de la mondialisation et l'affaiblissement de l'OUA ont suscité une prise de conscience des Africains pour une mutation institutionnelle[5]. Ainsi, l'OUA avait fourni un forum efficace permettant à tous les membres d'adopter des positions coordonnées sur la question de défense d'intérêts communs concernant l'Afrique et les instances internationales. Ce forum a forgé une identité commune et l'unité d'objectifs qui ont abouti à la dynamique économique, politique et sociale, particulièrement pour le combat contre la décolonisation.

En s'exprimant unanimement à travers le comité de coordination de l'OUA pour la libération de l'Afrique, le continent a travaillé avec une détermination sans faille afin de réaliser un consensus international en faveur

---

[3] Voir Tiyanjana MALUWA, « La transition de l'Organisation de l'Unité africaine à l'UA » *in L'Union africaine : cadre juridique et institutionnel : manuel sur l'organisation panafricaine*, Paris, éd. A. PEDONE, 2013, p. 35.

[4] *Ibid.*

[5] La fin du patronage de bipolarité dans les années 1990, de la libéralisation économique et de nouvelles pressions que les bailleurs de fonds et les institutions financières internationales ont exercées sur de nombreux États africains leur ont suscité un choc fatal. Or ces États étaient longtemps victimes d'une mauvaise gouvernance, et dont la fonction stratégique des superpuissances alliées s'anéantissait subitement. Ainsi les régimes déconsidérés du Liberia, de la Somalie, de l'Éthiopie, de la Sierra Leone, du Rwanda, du Burundi et du Zaïre s'étaient progressivement effondrés sous l'action des rebelles. Généralement, ces agressions n'ont pu changer des régimes, sinon que perpétuer et régionaliser les conflits violents. Cependant, les acteurs externes, d'Afrique ou non, se sont impliqués dans ces affrontements comme pacificateurs, belligérants ou usurpateurs, voire les trois à la fois. Voir Jaquet Christophe PORTEUS. « L'évolution des conflits en Afrique subsaharienne », *Politique étrangère*, n°2 - 2003 – 68ème année, pp. 307-320.

de la paix, de la libération et du combat contre l'apartheid[6]. Concrètement, c'est après des controverses sur cette quête pour l'unité ainsi que le développement économique et social que les pays africains avaient pris un certain nombre d'initiatives. Des progrès substantiels réalisés ont finalement ouvert la voie à la création de l'UA, puisque la décennie succédant à l'effondrement de l'URSS (1991-2001) s'était illustrée par une accélération ou un accroissement des dynamismes régionaux[7].

C'est donc le 12 juillet 2000 à Lomé (Togo) que l'ACUA a été adopté pour remplacer l'OUA déjà affaiblie par les guerres et les coups d'État. Cette preuve de l'échec de l'État postcolonial a donc réveillé la grande ambition des Africains qui est l'aboutissement vers un État multinational fondé sur un Pacte social et démocratique qui intègre les traditions africaines[8]. Au départ, l'idée d'une nouvelle institution était singulièrement conçue par l'ancien président libyen M. Mouammar KADHAFI dont l'ambition première était de créer les États-Unis d'Afrique, mais ce projet n'a pu voir le jour à cause de certaines réticences[9]. L'UA est donc l'organisation régionale ayant remplacé l'OUA en vue, entre autres objectifs, de faire face aux nouveaux défis de la mondialisation. C'est un groupement d'États qui est constitué par un traité international, disposant d'organes communs et possédant une personnalité juridique distincte de celle de ses membres.

L'UA qui est l'institution fondamentale demeure également la principale Organisation du continent dans la promotion de l'intégration socio-économique accélérée. Elle cherche à renforcer la solidarité et la cohésion entre les peuples africains. L'UA est fondée sur la vision partagée d'une Afrique unie et forte, mais aussi sur la nécessité de bâtir un partenariat entre les gouvernements et toutes les couches de la société civile, en particulier les femmes, les jeunes et le secteur privé. L'UA est une organisation à vocation continentale. Elle œuvre fondamentalement pour la promotion de la paix, la sécurité et la stabilité sur le continent, en tant que préalables à la mise en

---

[6] *Déclaration de Durban en hommage à l'organisation de l'unité africaine à l'occasion du lancement de l'UA,* http : // www.africa-union.org, 22 septembre 2010.

[7] Pierre CHABAL, « De la décolonisation bilatérale à la construction régionale : le cas de l'Afrique de l'Ouest », *Revue juridique et politique des États francophones*, n° 3, 2004, p. 421.

[8] MWAYILA TSHIYEMBE, « L'Afrique face au défi de l'État multinational — Des guerres à la crise sociale », *Le Monde diplomatique*, septembre 2000.

[9] Le leader libyen Mouammar KADHAFI avait eu l'idée de dissoudre l'OUA pour installer les États-Unis d'Afrique. Il était soutenu inconditionnellement par quelques des États pauvres membres de l'OUA. Mais il y a eu quelques États puissants d'Afrique comme le Nigeria et l'Afrique du Sud qui ont été absolument sceptiques à cette mutation institutionnelle. Tous ces États réticents ont finalement rejoint le projet plus tard, parce qu'ils n'ont pas voulu laisser la paternité au colonel Kadhafi seul. D'où, l'ancien président Thabo Mbeki de l'Afrique du Sud, cofondateur du NEPAD en même temps, devenait ainsi le premier homme d'État à prendre la présidence tournante de l'UA. Cependant, le NEPAD qui prône l'essor d'une renaissance africaine est un nouveau programme de partenariat entre l'Afrique et le reste du monde.

œuvre de son programme dans le domaine du développement et de l'intégration[10].

L'UA fait partie des organisations régionales prévues au chapitre VIII de la Charte des Nations Unies. Ces organisations ont été créées pour régler les différends pacifiquement avec les alliances régionales défensives de l'article 51, telles que l'Organisation des États américains (OEA) ou encore la Ligue des États arabes. Cependant, elles ne peuvent recourir à la force que sur autorisation du Conseil de sécurité (CS)[11].

Les chefs d'État et de Gouvernement de l'OUA avaient donc adopté la Déclaration de Syrte le 9 septembre 1999. Pour s'adapter à la mondialisation, ceux-ci réclamaient la création de l'UA à propos de laquelle une étude préalable avait été menée sur l'importance et la construction régionale en Afrique. Ainsi, dans ce cheminement vers l'UA, de nouvelles théories et propositions ont vu le jour autour des années 1990. Elles ont prouvé la persistance de beaucoup de divergences quant au choix de la structure et des compétences. Il y a eu une Union fédérale dotée des pouvoirs supranationaux ; un rejet du fédéralisme ainsi qu'un plaidoyer pour un espace continental uniquement.

Au sommet extraordinaire de Syrte (Libye) en septembre 1999, l'ancien leader libyen M. Mouammar KADHAFI croyait trouver un autre cheval de bataille dans le panafricanisme. Étant revenu du panarabisme, M. Mouammar KADHAFI avait pris l'initiative de revitaliser ce courant en proposant de revenir à l'idéal panafricain exhorté par Kwame NKRUMAH afin d'œuvrer à la création des États-Unis d'Afrique[12]. À cette occasion, il présenta un texte portant création d'une Organisation supranationale : les « États-Unis d'Afrique » qui ont été fortement inspirés du système fédéral américain, ainsi que du modèle européen[13].

Les *espaces régionaux* font référence aux subdivisions du continent africain telles que : l'Afrique du Nord, l'Afrique de l'Ouest, l'Afrique Australe, l'Afrique de l'Est et l'Afrique Centrale. L'UA avait été analysée dans la perspective de prendre des décisions plus rapides et d'adopter des stratégies nouvelles face aux nouveaux enjeux liés à la mondialisation. Ainsi, elle devrait opter pour les approches de renforcement des mécanismes

---

[10]Voir Pierre-François GONIDEC, op.cit., p. 17.

[11] Voir Linda A. MALONE, *Les droits de l'Homme dans le droit international,* traduit de l'américain par Bruno Baron-Renault, Édition Nouveaux horizons, ARS, Paris 2004, p. 63.

[12]Né le 21.09.1909 à Nkroful (Ghana) et mort le 27.04.1972 à Bucarest (Roumanie), Kwame NKRUMAH est un homme politique indépendantiste et panafricaniste du Ghana. Premier ministre, il a dirigé ce pays indépendant de 1957 à 1960 puis président de 1960 à 1966. De ses ouvrages majeurs, nous retiendrons : *Le Consciencisme, L'Afrique doit s'unir, Le Néo-colonialisme : dernier stade de l'impérialisme.* Voir Africulture, *Biographie - Kwame NKRUMAH – Ghana,* http : //www.africultur.com, 14 juin 2014.

[13] Voir Mohammed BEDJAOUI « Bref survol historique des accomplissements vers l'unité africaine » *in L'Union africaine : cadre juridique et institutionnel : manuel sur l'organisation panafricaine, op.cit.*, pp. 28-29.

et de création des institutions qui lui seraient accommodées[14]. Cette démarche devrait constituer une issue pour sortir le continent de sa léthargie, asseoir son développement tous azimuts et enfin s'affirmer parmi les grandes puissances sur la scène internationale.

Autrement dit, l'UA s'est substituée à l'OUA pour pallier les désagréments de cette dernière et privilégier l'intégration régionale. Elle devrait résoudre les problèmes sociaux, économiques et politiques multiformes encore présents. Pour la plupart, ces problèmes ont été accentués par des effets pervers de la mondialisation dont elle est confrontée[15]. À terme, elle pourrait consolider la paix, la stabilité et la sécurité durables en Afrique. Cet entendement converge avec la vision des pères fondateurs de l'OUA, celle de voir l'ensemble des peuples d'Afrique regroupés dans une unité politique pour construire un destin commun. Succédant donc à l'OUA, l'UA devrait d'office poursuivre tous les objectifs y compris ceux qui étaient conçus avant sa création, particulièrement en matière de règlement des différends sur le continent. C'est pour sa concrétisation que l'ACUA tient la question de la gestion des différends comme principe cardinal de l'UA. Ainsi, les principaux objectifs de l'UA portent sur la sécurité collective, la stabilité institutionnelle, la paix, la démocratie participative et la bonne gouvernance.

En effet, l'ACUA est un instrument juridique de la nouvelle Organisation. Il s'inscrit dans le processus de l'intégration continentale qui devra transiter par la consolidation des ensembles régionaux contraints eux-mêmes à se fédérer. Pour ce faire, l'unité politique du continent serait une étape finale dans le processus de constitution des États-Unis d'Afrique. Aussitôt créée, l'UA était placée devant plusieurs défis à relever, malgré l'édification des nouveaux organes et les objectifs clairement définis dans son ACUA. À ce titre, sa nature devenait un sujet de grande obsession pour les dirigeants politiques africains. En un mot, elle devrait procéder à la clarification de la nature de son Union, notamment sur le plan politique. Ainsi, l'UA pourrait échapper à la réapparition des insuffisances longuement endurées par l'OUA.

Par ailleurs, la ratification de l'ACUA s'était effectuée convenablement, mais malgré les objectifs affichés et des organes créés, il s'enchaînait encore une série de difficultés sur la nature de l'UA qui demeure autant une grande préoccupation. Aujourd'hui, d'autres obstacles persistent jusqu'à croire encore que les rivalités entre les grandes puissances influencent le climat politique du continent défavorablement. Cependant, les questions de leadership et des générations posent encore d'énormes problèmes aux dirigeants africains. L'union politique et l'union économique restent à clarifier impérativement pour épargner l'UA de la résurgence des obstacles

---

[14] Voir Reine DJUIDJE KOUAM, « L'Union africaine comme réponse africaine au défi de la mondialisation », *Afrique et Développement,* Vol. XXX, Nos. 1&2, 2005, pp. 125-151.
[15] *L'UA en bref, À propos de l'UA. File://E:/*UA.htm.

de l'OUA[16]. Il est donc primordial que l'Afrique s'active davantage à sauvegarder la dignité de l'Homme contre toutes ces péripéties[17]. Au plan international, cette sauvegarde s'est faite plus impérieuse après la Seconde Guerre mondiale, notamment par DUDH du 10 décembre 1948. L'unité du destin de l'humanité dans le monde avait été rendue manifeste à cette époque. Cette unité a forgé progressivement sa propre vision sur la stabilité sociale par la création des institutions destinées à faire respecter l'application du droit international.

De tous les objectifs et principes institués par l'ACUA, parmi lesquels figure « le règlement pacifique des différends entre les États membres de l'Union par les moyens appropriés qui peuvent être décidés par la Conférence de l'Union », les droits de l'Homme et la démocratie jouent un rôle de fil conducteur[18]. Les droits de l'Homme « sont les droits reconnus à toute personne, corrélativement à sa condition humaine, pour vivre libre et dans la dignité. Ces droits confèrent à chacun des dispositifs sociaux. Ils sont universels, inaliénables et indivisibles »[19].

Aujourd'hui, les droits de l'Homme occupent une place essentielle dans les enjeux permanents à travers laquelle se nouent les rapports entre les communautés humaines vivant dans les espaces étatiques. Finalement, ils se conçoivent comme un ensemble de facultés et de prérogatives appartenant à tout être humain, protégé aussi bien par des textes de droit interne, au premier rang se situe la constitution que par divers instruments internationaux, universels et régionaux. La question de violation des droits de l'Homme nous renvoie aux assises de Dakar qui se déroulaient à un moment particulièrement crucial dans un continent en pleine situation de conflits internes. Ces conflits ont nécessité la création d'un système communautaire efficace de protection desdits droits. Il suffit de se référer à la situation au Darfour (Soudan), en Somalie, en République démocratique

---

[16] Voir MAYILA TSHIYEMBE, « Du messianisme aux rives de la mondialisation, la difficile gestation de l'UA »,http://www.monde-diplomatique.fr, 23 septembre 2910.

[17]L'humanité a toujours eu conscience de la nécessité de sauvegarder la dignité de l'homme à travers ses conquêtes matérielles. Cette conscience s'est faite plus impérieuse après la Deuxième Guerre mondiale qui a rendu manifeste l'unité du destin de l'humanité dans le monde. Au sortir donc de cette Seconde Guerre mondiale, les États s'étaient constitués en une Organisation des Nations Unies (ONU) afin de préserver des générations futures du fléau de la guerre. Depuis la déclaration universelle des droits de l'Homme du 10 décembre 1948, plusieurs autres instruments internationaux ont vu le jour après leur ratification par les États ou simplement leur adhésion au fil des années. On ne pourra parler de liberté dans aucun pays dont le gouvernement ne s'inspire pas des principes de cette Déclaration et ne préserve point sa pureté. La Déclaration des Droits est indispensable pour toute la Communauté internationale qui en tirera plus de bien, que toutes les lois et ordonnances promulguées jusqu'à présent. Voir Thomas PAINE, *Les droits de l'Homme*, Nancy, P.U.N., 1991, p. 106.

[18] Voir l'article 4 (e) de l'ACUA.

[19] Cité par NGOUILOU MPEMBA YA MOUSSOUNGOU Victor, « La réception des droits de l'Homme dans le droit positif congolais mythe et réalités », *in* FERRAND Jérôme et PETIT Hugues (dir.), *Enjeux et perspectives des droits de l'Homme : L'odyssée des droits de l'Homme. III*, L'Harmattan, Paris, Volume 1, 2003, 259 p.

du Congo (RDC), au Mali, en Centrafrique et dans d'autres régions du continent où sévissent encore des violences répétées contre les femmes, les enfants et les vieillards.

Quoi qu'il en soit, les poursuites restent quasiment difficiles à engager contre les violateurs des droits de l'Homme. Cela résulte simplement des réticences affichées par certains États qui ne sont pas disposés à accepter des juridictions étrangères. Ainsi, ces juridictions ne peuvent pas agir sur les territoires de ces États à cause du principe de non-ingérence. Jusque-là, ce principe demeurait cher à l'OUA qui ne pouvait pas s'investir dans les affaires d'autres États. En réalité, l'attitude de ces derniers posait le problème de l'impunité. Il se comprend ainsi à l'UA la nécessité d'une consécration de ses propres sources juridiques tant originelles que dérivées, mais aussi de son propre système institutionnel. À cet effet, nous citons la Cour de justice de l'UA qui est un organe prévu dans la constitution. La mise en place d'un Gouvernement de l'UA a fait l'objet d'âpres débats. Elle était soutenue par quelques chefs d'État africains faisant croire à la résurgence de la bipolarité entre fédéralistes purs et durs et les partisans d'un fédéralisme graduel à travers la consolidation des ensembles régionaux. Malgré cela, l'UA ne semble pas connaître des crises à ce stade puisqu'un consensus avait été trouvé sur la question[20].

L'UA rencontre bien des limites au cours de ses interventions. Dans ce cas, une limite signifie une « Borne, point au-delà desquels ne peuvent aller ou s'étendre une action, une influence, un état, etc. »[21]. En revanche, le terme intervention notifie le fait de « prendre part à une action, à une affaire en cours, dans l'intention d'influer sur son déroulement »[22]. Les modalités d'interventions de l'UA sont regroupées en deux grandes catégories à savoir : les moyens non juridictionnels et les moyens juridictionnels. La première catégorie constituée des moyens non juridictionnels est scindée en deux sous-groupes à savoir : le mode de règlement direct entre parties qui est concentré sur la négociation et le mode de règlement par l'intervention d'un tiers (la médiation, l'enquête, la conciliation et les bons offices). Bien entendu, les accords et les traités de paix font partie de ces moyens diplomatiques. Cette première catégorie d'intervention convient au règlement des différends politiques.

La deuxième catégorie des modalités d'intervention de l'UA est composée des moyens juridictionnels qui sont : le règlement par l'arbitrage et le règlement par la justice. Cependant, les avantages engendrés par l'arbitrage international et le règlement judiciaire arrêtent l'usage unilatéral de la force à titre préventif. Ces modalités d'intervention sont propres au règlement des conflits juridictionnalisés.

---

[20] Les présidents gabonais Omar BONGO, le Sénégalais Abdoulaye WADE et le Libyen Mouammar KADHAFI avaient porté des justifications à cette problématique lors du sommet des chefs d'État de l'UA tenu du 1er au 3 juillet 2007.

[21] Voir http://www.larousse.fr/dictionnaires/français, le 22/02/2017.

[22] Paul ROBERT, Alain REY, Paris, Édition Les dictionnaires ROBERT, 1992, p. 696.

D'une manière générale, « les différends » procèdent de l'exercice désagrégé des relations entre les États membres. Pour estimer atteindre les objectifs de l'UA dans son ACUA, la question de règlement des différends a fini par toucher l'essentiel des organes de l'Union. Cependant, plusieurs chefs d'État et de Gouvernement du continent expriment leur réticence à prendre certains engagements comme l'acceptation de l'ingérence des juridictions étrangères dans le système juridique africain. Par conséquent, l'UA éprouve encore des complications à régler efficacement tous ces différends qui ravagent le continent inlassablement. Si tel est le revers de ses objectifs, il nous est impérieux dans un premier temps de définir nos concepts clés et d'en dégager leur substance en étudiant « Les limites de l'Union africaine dans la résolution des conflits ».

Bien évidemment, le continent africain connaît autant des conflits que des différends en son sein. De ce fait, si nous pouvions constater la prédominance du terme conflit dans notre parcours, celui de différend est tout au moins à définir dans un premier temps. Ainsi, le « différend » serait donc un désaccord résultant d'une opposition, d'intérêts entre les personnes. Cette définition qui arrive à se fondre à celle du conflit qui signifie « la guerre ou contestation entre États, mais aussi, rencontre d'éléments, de sentiments contraires, qui s'opposent », nous oblige à traiter ce sujet en évoquant à la fois les termes « conflit » ou « différend » qui sont des véritables corollaires, dès lors qu'on ne peut parler de l'un sans faire référence à l'autre particulièrement en Afrique. Mais selon la Cour permanente de justice internationale (CPJI) « un différend international est un désaccord sur un point de fait ou de droit, une opposition de thèses juridiques ou d'intérêts entre personnes »[23]. En d'autres termes, le différend est une contestation entre deux ou plusieurs personnes provenant d'une divergence d'avis ou d'intérêt. En droit international public, cela s'explique aussi par l'opposition entre deux sujets de droit international sur un point de droit ou de fait pouvant engendrer un conflit entre eux.

Au plan juridique, un différend est celui portant sur l'application ou l'interprétation du droit existant et qui est susceptible d'un règlement sur cette base. Au plan politique, en revanche, un différend est celui qui, du fait de l'objet sur lequel il porte, est susceptible d'un règlement prenant le droit pour base et ne peut être résolu que par l'abandon de la prétention de l'une des parties ou par modification du droit positif. Le différend faisant l'objet de notre étude se résumera simplement à celui qui oppose fréquemment les sujets de droit international. Dans ce contexte, les États membres de l'UA seront cités en priorité. Ainsi, la plupart des conflits qui jalonnent tous ces pays africains émanent d'un différend comme source principale, de quelque nature que ce soit. Il convient alors de s'interroger sur la façon dont l'UA utilise ses organes chargés de résoudre les différends ainsi que sur les

---

[23] Voir Concession Mavrommatis en Palestine, arrêt du 30 août 1924, CPJI, Série A, n° 2, p. 11.

principales limites qu'elle rencontre sur les théâtres d'opérations au travers de l'étude des procédés d'intervention dans le règlement des conflits en Afrique.

Prise dans la tourmente des défis engendrés par le vent de la mondialisation, l'Afrique a remplacé l'OUA par l'UA pour résister au nouvel ordre du système international et jouer le rôle qui lui revient dans l'économie mondiale comme dans les négociations internationales. Malgré ce changement, les espoirs des pays membres ne semblent pas encore voir le jour. Les nouvelles institutions n'apportent nullement le changement tant attendu, au point où le continent s'enlise encore dans les sempiternels différends difficiles à régler efficacement. La pérennité des conflits au sein de l'UA est vécue dans des conditions de dysfonctionnement de ses organes, car il y a un manque chronique de moyens nécessaires à l'accomplissement de ses missions avec succès. Comment fonctionnent donc ces nouveaux organes de l'UA ? Et quels sont les principaux obstacles qui empêchent sa réussite définitive dans le règlement des différends ?

Ainsi nous chercherons à savoir si l'avènement de l'UA peut être considéré comme un événement majeur dans l'évolution institutionnelle du continent. Dans la même spirale, nous chercherons à identifier les techniques et les méthodes d'application des dispositions contenues dans l'ACUA pour résorber tous les différends en Afrique. Évidemment, nous allons aussi examiner la réalité pratique de l'interventionnisme de l'UA dans ce domaine. Il faudrait donc apprécier l'efficacité de la fusion de la Cour de justice de l'UA à la Cour africaine des droits de l'Homme et des Peuples (CADHP). La Cour unique en résultera certes, mais serait-elle formellement un organe suffisamment puissant pour le règlement des différends en Afrique ?

Par ailleurs, nous chercherons donc à comprendre pourquoi malgré l'assistance des institutions étrangères, l'Afrique continue de s'enliser dans les différends qui sont sporadiques, voire récurrents. Autant de questions restent posées dans ce domaine étant donné qu'à sa création, l'UA était accueillie comme un salut pour le continent dans son intégralité. Nous verrons enfin comment les acteurs qui sont les pays membres de l'Union conçoivent son rôle, sinon sa présence sur le terrain. D'une part, les objectifs de l'UA semblent être un horizon encore lointain et difficile à atteindre, voire illusoire. D'autre part, les institutions chargées de régler ces différends ne semblent pas acquérir la maturité requise pour accomplir leur mission. Il y a parfois violation des normes parce que les organes de règlement des différends connaissent une gestion inadaptée à une tâche de pareille envergure. Il peut y avoir abus d'autorité et manipulation des missions assignées par certains pays membres au sein de l'Union, ainsi qu'une violation des principes liés au fonctionnement conforme de l'UA. Pareillement si l'UA a des difficultés actuellement c'est aussi parce que la législation au sein de celle-ci est trop faible, sinon trop instrumentalisée et ne profiterait qu'à certains pays membres plus dynamiques et plus influents que d'autres. Il se pourrait que la plupart des pays membres de l'Union puissent ignorer leur droit et faire preuve d'une mauvaise interprétation des dispositions contenues dans l'ACUA et dans des instruments juridiques subsidiaires. Il est aussi évident que les structures juridictionnelles et non juridictionnelles subissent pleinement les influences internes et externes à l'Union, au point où il leur manque une indépendance judiciaire permettant d'atteindre les objectifs. De même qu'il peut y avoir un manque déplorable de volonté politique à certains moments, les gouvernants manifestent parfois une réticence à dégager les moyens nécessaires devant une mission à accomplir. Il est possible que les États membres se refusent encore à sacrifier une partie de leur souveraineté pourtant indispensable au bon fonctionnement de l'UA. Il reste donc à savoir si la majorité des parties au litige sont toujours disposées à s'accorder sur certains points dans un processus de résolution de différends qui les opposeraient.

Dans tous les cas, certaines institutions mises en place jusque-là apparaissent comme n'ayant jamais fonctionné. Soucieux de la préservation de leur souveraineté, les États s'abstiennent probablement à s'investir entièrement dans le règlement des différends, ce qui constituerait un obstacle limitant l'efficacité de l'UA dans ses interventions. Les développements qui sont soutenus le long de ce travail constituent une mise en évidence de cette série d'hypothèses à examiner minutieusement.

Aux côtés de toutes ces limites déjà évoquées, l'UA connaît paradoxalement quelques épisodes de rude concurrence avec ses propres organisations sous-régionales dans la manière d'orienter les procédures de résolution des conflits et la prise des sanctions envers les États contrevenants. Des heurts similaires ont souvent été observés à l'égard de l'Organisation des Nations Unies (ONU) elle-même dans ce cadre. À ce propos d'ailleurs, nous pouvons relever la concurrence de l'UA avec ses organisations sous-régionales. Prenons ainsi deux exemples pertinents en commençant par ce coup d'État de mars 2003 où M. François BOZIZÉ s'était emparé du pouvoir en République centrafricaine, une situation cautionnée par la CEMAC, tandis qu'il était vivement condamné par l'UA.

L'autre exemple est celui où l'UA avait infligé des sanctions contre la Guinée le 28 septembre 2009 pour des exactions commises par ses forces de sécurité contre les opposants au pouvoir. Cependant, la Communauté économique des États d'Afrique de l'Ouest (CEDEAO) s'était réunie à Abuja (Nigeria) le 10 janvier 2009 pour suspendre la Guinée pour le coup d'État du 23 décembre 2008 dirigé par le capitaine MOUSSA Dadis CAMARA. Ainsi qu'il est encore difficile d'établir un cadre de coopération adéquat sur les rapports hiérarchiques entre l'UA et les Communautés économiques régionales (CER) à cause de la fameuse concurrence entre organisations en Afrique. Cette attitude qui les éloigne au contraire de leur complémentarité entrave la réussite des opérations sur le terrain. Il se pose ainsi une grande question de concurrence entre organisations au lieu d'une complémentarité entre elles pour une efficacité dans les opérations, partant une réussite assurée dans le règlement des conflits en Afrique. D'après le constat que nous avons fait, l'hypothèse à retenir est celle où l'UA souffre considérablement d'un manque déplorable des moyens indispensables à l'accomplissement de ses missions avec efficacité. Cette posture qui limite considérablement son efficacité au règlement de différends peut s'avérer très préoccupante pour la stabilité tous azimuts du continent.

L'objectif poursuivi est de jauger l'applicabilité des normes de l'UA par les organes chargés de régler les différends d'abord. Ainsi qu'il y a lieu d'apporter une modeste contribution à une réflexion sur le sujet ; au respect des textes fondateurs de l'Union qui permettent de régler les différends du continent africain. Ce continent pourra donc atteindra une stabilité en vue d'accélérer le processus d'intégration politique et le développement socio-économique qu'il s'est fixés. C'est dans cette perspective que nous allons tenter de donner quelques éléments de réponse à cette question. Notre but est aussi de démontrer que l'UA est dans l'ensemble remplie d'un dynamisme conséquent susceptible de régler les conflits avec succès pour asseoir concrètement une intégration politique et économique du continent.

Mais en tenant compte des nombreuses difficultés éprouvées par ses organes dans l'accomplissement des missions, nous soulignons que malgré la volonté politique affirmée par les chefs d'État et de Gouvernement, l'UA a encore de nombreux défis à relever. Par exemple, elle est démunie de ses propres contingents militaires capables d'assurer les opérations de maintien et de rétablissement de paix avec succès. L'UA se trouve en même temps confrontée à un déficit chronique de moyens financiers et matériels qui ne lui permet pas d'asseoir une véritable stabilité du continent pour l'instant.

Évidemment, la résolution des questions de paix et de stabilité demeure sans nul doute l'un des plus grands enjeux de l'UA devant tous les défis imposés par cette mondialisation lourdement pressante. Quoi que l'on dise, le problème majeur aujourd'hui repose sur le fait que : quel que soit le nombre d'interventions que l'UA pouvait mener dans l'ensemble du continent, ce manque itératif de moyens matériels et humains indispensables à l'accomplissement des missions restera incontestablement la cause fondamentale de ses limites dans le cadre de règlement des différends. Ainsi qu'il sera donc difficile d'instaurer une véritable intégration politique et économique en Afrique, malgré une volonté politique que les leaders politiques africains pouvaient prouver. Seule la résolution des problèmes organisationnels, économiques et politiques permettra aux institutions compétentes de l'Union d'œuvrer convenablement en vue d'atteindre enfin les objectifs qu'elle s'est fixés dès l'aube de sa création.

Notre réflexion a pour objet aussi de comprendre cette prise de conscience manifestée par les leaders politiques d'Afrique en choisissant de suppléer l'OUA par l'UA qui a été créée le 9 juillet 2002 à Durban (Afrique du Sud) afin de lutter contre ces effets pervers de la mondialisation. Dans son ACUA, l'UA a prévu plusieurs objectifs portant essentiellement sur la sécurité collective, la stabilité institutionnelle, la paix, la démocratie participative et la bonne gouvernance pour accélérer le processus d'intégration sur le continent afin de jouer un rôle dans l'économie mondiale, régler les multiples difficultés sociales, économiques et politiques.

En dépit de toutes ces prévisions, les causes de la décadence de l'OUA semblent inopportunément persister dans l'UA. À cette spirale, la question récursive de règlement des différends reste évidemment entière malgré ce passage de l'OUA à l'UA. Des solutions essentielles s'imposent à cette problématique pour la survivance du continent. Des organes de l'UA doivent donc jouer un rôle particulièrement important dans la prévention, la gestion et le règlement des différends. Ainsi, une CAJDH chargée d'interpréter et de sanctionner la non-application de l'ACUA, des traités et des décisions de l'Union serait mise en place. Il y a donc une bonne raison de s'interroger sur le fonctionnement de ces fameux organes de l'UA et identifier les principaux problèmes qui se posent au sein de cette nouvelle organisation continentale dans le règlement des différends.

Or la plupart des faits constatés par la population découlent de la violation des droits de l'Homme par les services d'ordre public censés les protéger, en l'occurrence la force publique. Évidemment, malgré l'adhésion du Congo aux conventions internationales en la matière, les gouvernants congolais ne sont toujours pas susceptibles de protéger lesdits droits, en dépit de la présence d'une multitude d'instruments juridiques relatifs.

Ce paradoxe a finalement suscité cet intérêt d'étudier les conflits du continent africain, dans la mesure où ils sont en interaction avec les violations des droits de l'Homme au sein des États. Le rôle des OI, particulièrement l'UA dans ce contexte est de chercher à sauvegarder la paix et la sécurité internationales par la résolution desdits conflits. En tant qu'officier interarmes des Forces Armées congolaises (FAC) et officier de Police congolaise, il serait donc plus aisé d'aborder un tel sujet pour regarder de très près le déroulement des opérations de paix et de sécurité menées en Afrique, un continent qui ne parvient pas à se stabiliser. C'est ainsi qu'il est survenu le thème sur « Les limites de l'Union africaine dans la résolution des conflits ». Il paraît comme une réponse satisfaisante aux interrogations sur la question puisqu'il fait une jonction entre la protection des droits de l'Homme et la résolution des conflits en Afrique.

Le choix d'un tel sujet peut évidemment s'expliquer par l'intérêt que nous portons sur les questions de paix et de sécurité internationales, particulièrement pour le continent africain qui reste encore déstabilisé et fragilisé par des conflits multiformes récurrents qui secouent la Communauté internationale tout entière. Ces questions qui occupent le centre des débats des sommets internationaux peuvent aussi être un sujet de préoccupation quotidienne pour chacun, au regard de cette notion de protection des droits de l'Homme et des libertés fondamentales qui s'y rattache. Si les conflits en Afrique comptent parmi les grandes causes de cette déstabilisation permanente, la mission de l'UA peut s'avérer un enjeu important dans le processus d'intégration politique et économique du continent. C'est un défi majeur que l'Afrique devra surmonter si elle veut davantage s'affirmer dans le système international frénétique actuel en tant que continent dynamique et puissant. Notre approche consiste à prôner l'interventionnisme classique d'une organisation internationale (OI) inscrite dans le système des Nations Unies, en l'occurrence, l'UA en ce qui nous concerne.

La démarche empirico-inductive utilisée permettra de partir d'une expérience, relever des situations typiques d'un phénomène à étudier, les analyser afin de mieux les comprendre, en relever les dysfonctionnements et formuler les perspectives éventuellement. L'observation personnelle des faits est le principal moyen de percevoir certaines réalités africaines dans le règlement des différends tant sur le plan institutionnel que sur le plan opérationnel. Cette méthodologie repose sur l'étude des documents-clés de l'UA et des ouvrages classiques de droit international public qui pourront faciliter ce travail. De même, la jurisprudence de la Cour de Justice de l'UA sera fréquemment sollicitée pour mieux répondre aux questions sur le règlement des différends.

Il s'agit de s'articuler principalement sur le cadre et la pratique des interventions de l'UA quant à ses limites rencontrées dans le règlement des différends. Il faut d'abord démontrer qu'il y a les textes fondateurs qui donnent les compétences à l'UA, étant entendu que ces compétences légitiment ses interventions sur le terrain. Ensuite, il faudrait examiner les différentes catégories de conflits pour lesquels l'UA intervient exactement, les compétences appliquées ainsi que les organes qui les utilisent, c'est-à-dire la manière dont les textes sont apposés dans la pratique sur le théâtre d'opérations. Évidemment, l'UA intervient dans les deux grandes catégories de conflits qui sont : les conflits d'intérêts politiques et les conflits de règles juridiques.

Ainsi le plan de notre réflexion se compose concrètement de deux grandes parties distinctes. « Les limites d'approche institutionnelle de l'Union africaine dans les conflits » est l'intitulé de cette première partie qui nous fournit l'occasion de sonder les grands fonds des compétences de l'UA consacrées par les textes juridiques. Ces textes fondateurs que nous évoquons sont les sources de compétences réelles de l'UA. Ils permettent d'atteindre les objectifs qu'elle s'est fixés certes, mais dans les domaines d'intervention qui lui sont réservés. Le premier titre de cette première partie qui s'exprime par « Les compétences limitées de l'UA dans la solution des conflits » fait l'inventaire des compétences de l'Organisation continentale dans la solution des conflits. Mais c'est à partir d'une analyse menée sur ces objectifs et d'un examen opéré dans ces domaines que nous avons pu comprendre ces limites des compétences de l'UA dans la résolution des conflits.

En revanche, le second titre de cette même partie portant sur « les principaux organes de l'Union africaine dans le règlement des conflits » étudie les principaux organes qui utilisent ces compétences dans l'issue des conflits. À ce stade, l'étude a été focalisée sur l'impact de la future Cour africaine de justice et des droits de l'Homme, mais aussi le rôle que joue le CPS dans le règlement des conflits.

D'une manière générale, la première partie fait état des textes fondateurs qui confèrent les compétences à l'UA. Ainsi, nous allons nous interroger sur la nature des conflits à résoudre et le genre de compétences mises en œuvre puis observer les organes qui mettent ces compétences en application.

La deuxième partie est « Les limites d'approche opérationnelle de l'Union africaine dans les conflits ». Son premier titre « Les limites d'approche opérationnelle dans les conflits politiques » fait l'objet d'une analyse détaillée des limites rencontrées par l'Union au cours des opérations liées au règlement des conflits politiques. Il s'agit de l'étude de la nature des conflits politiques, l'apport des procédures alternatives dans le règlement des différends politiques et l'examen des opérations de maintien et de rétablissement de la paix en Afrique. Il faudrait retenir que dans les conflits politiques on note une mise en jeu des intérêts politiques au point où la résolution passe par les moyens non juridictionnels tels que : la négociation, les bons offices, la médiation, la conciliation et l'enquête. On peut noter que les conflits politiques renvoient au traité dans le cadre de leur résolution.

Le second titre de cette deuxième partie fait mention de « L'étude de la substance des conflits juridictionnalisés », c'est-à-dire leurs fondements et leur mode de règlement. Ces conflits renvoient à une résolution par des voies purement juridictionnelles comme : l'arbitrage, et la Cour de justice qui sont de nature purement juridique. Contrairement aux conflits politiques, les conflits juridictionnalisés renvoient à la jurisprudence et à la coutume. Finalement, cette deuxième partie exige à ce que nous comprenions comment les textes fondateurs de l'UA ont été conçus. Dans quel cadre et dans quelle règle l'UA agit-elle ? C'est dans ces deux chapitres que cette partie nous permet d'apprécier les résultats obtenus ou encore le changement observé concrètement après cette phase d'opérations sur le terrain.

Le choix d'un tel plan repose sur la pertinence qu'il dégage par rapport au thème que nous avons choisi d'étudier tout simplement. Les classifications qu'il comporte sont bien rationnelles étant donné que les deux grandes parties de cet ouvrage sont complémentaires. Évidemment, c'est malgré toutes ces limites que les interventions de l'UA dans les différends régionaux doivent s'effectuer à partir d'une approche institutionnelle largement évoquée dans la première partie ainsi qu'une approche opérationnelle examinée dans la seconde partie.

PREMIÈRE PARTIE

LES LIMITES D'APPROCHE INSTITUTIONNELLE DE L'UNION AFRICAINE DANS LES CONFLITS

La première partie porte essentiellement sur les limites d'approche institutionnelle de l'UA dans les conflits. Son premier Titre traite les limites des compétences de l'UA dans la résolution des conflits. Le premier chapitre de celui-ci fait l'inventaire des sources de compétences de cette organisation continentale. Les textes fondateurs sont évoqués dans sa première section où figure l'ACUA. Ainsi qu'au premier paragraphe, nous avons une série de compétences qui ont été énumérées à l'occasion comme : les compétences déclarées, implicites, normatives, opératoires, les compétences de contrôle et les compétences de sanction de l'UA. Le second paragraphe a opéré l'analyse de la répartition des compétences de l'UA ainsi qu'il s'est d'abord penché sur le principe de subsidiarité et ses effets au sein de cette Organisation continentale. Notamment, il s'agit de la subsidiarité implicite, explicite, négative et positive. Ensuite, nous avons étudié la distribution équitable des compétences de l'UA. Cette dernière étude concerne les compétences exclusives, partagées ou concurrentes, ainsi que les compétences complémentaires ou subsidiaires. En revanche, la seconde section évoque les instruments juridiques subsidiaires, dont les protocoles au premier paragraphe et les autres catégories de textes juridiques subsidiaires au second paragraphe.

Le deuxième chapitre s'est préoccupé de l'analyse des objectifs (Section I) et de l'examen des domaines d'intervention de l'UA (Section II). C'est une analyse qui porte sur l'impact du principe de non-reconduction et de reconduction des objectifs de l'OUA au sein de l'UA (Paragraphe I). Elle s'est focalisée sur les inconvénients du principe de non-reconduction d'un objectif de l'OUA et l'intérêt du principe de reconduction des objectifs de cette ancienne organisation continentale. Enfin, une analyse sera opérée sur l'impact du principe d'adoption des objectifs (Paragraphe II).

La deuxième section fait mention du domaine d'intervention consigné de l'UA. Elle étudie les effets de la délimitation des compétences de l'UA dans la résolution des conflits (Paragraphe I). Il s'agit des effets contraignants des délimitations procédurales, mais aussi des méfaits des délimitations institutionnelles qui se concentrent sur la quête pour la paix et la sécurité : un défi du continent africain, le devoir des États membres, les limites de l'UA dans la hiérarchie au sein des Nations Unies, et la compétence principale du CS.

Le Paragraphe II évoque les limites de l'UA dans la résolution des conflits, les limites d'approche concurrentielle, et les limites de contrôle. Cependant, le deuxième Titre portant sur les principaux organes de l'UA dans le règlement des conflits présente l'étude de ceux qui utilisent ces compétences dans ce domaine. Cette étude est focalisée sur l'impact de la CAJDH au chapitre premier.

La première section porte sur le fondement et les compétences de la CAJDH, tandis que le premier paragraphe examine le fondement de la CAJDH. Cette étude se concentre donc sur la Cour de justice de l'UA, puis sur la fusion institutionnelle des deux cours, la CAJDH, enfin sur les caractéristiques de cette CAJDH. Le Paragraphe II se concentre sur les compétences de la CAJDH, ses compétences dans la fonction contentieuse et celles dans la fonction consultative.

La Section II traite les aspects relatifs aux droits de l'Homme. En revanche, le premier paragraphe est consacré à la Cour Pénale internationale (CPI). Le second paragraphe aborde les Mécanismes panafricains de protection des droits de l'Homme qui sont constitués de la Cour africaine des droits de l'Homme et des Peuples (a), les procédures panafricaines de protection des droits de l'Homme (b), la Section des droits de l'Homme de la Cour unique (c) et l'Action de la Section du droit international pénal de la Cour unique (d).

La Section III évoque l'éventuelle évaluation de la Cour africaine de Justice et des droits de l'Homme. Ce faisant, le premier paragraphe étudie l'impact des autres instances juridiques sur la Cour unique. Cependant, l'évolution de la jurisprudence de la Cour africaine de justice et des droits de l'Homme est analysée au paragraphe II.

Le Chapitre II portant sur le rôle du CPS traite des composantes et des fondements du CPS dans la Section I. Au paragraphe I, il est fait état de la nature, des missions et des objectifs du CPS. En revanche, le paragraphe II évoque la composition, les fonctions et le pouvoir du CPS. Si la Section II examine les Principes et le fonctionnement du CPS, la Section III porte sur la prévention et la gestion des conflits. Le premier paragraphe de cette dernière traite de l'action de l'OUA dans la prévention, la gestion et le règlement des conflits. Cependant, le paragraphe II évoque l'évolution du Mécanisme de prévention de gestion et de règlement de conflits de l'OUA, en partant de l'Organe central du Mécanisme pour la prévention, la gestion et le règlement des conflits de l'OUA à la Commission africaine des droits de l'Homme et des peuples ou The African Commission on Human and Peoples' Rights (ACHPR).

En revanche, il est fait état de l'UA et des organisations régionales de paix et de sécurité au Paragraphe III. Il s'agit particulièrement de la Communauté des États de l'Afrique de l'Ouest (CEDEAO) dont on a étudié les structures et son rôle dans la prévention, la gestion et le règlement des conflits, l'Autorité intergouvernementale pour le développement (IGAD), la Communauté Économique des États de l'Afrique Centrale (CEEAC), la Communauté Économique et Monétaire de l'Afrique Centrale (CEMAC), la Communauté de développement d'Afrique australe encore appelée Southern African Development Community (SADC) et l'Union du Maghreb arabe (UMA).

Ainsi nous aurons toutes les questions sur le fait qu'il y a les textes fondateurs qui donnent les compétences à l'UA, mais de quels conflits s'occupe-t-elle et avec quelles compétences ? Ensuite, nous verrons quels sont les organes qui mettent ces compétences en application ?

PREMIER TITRE

LES COMPÉTENCES LIMITÉES DE L'UNION AFRICAINE DANS LA SOLUTION DES CONFLITS

Les conflits qui s'éternisent en Afrique constituent un handicap majeur pour relever les défis de la mondialisation. Ce phénomène qui date de l'OUA déstabilise inlassablement un continent qui tarde à se développer. Ainsi, la succession de l'UA à l'OUA exprime son ambition à réitérer et affermir le plan d'intégration politique et économique dont les bases avaient été fixées en 1963. C'est partant de la Déclaration de Syrte (Libye) du 9 septembre 1999 que l'ACUA a fixé des objectifs tout en instaurant un cadre institutionnel qui dépasse l'approche diplomatique privilégiée par l'OUA. Cependant, les changements les plus remarquables se situent au plan organique, notamment avec une Commission chargée de suppléer et stimuler la dynamique unitaire. En créant le CPS, l'UA a prouvé sa volonté d'éradiquer la pérennité des différends et de se doter des mécanismes capables d'instaurer la paix et de promouvoir une politique de défense commune[24].

Nonobstant, cette volonté de rompre définitivement avec les différends connaît encore des difficultés particulièrement financières. Sans effort remarquable, de tels embarras peuvent renvoyer cette grande visée des politiques communes à plus tard. D'où cette détermination de l'UA et ses organes à résoudre ces différends impérieusement. Ainsi, les objectifs évoqués par les textes juridiques seront atteints à partir des compétences attribuées aux instances. En effet, l'UA n'a compétence qu'en vertu de l'habilitation contenue dans l'ACUA et dans la limite de celle-ci. Il en est ainsi parce que cette Organisation continentale ne se limite qu'aux pouvoirs strictement nécessaires à l'exercice des fonctions confiées par les États qui la composent[25]. C'est un principe fondamental qui répond généralement aux

---

[24]Voir Albert BOURGI, *« L'UA entre les textes et la réalité »,* http://www.monde-diplomatique.fr, *3 juillet 2010.*

[25] Voir Paul REUTER, Jean COMBACAU, *Institutions et relations internationales,* Paris, Presse Universitaire de France, 1988, p. 317.

critères d'acquisition de compétences par les organes d'une institution régissant les relations internationales.

Manifestement, ce passage de l'OUA à l'UA fait preuve d'un engagement affirmé des États membres de l'Union à résoudre ces différends qui constituent la principale cause d'un développement problématique en Afrique. Sur le fond, des textes officiels ont accordé des compétences à l'UA ainsi qu'à ses organes pour les exécuter. L'analyse de tous ces textes montre que c'est par la combinaison des règles du droit international général à celles de l'UA elle-même que ses compétences sont déterminées et interprétées. Dans ce cas, on peut justifier l'intérêt qu'il y a à examiner les différentes sources de compétences nécessaires à la résolution des différends régionaux en Afrique.

CHAPITRE I

LES SOURCES DES COMPÉTENCES DE L'UNION AFRICAINE

L'examen minutieux des dispositions conventionnelles portant sur le règlement des différends nous permet de constater que plusieurs textes fondateurs génèrent les compétences destinées à l'UA. Un inventaire réalisé sur ces divers instruments juridiques nous permet de distinguer les textes fondateurs qui attribuent les compétences aux institutions de règlement des différends (Section I) et les instruments juridiques subsidiaires qui les accompagnent (Section II).

SECTION I : LES TEXTES FONDATEURS

Les textes fondateurs sont les principales sources de compétences des institutions de l'UA. Tous les États membres de l'Union reconnaissent donc ces compétences. Plusieurs de ces textes sont à citer, au premier rang desquels, l'ACUA. Ce dernier est un accord de volontés que les États souverains ont conclu entre eux sur les plans formels et matériels. Il précise les pouvoirs des organes institués et détermine aussi les droits ainsi que les obligations des États membres de l'UA. Ces États qui font partie d'une convention sont membres d'une organisation du fait de l'ACUA[26].

Les textes fondateurs sont à la base de la création des institutions de l'UA. Leurs statuts de création déterminent et définissent les fonctions, les attributions, la composition et l'organisation de ses organes institués. La procédure d'attribution des compétences exige que tous les aspects relatifs aux organes soient créés et soumis au sommet des chefs d'État et du Gouvernement. Des compétences sont immédiatement octroyées aux organes appropriés pour l'accomplissement des missions spécifiques, telles qu'elles sont assignées par l'UA. Cette réalité peut s'illustrer par la Cour de Justice de l'UA dont les statuts définissant la composition et les fonctions

[26] Voir Pierre-Marie DUPUY, *op.cit.* p. 158.

ont été édifiés et soumis au sommet de Maputo la capitale du Mozambique. Malgré cette multiplicité d'instruments conventionnels sur le règlement des différends au sein de l'UA, l'ACUA demeure l'instrument de base de cette Institution. Il constitue donc une pierre angulaire dans la prise des engagements internationaux en la matière. Son autorité prime sur la gestion des différends qui est le principe cardinal vers une intégration politique et économique du continent.

Ainsi pour étayer l'étude sur les textes fondateurs et toute l'étendue de leurs compétences, nous examinerons successivement l'Acte constitutif (Paragraphe I) et la répartition des compétences de l'UA (Paragraphe II).

Paragraphe 1 : L'Acte constitutif

L'ACUA est un traité qui a été adopté le 11 juillet 2000 lors du sommet de Lomé au Togo[27]. Il prévoit un changement évident de la personnalité juridique d'une organisation antérieure[28]. La personnalité juridique implique l'aptitude juridique d'une personne à être titulaire de droits et d'obligations, disposant ainsi d'une capacité à agir dans l'ordre juridique qui lui confère la personnalité. Une OI possède à la fois une « personnalité interne » représentant sa personnalité juridique dans l'ordre juridique interne de ses membres et une « personnalité internationale » synonyme de sa personnalité juridique dans l'ordre juridique international[29]. Ce faisant, l'ACUA qui répond au second aspect n'est pas une Convention ordinaire. Il s'inscrit comme un instrument juridique classique de la coopération entre les pays membres de l'UA. Son contenu est bien déterminé par son objet. Ainsi, qu'il devient un Acte singulier lorsqu'il crée une institution dotée de permanence et de compétences. De même, qu'il présente un caractère d'Acte mixte à partir duquel se créent des droits et des obligations assurant la liaison des États membres entre eux certes, mais aussi entre les États membres et l'UA réciproquement[30].

En tant que Convention multilatérale, l'ACUA est en même temps interprété par les États membres selon les principes généraux du consensualisme. En vue de la réalisation des objectifs conclus au sein de l'UA, chacune des parties s'est liée en souscrivant « ad referendum » un

---

[27] Vingt-sept pays africains avaient signé ce traité à Lomé le 12 juillet 2000 à savoir : Algérie, Bénin, Burkina Faso, Burundi, Cap-Vert, Djibouti, Éthiopie, Gabon, Gambie, Ghana, Guinée-Bissau, Guinée équatoriale, Lesotho, Liberia, Libye, Madagascar, Malawi, Mali, Niger, Sénégal, Sierra Leone, RASD, République Centrafrique, Soudan, Tchad, Togo, et Zambie. Voir Mohammed BEDJAOUI « Bref survol historique des accomplissements vers l'unité africaine » *in L'Union africaine : cadre juridique et institutionnel : manuel sur l'organisation panafricaine*, *op.cit.* p. 30.

[28] Voir Patrick DAILLIER, Mathias FORTEAU et Alain PELLET, *Droit international public*, Paris, LGDJ, Lextenso éditions (8è éd.) 2009, p. 645.

[29] Voir CIJ avis du 11 avril 1949, Rec., p. 179.

[30] Voir Pierre-Marie DUPUY, *op.cit.*, p. 158.

certain nombre de droits et d'obligations. En effet, la transformation qualitative de l'OUA en UA témoigne de la conscience des Africains que leur continent est arrivé à la croisée des chemins. Dans cette perspective, l'ACUA qui crée l'UA offre une opportunité unique : rendre possible l'intégration du continent africain et accélérer ainsi sa renaissance. Le document intitulé « Vision et Mission » en a fixé le cap. à ce titre, M. Alpha Oumar KONARÉ évoquait que l'UA pouvait désormais se fonder sur les documents essentiels pour s'acquitter de son mandat à savoir : la Vision de l'UA et les Missions de la Commission de l'UA, le Cadre Stratégique 2004-2007 de la Commission de l'UA, ainsi que les plans d'action des départements de cette même Commission.

La création de l'UA est une preuve que les Africains sont toujours préoccupés par la question d'unité politique et économique de leur continent[31]. L'objectif est de bâtir une Afrique nouvelle qui dompte les défis et s'imposer demain comme une force dynamique sur la scène mondiale[32]. L'ACUA a posé les bases de la création de l'UA, quoique reflétant simplement le chapitre III du Traité de la Communauté économique africaine (CEA) et les institutions prévues par ce dernier, sous réserve de certains ajouts et modifications.

Néanmoins, l'ACUA affirme sa singularité vis-à-vis des autres traités plurilatéraux, notamment en instituant des organes et en établissant les règles de leur fonctionnement. Il détermine ainsi leurs compétences, aussi bien à l'intérieur de l'organisation qu'à l'égard des tiers[33]. Par ailleurs, une catégorie de compétences s'est largement ouverte, outre celles stipulées dans les textes officiels. Par conséquent, il serait très hasardeux de vouloir dresser une typologie exhaustive de celles-ci. Dans l'ensemble, nous retiendrons les catégories des compétences les plus usuelles telles que : les compétences déclarées et les compétences implicites (A), puis les compétences normatives et les compétences opératoires (B).

A. Les compétences déclarées et les compétences implicites

La longue quête pour une unité économique et politique de l'Afrique a été institutionnellement incarnée par la création de l'UA d'une part. D'autre part, les questions de développement et d'intégration de l'Afrique constituent donc un véritable défi à l'égard de cette Institution continentale. Des compétences diverses lui sont donc nécessaires pour atteindre les objectifs qu'elle s'est fixés. Ce faisant, l'examen pratique conventionnel nous permet d'établir une série de compétences de l'UA. Ainsi, nous

[31] Voir Jean PING « Préface » *in L'Union africaine : cadre juridique et institutionnel : manuel sur l'organisation panafricaine*, Paris, éd. A. PEDONE, 2013, *op.cit.*, p. 10.
[32] Voir *Plan stratégique de la Commission de l'UA, volume 2 : Cadre stratégique 2004- 2007 de la Commission de l'UA,* mai 2004.
[33] Voir Pierre-Marie DUPUY, *op.cit.*, p. 159.

étudierons entre autres : les compétences déclarées (1) et les compétences implicites (2).

1. Les compétences déclarées de l'Union africaine

Les compétences déclarées ou explicites d'une OI ne sont autres que celles évoquées clairement dans son traité de base. Elles lui sont attribuées et reconnues par les États souverains qui sont ses concepteurs[34]. Ainsi, nous tiendrons également compte de la répartition évolutive des compétences extérieures entre l'UA et les États membres, surtout à l'occasion de favoriser la coopération internationale[35]. L'UA demeure donc la seule Institution investie des compétences pour prendre des engagements internationaux dans la résolution des différends au sein de la Communauté africaine. À cet effet, nous pouvons extrapoler le même raisonnement du cas particulier sur la répartition évolutive des compétences extérieures entre la Communauté européenne et les États membres pour l'UA. Bien entendu, la dynamique fédérative du traité instituant la Communauté européenne sur l'organisation et l'intégration est une source d'inspiration de la jurisprudence particulièrement innovatrice au sein de la Cour de justice de Luxembourg. Ainsi qu'une recherche appuyée sur la jurisprudence des affaires AETR et Kramer a été portée sur l'effet utile de l'objet et le but du traité communautaire.

Il a été donc déclaré dans l'Avis 1/76 que : « Chaque fois que le droit communautaire a établi dans le chef des institutions de la Communauté des compétences sur le plan interne en vue de réaliser un objectif déterminé, la Communauté est investie de la compétence pour prendre les engagements internationaux nécessaires à la réalisation de cet objectif, « même en l'absence d'une disposition expresse à cet égard. Il en résulte a contrario que les États membres se trouvent dessaisis de ladite compétence au profit exclusif de la Communauté »[36]. Aussi, ces compétences déclarées sont bien relatives à la résolution des conflits que l'ACUA a prévue comme le démontre l'article 4 (e)[37].

Dès lors, l'UA jouit d'un jeu combiné de certaines règles du droit international général avec celles des « règles propres » à l'Organisation pour qu'elle puisse exprimer sa capacité et ses compétences en matière de conflit[38]. Les compétences servant à résoudre les conflits qui opposent les États membres de l'Union résultent des textes officiels tels que l'ACUA. Ces dernières sont donc qualifiées de compétences déclarées. Outre cette catégorie de compétences déclarées, l'UA se voit parfois contrainte de se

[34] Voir Pierre-Marie DUPUY, *op.cit.*, p. 198.
[35] Voir l'article 3 (e) et (i) de l'Acte constitutif.
[36] *Ibid.*, p. 199.
[37] Voir l'article 4 (e) de l'ACUA
[38] Voir Pierre-Marie DUPUY, *op.cit.*, p. 196.

reconnaître des compétences qui ne lui ont pas été explicitement attribuées par ses auteurs, ce sont par conséquent des compétences implicites.

2. Les compétences implicites de l'Union africaine

Les compétences implicites relèvent d'un principe de spécialité signifiant que le pouvoir d'une OI se justifie par les objectifs qui sont définis dans son Acte constitutif. À cet effet, l'UA ne doit exercer que les compétences qui lui sont reconnues par ses États membres afin de ne pas empiéter sur eux. Mais la théorie des compétences implicites a été finalement définie et mise en œuvre par des organes judiciaires pour étendre les compétences confusément évoquées par le traité de base. Par exemple, l'article 5 (2) du traité de Lisbonne du 9 mai 2008 affirme que : « En vertu du principe d'attribution, l'Union n'agit que dans les limites des compétences que les États membres lui ont attribuées dans les traités pour atteindre les objectifs que ces traités établissent. Toute compétence non attribuée à l'Union dans les traités appartient aux États membres ».

Ainsi, c'est pour des enjeux et des difficultés de l'interprétation des chartes constitutives que ces organes judiciaires tiers déterminent les compétences implicites aux États membres. Les compétences implicites sont issues de l'interprétation de l'Acte constitutif[39]. Cette catégorie de compétences exprime la prise d'initiative par l'UA, surtout lorsqu'elle se trouve confrontée au contrôle de la légalité interne de l'ACUA et plus souvent au problème d'interprétation de celui-ci. Ainsi, ces compétences posent deux catégories de problèmes à la fois théorique et pratique : d'une part, le problème des critères de détermination de compétences et de leur contenu, d'autre part celui de l'organe capable à une pareille détermination[40].

Dans un Avis en 1949 par exemple, la Cour Internationale de Justice (CIJ) considérait que : « Selon le droit international, l'Organisation (ONU) doit être considérée comme possédant les pouvoirs qui, s'ils ne sont pas expressément énoncés dans la Charte, sont, par une conséquence nécessaire, conférés à l'Organisation entant qu'essentiels à l'exercice des fonctions de celle-ci... »[41]. En tout état de cause, c'est dans l'Arrêt AETR (31 mars 1971, com/conseil, Aff. 22/70, Rec. 263) que la Cour de Justice des Communautés européennes (CJCE) devait statuer sur la compétence de la Communauté à conclure un accord européen. Ainsi qu'elle avait déclaré : « une telle compétence résulte non seulement d'une attribution explicite par le traité, mais peut découler également d'autres dispositions du traité et d'acte pris par les institutions de la communauté ».

La Cour affirmait donc dans un autre avis portant les compétences externes de la Communauté quelques années après, que : « ... la compétence pour prendre des engagements internationaux, peut non seulement résulter

---

[39]*Ibidem.*, p. 198.
[40]*Ibid.*
[41] Voir Rec. 1949, p. 182.

d'une attribution explicite par le traité, mais, peut également découler de manière implicite de ces dispositions ». De ce fait, la CJCE a reconnu que la théorie des pouvoirs implicites pouvait s'appliquer dans l'ordre communautaire[42]. À ce titre, l'exemple vient de la Cour suprême des États-Unis d'Amérique (EUA), dans une affaire demeurée célèbre (Mc Culloc v. Maryland, 1819), sur la répartition des compétences entre le Gouvernement fédéral et les États fédérés. Dans cette affaire, le juge Marshall a reconnu certains pouvoirs à la fédération. L'essentiel est que leurs fins soient en conformité à la lettre et à l'esprit de la constitution[43].

Soulignons que la pratique du droit international a souvent fait usage de ces pouvoirs implicites au profit des OI, ce que confirma d'ailleurs l'Avis consultatif de la CIJ du 11 avril 1949 sur la réparation des dommages subis au service des Nations Unies. Cependant, le droit de regard dans les problèmes internes des États que l'UA s'est offert a remis en cause le principe sacro-saint de non-ingérence dans les affaires intérieures des États que l'OUA avait longtemps privilégié. Évidemment, c'est sur décision de la Conférence qu'elle peut intervenir dans certaines circonstances graves telles que : les crimes de guerre, le génocide et les crimes contre l'humanité, conformément à l'article 4 (h) de l'ACUA. Ce droit d'intervention opère donc une scission avec les conceptions de l'OUA et doit s'appuyer sur de véritables moyens financiers et logistiques. D'où les déboires éprouvés par l'UA au Darfour pour défaut des moyens matériels, plutôt qu'à l'absence de volonté de la mise en œuvre de ce nouveau principe de non-indifférence à l'égard de ces circonstances graves[44]. L'UA prouve donc une redynamisation institutionnelle réelle qui s'accompagne d'un changement de paradigme majeur à travers l'avènement du droit d'intervention.

L'UA qui joue un rôle dans ce domaine est intervenue au Togo en 2005 pour éviter une crise ouverte à la mort du président Gnassingbé EYADEMA, une action qui a permis à son fils de le remplacer. Des interventions similaires ont eu lieu en République centrafricaine (RCA), au Burundi et au Mali pour la reprise du processus démocratique.

Bien entendu, la plupart des interventions menées en Afrique par les contingents occidentaux des opérations de maintien de la paix (OMP) ou « peace-keeping », comme les Troupes françaises ou états-uniennes, ont été décidées par l'UA. L'ACUA peut donc incarner plusieurs autres compétences en dehors de cette classification. Effectivement, certaines de ses dispositions offrent une typologie exhaustive des compétences dont nous ne pouvons dresser un catalogue. Néanmoins, deux catégories essentielles peuvent être retenues à cet effet.

---

[42] Voir Avis 1/76, Rec. 76 426 du avril 1977.

[43] Voir Pierre-Marie DUPUY, *op.cit.*, p. 198.

[44] Voir Stéphanie DUJARDIN, « Le panafricanisme continental en action : état des savoirs de l'OUA à l'UA », http://www.etudes-africianes.cnrs.fr,3 janvier 2010.

De manière générale, les missions déterminent les principales compétences que les États fondateurs attribuent à ces organisations. Elles sont généralement qualifiées de compétences de service public. Selon les dispositions de l'ACUA, on les classe traditionnellement en compétences normatives et compétences opérationnelles[45]. Ainsi s'ouvrira une troisième catégorie de compétences à partir de celles-ci au sein de l'UA.

B. Les compétences normatives et les compétences opératoires

Les OI sont dépositaires d'une diversité de compétences difficiles à détailler de manière intégrale. Ces compétences sont créées par les États eux-mêmes et varient selon les dispositions de l'ACUA. Les organisations sont aussi créatrices de règles juridiques aux destinataires variés. Leurs dispositions sont inscrites à l'intérieur de l'ordre juridique de ladite organisation. Malgré tout, celles-ci sont soumises au droit international[46]. Ces compétences africaines ont connu une forte augmentation depuis l'adoption de l'ACUA. Ce phénomène a d'ailleurs engendré des changements importants au sein de l'UA tels que ce « droit d'intervention » qui s'inscrit dans les principes fondamentaux.

Bien entendu, le préambule de l'ACUA affirme que : « Nous, Chefs d'État et de Gouvernement des États membres de l'OUA… Résolus également à prendre toutes les mesures nécessaires pour renforcer nos institutions communes et à les doter des pouvoirs et des ressources nécessaires afin de leur permettre de remplir efficacement leurs missions ». Ainsi, les compétences de l'UA s'exercent envers tous ses États membres. Un pays membre est exclu pour le manque de respect aux textes en vigueur ou s'il refuse d'appliquer les décisions adoptées. Cependant, les compétences normatives (1) et les compétences opératoires (2) sont deux grandes catégories qui peuvent être relevées dans ce cadre.

1. Les compétences normatives de l'Union africaine

Par définition, les compétences normatives sont essentiellement celles d'édiction d'Actes juridiques. Elles permettent donc à l'OI d'adopter ses propres Actes juridiques, de créer des organes subsidiaires, de se doter d'un budget et de gérer son personnel. Ces compétences sont soumises au droit international. Notamment, c'est une initiative très différente de celle que peut avoir une OI à élaborer des conventions internationales. Ces compétences normatives portent sur les Actes normatifs de l'Union et avec leur régime juridique prennent diverses orientations concernant leur champ d'application. Une catégorie de ces compétences fait référence à un pouvoir interne d'autorégulation souvent prévu par l'ACUA. Mais en fonction des exigences du fonctionnement de l'institution, ce pouvoir peut encore être

[45] *Ibid.*, p. 200.
[46] *Ibid.*, pp. 200-201.

considéré comme implicite, et chaque organe peut d'abord l'exercer pour son propre compte.

Par ailleurs, il y a des Actes normatifs qui sont imputables directement à une OI. Ce sont plus précisément des Actes unilatéraux de réglementation internationale qui découlent du droit dérivé. Ces Actes n'ont pas le même champ d'application ni un même régime juridique. Si certains Actes limités incarnent un pouvoir d'autorégulation au sein de l'organisation, d'autres symbolisent un pouvoir réglementaire externe. Ceux-ci sortent de ce domaine interne et se focalisent directement sur les conditions légales des États membres dans le domaine d'action de l'organisation conformément aux dispositions de l'ACUA[47]. À partir de ce pouvoir réglementaire externe, l'UA peut infliger des sanctions envers des États membres réfractaires aux Actes juridiques qu'elle élabore à leur intention. Un tel droit dérivé externe peut engendrer des obligations pour ces États dans les conditions qui sont particulièrement importantes, notamment lorsqu'il faudrait précisément déterminer la nature dans laquelle l'organisation, en tant qu'autorité normative, se situe à l'égard de ses États membres. Ainsi la Cour s'exprimait dans l'Avis de 1949 portant sur les réparations.

Selon une analyse comparative du droit propre à un grand nombre d'institutions universelles et régionales, trois observations à propos du pouvoir réglementaire externe des OI peuvent être formulées. En premier, nous retiendrons que ce pouvoir est peu fréquent. Il ménage ensuite le principe fondamental du consensualisme étatique. Enfin, il est très rarement implicite[48]. Ces compétences constituent décidément un grand pouvoir. Elles permettent à l'Union de prendre de telles décisions souvent obligatoires à l'égard de ses organes ainsi qu'à tous les États membres.

Par ailleurs, les compétences normatives font référence à un pouvoir de règlement externe. Elles renvoient des décisions non obligatoires ou obligatoires à la charge des États membres de l'UA. La théorie des OI affirme que les décisions à caractère obligatoire imposent aux organes et aux États membres une certaine soumission. Par ailleurs, cette catégorie d'obligation peut se rapporter aux buts et aux moyens tels que les Actes qui imposent une obligation de résultat. Ce caractère obligatoire peut aussi se rapporter à la réalisation des buts uniquement tel que les Actes qui imposent une obligation des moyens. En revanche, les décisions non obligatoires renvoient à celles qui invitent ou recommandent les États membres et les organes à s'y appliquer tout simplement.

À l'occasion de la Conférence de l'UA tenue du 6 au 8 juillet 2004 à Addis-Abeba en Éthiopie, plusieurs décisions et Déclarations étaient conçues à propos desdites compétences. Ainsi, la décision sur la Guinée équatoriale relative au mercenariat est de caractère purement obligatoire à l'égard des États membres de l'Union. Elle invite et exhorte ces mêmes États à

---

[47]*Ibid.*, p. 201.
[48]*Ibid.*, p. 202.

intensifier les échanges d'informations, et adopter des législations relatives à la lutte contre le mercenariat[49]. Sur ce dernier point, la Conférence a précisément exprimé sa préoccupation à propos de la récurrence du phénomène du mercenariat qui engendre de graves conséquences sur la sécurité et la stabilité des pays africains. Elle condamne les actes de mercenariat dont le Gouvernement de la Guinée équatoriale a fait l'objet le 7 mars 2004. La Conférence félicite l'Afrique du Sud, l'Angola et le Zimbabwe pour leur coopération avec la Guinée équatoriale qui avait permis de déjouer cette tentative de déstabilisation. Elle avait également exhorté les États membres à prendre les mesures nécessaires pour lutter contre la planification et la préparation d'actes de mercenariat sur leur territoire.

À cet égard, la Conférence les invitait à intensifier les échanges d'informations et à adopter des législations appropriées contre le mercenariat. Celle-ci réaffirmait l'engagement de l'UA à lutter contre ce phénomène, et ce, conformément à la Convention de l'OUA sur l'élimination du mercenariat en Afrique. Enfin, la Conférence demandait au Président de la Commission de transmettre cette décision au CS des Nations Unies en vue de l'adoption d'une Résolution sur le mercenariat par cet organe[50]. Pareillement, la décision de la Conférence sur le conflit du Darfour (Soudan) s'exprime également par ce même caractère obligatoire.

Concrètement, c'est à la 16e session ordinaire organisée du 30 au 31 janvier 2011 à Addis-Abeba (Éthiopie) que la Conférence de l'UA manifestait sa préoccupation devant la situation sécuritaire précaire du Darfour. Elle affichait une fermeté pour les décisions portant sur la cessation immédiate des violations massives des droits de l'Homme perpétrées sur son territoire. À l'égard de tous les protagonistes, la Conférence évoquait une soumission sans détour aux normes du règlement de cette crise des hostilités entraînant prostration et extermination des populations civiles. Elle exigeait que les parties au conflit, et particulièrement au Mouvement pour la Justice et l'Égalité (JEM) et l'Armée de Libération du Soudan (SLA), négociassent un Cessez-le-feu sincère. De même, la Conférence insistait sur la participation des autres mouvements armés aux pourparlers de paix de Doha (Qatar) en vue d'un cessez-le-feu et d'un accord de paix inclusif et global pour le Darfour. Évidemment, il y a eu cette reprise des pourparlers de paix au Darfour qui étaient organisés sous les auspices du médiateur conjoint de l'UA et de l'ONU, en l'occurrence M. Djibril Bassolé, avec la participation d'organisations de la société civile de la région de l'ouest du Soudan[51].

---

[49] Voir *Assembly/AU/Dec. 37 (III) Décision sur la Guinée équatoriale,* Page 1, in Doc. Assembly/AU/2 (III) CONFÉRENCE DE L'UNION AFRICAINE, Troisième session ordinaire 6 – 8 juillet 2004, Addis-Abeba (ÉTHIOPIE),https://au.int, le 26.12.2017.

[50] Voir *Conférence de l'UA, troisième session ordinaire : 6 – 8 juillet 2004, Addis-Abeba* (ÉTHIOPIE), http//:www.peaceau.org, 8 février 2013.

[51] Voir *ONU Info - Darfour : Reprise des pourparlers de paix à Doha,*www.un.org, le 02.01.2018.

Enfin, c'est à la Commission que la Conférence avait demandé une finalisation harmonisée des activités coordonnées par le médiateur en chef avec le Groupe de mise en œuvre de haut niveau de l'UA et la Mission des Nations Unies et de l'UA au Darfour (MINUAD)[52]. La MINUAD est une Mission hybride des Nations Unies et de l'UA au Darfour que la Résolution 1769 du CS de l'ONU le 31 juillet 2007 avait créé. Son objectif est de résoudre le conflit opposant les mouvements rebelles à l'Armée soudanaise et aux milices arabes soutenues par le gouvernement soudanais. Un dispositif inébranlable constitué du civil accompagnant 20 000 militaires et 6000 policiers prévus de la MINUAD a pris officiellement le relais des 7000 soldats de la Mission de l'UA au Soudan (MUAS) le 1er janvier 2008[53]. De toute cette combinaison d'activités variées, nous pouvons ainsi déduire que par l'intermédiaire de ses Actes unilatéraux, l'UA participe effectivement à l'élaboration du droit international contemporain. Notamment, il s'agit de l'élaboration des Résolutions, des Recommandations, des Décisions, des Directives, des Règlements, des Avis, des Arrêts et des Jugements, gage d'intervention en matière de conflit.

2. Les compétences opérationnelles de l'Union africaine

Encore appelées compétences opératoires, les compétences opérationnelles regroupent celles de l'OI qui ne sont pas de nature normative. Elles varient d'une organisation à une autre selon l'objet et les buts de chacune d'elles. Ce sont des compétences qui permettent la concrétisation des actions ou des opérations d'une organisation. Très diversifiées, ces compétences regroupent l'ensemble des pouvoirs d'action des institutions internationales. Elles intègrent le domaine des activités menées sur le terrain. Le préambule de l'ACUA précise leur existence[54]. L'UA les confirme par une série d'actions concrétisées sur le territoire d'un État membre. La légalité de leur exercice est conditionnée par la signature d'accords préalables avec celui-ci. Cela peut donc se traduire par l'ensemble des pouvoirs d'action des fameuses institutions internationales au profit des États. Il peut s'agir d'une assistance financière, économique, sociale, humanitaire, administrative, technique ou militaire[55].

Lors de l'opération AMIS (African Union Mission in Sudan) en 2007 par exemple, l'UA avait déployé près de 7000 militaires (casques blancs) au Darfour, durant la guerre civile par le biais de ses organes en tant que Force

---

[52]Voir *Seizième session ordinaire de La Conférence de l'UA du 30 - 31 janvier 2011 à Addis-Abeba (Éthiopie) - Décisions, Déclarations et Résolution,* http// : www.african-union.org, 10 février 2013.

[53] Voir Historique de l'opération MINUAD, http://www.operationspaix.net, le 14 octobre 2015.

[54] Voir le préambule de l'ACUA.

[55] Pierre-Marie DUPUY, *op.cit.,* pp. 205.

de maintien de la paix[56]. Cette Mission qui agissait d'abord en qualité d'organe pour le suivi du cessez-le-feu en juin 2004 est devenue une structure majeure mandatée pour protéger des civils, des troupes armées, la police civile non armée, les observateurs militaires et les équipes de soutien. À l'époque, cette intervention s'inscrivait dans le cadre de sa toute première mission sur le terrain, malgré l'insuffisance des résultats vu l'ampleur de la tâche. Le mandat de l'AMIS a pris fin le 31 décembre 2007.

À cet effet, nous soulignons aussi que le président de la Conférence des chefs d'État et le CPS demeurent les deux principaux acteurs compétents de l'UA dans le domaine des interventions. La Conférence est l'organe suprême qui dirige l'UA en général[57]. Elle regroupe les chefs d'État et de Gouvernement et trois autres organes-clés. La Commission, en revanche, oriente l'UA quotidiennement. Elle a remplacé le Secrétariat général de l'OUA. Elle détient d'importants pouvoirs exécutifs dans l'application des décisions et des Programmes de l'UA[58].

Tous ces organes agissent en toute légitimité sur le terrain par la mobilisation de l'ensemble des pouvoirs d'action des institutions de l'Union. Notamment, des moyens techniques et militaires sont constamment mis en œuvre pour couvrir l'ampleur d'une opération dans ce domaine. Outre les troupes armées, des policiers ougandais avaient également participé à la Mission de l'UA au Darfour pendant un an. Ces activités couvrent ainsi la mise en pratique des compétences opérationnelles de l'Union.

C. Les compétences de contrôle et de sanction de l'Union africaine

Les compétences de contrôle et de sanction évoquent les mesures dans lesquelles une organisation peut contrôler, voire sanctionner la non-réalisation des obligations souscrites par les États membres de sa composition. Cependant, les compétences de contrôle (1) et les compétences de sanction (2) occupent une place remarquable parmi celles attribuées à cette organisation. Cette posture est déterminée par l'importance et le rôle fondamental qu'elles jouent au sein de l'Organisation, notamment en matière d'application et du respect des normes juridiques établies à l'égard de ses membres. Elles méritent un examen minutieux, au regard des relations directes qu'elles nouent avec les compétences normatives[59]. En fait, il s'agit simplement d'examiner comment l'UA les appliquerait envers ses membres[60]. Cependant, l'UA devra rappeler les obligations que ces États

---

56 Sur ce point, la légitimité et la suprématie de la conférence à intervenir par l'entremise de ses organes se confirment au niveau de l'article 9 de l'Acte constitutif de l'Union sur les pouvoirs et attributions de la conférence dans son alinéa 1(g).

57 Voir l'article 6(2) de l'ACUA.

58 Voir Alpha Oumar KONARÉ, textes africains, in *l'Afrique repeint le mythe de son unité*, http://www.lemonde.fr 19 novembre 2009.

59 Voir Pierre-Marie DUPUY, *op.cit.*, p. 206.

60 Voir Brice SOCCOL, *Relations internationales*, Orléans, Éditions Paradigme-Centre de publications Universitaires, 2002, p. 85.

membres ont souscrites auprès de l'Organisation. L'État qui accomplit une action reçoit un service de l'Organisation qui peut automatiquement exercer une pression à son égard et peut en tirer un avantage. C'est un pouvoir qui est largement de fait et trouve un renfort singulier surtout lorsqu'il peut s'appuyer sur des compétences légales de contrôle ou de sanctions qui sont établies dans le traité de base, en l'occurrence l'ACUA[61].

1. Les compétences de contrôle

Contrairement à l'OUA qui était une simple organisation de coopération favorisant la coordination de la politique des États membres, l'UA est précisément une OI d'intégration. Elle a donc cette capacité juridique à accomplir les fonctions prévues dans son ACUA. Les compétences de l'Union dont les structures comportent en principe des organes délibérants, administratifs et juridictionnels sont délimitées par l'ACUA. Sur le territoire de chacun des États membres, l'UA bénéficie de la capacité juridique d'accomplir des missions en vue d'atteindre les objectifs stipulés dans l'article 3 de l'ACUA[62]. Cette disposition lui permet d'exercer ses compétences de contrôle auprès d'un État membre.

De tous les organes de l'UA exerçant les compétences de contrôle, le Conseil Exécutif (CE) constitue la pierre angulaire en la matière. Mais celui-ci peut déléguer ses compétences à des Comités techniques spécialisés de l'Union comme indiqué dans l'article 13 (3) de l'ACUA. En effet, le CE exerce des contrôles inquisitoires, voire quasi juridictionnels comme résultante des enquêtes menées par ses Comités techniques spécialisés. Ainsi qu'il est stipulé « le CE, composé des ministres des Affaires Étrangères ou des représentants est effectivement chargé de coordonner et décider des politiques nécessaires à l'ensemble des États membres »[63].

Sur le plan administratif, ces Comités techniques ont l'obligation de rendre compte à l'Organisation continentale. Cependant, le Conseil des ministres est un organe de l'OUA qui a été reconduit sous la désignation de CE de l'UA actuellement. De la comparaison faite de l'UA à l'OUA, nous constatons que l'ACUA s'est illustré par un contenu dont l'ambition dépasse de loin celle de la Charte de l'OUA. Effectivement, l'UA a reconduit trois organes de base de l'OUA ainsi que l'essentiel de ses objectifs et principes, qui deviennent encore plus nombreux dans l'ACUA[64]. D'où, le Conseil des ministres est simplement devenu le CE. En effet, les deux entités sont

---

[61]Voir Michel VIRALY cité par Pierre-Marie DUPUY, *op.cit.*, p. 206.

[62] Voir Article 3 de l'UA portant sur les Objectifs.

[63]Voir *Le plan stratégique de la Commission de l'UA*. Vol. 1, *op.cit.*, p. 32.

[64] Voir Tiyanjana MALUWA, « La transition de l'Organisation de l'Unité africaine à l'UA » *in L'Union africaine : cadre juridique et institutionnel : manuel sur l'organisation panafricaine*, *op.cit.*, p. 48.

composées des ministres des Affaires Étrangères ou de tous autres ministres désignés par les gouvernements des États membres[65].

Par ailleurs, les excès commis par les régimes dictatoriaux à l'époque contemporaine symbolisent le mépris des droits de l'Homme. Cette atmosphère faisait peser une menace grave sur la paix et la sécurité internationales. En conséquence, il y a eu cette prise de conscience remarquable consécutive à la Seconde Guerre mondiale ayant entraîné une accélération du mouvement vers l'institution et le développement de la protection internationale des droits de l'Homme[66].

Si les conflits armés perpétuellement enregistrés au sein de l'UA sont les causes primordiales des violations des droits de l'Homme, il y a donc nécessité que l'UA exerce des compétences de contrôle austère dans tous ces États en guerre ou simplement dans des zones de tensions internes, conformément à l'article 9 (g) de l'ACUA. Les compétences de contrôle ont été prévues dans la Charte de l'OUA et stipulées par article 9 (e) de l'ACUA. D'où cette évolution exceptionnelle de leur importance, particulièrement sur la protection internationale des droits de l'Homme. Le système panafricain a aussi prévu des procédures de protection desdits droits, notamment dans la Charte africaine des droits de l'Homme et des peuples comme l'indique l'article 3 (h) de l'ACUA.

Au titre de mesure de contrôle et de sauvegarde, la Charte africaine avait déjà mis sur pied une ACHPR dès l'aube de la création de l'OUA. Le siège de la Commission située à Banjul (Gambie), a été officiellement inauguré par l'ancien Chef d'État de ce pays, Son Excellence Dawda Kairaba Jawara, le lundi 12 juin 1989. Cette Commission est principalement chargée de promouvoir les droits de l'Homme et des peuples. Elle doit également assurer leur protection en Afrique, conformément à l'article 30 de la Charte. Cette Charte de Banjul a été adoptée le 28 juin 1981 lors de la conférence des chefs d'État tenue à Nairobi (Kenya). Entrée en vigueur en 1986, elle est la base juridique de ladite Commission mise en place à cet effet[67]. En vertu de l'article 42, celle-ci avait donc élaboré un règlement intérieur fixant les détails de sa composition, de son organisation, de son fonctionnement, de la détermination de ses compétences et de la procédure à suivre devant elle[68].

Les Mécanismes du système panafricain de protection des droits de l'Homme de l'OUA incarnaient les procédures utilisées pour la promotion et la protection desdits droits. Le caractère universel des droits de l'Homme est exprimé en Afrique par cette pérennité du système juridique de l'OUA à

---

65 Voir Malick TAMBEDOU« Étude comparative de L'OUA et de l'UA », http://www.afrikonline.com, 4 novembre 2009, p. 3.

66 Voir Marc PERRIN DE BRICHAMBAUT et *alii*, *Leçons de droit international public*, Paris, Presses de science po et Dalloz, 2011, pp. 202-203.

67Voir Emmanuel DECAUX, *Droit international public*, Paris, Édition Dalloz, 2008, p. 221.

68 Voir Alexis GABOU, « Principes et mécanismes de protection des droits de l'Homme et des peuples : la Charte de Banjul », *Revue congolaise de droit*, n° 10, juillet-décembre 1991, p. 111.

l'UA[69]. Toutefois, l'ACHPR est toujours saisie par diverses communications pour assurer une mise en activité de ce système panafricain de protection des droits de l'Homme et des peuples.

De nos jours, l'UA assure pleinement ses compétences de contrôle suivant les communications reçues concordant aux violations desdits droits reprochables aux États membres. Ces communications sont des plaintes écrites dénonçant une ou plusieurs violations des droits de l'Homme et des peuples perpétrées par ces États membres. L'effet des compétences de contrôle est solidement garanti par des Mécanismes de protection de l'UA. C'est donc grâce à ces Mécanismes que les informations sur les violations des droits de l'Homme parviennent aux structures relatives de l'Organisation. Ce faisant, il existe une variété des Mécanismes suivant la nature des communications entre les États membres et l'UA. Réellement, ces Mécanismes de communication sont assortis d'une procédure de rapports périodiques des États membres à l'Union sur leur manière de s'acquitter des obligations statutaires ou conventionnelles[70]. À l'occasion d'un colloque tenu à Dakar en juin 1987, le juge Kéba MBAYE avait proposé une trilogie de communications, à savoir : les communications-informations, les communications-négociations, les communications-plaintes.

Les communications-informations avisent l'ACHPR des violations des droits de l'Homme (articles 47 et 55 de la Charte africaine des droits de l'Homme et des peuples). En revanche, les communications-négociations concernent plus les conflits interétatiques et ouvrent les voies à une négociation interne en vue d'une solution pacifique. Enfin, les communications-plaintes qui sont évoquées aux articles 48, 49 et 55 (2) de la Charte concernent des plaintes émanant des États parties et celles issues d'autres personnes.

En tout état de cause, les procédures utilisées par l'ACHPR sur les différents modes de communication peuvent être qualifiées de véritables corollaires aux compétences de contrôle de l'UA, notamment au regard des Mécanismes de protection de ces droits initiés par le système panafricain.

2. Les compétences de sanction

Comme toutes les OI, l'UA fait appliquer le respect des normes juridiques établies envers les États membres. À cet effet, les compétences de sanction succèdent aux compétences de contrôle. Mais la légalité internationale est à respecter strictement par les États membres, dès lors qu'elle est circonscrite dans l'ACUA. Au cas contraire, tout État membre qui ne se conformerait pas aux décisions et politiques de l'Union est susceptible de subir les sanctions déterminées par la Conférence, comme exprimé dans l'article 23 de l'ACUA.

---

[69] Voir Marc PERRIN DE BRICHAMBAUT, *op.cit.*, p. 193.
[70] Voir Pierre-Marie DUPUY, *op.cit.*, p. 206.

Par ailleurs, il est de coutume que les organisations continentales d'Afrique prennent des sanctions simultanément à celles des autres institutions. C'est à l'époque de l'OUA que le 30 août 1997 par exemple, la CEDEAO adoptait un ensemble de sanctions et un embargo contre la junte militaire qui s'était emparée du pouvoir par son coup d'État du 25 mai 1997 en Sierra Leone. Ainsi, elle mandatait les Forces africaines occidentales pour surveiller l'application de certaines mesures[71]. Ce phénomène s'est reproduit en Guinée près d'une décennie plus tard.

Pendant que l'UA décidait d'imposer les sanctions aux membres du gouvernement et à toute autre personne, civile ou militaire en Guinée, l'UE décrétait simultanément un embargo sur les armes ainsi que des sanctions à l'encontre de quelques composants de la junte. En revanche, Washington imposait des restrictions aux voyages vers les États-Unis de certains membres de la même junte militaire et du gouvernement. Comme mesure de sanction, la France avait interrompu un projet d'autoroute en Guinée et avait arrêté toute coopération institutionnelle déployée auprès des autorités gouvernementales[72]. De surcroît, l'UA avait suspendu la Guinée, en même temps que la CEDEAO qui avait décrété un embargo sur les armes. Ce phénomène renvoie aux compétences partagées ou concurrentes des OI.

De nombreuses sanctions peuvent aussi être prises à l'encontre des États membres, comme les sanctions privatives de droits (suspension du droit de vote, des services fournis par les organisations…) ou de privilèges inhérents à la qualité de membre[73]. Néanmoins, il faut souligner que le pouvoir de sanction de l'UA, comme de celui de toute autre OI, est souvent influencé par la conjoncture politique de la période en cours. L'UA avait ainsi infligé des sanctions contre la Guinée le 28 septembre 2009 pour des exactions commises par ses forces de sécurité contre les opposants au pouvoir, pendant que la tension montait encore en Guinée. La CEDEAO s'était réunie à Abuja (Nigeria) pour trouver une issue à cette crise. C'est le 10 janvier 2009 que les Instances dirigeantes de la CEDEAO avaient suspendue la Guinée. Cette suspension relevait du coup d'État du 23 décembre 2008 que le capitaine MOUSSA Dadis CAMARA avait dirigé. Les responsables de la junte étaient assujettis à ne pas se présenter à la présidentielle de janvier 2010. Les sanctions les plus ciblées allaient jusqu'à l'interdiction de voyager à l'étranger pour certaines personnes, voire un gel de leurs comptes bancaires[74]. Le pouvoir de sanction de la Conférence qui est institué par l'ACUA se différencie absolument de celle de la Conférence des chefs

---

[71]Voir MANUEL DIEZ VELASCO VALLEJO, *Les organisations Internationales*, Paris, éd. Édition Economica, 2002, p. 835.

[72]Alain JOYANDET et Moussa Dadis CAMARA in *Sanctions internationales : la Guinée évoque un risque de « chaos »,* http://www.jeuneafrique.com/Article/DEPAFP du 31 octobre 2009.

[73] Selon Pierre-Marie DUPUY, *op.cit.*, p. 207, paragraphe 182.

[74] Voir : *L'UA impose des sanctions à la junte guinéenne* dans Guinée–Politique<http://www.Jeuneafrique.com>, 30 octobre 2009.

d'État et de Gouvernement de l'OUA. Il est l'expression d'un pouvoir de véritable prise de décisions de l'UA qui lie et oblige les États à s'y conformer. C'est un atout majeur dont la Conférence des chefs d'État et de Gouvernement ne disposait pas à l'époque de l'OUA[75]. C'est pourquoi, face à la récurrence du phénomène du mercenariat ainsi que ses conséquences sur la sécurité et la stabilité des pays, la Conférence avait finalement pris une Décision sur la Guinée équatoriale.

D. Les Actes de l'Union africaine

Les décisions de l'UA sont généralement prises par des organes collégiaux. Ils peuvent être pléniers, c'est-à-dire que tous les États sont représentés, ou au contraire restreints[76]. En tout état de cause, la Décision sera mise aux voix. Il peut s'agir de la pondération de voix. Il pourra se faire à l'unanimité ; à la majorité, autrement dit calculée sur le nombre des voix ou sur le nombre des membres de l'organe ; où à la majorité qualifiée, donc dépassant la moitié plus une des voix. En revanche, les décisions de l'Union peuvent découler d'un simple consensus ou, à défaut à la majorité des deux tiers des États membres, comme le dispose l'article 11 de l'ACUA.

Dans certaines circonstances relevant de l'intérêt général d'une OI, il est possible que des décisions puissent être adoptées sans un vote s'il n'y a pas des manifestations d'opposition. Il est particulièrement intéressant de noter que la désignation des Actes des OI ne renseigne en rien sur la force juridique réelle de l'Acte. En effet, les Recommandations sont généralement des Actes dépourvus de force obligatoire, et les Résolutions peuvent correspondre à des Actes ayant force obligatoire, tandis que les Déclarations sont toujours dépourvues de force obligatoire.

Paragraphe 2 : La répartition des compétences de l'Union africaine

À l'origine, la question de l'UA venait après celle des compétences dans l'éradication du fléau des conflits en Afrique. En effet, il s'agissait d'une répartition des champs d'action entre l'UA et ses États membres. Ces derniers avaient donc choisi de déléguer, de confier et de transférer leurs compétences à un stade supranational jugé fiable. Ils avaient entrepris les principes de proportionnalité et de subsidiarité afin d'empêcher tout excès de pouvoir d'intervention à l'UA. Mais ces compétences ont été bien cernées pendant leur évolution de l'OUA à l'UA. Par ailleurs, il convient de rappeler que la Conférence des chefs d'État et de Gouvernement était la pierre angulaire en matière de prise de décisions au temps de l'OUA. Bien entendu, la Conférence est devenue l'organe plénier suprême de l'UA qui prend sa

---

[75]Voir Malick TAMBEDOU, *op.cit.*, p. 6.
[76]Voir Article 6 de l'ACUA

prise de décisions à la majorité des deux tiers des États membres conformément à l'article 7 (1) de l'ACUA. Cependant, la Décision d'intervenir revient également à d'autres organes de l'Union tels que le CE et le CPS conformément à l'article 9 (2) de l'ACUA. Après une expertise, le CPS peut instituer la Décision d'intervention auprès de la Conférence par une recommandation[77]. Mais cette initiative se fait en partenariat avec le président de la Commission. Naturellement, le CPS s'occupe aussi des hypothèses d'intervention pour le rétablissement de la paix et la sécurité telles que les atteintes graves au droit international humanitaire (DIH) par un État membre.

Comme l'UE, l'UA est régie par le principe de spécialité et elle ne dispose particulièrement des compétences que par l'ACUA ainsi que toutes les autres chartes en attribuent aux institutions internationales. Autrement dit, les OI n'exercent leurs activités que suivant les compétences qui leur sont attribuées par leurs traités constitutifs et des pouvoirs conférés à leurs organes[78]. L'UA ne peut donc agir hors de ces compétences pour atteindre les objectifs qu'elle s'était fixés dès l'aube de sa création. Ce principe de spécialité les oppose à celui de la souveraineté qui caractérise les États[79]. De l'article 5 (2) du Traité sur l'UE se dégage une conception où les politiques des communautés font preuve d'instruments efficaces d'intégration. En fin de compte, elles recherchent les meilleurs moyens de résolution des conflits au sein de leurs communautés respectives. La répartition des compétences n'est pas très clairement précisée dans l'ACUA. Effectivement, elle ne se déduit qu'à travers une interprétation des traités, ou lors des travaux de certains organes de l'UA.

En tout état de cause, la répartition des compétences entre les institutions sous-régionales d'intégration et l'UA revêt un caractère déterminant. Non seulement elle légitime la construction africaine, mais en plus elle respecte la souveraineté des États membres. Elle incarne aussi le véritable fondement, quant à la survie de ces politiques. Ces compétences ont augmenté de l'OUA à l'UA. Il en est ainsi parce que les États membres ont eu la volonté de réviser les traités. Parfois, cette augmentation inquiète paradoxalement ces États membres qui avaient pourtant favorisé ces compétences. À cet effet, les institutions communautaires ont généralement développé des politiques dans divers secteurs favorables au continent de manière implicite ou expresse.

Toutefois, leur exercice est régi par les principes de subsidiarité et de proportionnalité. D'où, leur introduction dans les traités constitue le socle de la répartition des compétences à l'échelle communautaire (A). La limitation à l'augmentation des compétences permet leur distribution équitable au sein de l'Union (B).

---

[77]Voir Sylvain Christian FOPY, *op.cit.*, p. 22.

[78] Marc PERRIN DE BRICHAMBAUT, Jean-François et coll., *op.cit.*, pp. 165-166.

[79] Jean CHARPENTIER, *Institutions internationales*, Paris, 14 éd., Éditions Dalloz, 1999, p. 51.

A. Le principe de subsidiarité et ses effets au sein de l'Union africaine

À ce stade, il serait souhaitable de compléter succinctement cette analyse du concept de subsidiarité déjà entamée plus haut avant d'étudier son principe et ses effets au sein de l'UA. À ce titre, nous pourrons donc définir la subsidiarité « comme quelque chose qui complète la chose principale, de complémentaire et accessoire ». Le mot subsidiaire est un adjectif qui découle du mot latin « subsidium » signifiant « réservé ». Le subsidiaire complète donc le principal[80]. La question subsidiaire qui est finalement complémentaire sert à partager des concurrents. De leur côté, le droit constitutionnel et le droit administratif définissent le principe de subsidiarité comme un principe duquel les compétences sont verticalement déléguées au sein des États fédérés ou dans une organisation continentale. Cependant, les compétences des droits communs sont à la charge des entités subalternes telles que les États fédérés et les États membres de l'Union[81].

L'OI n'intervient normalement que dans les domaines relavant de sa compétence exclusive. Mais conformément au principe de subsidiarité, elle peut intervenir dans les domaines placés hors de sa portée. Une telle intervention ne peut être possible que si les États membres sont incapables d'atteindre les objectifs de l'action envisagée à tous les niveaux pour l'intérêt général de l'Union[82]. Il en est ainsi tant pour l'UE que pour l'UA.

À en croire la conception de l'UE donc, l'intérêt fondamental de la subsidiarité est d'accroître le souci d'efficacité et de démocratie, dès lors qu'elle favorise la prise de décisions les plus proches des citoyens. À ce titre, elle constitue un élément de viabilité démocratique étant donné que plus l'échelon de décision s'approche des citoyens, la responsabilité des dirigeants est mieux constituée[83]. Ainsi qu'un processus crée une union sans cesse plus étroite entre les peuples de l'Europe, dans laquelle les Décisions sont prises plus près des citoyens, conformément au principe de subsidiarité[84]. Ce principe témoigne structurellement de la recherche d'une plus grande légitimité de la construction européenne.

En effet, il fallait assouvir les préoccupations de certains États membres pour modérer une forme d'expansionnisme européen particulièrement de sa commission. La subsidiarité évoquée dans ce contexte est négative. L'UE devrait ainsi se limiter par rapport aux compétences des États membres. L'introduction du principe de subsidiarité a donc affirmé la légitimité européenne en matière d'intervention. Cette attitude caractérise l'aspect positif du principe de subsidiarité. L'intégration juridique de ce principe dans le traité justifie plus convenablement que les États membres ont adopté

---

[80]Voir Nahounngar Bélemgoto BEKOUTOU, *Le principe de subsidiarité : ses origines et son applicabilité* dans Revue juridique et politique des États francophones, Paris, Éditions JURISAFRICA, Vol.67, n°2, PP.247-264.

[81]*Ibid.*

[82]Voir Marc PERRIN DE BRICHAMBAUT, Jean-François et coll., *loc.cit.*

[83] Guy MVELLE, *L'UA*, Paris, Édition l'Harmattan, 2007, p. 303.

[84] Henri OBERDORFF, *op.cit.*, p. 283.

une démarche constitutionnelle de la répartition des compétences entre l'UE et les États membres[85].

Et pourtant, l'UA a été fondamentalement calquée sur le modèle européen, notamment de ses statuts. Cependant, le principe de subsidiarité n'a pas été explicitement inscrit dans l'ACUA, contrairement à ce qu'il est dans le traité sur l'UE. À cet effet, l'UA n'intervient que si les objectifs de l'action envisagée ne peuvent pas être suffisamment atteints par l'action des États, dans le cadre de leur système constitutionnel national, sinon que par l'action de toute la communauté africaine[86].

De toutes les dispositions peu éclairantes de l'ACUA, seul l'article 9 (2) précise ce point de vue en évoquant que : « la Conférence peut déléguer certains de ses pouvoirs et attributions à l'un ou l'autre des organes de l'Union ». L'Article 4 (h) traitant des principes va dans le même sens en limitant les compétences de l'UA. Pour ce faire, il met le cadre d'intervention de l'UA en lumière[87]. Celle-ci ne peut donc intervenir dans un État membre qu'après Décision de la Conférence dans certaines circonstances graves à savoir : les crimes de guerre, le génocide et les crimes contre l'humanité. Il s'agit ainsi de poser les limites de l'Union par rapport aux compétences des États membres. C'est l'aspect négatif de la subsidiarité qui est évoqué dans de telles circonstances.

L'aspect structurant du principe de subsidiarité vise à mieux affirmer la légitimité de l'UA en justifiant plus convenablement son intervention. Cet aspect évoque une subsidiarité positive tout simplement. Toutefois, Chantal évoque largement le principe de subsidiarité pour une meilleure compréhension. Ces arguments portent sur l'évolution de la liberté accompagnée par l'État. Mais plus la capacité de liberté augmente, plus l'État doit diminuer son intervention[88].

Généralement, pour donner un aspect juridique au principe de subsidiarité, les États membres ont adopté une démarche constitutionnelle de mode de répartition des compétences entre les États membres, les communautés et l'UA. Il n'en demeure pas moins que le principe de subsidiarité est un principe constitutionnel africain (1), il peut également revêtir un caractère de principe d'action publique (2).

1. Le principe de subsidiarité : un principe constitutionnel africain

Le principe de subsidiarité tente de renforcer les compétences de l'UA que les États membres ne peuvent pas contourner. Ces États prouvent souvent leur incapacité à agir efficacement quand ils sont placés

[85] *Ibid.*

[86] Voir Henri OBERDORFF, *op.cit.*, p. 286.

[87] Voir article 4 (h) de l'Acte constitutif.

[88] Chantal MILLON-DELSOL, *L'État subsidiaire : ingérence et non-ingérence de l'État : le principe de subsidiarité aux fondements de l'histoire européenne*, Paris, L'Harmattan, 2010, pp. 90-91.

individuellement devant certains domaines d'action. Au contraire, ceux-ci ne réussissent la plupart de leurs interventions que lorsqu'ils sont intégrés dans un cadre collectif. En définitive, ils comprennent la supériorité d'une action collective sur une simple juxtaposition d'actions individuelles. Nous constatons alors que le principe de subsidiarité vient politiquement conforter la légitimité de l'UA.

1.a. de la subsidiarité implicite à la subsidiarité explicite

À terme, l'étude sur la subsidiarité implicite va nous conduire à celle de la subsidiarité explicite.

1.a.1. La subsidiarité implicite

Il est bien entendu que l'OUA n'avait jamais connu de subsidiarité implicite durant toute la période de son existence, mais les États focalisaient plus leur attention sur eux-mêmes. Cependant, leur volonté de s'unir plus étroitement pour atteindre les objectifs stipulés au préambule de la Charte de l'OUA demeurait vive. Si la subsidiarité implicite de l'UA n'a jamais connu une précision comme celle de l'UE dans l'article 352 (TFUE), elle ne se manifeste au sein de l'UA que lorsqu'un objectif s'avère indispensable, selon qu'elle devra fonctionner conformément aux principes de l'article 4 (h) de l'ACUA. À cet effet, une disposition précise pour un pouvoir d'action n'a jamais été réellement prévue. Le renforcement des compétences de l'UA reconnues en dehors de l'ACUA prend un caractère de subsidiarité implicite. Mais selon l'article 13 de l'ACUA, l'UA adoptera une attitude légitime à l'égard des États membres par rapport aux finalités générales de la communauté dans plusieurs domaines bien précis, en cas de besoin.

Au cas contraire, c'est suivant le règlement et en fonction du but que l'intervention de l'UA paraît plus ou moins complète, ce qui explique d'ailleurs les limites observées dans cette action. Il revient alors aux États de compléter l'exécution de la tâche selon les directives intégrant les moyens et la forme, en vue d'aboutir à un intérêt commun dans ces conditions. La subsidiarité implicite conservera donc son statut de source indispensable d'outils juridiques adaptés aux fonctions de toutes ces entités, tant que la communauté parviendra à compléter l'action des États membres, et tant qu'il n'y aura pas d'obstacle à la bonne application du droit international.

1.a.2. La subsidiarité explicite

La subsidiarité explicite est celle qui s'affirme très clairement dans les dispositions des instruments juridiques tels que les traités. Cette précision nous permet de constater comment la subsidiarité explicite parvient à compléter la subsidiarité implicite dans la plupart des interventions de l'UA[89]. Inscrit dans plusieurs traités au sein de l'Union, ce principe de subsidiarité nous conduit à un principe de catégorie purement constitutionnelle. Il s'agit simplement de rechercher une certaine compatibilité entre les entités concernées et de décider pour l'intérêt général de la communauté. Cependant, l'UA n'intervient que dans la limite de ses compétences afin de maintenir une harmonie avec les États. Elle n'utilise donc ce principe de subsidiarité que pour résoudre les situations qui surpassent les simples efforts des États membres devant une tâche.

1.b. De la subsidiarité négative à la subsidiarité positive

Les compétences de résolution des conflits de l'UA tendent naturellement vers un expansionnisme. Ainsi, des dispositions du principe de subsidiarité ont été prises pour réguler et permettre un usage légitime de ces compétences. Cette situation permet de contrôler les interventions de l'Union et les institutions communautaires. Cette pratique permet la justification et la garantie de la légitimé des interventions institutionnelles. Elle permet également de freiner, voire de surveiller cette forme naturelle d'expansionnisme au sein de l'UA.

1.b.1. La subsidiarité négative

Les interventions de l'UA sont essentiellement contrôlées et limitées par le principe de subsidiarité. Ses actions restent donc circonscrites dans l'ACUA, notamment par des compétences qu'elle ne peut accumuler injustement et qui empêchent des débordements. Cette disposition permet également aux États membres de contrôler tout empiétement par l'UA[90]. Ces États peuvent paradoxalement être frappés de cette subsidiarité négative lors de l'accomplissement de certaines actions publiques. Par exemple, lorsqu'un État est victime d'une quelconque instabilité entraînant des situations de violation des droits de l'Homme très graves comme : les crimes de guerre, le génocide et les crimes contre l'humanité, l'UA peut exceptionnellement utiliser ces compétences pour intervenir obligatoirement conformément à l'article 4 (h) de l'ACUA. C'est ainsi qu'elle est intervenue au Mali et en Centrafrique sur Décision de la Conférence.

1.b.2. La subsidiarité positive

La subsidiarité positive empêche de fixer des limites à une intervention. Il suffit qu'elle soit légitimée ou justifiée. L'intervention de l'UA est d'une légitimité supérieure lorsqu'elle s'avère incontournable face à une crise redoutable à résoudre. Une telle intervention constitutionnellement établie revêt une efficacité pour une fonction convenablement assumée. En

---

[89] *Ibid.*, article 4 paragraphe (h).
[90] Voir Henri OBERDORFF, *op.cit.*, p. 284.

revanche, les compétences limitées de l'Union supplantent celles des États membres dans les interventions qui dépassent suffisamment leur seul territoire. Cette subsidiarité positive donne une base politique suffisante à l'intervention de l'UA. Ainsi, on peut établir ce lien étroit qui existe entre une distribution politique des compétences et une distribution fonctionnelle ou instrumentale des compétences[91]. L'article 9 de l'ACUA portant sur les compétences de la Conférence évoque clairement ce principe de subsidiarité positive au sein de la communauté africaine. Cette subsidiarité positive qui offre une base politique assez solide à l'UA permet une conduite efficace des interventions.

2. Le Principe de subsidiarité : un principe d'action publique dans la construction africaine

Le principe de subsidiarité a potentiellement beaucoup d'emprise sur la résorption des conflits au sein de l'UA. Dans ce domaine, les compétences exercées démontrent que le principe de subsidiarité est non seulement un principe d'ordre philosophique, mais aussi un principe d'action publique. Le droit communautaire actuel de l'UA en fait preuve dans plusieurs applications pratiques de ce principe, notamment au cours de nombreuses occasions de règlements des différends. Au sein de l'UA, le principe de subsidiarité est une règle qui évoque la répartition des compétences entre l'organisation continentale et les États membres de sa composition.

L'UA ne peut donc conduire des actions que si elles sont plus efficaces que celles menées au niveau des États membres. Nous retiendrons les applications pratiquées dernièrement en Côte d'Ivoire, en Guinée, au Soudan, en Tunisie, au Maroc, en Libye, en Égypte, au Mali et en Centrafrique.

2.a. Le principe de subsidiarité et la répartition des compétences

La répartition des compétences entre l'UA et ses communautés est source de plusieurs dysfonctionnements qui occasionnent une profonde confusion dans l'exercice de ces compétences par l'UA et ses communautés. Par exemple, il y a eu une prise simultanée des sanctions par la CEDEAO et l'UA, envers la Guinée à propos des exactions commises contre les populations civiles en date du 28 septembre 2009, lors d'une manifestation d'opposants. Les deux organisations avaient décrété un embargo sur les armes. Les mesures de l'UA consistaient en plus à bloquer la délivrance des visas, de restreindre la possibilité de voyager et de geler les avoirs des personnes visées[92]. Toutefois, l'utilisation du principe de subsidiarité a été plus adaptée dans la distinction de ces compétences. Ce principe a dissipé

---

[91] *Ibid.*

[92] Voir *Sanctions internationales : Guinée évoque un risque de « chaos »*, Jeune Afrique.com, N° 2545-2546 du 18 au 31 octobre 2009.

tout malentendu entre entités souveraines. Il en est ainsi parce que l'ACUA ne porte pas des précisions sur cette question.

Bien que peu défini dans l'ACUA, le principe de subsidiarité ne remet nullement en question les compétences attribuées à l'UA. D'une part, l'ACUA comporte plusieurs articles évoquant les compétences exclusives de l'UA. D'autre part, certaines dispositions de l'ACUA évoquent les domaines dans lesquels l'Union est dénuée de ces compétences[93]. L'UA est donc tenue d'exercer ces compétences conformément aux orientations dégagées par le principe de subsidiarité dans ces domaines. Cependant, conçue comme un concept dynamique, la subsidiarité serait appliquée en parfaite harmonie avec les objectifs énoncés dans l'ACUA. En évoquant les compétences exclusives, l'ACUA n'a pas manqué de discrétion à l'égard des autres compétences partagées, concurrentes ou complémentaires. Cependant, il est possible de procéder à des distinctions relatives aux modalités d'intervention de l'UA dans divers domaines. Elle enregistre plusieurs types de compétences dans le cadre des interventions telles que des compétences exclusives, partagées et complémentaires. En conséquence, le manque d'obéissance au principe de subsidiarité entraîne l'enchevêtrement des compétences au cours des interventions. Ce comportement peut inévitablement conduire à une inefficacité totale des organes de l'Union dans la recherche des solutions aux différends. Le phénomène d'enchevêtrement d'actions publiques perturbe l'ordre hiérarchique au niveau des interventions dans toute sorte de communautés.

L'exemple dans l'analyse des politiques publiques reflète un enchevêtrement d'action publique sur plusieurs niveaux en Europe[94]. Ce phénomène comporte un risque d'inefficacité dans l'exercice des compétences. À ce point, nous pouvons citer la confusion de rôle qui a existé entre la CEDEAO et l'UA dans la manière de prendre des sanctions internationales contre la Guinée qui évoquait un risque. Effectivement, la junte qui était au pouvoir en Guinée avait pris acte des sanctions simultanées qui étaient engagées contre lui. La volonté de les destituer du pouvoir devait engendrer un État sans un gouvernement. Finalement, le chaos devait s'installer en Guinée. Ce phénomène pouvait aviver les autres tensions dans la sous-région, dès lors que ce pays est entouré des voisins très fragiles[95].

En somme, le principe de subsidiarité donne une orientation pour la manière dont ces compétences doivent être exercées au niveau de l'UA, afin d'atteindre les objectifs par des interventions efficaces.

---

[93] Article 3 de l'ACUA

[94] Voir Guy MVELLE, *op.cit.*, p. 308.

[95] Voir Alain JOYANDET et Moussa Dadis CAMARA in *Sanctions internationales : la Guinée évoque un risque de « chaos"* http://www.jeuneafrique.com/Article/DEPAFPdu 31 octobre 2009.

2.b. Le principe de subsidiarité et les modes d'action dans l'Union africaine

Inspirée par l'UE, l'UA est souvent confrontée aux mêmes réalités concernant le principe de subsidiarité en matière d'intervention. À cet effet, nous partageons l'avis d'Henri OBERDORFF. D'où, les modes d'action de l'UA sont déterminés par le principe de subsidiarité. Des modalités spécifiques d'intervention sont également induites par la nature de la compétence. Ainsi, il s'opère une grande différence dans le contenu des actions menées, selon qu'une compétence est de nature exclusive, partagée ou complémentaire[96]. Conformément au principe de subsidiarité, l'action doit être d'une nécessité extrême au préalable que la Conférence qui est l'organe suprême de l'UA justifie.

Au cours d'une session, la Conférence peut prendre des initiatives et procéder à la prise de décision par consensus, sinon à la majorité des deux tiers des États membres de l'Union. Toutefois, les décisions de procédure sont prises à la majorité simple, y compris pour déterminer si une question est de procédure ou non. Les modalités d'adoption de la décision sont fixées à l'article 7 (1) de l'ACUA.

En tout état de cause, l'UA ne peut atteindre un objectif que si l'intensité de l'action est proportionnelle à sa compétence. Il se dégage ainsi le principe de proportionnalité qui vient s'ajouter à celui de la subsidiarité. Ce faisant, la réalisation de l'action doit donc se faire au prorata du but fixé.

B. La distribution équitable des compétences de l'Union africaine

Contrairement aux communautés régionales africaines qui détaillent leurs objectifs dans les traités de base, l'UA les présente précisément d'une manière générale dans son ACUA. Ainsi qu'il se distingue une variété d'interventions possibles, tant pour l'Union que pour les communautés. L'ACUA demeure le texte de base contenant toutes sortes d'explications à ce sujet. Son article 3 fixe les dispositions sur les objectifs de l'Union, tandis que la distribution des compétences entre les communautés et l'UA est exposée dans l'article 4 du même traité.

En vertu des articles 3 et 4 fixant respectivement les objectifs et les principes de l'UA, il est possible de comprendre la délimitation des frontières de compétences les États membres et l'UA d'une part[97]. D'autre part, il s'opère une distinction de compétences des communautés à celles de l'Union. On peut aisément apprécier les marges de manœuvre aussi bien des États membres que celle de l'UA.

[96] Voir Henri OBERDORFF, *op.cit.*, p. 286.
[97]Voir les articles 3 et 4 de l'ACUA.

1. Les compétences exclusives

Une compétence qui empêche l'intervention d'un État membre au plan international est dite exclusive. Cependant, l'exclusivité de la compétence de l'UA relève de son ACUA, notamment de son article 3 (e). En effet, la coopération internationale pour les intérêts de la Communauté africaine reste l'un des domaines exclusivement réservés à l'UA elle-même et non aux États membres qui ne disposent d'aucun droit dans ce cadre. Néanmoins, cette exclusivité renvoie à l'obligation d'intervenir pour différentes institutions de l'Union dans les domaines réservés.

Cependant, aucun État membre n'a le droit d'intervenir s'il n'est pas sollicité par ces institutions. Ces compétences exclusives sont très limitées parce qu'elles sont liées aux activités relevant de la scène internationale où les États membres n'ont aucune possibilité d'action. Elles sont aussi exprimées à travers la Commission de l'UA pour le droit international (CUADI) encore appelée « African Union Commission of International Law ». Cet organe a été créé le 4 février 2009 sur la base de l'article 5 (2) de l'ACUA dont la structure, les fonctions et les objectifs sont déterminés par son Statut. Son activité n'a débuté qu'en mai 2010. Sa création est inspirée de la même logique que celle qui a prévalu à la création de la Commission de droit international des Nations Unies en 1947.

La création de la CUADI marque la consolidation des principes du droit international par les États membres. Son statut a été adopté par la douzième Session ordinaire de la Conférence, tenue à Addis-Abeba (Éthiopie) du 1er au 4 février 2009. Ce faisant, l'article 25 sur la coopération avec d'autres organisations présente les compétences exclusives de manière très précise. C'est ainsi que la CUADI peut : consulter toute organisation intergouvernementale, internationale ou nationale compétente à propos des sujets qui sont jugés nécessaires pour accomplir ses fonctions. C'est ainsi qu'après consultation avec la CUADI, le Président de la Commission dresse une liste d'organisations nationales et internationales chargées du droit international telles que les Commissions nationales de réforme des lois, aux fins de diffuser des documents de la CUADI.

Enfin, la CUADI collabore étroitement avec la Commission du Droit international (CDI) des Nations Unies, aux fins de promotion du droit international sur le continent africain[98]. Les compétences exclusives de l'UA peuvent s'élargir par des interprétations extensives de la Cour de Justice ou de la Conférence. Les dispositions de l'article 3 définissent le caractère exclusif de la compétence. Cette compétence défend l'intérêt global de l'Union où s'inscrivent les intérêts des États membres qui doivent s'ajuster réciproquement.

---

[98] Voir article 25 du statut de la Commission de l'UA pour le Droit International.

2. Les compétences partagées ou concurrentes

L'intervention conjointe de l'UA à celle d'un État ou d'une organisation régionale dans un conflit fait office de compétence partagée ou concurrente. La compétence est dite partagée ou concurrente lorsque l'Union et les États interviennent simultanément dans une action sans des altercations réelles. Dans ce cas, une cohérence dans la conduite des actions devient indispensable. D'où ce privilège qui est accordé à l'utilisation de la notion de « compétences concurrentes » plutôt qu'à celle de « compétences partagées » en raison de sa clarté.

Effectivement, dans l'exercice des compétences, l'idée de concurrence suppose l'intervention de l'un en l'absence de l'autre[99]. Les actions doivent être menées avec cohérence dans les circonstances pareilles. La vocation élargie de l'UA à intervenir dans le continent laisse apparaître la prééminence de son action. Cette préemption communautaire sur l'intervention des États membres offre une certaine marge de liberté des États. En ce sens, l'UA intervient toujours dans les domaines qui lui sont consacrés, tandis que l'État membre lui limite son intervention à une action complémentaire non contradictoire, encore que le règlement communautaire doive le lui autoriser. Ces compétences partagées ou concurrentes sont de plus en plus fréquentes et incarnent le processus d'intégration au sein de la communauté africaine.

Plusieurs domaines relatifs aux politiques d'intérêt commun relèvent de ce type de compétences. L'UA mène des interventions dans ces domaines par l'adoption des orientations générales, des stratégies communes, des positions et des actions communes. Ces actions s'imposent ensuite aux États membres qui ne peuvent normalement pas adopter des dispositions ou des politiques nationales contradictoires.

En présence de partage et de concurrence, la question des limites dans les interventions de l'Union et des organisations régionales ou des États membres devient purement délicate. Le défaut d'appréciation dans cette situation peut conduire inévitablement au désordre et au bout du compte à l'échec. L'exemple précédent de la condamnation conjointe de la CEDEAO et l'UA en Guinée est une preuve palpable des compétences partagées ou concurrentes au sein de l'UA[100].

3. Les compétences complémentaires ou subsidiaires

Les compétences sont complémentaires ou subsidiaires lorsqu'elles permettent à une organisation continentale de compléter l'intervention avérée utile et nécessaire des États membres. Elles sont plus usuelles dans les secteurs de l'éducation, de la santé publique, de la formation, de la

[99] Voir Henri OBERDORFF, *op.cit.*, p. 290.

[100] Voir Guinée : *La CEDEAO décrète un embargo sur les armes*, http://www.jeuneafrique.com du 17 octobre 2009.

culture ou de l'emploi[101]. Plusieurs autres objectifs réalisables sont exprimés dans l'article 3 de l'ACUA. C'est un article de référence pour bâtir des procédés techniques permettant de relever les défis dans divers domaines de développement du continent africain. En revanche, l'UA contribue au plan communautaire par la réalisation de ces objectifs. Elle incite les États membres à la coopération entre eux et apporte un soutien ou un complément à leur action. Toutes ces compétences font une base juridique solide dans la création des politiques communautaires indispensables à la réalisation des objectifs tels que : la politique sociale, la cohésion économique communautaire, la politique agricole commune, la politique communautaire de la concurrence, la politique de défense commune, la politique de la santé, la politique de la recherche, la politique de la culture africaine et la politique régionale africaine.

En somme, il s'agit simplement d'un droit institutionnel communautaire qui cohabite avec un droit matériel au sein de l'UA. L'intérêt est porté dans le cadre des interventions aptes à la satisfaction des objectifs fixés par cet article 3 de l'ACUA. Le texte fondateur qui joue un rôle précis et déterminant dans le fonctionnement de l'UA et ses organes est complété par les instruments juridiques subsidiaires dans ce cadre.

SECTION II : LES INSTRUMENTS JURIDIQUES SUBSIDIAIRES

Les conflits intra et interétatiques sont dévastateurs sur le développement socio-économique du continent africain. Évidemment, ils créent non seulement de graves perturbations sur la paix, la stabilité et la sécurité des États, mais aussi ils constituent un obstacle majeur à la mise en œuvre du programme de développement et d'intégration en Afrique. Ce fléau interpelle finalement la conscience des Chefs d'État et de Gouvernement très sérieusement[102]. Ainsi qu'ils sont déterminés à l'éliminer[103]. C'est ainsi que l'UA s'est dotée d'instruments juridiques subsidiaires qui confèrent également des compétences aux institutions chargées de la résolution des conflits. Ces instruments supplétifs à l'ACUA sont : les Pactes, les Chartes, les Conventions, les Protocoles, les Traités, les Déclarations et les Accords.

Bien que calqué sur le modèle européen, l'ACUA est apparemment limité dans certaines circonstances. Si le concept d'une organisation notifiant une rupture avec l'OUA couvre la majorité des textes régissant l'UA, le premier d'entre eux étant l'ACUA, la réalité des changements attendus a finalement bien du mal à se concrétiser dans divers échelons d'intégration du continent. Et pourtant, les leaders politiques africains continuent à discuter longuement

---

[101] Voir Henri OBERDORFF, *op.cit.*, p. 292.

[102] Voir le préambule du pacte de non-agression et de défense commune de l'UA au paragraphe 1.

[103] Voir La Déclaration de Syrte, Libye, p. 3, paragraphe 6.

des voies et moyens de renforcer cette organisation continentale. Il en est ainsi afin de la rendre plus efficace et de lui permettre de s'adapter aux changements sociaux, politiques et économiques permanents qui se produisent à l'intérieur et à l'extérieur du continent.

À ce stade, de nombreuses critiques ont malheureusement déjà émergé bien que M. Amara ESSY, le secrétaire de l'OUA désigné en juillet 2001 à Lusaka, ait entrepris une large concertation impliquant des acteurs venus des horizons les plus divers. Et pourtant, sa désignation avait pour objectifs de prévenir les critiques éventuelles sur les fondations de la nouvelle organisation. Il fallait surtout répondre aux appréhensions de nombreux États sur les finalités réelles de l'Union et la préservation de leurs attributs de souveraineté. La finalité était celle d'assurer la transition vers l'UA[104]. Ainsi, l'attention portée au processus de la mise en place de cette nouvelle Organisation continentale fut d'autant plus rigoureuse. Elle exigeait une procédure de consultation extrêmement sévère et délicate. De son côté, l'ACUA ne pouvait pas combler toutes les attentes relatives[105].

À travers les 33 articles et par des termes très généraux, l'ACUA se borne simplement à énumérer les objectifs de l'UA (article 3) et les principes (article 4) comme base du fonctionnement de celle-ci. En revanche, les pouvoirs et les attributions des principaux organes de l'organisation sont couverts par un énoncé très succinct du même ordre. Cette modeste rédaction est l'expression d'un accord minimal sur lequel repose l'entente des États membres. Ceci permet la dissipation des craintes révélées à l'élaboration dudit ACUA sur sa nature et son caractère supranational. L'ACUA ne laisse véhiculer aucun soupçon à propos du fondement interétatique de l'organisation. Par ailleurs, il n'y a eu aucune disposition préfigurant les États-Unis d'Afrique à l'issue de cette élaboration, ce qui constituait pourtant un principe sacro-saint de M. Mouammar KADHAFI.

Les rédacteurs de l'ACUA ont simplement voulu s'inspirer de l'ambiguïté de certains articles de la Charte de l'OUA de 1963. Effectivement, il s'agit bien d'une situation qui engendrait de multiples spéculations et de surenchères ayant entamé la crédibilité de l'Institution au fil des années. Les États africains ont pris le pari de laisser à la pratique et au temps le soin de déterminer les compétences de l'Union, sinon d'étendre leur champ, partant fixer de différentes étapes à venir de l'intégration continentale, au vu des résultats obtenus[106].

L'UA se distingue par un champ de coopération très vaste incluant désormais, entre autres, les questions relatives à la bonne gouvernance, la démocratie, l'État de droit, l'intégration économique, ou encore les droits de l'Homme, en reprenant à son compte les objectifs déjà assignés à l'OUA.

---

[104] Voir Albert BOURGI, *op.cit.*, p. 328.
[105] *Ibid.*
[106] *Ibid.*, p. 329.

Malgré l'entrée en vigueur de l'ACUA, ces nouvelles compétences recouvrent les objectifs inscrits dans d'autres instruments juridiques relevant de l'OUA passée. Pourtant, ces instruments subsistent, pour une part, dans la nouvelle UA. Une telle juxtaposition pourrait susciter des tendances conflictuelles sur le plan institutionnel comme sur le plan fonctionnel. Une synergie est néanmoins présagée dans les domaines jusque-là couverts par le Traité d'Abuja (Nigeria) de 1991 qui institue une CEA, par la Charte africaine des droits de l'Homme et des peuples de 1981 ou encore par la Déclaration du Caire de 1993 sur le Mécanisme de prévention, de gestion et de règlement de conflits.

De toute évidence, la création de l'UA marque la destitution du dispositif normatif qui était adapté à l'OUA pendant des années d'une part. D'autre part, cette création incarne l'intégration des structures progressivement devenues des entités quasi autonomes à la nouvelle organisation. De même que l'ACUA a créé l'UA, plusieurs autres instruments juridiques subsidiaires ont été à la base de la création de certains organes de l'Union. Ainsi, d'autres organes peuvent aussi être créés à l'initiative de la Conférence de l'Union, comme elle le fît pour le CPS dès l'entrée en vigueur de l'ACUA.

La Conférence de l'Union, le CE, le Comité des représentants permanents (COREP), et la Commission sont des organes-clés que le sommet de Lusaka qualifie de prioritaires. Le COREP, est composé de représentants permanents et autres plénipotentiaires des États membres. Il est chargé de préparer des travaux du CE. Il agit sur instruction du Conseil[107]. Lors de la conférence de Durban en juillet 2002, ils ont été définitivement mis en place après adoption des règlements intérieurs des trois premiers et des statuts de la Commission, deux années après l'entrée en fonction de l'UA.

La mise en place d'autres institutions peut être subordonnée à la ratification des protocoles *ad hoc,* c'est le cas du Parlement panafricain, de la Cour de justice, du Conseil économique, social et culturel encore appelé « The Economic, Social and Cultural Council » (ECOSOCC) ainsi que du CPS. Ainsi, ces organes créés jouissent des compétences dont les textes de création respectifs demeurent leurs sources principales. Outre cette catégorie de création d'organes, nous reconnaissons ceux issus du droit dérivé des communautés sous-régionales de l'UA dans la prévention, la gestion et le règlement de conflits.

À l'image de la Communauté régionale, les Communautés sous-régionales jouissent de la création d'organes accompagnant la réalisation des objectifs de l'Union à des diapasons simplement réduits. Ces organes présents dans des Communautés sous-régionales distinctes du continent œuvrent aussi à la résolution des conflits de leur échelon grâce aux compétences découlant du traité de base qui les a respectivement consacrées. Devant ces préoccupations liées à la situation de faiblesse antérieure à

[107] Voir Guy MVELLE, *op.cit.*, p. 167.

l'Organisation, la nécessité d'intégrer les instruments juridiques subsidiaires s'est avérée indispensable.

Cependant, vouloir exposer une liste exhaustive de tous ces instruments juridiques subsidiaires ne serait qu'un simple exercice voué à l'échec. De surcroît, la limite sur ce point sera fixée à une étude portée sur les Protocoles (paragraphe 1), ensuite nous allons procéder à l'examen des Conventions, des traités et enfin à l'analyse les Chartes (paragraphe 2).

Paragraphe 1 : Les protocoles relatifs aux instruments et aux organes de l'Union africaine

Il est intéressant de noter que les Africains aspirent toujours au changement tourné vers le développement et l'intégration du continent. Cette attitude incarne une grande ambition des Africains à faire valoir leur continent sur la scène internationale. Malheureusement, de nombreux fléaux qui jonchent encore ce parcours, celui des conflits paraît le plus redoutable. C'est une préoccupation majeure qui occupe le cœur de tous les débats au sein des institutions africaines. C'est également un thème central évoqué presque dans tous les sommets, sessions et réunions tenues régulièrement en Afrique. Par ailleurs, si ces changements tardent encore à venir, c'est parce que de nombreuses insuffisances ont été relevées après la conception de l'ACUA. Il fallait donc lui adjoindre d'autres instruments tels que les protocoles pour corriger sa fragilité, c'est d'ailleurs le cas du Protocole sur les amendements à l'ACUA.

Le Traité d'Abuja (Nigeria) dans son premier chapitre, notamment à son article 1 (b) évoque que le protocole et le traité ont la même force juridique. Ces protocoles sont de plusieurs catégories. L'un d'eux fait état des amendements apportés aux instruments juridiques de l'UA pour étoffer ses compétences dans la résolution des conflits. Il s'agit là du Protocole sur les amendements à l'ACUA (A). D'autres protocoles restent purement rattachés aux organes de l'UA dans le cadre respectif des fonctions qu'ils exercent, conformément aux dispositions de l'ACUA. C'est le cas du Protocole portant statut de la CAJDH (B) et le Protocole relatif à la création du Conseil de Paix et de Sécurité de l'UA (C).

A. Le Protocole sur les amendements à l'Acte constitutif de l'Union africaine

Ce Protocole est adopté par la 1ère Session extraordinaire de la Conférence tenue le 3 février 2003 à Addis-Abeba en Éthiopie et par une 2eme Session ordinaire du 11 juillet de la même année à Maputo en Mozambique. Il est entré en vigueur 30 jours après le dépôt des instruments de ratification par les deux tiers des États membres. Ce protocole qui traite des amendements apportés à l'ACUA a été signé par 28 États sur 53 membres de cette époque[108]. L'objectif principal consacré aux 13 articles dudit Protocole est celui de renforcer les dispositions de l'ACUA. Ce dernier est considéré comme le pourvoyeur principal des compétences de l'UA et ses organes. Pour cette raison, l'ACUA a subi des modifications dans sa substance initiale. À titre d'exemple, nous retiendrons l'article 1er sur les explications données aux diminutifs utilisés dans l'ACUA. Au fond, ces diminutifs renvoient simplement aux institutions ou encore aux personnalités qui assurent la haute direction de celles-ci. Ils ont été accompagnés des expressions qui les mettent en valeur.

Par ailleurs, c'est sans difficulté que les termes moins expressifs ont été remplacés par les plus aptes à désigner une entité. Dans l'article 2 de ce Protocole par exemple, le terme « fondateurs » remplace celui de « pères fondateurs » évoqué au premier paragraphe du préambule de l'ACUA[109]. À ce titre, il règne la crainte d'une recrudescence de la fragilisation de l'ACUA, à en croire une sorte de charge sémantique que peuvent générer certaines locutions de ce genre. Plusieurs autres aspects importants concordent à l'amélioration du contenu de l'ACUA. Nous pouvons ainsi relever l'insertion des 3 sous-paragraphes à l'article 3 de l'ACUA portant sur les objectifs.

L'insertion de ces trois nouveaux sous-paragraphes (i) (p) et (q) a évidemment entraîné la renumérotation des sous-paragraphes restants. Donc il y a eu un souci consacré à l'amélioration des conditions d'existence de l'ACUA. Des phrases entières ont définitivement été supprimées et notifiées dans ce Protocole pour une compatibilité des conditions à la réalisation des objectifs de l'Union. À ce stade, il s'agira plus simplement de se référer à l'article 6 de l'Acte portant sur la Conférence. Il s'agit d'une notification portée sur le remplacement du terme « Chairman » par « Chairperson ». Cet aspect s'est pratiqué concomitamment avec une suppression de la deuxième phrase du sous-paragraphe 3 et l'insertion des nouveaux paragraphes 4, 5, 6 et 7. La qualité de l'ACUA a formellement été améliorée par la suppression des phrases et de certains articles incompatibles aux objectifs de l'Union. La suppression de l'article 31 de l'Acte portant sur la cessation de la qualité de membre est un exemple largement probant sur la situation.

Ce Protocole sur les amendements à l'ACUA est une énorme contribution dans le processus de résolution des conflits en Afrique. Certaines dispositions de celui-ci renforcent les compétences de l'ACUA.

B. Le Protocole portant statut de la Cour africaine de justice et des droits de l'Homme

Le Protocole portant statut de la CAJDH est rattaché aux organes de l'UA adopté par la onzième session ordinaire de la Conférence tenue le 1er juillet

---

108. Voir Andrea CALIGIURI, *Le droit d'intervention et l'interdiction de l'usage de la force en droit international*, http://www.academia.edu, 09.04.2015.

109 Voir Article 2 du Protocole sur les amendements à l'ACUA

2008 à Sharm El-Sheikh en Égypte. Il souligne la fusion de la CADHP à la Cour de Justice de l'UA. Son premier chapitre est principalement consacré à la fusion de ces deux Cours. Ce Protocole remplace les deux premiers à savoir : le Protocole relatif à la Charte africaine des droits de l'Homme et des peuples portant création d'une CADHP ainsi que le Protocole de la Cour de Justice de l'UA. Le premier article du Protocole portant statut de la CAJDH dispose que ce fameux Protocole relatif à la Charte africaine des droits de l'Homme et des peuples portant création d'une CADHP avait été adopté le 10 juin 1998 à Ouagadougou (Burkina Faso). Il est entré en vigueur le 25 janvier 2004. Cependant, le Protocole de la Cour de Justice de l'UA a connu son adoption le 11 juillet 2003 à Maputo (Mozambique). Ils sont remplacés par le présent Protocole et son Statut intégré sous réserve des dispositions des articles 5, 7 et 9 dudit Protocole[110].

Il fait mention dans son 1er article l'abrogation des Protocoles de 1998 et de 2003 ainsi que du remplacement de ceux-ci par ledit protocole. De la fusion de ces deux cours résultera donc une Cour unique de justice au sein de l'UA à savoir : la CAJDH. Ce Protocole qui abroge ceux de 1998 et de 2003 crée aussi cette Cour unique de l'UA en mettant l'accent sur les références portant sur la « Cour de justice » dans l'ACUA. Il mentionne nettement les dispositions transitoires au chapitre 2 de son corpus avant d'évoquer les dispositions finales dans son dernier chapitre. Il s'ouvre automatiquement sur une annexe relative au Statut de la CAJDH. Dans ces différents chapitres, cette annexe évoque les dispositions générales, l'organisation, la compétence et la procédure de la Cour. Ces références rappellent aussi l'impact de la CAJDH instituée par l'article 2 du présent Protocole. La CAJDH de l'Union dont les statuts sont définis dans l'annexe de son Protocole tire ses compétences du chapitre III de ce Protocole. Elle demeure l'organe judiciaire principal de l'UA[111]. Elle exerce également ses fonctions conformément aux dispositions de l'Acte de sa création et de son Protocole.

Le Protocole portant statut de la CAJDH permet aux États membres de participer à l'interprétation et au développement du droit international. Cela leur permet aussi de s'orienter vers le règlement politique et juridictionnel des différends interafricains. L'article 3 fait état de la composition de la Cour et dispose que 16 juges ressortissants des États parties au Protocole la composent. Plusieurs autres articles de ce Protocole concernent la conduite des activités effectuées par la Cour, ainsi que les différents mécanismes de communication utilisés dans le cadre des procédures régulières. Notamment, nous ferons allusion à l'article 38 portant sur les procédures devant la Cour. Il en est de même pour l'article 28 qui traite de la compétence matérielle de la Cour et de l'article 29 qui concerne les entités admises à ester devant celle-ci. Enfin, il convient aussi de souligner l'importance des autres articles

[110]Voir l'article premier du protocole portant statut de la CAJDH.
[111] Voir Article 2 du Statut de la CAJDH.

de ce Protocole qui attribuent les compétences à la CAJDH indispensables à l'exercice de ses fonctions.

C. Le Protocole relatif à la création du Conseil de Paix et de Sécurité de l'Union africaine

Le Conseil de Paix et de Sécurité (CPS) a été créé par le Protocole du 9 juillet 2002. Ce Protocole est entré en vigueur le 26 décembre 2003 après les 27 ratifications requises. En revanche, le CPS a été officiellement adopté par la première Session ordinaire de la Conférence le 9 juillet 2002 à Durban. Il est devenu opérationnel le 25 mai 2004. Cependant, l'article 22 fait mention des dispositions finales. Par rapport à son statut, il est stipulé dans l'article 22 (1) que ce Protocole remplace la Déclaration du Caire. Ainsi, ses dispositions succèdent aux Résolutions et Décisions de l'OUA relatives au Mécanisme pour la prévention, la gestion et le règlement des conflits qui sont contraires au présent Protocole selon l'article 22 (2). Son article premier mentionne les définitions qui donnent une signification exacte de chacun des termes utilisés dans ce protocole. De nombreuses dispositions de ce Protocole évoquent les compétences dévolues à l'UA ainsi qu'à ses organes consacrés à la résolution des conflits. Cependant, l'article 2 du fameux Protocole fixe la création, la nature et la structure du CPS qu'il a créé[112].

En tant qu'Organe de Décision permanent pour la prévention, la gestion et le règlement des conflits, le CPS constitue un système de sécurité collective et d'alerte rapide. Il permet une réaction rapide et efficace aux situations des conflits et des crises en Afrique. L'article 3 du Protocole fixe enfin les objectifs du CPS. En revanche, les articles 4, 5, 6, 7, 8 et 9 traitent respectivement, des principes, de la composition, des fonctions, des pouvoirs, de la procédure et des modalités de saisine et d'action de cette institution. En Afrique, la résolution des conflits constitue la pierre angulaire dans l'action de conduire le processus d'intégration rapide et de développement durable du continent par la promotion de la cohésion, la solidarité, l'unité et la coopération entre les peuples ainsi que les États membres de l'UA, mais aussi par l'établissement d'un nouveau partenariat avec les autres régions du monde afin de lutter efficacement contre les effets malveillants de la mondialisation.

La prévention, la gestion et le règlement des conflits exigent des compétences pour atteindre les objectifs contenus dans l'ACUA. Au-delà des principes consacrés par le droit international, l'ACUA est porteur d'un programme politique, économique et social pour l'Afrique, avec la définition d'une politique commune de défense. Il s'agit précisément de la participation populaire aux affaires de l'Union, le droit d'intervenir directement dans un pays coupable de crimes contre l'humanité, le droit d'intervenir pour rétablir la paix et la sécurité dans un État membre à sa demande, l'égalité entre

---

112 Voir Article 2 du Protocole relatif à la création du Conseil de Paix

l'homme et la femme[113]. Dans ce contexte, nous allons étudier d'autres catégories des textes juridiques qui appuient les compétences de l'ACUA.

Paragraphe 2 : Les autres catégories de textes juridiques subsidiaires

Les autres catégories de textes juridiques subsidiaires sont dans l'ensemble : les Traités, les Conventions, les Déclarations, les Pactes et les Chartes. Ces instruments ont été conçus pour renforcer les capacités de l'UA afin d'atteindre les objectifs inscrits dans l'ACUA. Mais ce traité de base montre également combien l'immensité et la complexité des manœuvres à employer devant cette mission s'avèrent ardues. Bien entendu, la réalisation des objectifs tels que l'intégration et le développement du continent africain seraient utopiques sans une résolution préalable des conflits. Il est donc incontestablement vrai qu'on ne peut prétendre au développement du continent africain sans passer a priori par sa stabilité. Mais étant donné que l'ACUA est fragile, l'UA a recouru à une conjugaison de textes subsidiaires, afin de pallier ces insuffisances qui avaient déjà soulevé tant de critiques. Il fallait redynamiser tout le système. Cette situation a occasionné la persistance de plusieurs textes juridiques de l'OUA dans l'UA, malgré la rupture annoncée par l'ACUA.

Parmi ces instruments qui subsistent, nous citons à titre d'exemple la Charte de l'OUA qui a été adoptée en 1963 à Addis-Abeba. Il a intégré les autres instruments juridiques existants tels que le Traité d'Abuja (Nigeria) de 1991 qui a créé la CEA, ou encore la Déclaration du Caire sur le Mécanisme pour la prévention, la gestion et le règlement des conflits. Ces instruments de l'OUA qui sont encore en vigueur au sein de l'UA recouvrent désormais leur légitimité dans une certaine mesure, quant à leur constance actuelle placée dans un contexte d'intégration et de développement du continent africain[114].

Sur ce point, il est intéressant de souligner que c'est l'article 33 de l'ACUA qui fait état du remplacement de la Charte de l'OUA par ce même Acte. Ainsi, dans son alinéa premier, cet article invoque que la Charte devrait rester en vigueur pendant une certaine période transitoire. Cette période ne devrait pas dépasser une année ou tout autre délai déterminé par la Conférence, après l'entrée en vigueur de cet Acte. Cette disposition a été conçue pour permettre vraisemblablement à l'OUA de prendre les mesures appropriées et transférer ses prérogatives, ses biens, ses droits et ses obligations à l'UA, puis de régler toutes les questions relatives.

En revanche, l'alinéa 2 de cet article 33 traite directement des dispositions de l'ACUA qui ont également préséance. Ces dispositions remplacent celles du Traité d'Abuja (Nigeria) instituant la CEA pour

---

[113] Voir Jean-Pierr02 (8) : L'Union en 7 questions», dans MFIHEBDO : *Politique Diplomatie*.<http://www.rfi.fr/fichiers/mfi/politique diplomatie/589.asp.17 mai 2010.
[114] *Ibid.*

conjurer les contradictions avec l'ACUA. Cet alinéa 2 a pu être consacré pour se créer une certaine cohérence, s'offrir une meilleure interprétation des nouvelles dispositions en vigueur de l'ACUA, quant à réaliser des objectifs. Outre le fait de préciser le remplacement d'anciennes dispositions par les plus récentes pour l'efficacité des organes aux opérations, l'importance et la sensibilité de la notion de règlement de conflit renvoient inexorablement à la synergie des textes juridiques. Une conjoncture concevant des opportunités sans précédent à la réalisation des objectifs peut également générer de nouvelles menaces dues à leur réutilisation par l'UA.

Dans l'étude d'autres catégories de textes juridiques subsidiaires au sein de l'UA, nous allons principalement aborder le cas du Pacte de non-agression et de défense commune de l'UA (A). Pour élucider cette démarche et dans ce même ordre d'idée, il serait indispensable de faire suivre l'analyse de la Charte africaine de la démocratie, des élections et de la gouvernance (B).

A. Le Pacte de non-agression et de défense commune de l'Union africaine

Les pactes font partie intégrante des textes juridiques subsidiaires de l'UA. Ces sources de compétences complémentaires contribuent également à la résolution des conflits du continent. Mais le Pacte de non-agression et de défense commune de l'UA constitue l'instrument juridique subsidiaire par excellence en matière de la sécurité qui est indissociable à la défense. La défense qui est devenue la référence conforme dans la pratique des États ne se différencie de la sécurité que par sa logique. Si la sécurité est une préoccupation qui intéresse tous les secteurs de la vie sociale, la défense demeure fondamentalement militaire. Par ailleurs, si la défense repose sur la force qui est un facteur objectif, la sécurité repose plus sur les facteurs plus subjectifs[115]. Le Pacte de non-agression et de défense commune de l'UA est le point focal des interventions de celle-ci dans les différends et dans l'encadrement du recours à la force.

À travers ce Pacte, les Chefs d'État et de Gouvernement de l'UA ont exprimé leur prise de conscience de la gravité de l'impact que les conflits ont sur la paix, la sécurité et la stabilité du continent. Cependant, le préambule du Pacte évoque la manière dont ces dirigeants politiques s'attachent à la vision commune d'une Afrique unie et forte, fondée sur le strict respect des principes de coexistence pacifique, de non-agression, de non-ingérence dans les affaires intérieures des États membres, du respect de la souveraineté et de l'intégrité territoriale de chaque État.

L'éradication totale des guerres et des conflits internes ou interétatiques fait l'objet d'une obsession chez les dirigeants africains. Leur résolution

[115]Voir Hervé COUTEAU-BÉGARIE, *Traité de stratégie,* Paris, Édition Economica, 2006, 1049 p.

préside à la réalisation des objectifs précités afin de satisfaire les attentes des Africains. Au regard de l'état de délabrement actuel du continent, le respect des droits de l'Homme et de l'État de droit, des institutions de développement appropriées et la promotion d'une solide culture démocratique par l'organisation d'élections honnêtes et régulières, l'élaboration des politiques de promotion du développement durable, la bonne gouvernance ainsi que la lutte contre la corruption et l'impunité paraissent essentiels à la sécurité collective, à la paix et à la stabilité. Bien entendu, cette sécurité collective concerne également un autre instrument fondamental qui est le Traité de Pelindaba instituant une zone exempte d'armes nucléaires en Afrique (ZEANA)[116]. Ce traité a été ouvert à la signature le 11 avril 1996 au Caire sous l'égide de l'OUA. Il est entré en vigueur le 15 juillet 2009après 28 signatures des États membres de celle-ci.

Les Chefs d'État et de Gouvernement des États membres de l'UA se disent forts de leur intransigeante considération qu'ils ont affirmée, entre autres, dans l'ACUA et le Protocole relatif à la création du CPS de l'UA, notamment à l'article 7 (h) relatif à la mise en œuvre de la politique de défense commune de l'Union. Ils réaffirment leur engagement à la Déclaration solennelle sur la Politique africaine commune de défense et de sécurité (PACDS) adoptée à Syrte (Grande Jamahiriya arabe libyenne) par la deuxième session extraordinaire de la Conférence de l'UA, tenue les 27 et 28 février 2004[117]. Le chapitre III, paragraphe (t) de ce Pacte encourage « la conclusion et la ratification de pactes de non-agression entre pays africains, et l'harmonisation de tels pactes ».

Au sein de l'UA, tous ces Chefs d'État et de Gouvernement sont convaincus d'une Communauté d'États membres ayant décidé, entre autres, l'adoption d'un Pacte de non-agression et de défense commune de l'UA, pour faire face aux menaces intérieures ou extérieures à la paix, à la sécurité et la stabilité du continent, ainsi qu'au bien-être des peuples d'Afrique. Ce Pacte évoque aussi les objectifs de l'Union dans son article 2, les obligations (article 3), les mécanismes de mise en œuvre (article 9) des orientations sur le règlement pacifique des différends, de l'interprétation, de l'application et de sa propre validité, sans préjudice des compétences du CPS dans son ensemble. Dans leur intégralité, ces dispositions étalent une gamme de compétences indispensables à l'UA ainsi qu'à ses organes impliqués dans la résolution des conflits en Afrique.

Enfin, ces prédispositions sur les compétences limitées de l'UA ouvrent à une nouvelle catégorie d'instruments juridiques subsidiaires qui œuvrent

---

[116] Voir African Union Commission (AUC), *Union africaine/Session spéciale sur l'examen et règlement des conflits en Afrique*,https://appablog.wordpress.com, 13 mai 2015.

[117] Voir Josiane TERCINET, *« L'Union africaine et le maintien de la paix en Afrique : aspects institutionnels et opérationnels »*, *in* HOUCHANG Hassan-Yari et OUSMAN Abdelkérim (dir.), *Régionalisme et sécurité internati*onale, Bruylant, Bruxelles, 2009, pp. 77-98.

dans la même perspective que les précédentes à savoir : les Chartes africaines.

B. La Charte africaine de la démocratie, des élections et de la gouvernance

Les Chartes africaines font partie des instruments juridiques d'appoint sur les compétences limitées de l'UA en matière de résolution des conflits. Adoptée par la 8ème Session de la Conférence tenue le 30 janvier 2007 à Addis-Abeba en Éthiopie, la Charte africaine de la démocratie, des élections et de la gouvernance assure la régulation de l'alternance au pouvoir en Afrique. Elle influe sur les élections libres qui permettent une alternance pacifique des coalitions politiques. Les divergences pluridimensionnelles qui écornent les relations interétatiques sont corrigées par les institutions capables de renouer avec la paix. Cela s'opère par le règlement pacifique des différends qui rétablit l'équilibre des relations entre les acteurs internationaux. Les conflits perturbent les relations interétatiques parce que les États violent parfois les dispositions de la Charte des Nations Unies.

Les dispositions contenues dans ce traité ont été incorporées à la législation nationale de chaque État membre des Nations Unies afin de leur offrir une base juridique pour revendiquer le respect des droits de l'Homme[118]. Au cas contraire, les règles des Nations Unies et l'attention que celles-ci portent sur la question constitueront de puissants outils permettant de freiner les abus sociaux. Ils favorisent aussi la restauration des gouvernements démocratiques. Ce sont de véritables bases de développement social, culturel et économique. Finalement, tous ces aspects peuvent conduire à la réalisation des objectifs. Évidemment, la démocratie doit entretenir des relations avec les élections libres et transparentes, la liberté de presse, le respect des droits de l'Homme, le contrôle du gouvernement par le législatif, la suppression du monopole et la séparation des pouvoirs. La démocratie ne fonctionne que si l'information et la communication, en plus du respect des droits de l'Homme, ont leur place de choix dans le système. En d'autres termes, ils constituent un référentiel juridique conséquent de la démocratie et de l'État de droit.

Or la plupart des États africains souffrent d'un manque déplorable du respect envers toutes ces normes démocratiques précitées. Ce manquement qui menace quotidiennement la paix et la sécurité internationales favorise les conflits qui s'éternisent au sein de ces États. Ces conflits empêchent l'intégration du continent et son développement une fois qu'ils se pérennisent. Tous ces fléaux entraînent donc une incapacité totale à relever le défi de la mondialisation.

---

118 Voir Jean-Pierre COT, Alain PELLET et Mathias FOURTEAU, La Charte des Nations Unies : Commentaire article par article (tomes 1), Paris, Édition Economica (3e éd.) 2005, p. 313.

Pour parler du développement et de l'intégration du continent africain, il faudrait préalablement résoudre le fléau des conflits armés. Aujourd'hui, l'intégration est toute une manière de réagir face aux défis liés à la mondialisation et d'adapter le processus décisionnel, ainsi que les choix collectifs à la dimension nouvellement acquise par le biais des enjeux[119]. Ces faits que nous évoquons forcent notre admiration et aiguisent en même temps notre esprit scientifique. Ils apportent quelques éléments de support à l'opinion que nous défendons. Au regard de tout ce qui précède, la Charte africaine de la démocratie, des élections et de la gouvernance montre combien de fois les États membres de l'UA sont inspirés par les objectifs et principes énoncés dans l'ACUA. En particulier, nous retenons les articles 3 et 4 qui soulignent l'importance de la bonne gouvernance, de la participation populaire, de l'État de droit et des droits de l'Homme. Malgré tout, ces États membres reconnaissent plus ou moins ces quelques efforts de contribution déjà fournis par l'UA et les CER pour la promotion, la protection, le renforcement et la consolidation de la démocratie ainsi que de la bonne gouvernance. Mais bien au contraire, ils devraient réaffirmer leur volonté collective d'œuvrer sans relâche pour l'approfondissement et la consolidation de la démocratie, de l'État de droit, de la paix, de la sécurité et du développement des États membres de l'UA. Ce principe est d'ailleurs évoqué dans le préambule de ladite Charte[120].

Les membres de l'UA sont guidés par cette Mission commune de renforcer et de consolider les institutions de bonne gouvernance, l'unité et la solidarité à l'échelle continentale. Ils ne manifestent leur optimisme qu'en se proclamant résolus à promouvoir les valeurs universelles et les principes de la démocratie, la bonne gouvernance, les droits de l'Homme et le droit au développement. Ils se disent conscients des conditions historiques et culturelles en Afrique. Ces membres sont également soucieux d'enraciner une culture d'alternance politique fondée sur la tenue régulière d'élections transparentes, libres et justes, conduites par des organes électoraux nationaux, indépendants, compétents et impartiaux. Si telle est l'approche fondamentale que ces membres de l'UA nous réservent, l'avancée vers la réalisation des objectifs inscrits dans l'ACUA finirait par voir le jour, ce qui devrait satisfaire les Africains. Le cas contraire serait susceptible de causer des tensions, voire des troubles au sein d'un État. Cet aspect a été vécu par le camp présidentiel qui a essuyé un revers inattendu au Burundi lorsqu'il a voulu forcer une réforme de la constitution. À une voix près, la réforme a été rejetée après le vote fait par l'Assemblée nationale du pays[121]. Au même préambule, la charte évoque les changements anticonstitutionnels de gouvernement dans les États membres de l'UA constituant l'une des causes

---

119 Voir Reine DJUIDJE KOUAM, *op.cit.*, p. 19.

120 Voir le préambule de la Charte africaine de la Démocratie, des Élections et de la Gouvernance.

121 Voir RFI, *Burundi : le projet de révision de la Constitution retoqué au Parlement*, http://www.rfi.fr/afrique, le 14 juin 2014.

essentielles d'insécurité, d'instabilité, de crise et même de violents affrontements en Afrique. À ce point, ces États membres se sentent entièrement préoccupés et se déclarent résolus à promouvoir et renforcer la bonne gouvernance par l'institutionnalisation de la transparence, de l'obligation de rendre compte et de la démocratie participative. Pour ce faire, la mise en pratique du respect des normes démocratiques devrait précéder le renforcement de principales Déclarations et les Décisions de l'OUA, partant de l'UA.

Toutefois, les États membres de l'UA les proclament d'ailleurs, notamment la Déclaration des chefs d'État et de Gouvernement de l'OUA de 1990 sur la situation politique et socio-économique en Afrique ainsi que les changements fondamentaux intervenus dans le monde. À cela s'ajoutent, l'Agenda du Caire de 1995 pour la relance économique, le développement social en Afrique et la Décision d'Alger de 1999 sur les changements anticonstitutionnels de gouvernement. Dans cette même liste figure la Déclaration de Lomé de 2000. Cette dernière porte sur une réaction de l'OUA face aux changements anticonstitutionnels de gouvernement, la Déclaration de l'OUA/UA sur les principes régissant les élections démocratiques en Afrique adoptée en 2002 et enfin, le Protocole de 2003 portant création du CPS de l'UA. À ce stade, les membres de l'Union ont logiquement fait suite à la prétention d'évoquer leur résolution de mettre en œuvre les Décisions EX.CL/Dec.31 (III) et EX.CL/124 (V). Ces instruments ont été respectivement adoptés à Maputo (Mozambique) en juillet 2003 et à Addis-Abeba (Éthiopie) en mai 2004 par l'adoption d'une Charte africaine de la démocratie, des élections et de la gouvernance[122].

Après l'article 1er qui est fondé sur les définitions, nous avons la promotion sur l'adhésion de chaque État partie aux valeurs et principes universels de la démocratie et sur le respect des droits de l'Homme qui reste un des objectifs fondamentaux de la Charte à l'article 2 (1). Dans la Charte et sauf indication contraire, les expressions constituant le corpus de cet article donnent une signification à chaque terme employé pour désigner une institution ou un organe donné. Cet article contient de nombreux objectifs qui ne peuvent être atteints que par le respect de tous ces principes. Cette démarche peut incontestablement soulager les attentes des Africains. Elle peut donc procurer et introduire honnêtement le changement en Afrique.

Il y a 10 chapitres qui sont constitués de 53 articles portant sur des principes, de la démocratie, de l'État de droit et des droits de l'Homme, de la culture démocratique et de la paix, des institutions démocratiques, des élections démocratiques, des sanctions en cas de changement anticonstitutionnel de gouvernement, de la gouvernance politique, économique et sociale, des mécanismes de mise en application et enfin, des

---

122 Dans un communiqué de la « Mouvance Légaliste » lancé le 4 novembre 2009 à Antananarivo et publié dans le journal « *Politique* », M. Tonton Ambroise RAVONISON insiste sur le fait que l'UA doit appliquer toutes les Règles et Conventions.

dispositions finales respectivement du chapitre III au Chapitre XI. Ces chapitres donnent un cadre relatif aux différentes opérations compatibles à la réalisation des objectifs de l'UA. Les actions sont à accomplir spécifiquement par chacun des organes appropriés et des institutions. Il est vrai que l'UA doit user des compétences découlant de l'ACUA et de tous autres instruments juridiques subsidiaires afin de résorber ce fléau de conflits. Néanmoins, réaliser les objectifs définis par l'UA dans son programme de base reste encore un défi dont elle ne peut que redouter les effets quant à ses limites avérées en matière d'intervention.

Toutefois, au préambule du Pacte de non-agression et de défense commune, les Chefs d'État et de Gouvernement des États membres de l'UA expriment un vif attachement envers cette vision commune d'une Afrique unie et forte qui est fondée sur le strict respect des principes de coexistence pacifique, de non-agression, de non-ingérence dans les affaires intérieures des États membres, du respect de la souveraineté et de l'intégrité territoriale de chaque État membre d'une part. D'autre part, l'article 4 (h) de l'ACUA va dans le même sens, lorsqu'il évoque le droit de l'Union d'intervenir dans un État membre sur Décision de la Conférence dans certaines circonstances graves, à savoir : les crimes de guerre, le génocide et les crimes contre l'humanité.

Somme toute, ce phénomène limitatif relève de certains principes bien précis, notamment celui de la subsidiarité négative. Ces restrictions montrent une extrême sensibilité dont il est difficile à l'UA d'exercer librement ses compétences sur l'ensemble du continent, sans se confronter à une configuration tout à fait incohérente. Nous sommes donc amenés à nous interroger sur les objectifs et les limites de l'UA que nous allons analyser d'ailleurs au chapitre II.

CHAPITRE II

LES OBJECTIFS ET LES DOMAINES D'INTERVENTION DE L'UNION AFRICAINE

Les crises économiques et les conflits incessants ont contribué à la déchéance de l'OUA. Si l'UA a été créée, c'est pour juguler la recrudescence des difficultés que l'OUA présentait ainsi que les problèmes nouveaux que la mondialisation commençait à poser. Les leaders politiques en Afrique devraient prendre des initiatives et élaborer de nouvelles stratégies pour contrer les conséquences inéluctables de cette mondialisation. Ils ont parié sur la construction de grands ensembles économiques ; la recomposition des blocs régionaux ; la réinvention des dynamiques d'intégration face aux stratégies toujours pragmatiques des regroupements régionaux[123]. Cette prise de conscience était importante, parce qu'elle a engendré de nouvelles formes d'interdépendance et de reconstruction régionale.

Toutefois, l'UA s'est chargée aussi d'une autre ambition, celle de conduire le processus d'intégration rapide et de développement durable de l'Afrique par la promotion de l'unité, de la solidarité, de la cohésion et de la coopération entre les peuples et les États africains, ainsi que par l'établissement d'un nouveau partenariat avec les autres régions du monde. À ce titre, son objectif est de devenir une nouvelle institution susceptible de pallier les insuffisances de l'OUA. Elle doit donc s'armer des capacités permettant d'affronter les nouveaux défis.

Motivée par l'analyse des objectifs à réaliser (Section I), l'UA se trouve aujourd'hui assujettie à un certain nombre de restrictions dont les limites ont été inscrites dans les textes juridiques qui la régissent (Section II).

---

[123] Reine DJUIDJEKO.UAM, Conseil *pour le développement de la recherche en sciences sociales en Afrique, dans* Afrique et Développement, 2005, pp. 125–151.

SECTION I : LES OBJECTIFS DE L'UNION AFRICAINE

Bien entendu, la plus grande ambition de l'UA est celle de réaliser les objectifs stipulés dans l'article 3 de son ACUA dont les amendements sont évoqués dans le Protocole de Maputo du 11 juillet 2003[124]. Cependant, la nouvelle organisation s'est préoccupée du regroupement de toutes les institutions africaines en un ensemble cohérent d'une seule région. Cet ensemble devrait ainsi être bien organisé en vue des résultats concrets.

À cette spirale, l'Afrique devient une région qui incarne le croisement d'une vision et d'une détermination au sens dynamique et stratégique d'après-guerre froide. Elle est un projet ou bien une potentialité politique orientée vers un objectif reposant sur une négociation ainsi qu'un ajustement en permanence[125]. Pour les mêmes raisons, l'ACUA a intégré les objectifs et les principes de la Charte de l'OUA. Il a également introduit ceux du Traité d'Abuja du 3 juin 1991 instituant la CEA, comme mentionné au préambule. Il a également incorporé son programme d'intégration régionale aux côtés des CER qui ont été créés pour l'exécuter. Mais cette procédure a révélé des anomalies, notamment sur les objectifs[126].

Évidemment, l'ACUA regroupe des objectifs d'ordre socio-économiques, politiques, diplomatiques ou stratégiques[127]. Ces derniers seront analysés suivant qu'ils ont été reconduits ou non de l'OUA par l'UA (paragraphe 1), sinon parce qu'ils ont simplement été adoptés par l'UA (paragraphe 2).

Paragraphe 1 : L'impact du principe de la non-reconduction et de la reconduction des objectifs de l'OUA au sein de l'UA

Devant l'obligation d'améliorer le sort des populations, l'interdépendance croissante entre les États a constitué les assises du phénomène d'OI. Devenue quasiment inéluctable dans la vie juridique internationale contemporaine, cette réalité influence les actions des États dans divers domaines, notamment sur le maintien de la paix et de la sécurité internationales, l'économie internationale, la protection des droits de l'Homme et la protection de l'environnement[128]. Ainsi, des procédures

---

[124] Voir ABDULQAWI A. Yusuf, Fatsah OUGUERGOUZ, *L'UA : cadre juridique et institutionnel : manuel sur l'organisation panafricaine*, *op.cit.* p. 61.

[125] Voir Pierre CHABAL, *L'Idée de région : un concept sécuritaire* in P. Chabal (dir), Régions, Institutions, Politiques : Perspectives euroasiatiques institutionnelles, Apopsix, 2010, p. 25.

[126] *Plan stratégique de la commission de l'UA VOLUME 2 : Cadre stratégique 2004-2007 de la Commission de l'UA*, http : //www.africa-union.org, 28 mai 2010. p. 7.

[127] Voir ABDULQAWI A. Yusuf, Fatsah OUGUERGOUZ, *L'UA : cadre juridique et institutionnel : manuel sur l'organisation panafricaine*, *op.cit.*, pp. 63-64.

[128] Voir Innocent SEMUHIRE, *Les organisations internationales, le régionalisme international, le régionalisme international africain : Présentation générale, évolution et perspectives d'avenir*, Berne, Berlin, Francfort/M., New York, Paris, Vienne, 1996. 430 p., Publications Universitaires Européennes : Série 2, Droit. Vol. 2070.

nouvelles ont été initiées pour corriger les moindres défaillances. Deux grandes orientations ont finalement vu le jour dans cette approche à savoir : l'orientation portant la non-reconduction d'un article de l'OUA[129] par l'UA et l'orientation sur le regroupement des objectifs de l'OUA reprise par l'UA comme la promotion des principes et institutions démocratiques ainsi que de la participation populaire et de la bonne gouvernance ; l'intégration politique et socio-économique du continent.

Après avoir examiné le principe de la non-reconduction des objectifs (A), nous aborderons ensuite l'étude sur le principe de la reconduction des objectifs (B).

A. Les inconvénients du principe de la non-reconduction d'un objectif de l'OUA

Bien entendu, c'est à travers l'action de l'UA et dans la conjoncture que le continent africain peut s'identifier sur le plan international au travers des efforts partagés entre plusieurs États souverains et indépendants de sa composition. Cependant, les questions de l'indépendance totale du continent africain restent encore posées et, parfois, entravent la bonne marche du processus.

Si certaines institutions internationales fustigent les traces du colonialisme en Afrique, tel que le Comité de décolonisation de l'ONU qui considère toujours Mayotte comme une partie des Comores sous domination coloniale. En revanche, l'UA reconnaît aussi plusieurs autres pays encore placés sous la colonisation[130]. Dans ce cas, les stigmates de la dépendance économique et politique de ces États, à l'égard des puissances occidentales, laissent croire que le système colonial reste encore présent en Afrique. Si de tels faits sont avérés, la non-reconduction de l'article II (d) de la Charte de l'OUA serait à déplorer, car l'existence des territoires encore placés sous domination coloniale pourrait compromettre ce processus d'intégration politique et du développement socio-économique réel en Afrique[131]. Si l'UA ne l'a pas reconduit, c'est peut-être parce qu'elle croit que le colonialisme semble ne plus exister sur le continent depuis le principe de l'autodétermination des peuples. Effectivement, la majorité anticolonialiste des Nations Unies a forgé les instruments juridiques qui permettent de légitimer l'accession à l'indépendance des peuples coloniaux. Cette autodétermination s'appuie sur l'article 1er (2) et l'article 55 de la Charte des

---

[129] Voir l'article II alinéa (d) de la Charte de l'OUA.

[130] Certaines sources vont plus loin en évoquant L'ÎLE SAINTE HÉLÈNE et les ÎLES CHACOS occupées par le Royaume-Uni, dont les Bases militaires de DIEGO GARCIA, les ÎLES CANARIES et les enclaves de CEUTA ET MELILLA occupées par l'Espagne, LES AÇORES et LES ÎLES MADÈRES par le Portugal, La RÉUNION et MAYOTTE par la France. Voir *Liste des pays africains encore sous occupation étrangère,* http://www.afrohistorama.info, 10 février 2013.

[131] L'article 2 alinéa (d) de la Charte de L'OUA.

Nations Unies faisant mention du « principe de l'égalité de droit des peuples et de leur droit de disposer d'eux-mêmes »[132]. Ce dernier principe a suscité le déclenchement du processus de décolonisation aux effets juridiques et la sentence arbitrale du 31 juillet 1989 entre la Guinée-Bissau et le Sénégal[133]. Dans le préambule de l'ACUA, les dirigeants politiques africains ont malgré tout exprimé leur détermination à promouvoir l'unité, la solidarité, la cohésion et la coopération entre les peuples d'Afrique, mais aussi entre les États africains.

Enfin de compte, la succession de l'OUA par l'UA aurait pu révolutionner les principes devant régir la paix et la sécurité concrètement en Afrique, mais le contenu de l'ACUA ne révèle aucun programme d'action globale sur cet aspect. Or ce traité de base ne définit qu'un cadre destiné à relever les défis du continent et aucune de ses dispositions portant sur la paix et la sécurité n'évoque les aspects de la Déclaration du Caire sur le Mécanisme de prévention, de gestion et de règlement des conflits.

Outre ce fléau de conflits qui entrave déjà le développement en Afrique, la présence coloniale dans certains territoires du continent ne ferait qu'aggraver les difficultés déjà présentes, ce qui compromet ainsi la réalisation des objectifs de l'UA. Pourtant, l'éradication du colonialisme faisait partie des principales préoccupations de l'OUA qui avait d'ailleurs établi un Comité de libération en vue d'aider les mouvements d'indépendance.

Que se serait-il passé au sein de l'OUA si le colonialisme devait encore exister en Afrique ? Aurait-elle subi un échec partiel dans ce domaine ? Nous aurions cessé de nous interroger si l'OUA avait totalement éradiqué ce colonialisme.

Comment le continent africain pourrait-il réussir son intégration politique ainsi que son développement socio-économique, si réellement certains de ses constituants étaient encore sous le contrôle des puissances occidentales ? D'où, il y a nécessité d'examiner l'intérêt du principe de la reconduction des objectifs de l'OUA.

B. L'intérêt du principe de la reconduction des objectifs de l'OUA

Le principe de la reconduction invoque le maintien de l'essentiel des objectifs et des principes de l'OUA dans l'UA. Si l'UA s'appuie sur les compétences de l'ACUA et d'autres instruments juridiques pour atteindre

---

[132] Patrick DAILLIER, Mathias FORTEAU et Alain PELLET, *op.cit.*, p. 577.

[133] L'Arrêt du 12 novembre 1991 évoque l'Accord du 26 avril 1960 conclu par la France et le Portugal sur la frontière maritime entre la République du Sénégal autonome par la Constitution de la République française de 1958 et la province portugaise de Guinée. Dans son arrêt sur la sentence arbitrale du 31 juillet 1989, la Cour a rejeté les conclusions de la Guinée-Bissau où celle-ci refuse d'appliquer la sentence du 3 1 juillet 1989 qu'elle traite d'inexistante et d'absolument nulle. Mais la Cour accepte ensuite les conclusions du Sénégal qui exige son application pour les deux États. Voir RGIP 1990, p. 236-237, *Ibid.*, p. 580.

ses objectifs, l'OUA s'inspirait au contraire du Traité d'Abuja de 1991 et de la Charte de l'OUA. Néanmoins, l'ACUA reprend la plupart des objectifs de la Charte de l'OUA et du Traité d'Abuja du 3 juin 1991. Ainsi, l'article II de la Charte de l'OUA ainsi que l'article 4 du Traité d'Abuja ont été transcrits juridiquement dans l'article 3 de l'ACUA.

Le dénombrement de ses principaux objectifs nous renseigne généralement sur l'autosuffisance collective, le développement endogène et auto-entretenu mais aussi l'intégration économique du continent. Le principe de reconduction des objectifs nous permet également de constater qu'une multitude d'instruments juridiques de l'OUA ont malgré tout été reconduits par l'UA[134]. Ces instruments sont encore en vigueur, en dépit de l'entrée fracassante de l'ACUA dans le système juridique africain, créant ainsi l'UA avec vocation d'abroger la Charte de l'OUA dans son article 33[135]. Ainsi, l'ACUA a retenu certains objectifs de l'OUA qui n'ont pas encore été atteints.

Guidés par l'impératif d'efficacité et convaincus des vertus du volontarisme et de la ténacité, les dirigeants politiques d'Afrique ont privilégié la résurgence de ces instruments juridiques. Placés devant ce défi majeur du développement futur de l'Union, ils ont été contraints de poser des bases fondamentales, en adhérant au principe de reconduction.

Si l'UA a jugé l'opportunité de reconduire certains objectifs de l'OUA en dépit de leur rupture, c'est aussi parce qu'ils constituent un impératif irréversible. C'est le cas de l'objectif (c) de l'article II de la Charte converti en objectif (b) de l'article 3 de l'ACUA. Cet objectif permet de défendre la souveraineté, l'intégrité territoriale et l'indépendance de ses États membres. C'est une mise en garde contre les conflits internes des populations susceptibles d'affaiblir un État constitué. Nous avons retrouvé ces situations au Mali, en Centrafrique, au Burkina Faso et presque partout en Afrique. Appuyé sur le principe de l'intangibilité des frontières issues de la colonisation, cet objectif rappelle les fondements de l'existence internationale des États en Afrique[136]. En agissant ainsi, l'UA a voulu affirmer une volonté commune de rapprochement et d'intégration pour atténuer, voire éliminer les sources de violents conflits en Afrique.

Par conséquent, le processus d'intégration économique et politique relatif au groupement des États indépendants constitue le phénomène géopolitique

[134]Les principaux instruments sont : La Déclaration du Caire sur le mécanisme de prévention, de gestion et de règlement des conflits, la Charte africaine des droits de l'Homme et des peuples, le Protocole sur les relations entre L'OUA et les communautés économiques régionales et le Traité d'Abuja. Voir Mesmer GUEYOU, *L'UA et le maintien de la paix et de la sécurité internationales,* http://www.Webzinemaker.com., 14 juin 2010.

[135] Voir l'article 1er de l'Acte constitutif portant sur les définitions.

[136] Voir ABDULQAWI A. Yusuf, Fatsah OUGUERGOUZ, *L'UA : cadre juridique et institutionnel : manuel sur l'organisation panafricaine*, *op.cit.* p. 61 ; Philippe COUVREUR, « Note sur le "droit" colonial français dans la mise en œuvre du principe de l'*uti possidetis juris* par la Cour internationale de justice », *Liber Amicorum Raymond Ranjeva*, Paris, Pédone, 2013, pp. 111-124.

le plus marquant de la fin du XXe siècle. Le XXIe siècle devient donc celui de grands espaces économiques et de grandes constructions communautaires. C'est de cette manière que le régionalisme international s'est installé par fédéralisme.

Le continent africain a incorporé cette mutation au plan régional parce qu'elle est porteuse de bienfaisance au plan économique et politique[137]. Il en est ainsi parce que l'intégration économique constitue une condition préalable à l'intégration politique et sociale du continent. Et pourtant, il serait peut-être difficile parfois impossible à réaliser cette intégration africaine, tant qu'il y aurait encore des territoires placés sous dépendance coloniale. L'intégration régionale africaine serait le levier majeur, sinon un moyen privilégié d'accélérer au développement économique, social, culturel et politique des États dans le contexte actuel de la globalisation. C'est pourquoi dès sa création l'UA s'était engagée à consolider les orientations du Traité d'Abuja pour une intégration graduelle des économies du continent. La Commission était donc chargée de fixer les étapes nécessaires au processus d'intégration[138].

Ayant la primauté dans le processus d'intégration, la Commission doit donc coordonner et entretenir des relations de coopération étroite avec les CER. Qualifiées de grandes assises de l'UA par le Traité d'Abuja, les CER pourront ainsi participer pleinement aux activités possibles de la Commission[139]. Chemin faisant, la reprise des objectifs et des principes de l'OUA dresse un tableau quelque peu optimiste. Cette impression relève des instruments qui fondent la construction juridique de l'UA. Par exemple, l'article 3 de l'ACUA entame sa substance par les alinéas qui le composent. À son alinéa (a), il met singulièrement un accent sur l'unité et la solidarité des pays africains entre eux et autant pour les peuples d'Afrique.

Au plan normatif, les objectifs et les principes de l'OUA ont été repris et dépassés par l'ACUA, mais les lacunes semblent encore persister dans ce cadre. Elles concernent plus les domaines de la paix et de la sécurité. Ces lacunes sont d'ailleurs évoquées au paragraphe 5 du préambule de la Déclaration du Caire sur les Mécanismes de prévention, de gestion et de règlement de conflits. Évidemment, c'est depuis plus de 40 ans que l'Afrique constitue la région la plus affectée par les conflits dévastateurs[140]. Heureusement, les progrès déjà enregistrés par l'UA en matière

---

137 Marc-Louis ROPIVIA, *Géopolitique de l'intégration en Afrique noire*, Paris, Édition l'Harmattan, 1994, p. 186.

138 *Plan stratégique de la commission de l'UA, vol. 2 : Cadre stratégique 2004-2007 de la Commission de l'UA,* mai 2004, *op.cit.*, p. 40.

139 *Plan stratégique de la commission de l'UA, vol. 2 : Cadre stratégique 2004-2007 de la Commission de l'UA, mai 2004, op.cit.*, p. 22.

140 Voir *La Déclaration de la Conférence des Chefs d'État et du Gouvernement sur la création au sein de L'OUA d'un mécanisme pour la prévention et la gestion des conflits*, AHG/Décl. 3 (XXIX) pp. 2-3 alinéa 9, tenue du 28-30 juin 1993 au Caire en Égypte à l'occasion de la vingt-neuvième session ordinaire.

d'interventions prouvent qu'elle pourra résoudre ce problème de paix et de sécurité du continent dans les années à venir. Pour le comprendre, il faut d'abord reconnaître que la lecture de l'ACUA pourvoyant les compétences ne devrait point se faire isolément. Il faut donc avoir recours à ses divers instruments juridiques subsidiaires en vigueur pour l'enrichir. En reconduisant ces objectifs de l'OUA, l'UA a simplement voulu exprimer son attachement pour l'unité et la solidarité des États africains ; la défense de la souveraineté, l'intégrité territoriale, et l'indépendance des États membres ; favoriser la coopération internationale en tenant compte de la Charte des Nations Unies et de la Déclaration universelle des droits de l'Homme (DUDH) ; intensifier la coopération interafricaine.

Quoi qu'il en soit, le principe de la reconduction des objectifs de l'OUA permet de les poursuivre en vue de la résolution des conflits au sein de l'UA. Il s'agit bien d'une condition *sine qua non* du développement économique du continent africain. Cette causalité est justifiée. Le principe de la reconduction des objectifs, renforcé par celui de l'adoption des objectifs, oriente la tâche de la nouvelle organisation convenablement.

Paragraphe 2 : L'impact du principe d'adoption des objectifs

L'adoption de nouveaux objectifs par l'UA marque une certaine évolution normative des instruments juridiques africains. En intégrant le Protocole sur les amendements à l'ACUA, on peut constater une augmentation de 18 principes et 17 objectifs de l'ACUA contre 7 principes et 6 objectifs de la Charte de l'OUA. C'est un changement à la fois quantitatif et qualitatif qui s'est opéré du Traité de l'OUA à celui de l'UA. Effectivement, les principes et les objectifs de la Charte de l'OUA sont largement développés dans l'ACUA pour correspondre aux nouvelles réalités de l'évolution du continent africain et de la Communauté internationale. Plus ils ont une rédaction encore étirée, plus ils ont suscité les oublis dans leur retranscription. D'où, nous avons cette adoption du Protocole de Maputo (Mozambique) le 11 juillet 2003 portant Amendements à l'ACUA[141].

D'une manière générale, ces objectifs ont été maintenus sans la moindre modification de la Charte de l'OUA à l'ACUA. C'est le cas de l'objectif (e) de l'article II de cette Charte de l'OUA qui est exactement repris en objectif (e) de l'article 3 de l'ACUA. Parfois, ils sont légèrement modifiés comme le montre l'objectif (c) de l'article II de la même Charte devenu objectif (b) de l'article 3 de l'ACUA[142].

Ces objectifs sont propres à l'UA parce qu'elle les a simplement adoptés. Ils renvoient à la promotion des principes et d'institutions démocratiques

---

[141] Voir ABDULQAWI A. Yusuf, Fatsah OUGUERGOUZ, *L'UA : cadre juridique et institutionnel : manuel sur l'organisation panafricaine*, *op.cit.* p. 57.
[142] *Ibid.*, pp. 60-61.

ainsi qu'à la participation populaire et à la bonne gouvernance, sans oublier l'intégration politique et socio-économique du continent. L'examen minutieux de ce phénomène explique combien de fois l'OUA s'attachait uniquement à une coopération interétatique au lieu de s'orienter plus vers une intégration réelle du continent[143]. Les nouveaux objectifs sont représentés par les alinéas (f) (g) (h) (i) (m) (n). Ils sont fondés sur la promotion de la paix, la sécurité sur le continent, les principes et bien d'autres indices d'un État de droit. Ils créent les conditions appropriées qui permettent à l'Afrique de jouer son rôle dans l'économie mondiale et dans les négociations internationales. L'adoption de l'alinéa (f) de l'article 3 de l'ACUA qui fait état à la promotion de la paix, la sécurité et la stabilité sur le continent concerne directement le problème de résolution des conflits.

En tout état de cause, l'UA mène ces interventions conformément aux objectifs et principes des instruments juridiques en vigueur, dont l'ACUA. Ces opérations se déroulent dans des domaines précis pour les rendre plus efficaces. Au bout du compte, nous constatons que le principe d'adoption a introduit une autre catégorie d'objectifs de l'UA. Ces objectifs vont orienter le sens de ses interventions, notamment le règlement des différends africains dans certains domaines bien circonscrits. Dans ce contexte, mener une étude dans le domaine d'intervention consigné de l'UA est d'une utilité absolument non négligeable.

SECTION II : LE DOMAINE D'INTERVENTION CONSIGNÉ DE L'UNION AFRICAINE

L'organisation régionale est une expression spécialement utilisée par la Charte des Nations Unies en référence à des associations internationales créées suivant son chapitre VIII. Ces institutions ont été créées chacune par un accord qui lie les États membres en fixant le cadre, la structure des fonctions et de la compétence de l'organisation. Or l'organisation régionale n'est pas définie par la Charte des Nations Unies. Une organisation régionale règle les problèmes d'une région bien déterminée contrairement à d'autres OI. Certaines organisations régionales privilégient le règlement des questions spécifiques, telles que des problèmes économiques, militaires ou politiques. En revanche, d'autres traitent tout type de problème concernant les nations de toute une région[144].

Bien entendu, les capacités et les compétences de l'UA consignées dans son ACUA doivent s'exécuter sans dépassement des limites. Selon le principe général, une organisation intergouvernementale ne peut pas aller au-delà des circonstances prévues dans son traité constitutif, sans commettre un

[143] Voir Pierre-François GONIDEC, « L'OUA : trente ans après », Paris, Karthala, 1993, p. 17.
[144] Voir Linda A

excès de pouvoir. Dans certains cas, ce principe est conforté par l'ACUA qui établit un domaine réservé, protégeant les États membres d'éventuelles interventions de leur organisation. Cet aspect est d'ailleurs évoqué dans l'article 2, § 7 de la Charte des Nations Unies[145]. C'est ainsi que l'UA peut rencontrer des difficultés dues à la délimitation de ses compétences dans la résolution des conflits (paragraphe 1). Ces difficultés peuvent aussi être occasionnées par des obstacles liés à la concurrence d'autres mécanismes chargés du maintien de la paix et de la sécurité (paragraphe 2).

Paragraphe 1 : Les effets de la délimitation des compétences de l'Union africaine dans la résolution des conflits

Il convient de rappeler que l'UA règle les conflits par des compétences puisées des textes juridiques existants. Cependant, elle doit les appliquer conformément aux normes conventionnelles qui délimitent son champ d'action. À cet effet, le droit de l'UA à intervenir dans les affaires internes des États souverains s'inscrit dans cette logique. L'article 4 (h) de l'ACUA définit ainsi le domaine d'intervention de l'UA. Cette disposition permet d'éviter des débordements qui dérivent parfois de l'interprétation extensive des textes. Ces capacités et compétences sont conférées par les États fondateurs suivant la dose de personnalité consentie et selon les buts assignés à l'organisation. Elles sont d'attribution compte tenu du statut juridique de celle-ci. En règle générale, l'étendue des capacités et des compétences d'une organisation intergouvernementale est fonction de ce qui est prévu dans son traité constitutif. Elles sont donc dominées par le principe de spécialité.

Par ailleurs, la théorie des compétences implicites s'explique mieux lorsqu'elle est exprimée en termes généraux ; ce fameux principe de spécialité. Or celui-ci signifie que le pouvoir d'une OI ne peut se justifier que par les objectifs qui sont définis de façon générale dans son traité de base. Pour ce faire, de nombreux organes judiciaires ont finalement défini et mis en œuvre la théorie dite des compétences implicites pour étendre les compétences non évoquées clairement dans ce traité.

Afin de ne pas empiéter sur les compétences de ses États membres, l'UA ne devrait donc exercer que celles qui lui sont reconnues par ces derniers. Néanmoins, les missions de l'UA clairement circonscrites se confrontent constamment à des situations qui dépassent ses propres limites. L'UA se trouve parfois obligée de répondre aux besoins quasiment impossibles que les États membres, voire l'opinion publique lui imposent.

Si l'UA ne parvient pas à accomplir une mission par les compétences qui lui sont imparties, elle s'obligera à élargir progressivement son champ d'action et à user de certains pouvoirs implicites. Ce cas est fréquent dans

[145] Voir Jean-François GUILHAUDIS, *op.cit.* p. 186.

des conditions d'extrême nécessité, surtout s'ils sont compatibles avec le but du traité constitutif. Cela relève d'une théorie qualifiée d'interprétative des traités constitutifs sur le plan international. Cette théorie a offert une plus grande autonomie aux OI à l'égard des États. En revanche, la théorie des compétences implicites s'interprète en se référant aux buts et à l'objet d'une Charte ou d'un traité. Par exemple, seuls les buts et l'objet de l'ACUA peuvent justifier ou non l'exercice de telles compétences par l'UA au cours d'une intervention.

Intervenir dans les crises continentales constitue l'un des principaux objectifs de l'UA. Les interventions doivent donc s'exécuter régulièrement pour rétablir l'ordre dans les relations entre États membres de l'Union, conformément aux principes de fonctionnement. Ces interventions s'effectuent par simple demande des États en conflit, sinon par initiative propre de l'Union. À présent, l'étude du domaine d'intervention de l'UA dans les différends renvoie immédiatement aux concepts de temps et d'espace que cette notion peut imposer. Dans le temps, nous retiendrons brièvement que l'OUA se réservait scrupuleusement de se prononcer dans le respect du principe de non-ingérence dans les affaires internes des États membres. Cette position d'ailleurs ne naît pas *ex nihilo*, elle a son fondement dans ce que dispose l'article 3 (3) de sa Charte sur les principes[146].

Sur la Décision de la Conférence par contre, la situation de l'UA se distingue de celle de l'OUA du fait qu'elle peut disposer du droit d'intervenir dans les affaires intérieures d'un État. Ce droit est une exigence, les États ont d'abord le devoir de le respecter, de s'y incliner avant de solliciter cette intervention pour restaurer la paix et la sécurité. À ce stade, le problème du statut juridique de l'UA se pose à nouveau. Les OI ne disposent pas de territoire propre. À l'inverse, la personnalité des États est plus restreinte par le principe de spécialité. Ce principe est le seul pouvoir que les objectifs justifient. Ceux-ci sont souvent définis généralement dans leur traité constitutif.

Au préalable, les OI s'accordent avec les États sur lesquels les actions seront menées selon les conditions générales de leur établissement dans le but de garantir leur indépendance et d'échapper à toute sorte de désagréments possibles au cours de leurs interventions ; gage de leur efficacité[147]. À l'évidence, les interventions ne s'effectuent jamais sans condition. Elles rencontrent des limites procédurales (A) sans omettre celles d'ordre institutionnel (B).

---

[146] Voir l'article 3 des principes de la Charte de L'OUA (alinéa 2 et 3) portant respectivement sur la Non-ingérence dans les affaires intérieures des États ; le Respect de la souveraineté et de l'intégrité territoriale de chaque État et de son droit inaliénable à une existence indépendante.

[147] Pierre-Marie DUPUY, *op.cit.*, p. 208.

A. Les effets contraignants des délimitations procédurales

Une attention particulière mérite d'être accordée sur l'importance de l'article 4 (h) de l'ACUA. En effet, ses dispositions évoquent les circonstances dans lesquelles l'UA doit intervenir. Cet article de référence dresse des limites d'ordre procédural sur le droit d'intervention de l'Union ; il oriente les opérations militaires menées par la Force africaine prépositionnée. Leurs déroulements s'effectuent sur la recommandation du CPS, après Décision de la Conférence de Chefs d'État et de Gouvernement de l'Union[148]. Cet article rompt avec les principes sacro-saints de la Charte de l'OUA portant sur l'égalité souveraine des États membres et la non-ingérence dans les affaires intérieures des États. Toutes les interventions de l'OUA étaient au préalable autorisées par le gouvernement de l'État concerné[149].

Effectivement, l'article 19 de la Charte de l'OUA était la seule règle organisant un Mécanisme de résolution des différends par des voies pacifiques. Il se fondait sur la création d'une Commission de médiation, de conciliation et d'arbitrage, dont la composition et les conditions de fonctionnement étaient définies par un protocole distinct, approuvé par la Conférence des Chefs d'État et de Gouvernement. Ce protocole était considéré comme faisant partie intégrante de cette Charte.

Au départ, l'OUA était elle-même dépourvue d'un Mécanisme de sécurité collective au regard de son important principe de non-ingérence, contrairement à l'OEA qui avait élaboré un système de sécurité collective contre les agressions extérieures[150]. Un Organe central du Mécanisme pour la prévention, la gestion et le règlement des conflits a été enfin créé à l'échelle continentale par la Déclaration du Caire de juin 1993. Malgré tout, l'ensemble des interventions de l'OUA se résumaient aux simples OMP, en confiant la formation des forces de paix aux autres organes régionaux du continent à défaut de les diriger elle-même[151]. Ainsi qu'il y a eu le débarquement de la Force d'interposition de la CEDEAO à Monrovia le 25 août 1990. Cette intervention a véritablement marqué le début des activités opérationnelles dans cette spirale[152].

En tout état de cause, la plupart des interventions menées par l'OUA dans ce cadre avaient échoué. L'UA donc ne pouvait que forger un palliatif de

---

[148] Voir Andrea CALIGIURI, *Le droit d'intervention de l'UA et l'interdiction de l'usage de la force en droit international, op. cit,* pp. 1-2.

[149] Voir article 3 (paragraphes 1 et 2) de la Charte de L'OUA.

[150] À ce titre, les articles 27,28 et 116 de la Charte de l'Organisation des États américains (OEA) stipulent la règle de la non-ingérence. Ainsi qu'un système de sécurité collective contre agressions extérieures est organisé dans le traité interaméricain d'assistance mutuelle (Rio de Janeiro, 2 septembre 1947).

[151]Voir G.J. NALDI, « Peace-keeping Attempts by the Organization of African Unity », international *Comparative Law Quarterly,* 1985, p. 593.

[152] Voir Francisco Djedjro MELEDJE, « La guerre civile du Liberia et la question de l'ingérence dans les affaires intérieures des états » *REVUE BELGE DE DROIT INTERNATIONAL 1993/2* — Éditions BRUYLANT, Bruxelles, p. 395.

paix et de sécurité pour l'intégration et le développement économique du continent. En conséquence, des mécanismes autonomes d'intervention au sein des organisations sous-régionales ont été inspirés par des faillites similaires. Des instruments ont donc été signés, pour affirmer un droit autonome d'intervention de ces Organisations sans oublier les moyens militaires. Cet aspect a été vivement évoqué dans l'article 11 du Protocole sur la coopération en matière de politique, de défense et de sécurité. Il a encore été stipulé dans l'article 25 du Protocole CEEAC et dans l'article 25 du Protocole CEDEAO.

Ce résultat est effectivement l'aboutissement de la réunion qui s'est tenue le 14 août 2001 à Blantyre (Malawi). À cette réunion, les chefs d'État et de Gouvernement de la SADC ont signé ce Protocole sur la coopération en matière de la politique, la défense et la sécurité. En revanche, les États membres de la CEEAC ont créé le CPS de l'Afrique centrale (COPAX) par Décision n° 001/Y/Fév. du 25 février 1999, dont un Protocole signé à Malabo (Guinée équatoriale) le 24 février 2000. Enfin, les États membres de la CEDEAO ont signé un Protocole relatif au Mécanisme de prévention, de gestion, de règlement des conflits, de maintien de la paix et de la sécurité le 10 décembre 1999 à Lomé (Togo). Les modalités d'intervention de l'Union sont précisées par l'article 7 alinéas (f) et (d) du Protocole de CPS[153]. Ainsi, la procédure de mise en œuvre du droit d'intervenir de l'UA est très longue et complexe. Cette complexité pose un grand problème lorsqu'il s'agit de résoudre un conflit promptement.

Au départ, il faudrait procéder par l'identification des Actes inscrits dans le cadre des hypothèses de déclenchement des interventions. Ce n'est qu'après confirmation de ces hypothèses que la Conférence pourra prendre la Décision. Or la Conférence ne tient ses sessions qu'une fois par an. Ce n'est qu'à la demande d'un État membre et sur approbation des deux tiers des membres au moins qu'elle pourrait tenir une session extraordinaire à titre exceptionnel. Cette procédure ne soulage pas l'État membre victime de génocide par exemple, alors qu'il serait en droit d'attendre une solution immédiate. Or la Conférence est chargée pleinement de prendre de décisions, mais cette initiative peut, selon les circonstances, revenir de plein droit à un autre organe de l'UA tel que le CPS. Et pourtant, aucune Décision prise par la Conférence n'a été immédiatement exécutée par celui-ci.

Quand bien même la Décision aurait été prise tôt par la Conférence, sa mise en œuvre devrait encore exiger un délai supplémentaire qui pourrait toutefois s'avérer plus long que prévu. Les interventions urgentes sur la résolution des conflits répondent mieux au modèle de l'ONU où la Décision et l'intervention sont réservées au CS qui agit le plus rapidement possible. Cette procédure optimise le succès dans le temps et l'action. La Conférence perd plus du temps à décider de l'intervention par vote, pendant que la crise sévit, s'intensifie et engendre de graves conséquences. Bien entendu, la

---

[153] Voir L'article 7 (alinéas f et d) du Protocole de Conseil de Paix et de Sécurité.

majorité des interventions de l'UA concernent aussi bien les droits humains que la paix et la sécurité internationales. Or ce sont des interventions qui s'exécutent réellement en extrême urgence pour d'autres organisations comparables à l'UA, d'autant plus qu'elles protègent les populations en péril. Elles seraient donc plus pragmatiques à réaliser, mais avec l'évolution des mécanismes relatifs au fonctionnement de l'UA, assurément les améliorations ne tarderont pas à venir dans ce domaine.

Par ailleurs, le processus électoral demeure l'un des principaux fondements des troubles et tensions internes dans la plupart des États membres de l'UA. Ainsi, on peut constater une virtuelle efficacité des Commissions africaines aujourd'hui. Les sanctions envers les protagonistes devraient s'alourdir. Elles ne pouvaient pas se limiter à de simples privations de certains droits comme celles infligées aux membres de la junte militaire et du gouvernement en Guinée. Il n'en demeure pas moins que l'émergence et l'exacerbation de la plupart des conflits africains résultent paradoxalement de l'implication directe ou sournoise d'autres États africains. Parfois, les interférences des puissances extérieures compliquent la recherche des solutions aux conflits. Par ailleurs, des cas très pertinents ont largement vu le jour au Soudan, en Côte d'Ivoire, en Somalie, en RDC, au Mali et en République centrafricaine.

Tous ces effets contraignants des délimitations procédurales ne semblent pas alléger la tâche de l'UA qui s'évertue pourtant à apporter des solutions aux conflits divers. L'UA devrait multiplier d'importantes initiatives, notamment en matière de règlement pacifique des différends en son sein.

B. Les méfaits des délimitations institutionnelles

La persistance des conflits en Afrique a parfois généré un certain pessimisme étonnamment à l'égard des leaders politiques africains eux-mêmes, parce que leur résolution s'avère problématique[154]. Pour cela, il y a eu la décision de créer le Mécanisme pour la prévention, la gestion et le règlement des conflits de l'OUA suivant la Déclaration du Caire de juin 1993[155]. En revanche, l'insuffisance des moyens logistiques, financiers et humains handicape l'exécution de certaines opérations, notamment de résolution des conflits par la nouvelle Organisation. C'est pourquoi la plupart des missions de l'UA sont souvent précédées par l'intervention des puissances étrangères. Au premier rang, nous ne manquerons pas de citer la

---

[154] L'afro-pessimisme à l'époque de L'OUA était dû à la persistance d'une dizaine de conflits en Afrique. À l'exception de celui apparu au nord de l'Ouganda, L'OUA s'était impliquée dans tous les conflits africains, à savoir au Sahara occidental, en Angola, au Mozambique, en Casamance, en Éthiopie-Érythrée, en Somalie, en Côte d'Ivoire, en République démocratique du Congo, en République du Congo, en République centrafricaine au Burundi aux Comores, au Liberia et au Soudan », Delphine LECOUTRE, *Le Conseil de Paix et de Sécurité de l'UA, clef d'une nouvelle architecture de stabilité en Afrique ?*, http : //www.operationspaix.net, 24 juillet 2010.

[155] Delphine LECOUTRE, *Ibid.*

France qui ne ménage aucun effort dans sa contribution financière au fonds de paix, sans oublier le domaine militaire particulièrement[156].

Évidemment, si l'UA parvient à résoudre quelques conflits c'est surtout grâce aux fréquents déploiements des moyens militaires ou logistiques des puissances étrangères. Cette posture semble formellement prouver les limites de l'UA. Celle-ci souffre encore d'un manque considérable des moyens matériels qui sont souvent à la limite de l'indigence. Voilà pourquoi elle ne peut agir efficacement sans l'aide extérieure pour le moment. Par exemple, les situations du Mali et de la République centrafricaine nous permettent de comprendre combien certaines institutions de l'UA ont encore besoin d'une aide étrangère pour régler les conflits. Les délimitations institutionnelles empêchent considérablement la réussite effective des interventions de l'UA.

Tant bien que mal, la volonté affichée par les leaders politiques du continent africain dans les interventions de l'UA dénote un progrès incontestable qui suscite désormais un optimisme appréciable dans la résolution des conflits. C'est le présage d'une capacité d'intervention autonome virtuelle qui devrait toutefois écarter l'aide extérieure des puissances occidentales pour enfin affirmer une autonomie de l'UA dans ce domaine.

1. La quête pour la paix et la sécurité : un défi du continent africain

Le continent africain est encore confronté à plusieurs défis. Cependant, la quête pour la paix, la sécurité et la stabilité est le plus pressant des défis qui existent. À juste titre, l'article 3 (f) de l'ACUA recommande de promouvoir la paix, la sécurité et la stabilité du continent. Cependant, la stabilité des États reste une condition préalable à la sécurité et au développement de l'Afrique[157]. Ainsi, la réalisation d'un tel objectif ne peut qu'exiger des contraintes à la base. Dans la résolution des conflits par exemple, l'UA est obligée d'être placée sous la surveillance du CS d'une part. D'autre part, elle est confrontée à une concurrence parfois très rude avec les organisations sous- régionales sur ce point telles que : la CEDEAO, la CDAA (SADC), la CEEAC, la CEMAC et l'IGAD. Toutefois, l'UA dispose aussi des structures et des processus qui garantissent la consultation et la gestion collective des questions qui se rapportent à la sécurité régionale. C'est ainsi que dans leur organisation, les chefs d'État de certaines Communautés africaines ont mis en place des structures pour la gestion des conflits. Parmi ces structures, nous citons la CEDEAO qui possède un Mécanisme de prévention, de gestion et de règlement des conflits. Ce Mécanisme a été créé en juin 1993 au Caire pour le maintien de la paix et de la sécurité en Afrique de l'Ouest.

---

[156] *Ibid.*, p. 131.

[157] Voir *La note d'information de la session spéciale tenue le 31 août 2009 à Tripoli* portant sur *l'examen et le règlement des conflits en Afrique*, http : //www.*africa-union.org*, 19 août 2010.

Évidemment, l'UA est sujette à quelques confrontations à l'égard des puissances sous-régionales. Cela peut aussi s'expliquer par la présence de nombreux fléaux qui influencent la manière d'orienter les procédures de résolution des conflits. À cet effet, nous pouvons citer cette cacophonie qui a existé entre l'UA et la CEDEAO dans l'application des sanctions envers la Guinée lors du coup d'État du 23 décembre 2008. D'autres fléaux peuvent aussi être cités tels que : l'absence de leadership et l'impossibilité de concevoir des échéances conciliées et combinées, partant de la planification dans les actions. On peut également noter une dissémination dans les analyses, les approches, les programmes, les opérations et les dénouements ; une compétition incompatible à la solidarité pour une sécurité collective ; la dispersion des ressources et des efforts confinant dangereusement à l'inefficacité dans les opérations ; la concurrence et parfois même la contradiction entre les demandes de coopération, de partenariat et d'assistance présentées aux partenaires au développement bilatéraux et institutionnels[158].

Dans sa quête pour la paix, l'UA se trouve surtout confrontée à une insuffisance permanente des moyens logistiques, financiers et humains indispensables au règlement des conflits. D'où cette collaboration supposée de l'ONU avec l'UA à cause de la compétence principale qu'elle détient en matière du maintien de la paix et de la sécurité internationales. Effectivement, l'architecture continentale de paix et de sécurité érigée par l'UA souffre d'un manque de financement très critique, cela représente un défi majeur qui limite encore fortement la capacité d'action suffisante en matière de maintien de la paix et de la sécurité sur le continent. C'est devant cette difficulté que les opérations de l'UA ont débouché en la matière sur des missions onusiennes qualifiées d'hybride ONU-UA.

L'issue de la situation a été initiée par la Résolution 1809 (2008) du 16 avril 2008 du CS. Cette Résolution évoque l'appui des Opérations de Maintien de la Paix (OMP) de l'UA qui sont menées sous mandat des Nations Unies[159]. Il y a donc des questions de compétences entre l'ONU et les organisations régionales à ce stade. Si cette question reste posée, c'est parce que le chapitre VIII de la Charte des Nations Unies manque de précision à propos de la juridiction régionale. Conformément aux dispositions de l'article 52 (2) de la même Charte, il est indiqué que les organisations régionales jouissent d'une compétence principale ou exclusive sur des questions régionales[160]. Tous les arguments contraires qui ont été avancés sont nuls, dès lors que le CS de l'ONU est l'Organe suprême du maintien de la paix et de la sécurité internationales. Il suffit de se référer à

---

[158]Voir *La cacophonie institutionnelle* dans *Plan stratégique de la commission de l'Union africaine,* vol.2, *op.cit.,* p. 8.

[159]Voir Dossier ROP du 19 novembre 2009, *la coopération entre l'ONU et l'Union africaine sur les opérations de paix,* http://www.operationspaix.net, 19 nov.2009.

[160] Voir Jean-Pierre COT, Alain PELLET et Mathias FOURTEAU, La Charte des Nations Unies : Commentaire article par article (tomes 1), *op.cit.,* p. 1367.

l'article 52 (4) et l'article 24 de la Charte des Nations Unies pour se rendre à l'évidence.

Toutefois, le CS a résolu de s'en mettre aux organisations régionales dans des cas spécifiques. Il peut aussi exercer une juridiction simultanée, mais ces décisions sont plus fondées sur des considérations pragmatiques que sur des exigences juridiques quelconques de la Charte des Nations Unies[161]. D'une manière générale, l'ONU qui jouit d'une compétence principale dans ce domaine n'a pas le droit d'intervenir dans les affaires relevant essentiellement de la compétence nationale d'un État membre conformément aux dispositions de l'article 2 (7) de la Charte.

Quoi qu'il en soit, l'efficacité dans la résolution des conflits en Afrique est influencée par la hiérarchie qui s'établit entre les institutions des Nations Unies pour la paix et l'UA, puis de la position que cette dernière occupe devant les organisations sous-régionales du continent. Les contradictions au plan hiérarchique relèvent plus souvent du fait que la Charte des Nations Unies reconnaît à la fois le droit d'intervention à l'UA qu'aux organisations sous-régionales africaines. Cependant, l'ONU privilégie ses interventions dans les territoires de ses membres par le CS comme prévu par le chapitre VII[162]. Or cette responsabilité irréversible de l'ONU supplante celle de l'UA qui se place au rang d'acteur secondaire du maintien de la paix et de la sécurité internationales dans son propre territoire.

Bien entendu, le CS de l'ONU résout les conflits en Afrique. Pourtant, la quête pour la paix et la sécurité internationales est un défi des institutions internationales de l'UA. C'est la base du développement, de la coopération et l'intégration dans les domaines économiques, sociaux et culturels du continent africain. L'UA doit donc s'impliquer et œuvrer en collaboration avec l'ONU et les organisations sous-régionales africaines afin d'atteindre tous ces objectifs. Si ces quelques interventions dans les crises récentes en Afrique ont connu des succès, c'est grâce aux efforts conjugués des forces armées étrangères, en premier la France qui intervient toujours dans la pacification de certaines régions du continent.

2. Le devoir des États membres

Les États membres ont le devoir d'appliquer les décisions ayant une force obligatoire, conformément aux objectifs et principes de l'ACUA. En revanche, le CS a un pouvoir de décision et revêt l'aspect d'un véritable Organe politique de l'ONU. Il a le monopole de contrôler l'usage de la force par les institutions régionales parce que dans son article 53 (1), la Charte des Nations Unies place toutes sortes d'activités sous son contrôle suivant les accords régionaux de paix et de sécurité établis conformément à la Charte.

---

[161] Voir Linda A. MALONE, *op.cit.*, p. 65.

[162] Le chapitre VII de la Charte des Nations Unies prévoit l'action du Conseil de sécurité en cas de menace contre la paix, de rupture de la paix et d'acte d'agression.

L'article 2 (4) de celle-ci exhorte les membres de l'Organisation de s'abstenir, « dans leurs relations internationales, de recourir à la menace ou à l'emploi de la force, soit contre l'intégrité territoriale ou l'indépendance politique de tout État, soit de toute manière incompatible avec les buts des Nations Unies »[163]. Mais à l'égard de cet article 2 (4) de la Charte, l'autodétermination et le règlement sur l'emploi de la force posent parfois quelques difficultés parce qu'il se crée un lien très significatif entre ces deux concepts.

Or le respect du principe sur l'égalité des droits et de l'autodétermination des peuples est l'un des objectifs clés des Nations Unies. Mais dans certaines circonstances, le fait d'empêcher l'emploi de la force peut aussi aller à l'encontre des buts des Nations Unies. Sur les questions d'indépendance politique par exemple, il peut s'imposer la nécessité d'user de la force contre l'attaque de l'intégrité territoriale d'un État par des insurgés[164]. À terme, l'attitude exprimée par cette disposition évoque bien le principe de contrôle et d'usage de la force par le CS des Nations Unies. À présent, ce principe reconnu au CS a fait l'objet d'une récupération par de nombreux instruments internationaux. La limite de sa portée a respectivement constitué la substance des articles42, 51 et 53 de la Charte des Nations Unies. Chaque État membre des Nations Unies est ainsi invité à fournir des contingents militaires nationaux, pour la création d'une Force internationale permanente prévue par la Charte des Nations Unies. Cette Force devrait augmenter l'efficacité des interventions effectuées par le CS.

Pour ce faire, les États membres de l'UA qui se sont regroupés en cinq régions du continent (Afrique Australe, Afrique de l'Est, Afrique du Nord, Afrique de l'Ouest et Afrique Centrale) représentent chacune une brigade en attente. Ces brigades sont les composantes de la Force africaine en attente (FAA) qui est l'un des projets les plus ambitieux conçus pour la paix et la sécurité en Afrique[165].

3. Les limites de l'Union africaine dans la hiérarchie au sein des Nations Unies

Le chapitre VIII de la Charte des Nations Unies décrit les rapports de l'ONU avec les organisations régionales dont la hiérarchie est établie par l'article 103. Ce faisant, l'article 12 confère une compétence exclusive au CS qui est le responsable principal du maintien de la paix et de la sécurité

[163] Voir Jean-Pierre COT, Alain PELLET et Mathias FOURTEAU, La Charte des Nations Unies : Commentaire article par article (tomes 1), *op.cit.*, p. 327.

[164] James CRAWFORD, *The Creation of States in International Law,* Oxford, Edition Oxford University Press, 2006, pp. 134-135.

[165]Voir http : //www.css.ethz.ch, *Politique de sécurité : analyses du CSS. ETH Zurich.* – CSS. N° 20, septembre 2007.

internationales[166]. Les États membres reconnaissent que ce dernier agit en leur nom « en s'acquittant des devoirs que lui impose cette responsabilité » comme stipulé dans l'article 24 (1). La compétence spécifique du CS est irréversible dans la mesure où même l'Assemblée générale de l'ONU ne peut s'immiscer dans une démarche déjà engagée par celui-ci sur une même question, à moins qu'il ne le lui demande. Mais cette répartition peut toutefois rencontrer des difficultés d'ordre pratique sur le terrain[167].

En conséquence, l'Assemblée générale peut exceptionnellement formuler des recommandations sur des questions ou affaires aux membres de l'ONU et au CS. Par exemple, cette même répartition a posé un problème de principe lors de la guerre de Corée. En cas d'impasse, la Résolution 377 (V) du 3 novembre 1950 prévoit des mesures permettant de pallier les insuffisances qui peuvent être manifestées par le CS au cours de ses interventions, en matière de rétablissement de la paix et la sécurité internationales. Les interventions de l'UA sont strictement contrôlées par le CS de l'ONU en dépit de la notion de subsidiarité[168].

Mais conformément aux dispositions de l'article 52 (2) de la Charte, les Nations Unies incitent les organisations régionales à essayer de résoudre les conflits des États membres avant de les soumettre au CS. Selon l'article 53 de la Charte des Nations Unies, toute mesure coercitive est soumise à une autorisation préalable du CS avant leur exécution. L'application de ces mesures dénote une dépendance fonctionnelle des organisations régionales vis-à-vis du CS. Ce dernier peut inviter les parties intéressées à se conformer aux mesures provisoires pour empêcher une situation de s'aggraver. Selon l'article 40 de la Charte des Nations Unies, ces mesures peuvent s'adapter à leur situation sans porter un préjudice aux droits, les prétentions ou la position des parties intéressées.

La protection des droits de l'Homme contribue énormément à établir cette paix internationale par un Mécanisme de garantie effective, au besoin par l'adoption des moyens coercitifs. Ces moyens exceptionnels prévus par le chapitre VII sont à la disposition du CS de l'ONU. Il est donc l'unique Organe qui peut juger l'opportunité d'utiliser l'entente régionale ou encore de l'autoriser à engager des actions de coercition, en vertu de cette faculté que la Charte des Nations Unies lui accorde[169]. En d'autres termes, c'est conformément à cette Charte et par des arrangements que des organisations ont compétence pour œuvrer sur le maintien de la paix. Le renforcement des techniques du CS se permet d'ailleurs d'élucider cet aspect.

---

166 Voir Jean-Pierre COT, Alain PELLET et Mathias FOURTEAU, La Charte des Nations Unies : Commentaire article par article (tomes 1), *op.cit.*,p. 1243.

167*Ibid.*, p. 683.

168 Selon Linda A. MALONE, *loc.cit.*

169 Voir Philippe LAGRANGE, « Responsabilité des États pour actes accomplis en application du chapitre VII de la Charte des Nations Unies », *Revue générale de droit international public*, 2008, Tome CXII — 2008, p. 105.

En effet, le CS « peut créer les organes subsidiaires qu'il juge nécessaires à l'exercice de ses fonctions » sur la base de l'article 29 de la Charte. Ces organes peuvent être intergouvernementaux ou intégrés. Cette technique a été utilisée de façon extensive dans le cadre administratif, judiciaire ou politique. Une variété d'institutions, autres organes des Nations Unies, institutions spécialisées ou organisations régionales sont fréquemment impliqués comme partenaires dans les actions[170].

Quoique l'article 52 de la Charte encourage le développement du règlement pacifique des différends locaux par le moyen des accords ou de ces organismes régionaux, soit sur l'initiative des États intéressés, soit sur renvoi du CS, l'UA ne doit agir que sur autorisation préalable du CS[171]. Il faut aussi noter que tout organe placé sous le contrôle du CS peut devenir responsable d'une faute commise par action ou par omission au cours d'une opération. Dans ce cas, la CIJ peut directement rejeter cette responsabilité sur ces Organes onusiens. Cependant, un traitement particulier est à justifier dans cette situation.

Du point de vue de la nature impérative d'ordre public ou de la mission de l'ONU, la Cour affirme que la Mission d'administration intérimaire des Nations Unies au Kosovo (MINUK) est un organe subsidiaire de l'ONU instauré en vertu du chapitre VII de la Charte. Ainsi, les pouvoirs que la Force de paix au Kosovo (KFOR) a pu exercer en l'occurrence lui avaient été valablement délégués par le CS en application de ce même chapitre VII. Leurs actions sont donc directement imputables à l'ONU en tant qu'Organisation à vocation universelle qui remplit un objectif impératif de sécurité collective »[172].

S'agissant de l'UA, cette attitude exprime plus l'exercice d'un pouvoir de tutelle de l'ONU sur elle, au lieu d'un partenariat solide des organisations régionales envers l'ONU formulé par l'article 7 (k) du Protocole du CPS. L'intervention spectaculaire de l'Éthiopie en Somalie sous couvert, semble-t-il, de légitime défense peut illustrer des controverses sur cet aspect. Le Secrétariat général de l'ONU est l'une de différentes sources qui soutiennent que l'Éthiopie est intervenue en Somalie en légitime défense. Cependant, d'autres États ont évoqué le consentement du GFT comme une autorité internationalement reconnue.

D'aucuns admettent généralement que l'argument de la légitime défense doit absolument être invoqué moyennant le respect des décisions prises par le CS. C'est pour cette raison que le consentement de la GFT qui justifie cette intervention militaire éthiopienne en Somalie ne peut être envisagé en

170 Jean COMBACAU et Serge SUR, *Droit international public*, Montchrestien, 8è Édition, Paris, 2008, pp. 660-661.

171 Voir Jean-Pierre COT, Alain PELLET et Mathias FOURTEAU, La Charte des Nations Unies : Commentaire article par article (tomes 2), Paris, Edition Economica (3e éd.) 2005, p. 1367.

172 Voir Philippe LAGRANGE, *op.cit.*, p. 104.

dehors d'éventuelles décisions du CS[173]. Évidemment, la légitime défense est un « droit naturel » ou « inherent right ». En général, la doctrine affirme que seul l'État victime de l'attaque pourra déterminer les choix d'exercer ce droit. Bien entendu, le CS peut faire des estimations sur un abus de droit dans le cas de légitime défense par exemple, sans pourtant prendre des décisions.

Concernant le maintien de la paix et de la sécurité internationales, nous avons l'article 54 de la Charte qui précise que le CS doit en tout temps être tenu au courant de toute action entreprise ou envisagée, en vertu d'accords régionaux ou par des organismes régionaux[174]. Nous sommes donc en présence des manifestations de la tutelle du CS sur les organisations régionales.

En tout état de cause, nous retiendrons que le droit d'intervention est confronté à plusieurs entraves comme en témoignent toutes ces limites que l'UA rencontre constamment, surtout devant la compétence principale de l'ONU.

4. Les limites dues à la compétence principale du Conseil de sécurité

Le CS ayant la compétence principale sur les questions de paix et de sécurité internationales peut autoriser l'intervention d'un organe régional et, en même temps, conserver son droit de regard sur celui-ci. Évidemment, c'est une attitude qui est concevable, vue l'extrême sensibilité que ces questions comportent. Mais une organisation autorisée à conduire ses opérations peut pourtant se détourner des objectifs de l'ONU. Dans de tels cas, le CS peut dessaisir une telle organisation en vue de procéder à des modifications. Il a le droit de lui retirer ladite autorisation au profit d'un autre organe jugé plus fiable à poursuivre la conduite de cette mission.

Conformément aux dispositions de l'article 52 (1) de la Charte, la tutelle de l'ONU sur les organisations régionales est caractérisée par cette volonté de décentraliser les compétences en faveur de la paix et de la sécurité dans des régions. À titre d'exemple, nous pouvons évoquer trois organisations régionales les plus en vue à savoir : l'OEA, le Conseil de l'Europe et l'UA. Chacune d'elles est principalement chargée de promouvoir la coopération entre les États membres de leur composition. Cependant, les domaines, les méthodes et l'ampleur de la coopération diffèrent d'une organisation à une autre[175].

En tout état de cause, l'ONU accorde toujours une attention particulière aux interventions des organisations régionales qui ne doivent absolument pas

---

173 Voir Olivier CORTEN, « La licéité douteuse de l'action militaire de l'Éthiopie en Somalie et ses implications sur l'argument de l'"intervention consentie" », *Revue générale de droit international public*, 2007, Tome CXI — 2007, p. 535.
174 Voir Jean-Pierre COT, Alain PELLET et Mathias FOURTEAU, La Charte des Nations Unies : Commentaire article par article (tomes 2), *op.cit.*, p. 1439.
175 *Ibid.*

s'éloigner des buts et des principes des Nations Unies. Jusque-là, la mise en œuvre du droit d'intervenir est l'apanage d'une pluralité d'institutions ; ce qui peut être une source irréversible de conflits de compétence au cours de certaines opérations sur le terrain. Autrement dit, ce phénomène peut aussi être susceptible de diminuer l'efficacité des institutions lors des interventions. La procédure relative aux interventions renvoie schématiquement à la Conférence africaine le soin de prendre les décisions sur le plan régional. Ainsi, la mise en œuvre de ce droit d'intervention revient au CE et au CPS de l'Union représentant les institutions à connotation politique. La présence de ces organes politiques constitue une source de politisation du droit d'intervention. Il pourrait ainsi y avoir beaucoup plus de tentations à vouloir conduire toutes les interventions, sous un angle d'approche purement politique ; ce qui ne serait pas incompatible à l'idéal.

Par ailleurs, le fait de concentrer tous les pouvoirs en une seule institution est un atout très favorable selon les dispositions de la Charte des Nations Unies et de l'ACUA. Par exemple, le CS de l'ONU conçoit, décide et autorise seul les interventions. Cette attitude permet de limiter des conflits de compétences, raccourcir relativement le temps d'intervention, augmenter l'efficacité de ce droit dans les opérations et réduire le nombre d'organes à participer à une même intervention. Ces conflits de compétences nous renvoient symboliquement aux interventions menées en faveur des actions humanitaires qui opposent le CE au CPS de l'UA. À cet effet, l'article 13 de l'ACUA et l'article 6 (f) du Protocole du CPS accordent respectivement la tutelle des interventions à chacun de ces deux Organes juridiquement[176]. Cette ambiguïté complique l'attribution exacte des compétences à l'un des deux organes intervenant dans l'action humanitaire.

D'une part, il peut s'agir du CE qui décide des politiques en cas d'action humanitaire, les coordonne et laisse le soin au CPS de les exécuter sous son contrôle. D'autre part, il peut s'agir des opérations que chacun des organes peut mener séparément sur un même théâtre d'opérations. Il est donc possible qu'un tel comportement puisse provoquer une inefficacité dans les interventions, voire provoquer les fameux conflits de compétences au sein de l'UA. Tout compte fait, qu'il s'agisse d'une autorisation d'intervention ou d'une quelconque action à entreprendre par le CPS, le déroulement des opérations sera obligatoirement sous la tutelle du CS de l'ONU qui a donné cette autorisation. Outre la surveillance contraignante des Nations Unies sur les OI, la suprématie du CS sur ces dernières est incontestablement source des conflits de compétences. Cette posture peut également engendrer une cacophonie dans la mise en œuvre des procédures de l'UA vis-à-vis des organes sous-régionaux de règlement de conflits.

---

[176] Voir respectivement l'article 13 de l'Acte constitutif et l'article 6 (f) du Protocole du Conseil de Paix et de Sécurité.

Paragraphe 2 : La variété des limites de l'Union africaine dans la résolution des conflits

Il est à rappeler qu'en plus des limites que l'ONU a imposées, les interventions de l'UA rencontrent encore les obstacles dus à la rivalité des organisations sous-régionales sur les questions de paix et de sécurité internationales. D'où, nos interrogations sur les limites des obstacles d'ordre concurrentiel déclenchés par les Mécanismes sous-régionaux de maintien de la paix et de la sécurité (A) et les obstacles de contrôle (B).

A. Les limites d'approche concurrentielle

Bien entendu, le fait que des mandats de rétablissement de la paix de l'UA soient conjoints à ceux de l'ONU et d'une CER constitue une source des conflits en Afrique. Il règne ainsi un climat d'incertitude et de concurrence lorsqu'il s'agit de fixer laquelle de ces organisations devrait se charger de conduire une médiation. Cette réalité est caractéristique d'une tension en raison de la complexité et de la fragilité qui en résultent. S'il peut y avoir une tension probable, c'est parce que des perspectives et des programmes politiques sont différents d'une organisation à une autre. Il s'impose généralement une certaine amélioration dans la manière de coordonner et d'asseoir une parfaite coopération entre ces organisations[177]. Dans l'ensemble, les rapports hiérarchiques entre l'UA et les organisations sous-régionales de paix et de sécurité internationales manquent de précision et présentent finalement un grand défi dans l'articulation entre les forces régionales et l'UA[178]. À ce titre, il convient de relever une spécificité africaine qui altère les rapports entre l'UA et les CER. C'est dès le départ progressif des contingents occidentaux chargés des OMP que des acteurs régionaux tels que la CEDEAO et la SADC se consacraient désormais à la gestion des conflits marqués par les années 1990. De son côté, l'UA a affirmé sa détermination à asseoir une régionalisation de la sécurité. Ainsi qu'elle a créé une architecture pour une intégration régionale de toute l'Afrique.

Malheureusement, ce projet a eu du mal à se réaliser comme prévu, compte tenu des considérations plus fortes des États qui préfèrent se fier aux CER qu'ils jugent plus crédibles et plus efficaces que l'UA dans la gestion des conflits. Ce choix des États repose sur des bases à la fois historiques et pragmatiques. Évidemment, devant les risques de propagation des conflits aux États frontaliers, les organisations sous-régionales en général s'en sortent mieux bien plus souvent que l'organisation régionale elle-même.

---

[177] Voir *Vers le renforcement des capacités de Médiation de l'Union africaine :* Rapport basé sur un séminaire organisé par la commission de l'Union africaine (UA) Addis-Abeba, Éthiopie 15 – 16 octobre 2009, https://www.files.ethz.ch, le 15 décembre 2016, p.23.

[178] Voir Paul Chichlo et Laure Henicz, *La FAA dans l'Architecture africaine de paix et de sécurité : Le défi de l'articulation entre l'Union africaine et cinq forces régionales*, www.defense.gouv.fr, 9.04.2015.

Par exemple, si la CEDEAO est vite intervenue au Liberia avant l'UA c'est parce qu'elle a su trouver un consensus lui permettant d'agir le plus promptement possible. Ainsi, la concurrence semble l'emporter sur l'UA qui peine très remarquablement à gérer certaines crises comme en Libye, au Mali, en Centrafrique et au Burkina Faso. Voilà pourquoi il est encore difficile d'établir un cadre de coopération adéquat sur les rapports hiérarchiques entre l'UA et les CER, lorsqu'il s'agit de sortir de cette concurrence entre organisations internationales en Afrique[179]. Dans ce cadre, nous constatons paradoxalement que les rapports entre l'ONU et les Mécanismes sous-régionaux de l'UA paraissent plus intensifiés. La hiérarchie entre les OI et les Organisations sous-régionales se comprend en se référant à la notion du règlement des conflits qu'ils ont respectivement coutume de pratiquer.

Bien entendu, les modes de règlement pacifique propres aux OI s'appliquent aux différends interétatiques, mais leur champ d'application exclusif est constitué par des litiges résultant de l'existence des organisations elles-mêmes : règlement des conflits de juridiction entre organisations universelles, ou entre les organes d'une même organisation. Ce conflit a souvent du mal à trouver une solution simple dans le principe hiérarchique[180]. Ce faisant, nous pouvons nous interroger sur la finalité de ses rapports qui peuvent être de collaboration ou encore de subordination.

En effet, l'article 7 (j) du Protocole du CPS essaie de donner de simples précisions à ce sujet. Apparemment, un tel intitulé renvoie aux rapports de simple collaboration entre l'UA et les organes sous-régionaux, ce qui les assimile à des institutions paires dans ce cadre. D'où, cette situation qui semble poser le problème de la coopération entre les CER et l'UA dans le domaine de l'opérationnalisation de l'architecture de paix et de sécurité en Afrique (APSA)[181]. Le risque majeur est l'absence de contrôle de l'UA sur les initiatives sous-régionales. Ainsi, l'empiétement et la diminution du pouvoir d'intervention de l'UA par certaines CER peuvent poser un sérieux problème d'efficacité dans la résolution des conflits en Afrique. Sur ce dernier cas, nous reviendrons sur cet exemple de la CEDEAO concurrente à l'UA en Guinée.

Concrètement, il n'est pas toujours évident que les organisations universelles et les organisations régionales puissent apporter les mêmes solutions techniques au problème du règlement des différends entre les États membres. Les institutions régionales conviennent à un degré de solidarité politique qui autorise un équilibre des modes non juridictionnels et des modes juridictionnels. Par contre, ce degré est bien différent au sein d'une organisation universelle[182]. Par ailleurs, l'article 103 tranche sur tout conflit

---

[179] *Ibid.*

[180] Patrick DAILLIER, Mathias FORTEAU et Alain PELLET., *op.cit.*, p. 935.

[181] Voir *Forum international de Dakar sur la paix et la sécurité en Afrique*, http://www.dakarforum.org, 15 décembre 2016.

[182] *Ibid.*

existant entre les obligations des membres de l'ONU devant la Charte et des obligations en vertu de tout autre accord international.

Évidemment, cet article veut trancher sur les questions de compatibilité entre les traités internationaux et les Chartes des différentes organisations. En dépit de sa clarté, cette disposition ne semble pas régler les questions de la hiérarchie entre les organisations concurrentes des sous-régions disposant des mécanismes de protection particuliers et l'UA. Or la compétence universelle de l'ONU sur le maintien de la paix et de la sécurité internationales empiète pleinement sur celle de l'UA, ce qui est un phénomène tout à fait raisonnable. Ainsi, le droit d'intervention de l'UA devient limité par l'hégémonie de l'ONU dans ce domaine. De manière similaire, cette même concurrence affecte les rapports entre l'UA et les organisations sous-régionales de paix et de sécurité en Afrique.

À l'instar de l'ONU et des organisations régionales de sécurité, l'UA devrait donc prendre des dispositions nécessaires pour établir un ordre régulier dans ses rapports avec les organisations sous-régionales du maintien de la paix et de la sécurité internationales. Cette question révèle un conflit normatif, dès lors que deux ordres parviennent à régler des orientations sur des sujets d'une même nature, c'est-à-dire se rapportant à un même objet. Face à deux ordres normatifs, deux types de relations peuvent être possibles. D'une part, il peut y avoir l'union de deux éléments assortis d'une équivalence. D'autre part, il peut s'établir une hiérarchie entre les deux concepts. Dans la procédure d'exécution du droit d'intervention de l'UA par exemple, nous retiendrons respectivement cette équivalence qui existe entre le CE et le CPS dans le premier cas et cette hiérarchie qui s'établit du CS de l'ONU au CPS de l'UA dans le second cas.

Placée entre la tutelle de l'ONU et la compétition des organisations sous-régionales, l'UA semble être confrontée à des situations très contraignantes dans l'exercice de son pouvoir d'intervention. En vue d'assurer une meilleure garantie pour la paix et à la sécurité régionale, l'article 3 de l'ACUA étale une panoplie d'objectifs. Mais ceux liés aux questions de paix et de sécurité portent essentiellement sur la protection des droits de l'Homme, mais également sur la prévention, la gestion et le règlement des conflits.

Aujourd'hui, l'intervention de ces organisations est d'une portée qu'on ne prévoyait pas aisément au XXe siècle. Cela est simplement dû en raison des facilités de leur cadre à des négociations permanentes pour prévenir les conflits d'intérêts et pour les apaiser d'une part. D'autre part, cette situation existe à cause de l'avantage procuré par ces organisations tantôt par leur relative neutralité dans les compétences entre États, tantôt par leur position d'arbitre[183]. Tant bien que mal, l'UA se préoccupe toujours de la résolution des conflits interafricains en présence. Il convient de souligner que les

---

[183] Voir Patrick DAILLIER, Mathias FORTEAU et Alain PELLET., *Droit international public*, LGDJ, *loc.cit.*

questions de paix et de sécurité internationales occupent toujours le centre des débats dans la société internationale. Ainsi qu'elles ont été un défi pour l'Organe central de l'OUA. À l'évidence, c'est pour pallier les crises multiformes tributaires des tensions omniprésentes du continent que l'OUA avait créé cet Organe central du Mécanisme pour la prévention, la gestion et le règlement des conflits. Malheureusement, celui-ci n'a pas été épargné des faiblesses au cours de son fonctionnement[184]. Ainsi qu'il a connu un véritable échec, ce qui ne semble pas être le cas pour le CPS de l'UA très probablement.

Pendant que l'ONU a su établir les règles de sa hiérarchie envers les organisations régionales, l'UA tarde un peu à asseoir son autorité sur les organisations sous-régionales concurrentes. Dans la pratique, ces organisations prennent d'abord des initiatives pour intervenir et se contentent de rendre tout simplement compte à l'UA et à l'ONU alors que les interventions auraient déjà été exécutées. Il en est ainsi peut-être parce que le cadre institutionnel d'une alliance doit normalement favoriser la résolution des litiges internes en priorité. Une alliance trop élargie suscite généralement des procédures lentes et parfois inefficaces. C'est ainsi qu'à la demande de l'un d'entre eux, certains des partenaires prennent d'abord des précautions en se consultant et en se concertant à part, afin d'éviter un conflit susceptible d'engendrer la dislocation du système[185].

Finalement, la concurrence sans cesse grandissante des organisations sous-régionales peut altérer l'efficacité de l'UA dans ses interventions. Il faudrait mettre l'accent sur la manière de renforcer la coopération verticale entre l'UA et les CER, ainsi que celle d'ordre horizontal entre les CER elles-mêmes. Ce procédé pourra assurément éviter le chevauchement de ces institutions au cours des missions. Il serait aussi souhaitable d'installer des bureaux de liaison de l'UA au siège des CER, le tout pour empêcher les doublons[186]. Des instruments juridiques appropriés délimitant les domaines d'action de chaque institution préviendraient également les conflits de compétences au cours des opérations.

B. Les limites de contrôle

La pérennité des tensions en Afrique suscite une fragilité accentuée par des effets pervers de la mondialisation. Ce continent s'est donc résolu de mener une lutte relative par la substitution de l'OUA par l'UA. Cette ambition traduit ainsi une vision forte et partagée d'une Afrique intégrée, prospère et en paix tirée par ses citoyens et constituant une force dynamique sur la scène internationale. Aussi, plusieurs autres initiatives ont vu le jour comme la Commission de l'UA qui a projeté un plan stratégique

---

[184] Voir Delphine LECOUTRE, *Le Conseil de Paix et de Sécurité de l'UA, clef d'une nouvelle architecture de stabilité en Afrique ?*, *op.cit.*, p. 134.
[185] Alain PLANTEY, *op.cit.*, p. 245.
[186] Voir *Vers le renforcement des capacités de Médiation de l'Union africaine*, *op.cit.*, P. 25.

d'intégration continentale. Officiellement lancée le 16 septembre 2003, cette Commission n'est autre que le secrétariat actuel de l'UA en remplacement du Secrétariat général de l'OUA. Pour s'acquitter de son mandat, la Commission se focalise sur quatre documents structurant son programme de 2004 - 2007 à savoir : « la vision de l'Union et les missions de l'UA ; le cadre stratégique 2004 – 2007 de la Commission de l'UA ; les plans d'action des départements de l'UA ; les statuts de la Commission de l'UA ». Ces documents font la promotion des valeurs d'intégrité, de transparence, de respect mutuel, de promotion des femmes[187], ainsi que de solidarité et d'engagement ferme pour la cause de l'unité africaine[188]. Malgré tout, cette intégration reste encore confrontée aux multiples défis majeurs du continent.

Bien entendu, la quête pour l'intégration du continent est très préoccupante pour l'UA. Entre temps, aucune intégration du continent n'est possible sans une résolution préalable de tous ces conflits. Celle-ci doit aussi tenir compte de l'implication de la fameuse promotion de la femme qui constitue un maillon incontournable de cet objectif. Évidemment, l'UA a tenu son 25e sommet le vendredi 12 juin 2015 à Johannesburg (Afrique du Sud). À cette occasion, l'ancienne présidente de la Commission de l'UA, NKOSAZANA DLAMINI-ZUMA avait dénoncé l'utilisation des femmes dans les conflits. Elle a cité l'exemple de Boko Haram, ce groupe islamique qui a enlevé plusieurs centaines de jeunes filles déclarées portées disparues. Le ministre des Affaires étrangères du Tchad M. Moussa Faki Mahamat, président de la Commission de l'Union africaine est son remplaçant. [189]

Dès le commencement du sommet, l'ancienne présidente de la Commission de l'UA avait également évoqué avec insistance que le développement du continent africain est lié à l'intégration des femmes. Son raisonnement s'appuie sur cet aspect parce qu'elles représentent la moitié de la population africaine et constituent une forte proportion de la main-d'œuvre agricole en Afrique. Les rapports entre l'UA et les organisations sous-régionales doivent devenir harmonieux nécessairement pour une meilleure promotion ainsi qu'une protection de la femme[190].

---

[187]Au 25e sommet de l'UA tenu le vendredi 12 juin 2015 à Johannesburg (Afrique du Sud), Angelina Jolie, une actrice américaine, a lancé un appel pour une grande protection des femmes et des filles, notamment dans les zones de conflit. Elle a exhorté les chefs d'État africains à une forte mobilisation contre les violences faites aux femmes, notamment celles d'ordre sexuel surtout dans les zones de conflit. Elle a en outre précisé que le droit des femmes ne devrait pas être relégué au second plan, mais plutôt le reconnaître comme un maillon dans la construction d'une société libre et démocratique. Voir AFP par GORDON HARNOLS, *Sommet de l'UA : « Le droit des femmes n'est pas une question secondaire »*, http://news.abidjan.net, 13 juin 2015.

[188] Voir Guy MVELLE, *op.cit.*, p. 216.

[189] Voir *Le Monde*, Moussa Faki Mahamat le ministre des affaires étrangères tchadien, a été élu à la présidence de La Commission de l'Union africaine (UA) lors du 28e sommet de l'organisation panafricaine, le lundi 30 janvier 2017 à Addis-Abeba (Éthiopie) pour succéder à NKOSAZANA DLAMINI-ZUMA de la RSA en poste depuis 2012, le 09.12.2017.

[190]Voir REUTERS/Siphiwe SIBEKO, *Sommet de l'UA : « Le droit des femmes n'est pas une question secondaire »*, http://www.rfi.fr/afrique, le 13 juin 2015.

À ce titre, le problème d'harmonisation des rapports entre l'UA et les organisations sous-régionales dont elle partage les États membres devient de plus en plus important. En réalité, une OI est une création des États qui ne fusionne pas ses membres dans un État plus vaste. Au contraire, celle-ci doit leur offrir des moyens permettant d'atteindre une efficacité dans l'exercice de leurs fonctions. Contrairement à un État, une OI est dépourvue d'une individualité réelle dont les compétences sont limitées. C'est pourquoi ses actions sont très souvent de portée réduite et ne disposent d'aucune souveraineté.

Néanmoins, la collectivité se distingue de chacune de ses composantes dans chaque cas à des degrés divers qui cernent le type d'acteur d'une organisation précise[191]. En créant l'UA, des leaders politiques africains ont voulu regrouper en une union cohérente et bien organisée les nombreuses institutions continentales et sous-régionales créées depuis les cinq dernières décennies pour des résultats concrets. Ainsi, l'ACUA a incorporé la CEA qui a été instituée par le Traité d'Abuja (1991) et son programme d'intégration régionale aux côtés des CER créées pour l'exécution de ce programme. Effectivement, une douzaine ou plus d'organisations économiques régionales et sous-régionales ont été créées dans le domaine du développement économique. Beaucoup d'États membres appartiennent simultanément à plusieurs de ces organisations. Ce recoupement associé au chevauchement de mandats génère inéluctablement une confusion évidente quand il faut assurer la coordination lors des négociations internationales par exemple[192].

Au sommet d'Abuja (Nigeria) tenu le 10 décembre 1999, les chefs d'État de la CEDEAO ont adopté un Protocole relatif au Mécanisme de prévention, de gestion, de règlement des conflits, de maintien de la paix et de la sécurité dans la sous-région. L'objectif est celui d'organiser les structures et les processus garantissant la consultation et la gestion collective des questions sur la sécurité régionale. Ce Mécanisme est doté d'un CS et de médiation qui a été officiellement lancé en mai 2000 à Monrovia (Liberia). Cet Organe peut autoriser toute forme d'intervention, y compris la décision de déployer des missions politiques et militaires, informer les Nations Unies et l'UA de ses décisions, fournir et réviser les mandats et nommer les commandants de différentes forces d'intervention.

Ce CS et de médiation peut créer des obstacles à l'Union dans la résolution des conflits en supervisant les activités de plusieurs organismes. Créées de cette manière, les organisations sous-régionales prennent des initiatives d'intervention qui échappent régulièrement au contrôle de l'UA. Avec des agissements pareils, l'UA court le risque de perdre son droit de contrôle sur ces organisations qu'aucun texte n'a d'ailleurs prévu jusque-là.

---

[191] Voir Jean-François GUILHAUDIS, *op.cit.*, P.181.

[192] Voir *Commission de l'UA : Plan stratégique 2004-2007, Volume 2 : Cadre Stratégique 2004-2007*, *op cit*, pp. 6-7.

À ce stade, le silence des textes peut s'affirmer par l'article 7 (j) du Protocole du CPS. À plus forte raison, il ne parle précisément que de la coordination et de la coopération entre l'UA et ces fameux mécanismes sous-régionaux. C'est une preuve suffisamment convaincante d'affirmer que parfois ces Mécanismes préfèrent collaborer plus avec l'ONU qu'avec l'UA. Ils conservent ainsi leur indépendance en matière de prise d'initiative vis-à-vis de l'UA. Prenons l'exemple du texte instituant le COPAX qui est une organisation de Défense commune en Afrique centrale. Ce texte ne parle nulle part de son éventuelle subordination au CPS de l'Union, l'Organe principal de maintien de la paix et de la sécurité en Afrique. En revanche, son article 4 argue que les attributions exercées par le COPAX auprès de l'Union sont plus sous sa coordination et non sous son contrôle. Il s'agit là d'une limitation du droit d'intervention de l'UA tout simplement, étant donné que la coordination et le contrôle ne sont pas de même contexte.

Devant ces initiatives, les interventions de l'UA sont considérablement limitées dans ces conditions. À ce titre, le droit de contrôle devient un simple pouvoir de coordination. Il suffit de revenir à l'article 7 (j) du Protocole du CPS pour comprendre l'exactitude du remplacement du pouvoir de contrôle par celui de la coordination qu'exerce l'UA sur les mécanismes sous-régionaux[193]. Pour ce faire, le CPS ne peut assurer le contrôle des initiatives sous-régionales par une simple coordination. Il est possible qu'il rencontre des limites dans la mesure où son incapacité à adapter et orienter ces initiatives dans le sens des objectifs propres de l'Union ne serait l'objet d'aucun doute.

Pour parler concrètement d'une harmonisation et d'une coordination dans le domaine de paix et de sécurité en Afrique, comme il est stipulé dans l'article 16 (1. a) du Protocole du CPS, il faudrait que le contrôle effectif des mécanismes sous-régionaux par cet Organe soit concret. En dépit de l'absence d'un texte impératif, l'UA doit toujours s'assurer de la synchronisation des initiatives sous-régionales sur les questions de hiérarchie en matière de paix et de sécurité internationales. Le manque d'encadrement de ces initiatives peut s'avérer néfaste et constituer un obstacle de contrôle pour le CPS. Ces initiatives doivent donc être compatibles aux actions déjà engagées par l'Union sur un même objet, de telle sorte qu'elles soient uniquement orientées dans le même sens que les objectifs de l'Union.

De toute évidence, l'existence de plusieurs groupements d'intégration dans chacune des cinq régions africaines peut comporter d'importants inconvénients en matière d'intervention. Cela peut finalement générer des conflits de compétences permanents dans la procédure d'intervention entre l'UA et les organisations sous-régionales. Au cours de son évolution, l'UA devra toutefois éviter une cacophonie institutionnelle dans plusieurs domaines, afin d'atteindre les objectifs inscrits dans son ACUA.

[193] Voir article 7 (j) du Protocole relatif à la création du conseil de paix et de sécurité de l'UA.

Contrairement aux dispositions de ce fameux article 7 (j) du Protocole de CPS, l'UA ne dispose d'aucun contrôle réel sur les organisations sous-régionales placées sous sa tutelle. Une clarification de la hiérarchie entre l'UA et les autres organisations devrait faire l'objet d'une révision des textes y afférents. Si des compétences diverses ont été mises à la disposition de l'UA dans la résolution des conflits, il est question de s'interroger maintenant sur les organes qui les mettent en application (Deuxième Titre).

DEUXIÈME TITRE

LES PRINCIPAUX ORGANES DE L'UNION AFRICAINE DANS LE RÈGLEMENT DES CONFLITS

À la fin des années 1990, les leaders politiques africains avaient pris conscience que la démocratie, la résolution des conflits internes et les exigences de la mondialisation nécessitaient le remplacement de l'OUA qui devenait tellement obsolète pour faire face à ces nouveaux enjeux internationaux. Ainsi, l'ancien leader libyen M. Mouammar KADHAFI avait impulsé la dissolution de l'OUA. En réalité, l'OUA n'a pas achevé sa mission et ne peut néanmoins en être fière malgré des succès remportés pour la lutte menée contre l'apartheid en Afrique du Sud et de la médiation réussie aux iles des Comores, quoi qu'elle ait totalement échoué sur le génocide du Rwanda où une passivité absolue lui a été reprochée. Cette même attitude a été observée pour les conflits en RDC, au Mozambique et en Angola, où elle n'a pas su rétablir la paix dans ces pays.

Si d'aucuns accusent l'OUA de porter l'image d'un véritable bastion d'intolérance regroupant tous les dictateurs africains, c'est parce qu'elle a encouragé ce phénomène en souscrivant délibérément au principe fondamental de non-ingérence dans les affaires intérieures des États. L'UA a été donc créée pour succéder à l'OUA en vue de parfaire l'intégration politique, économique et sociale du continent africain[194]. Cette création qui est source de grand espoir suscite des attentes tant en Afrique qu'au-delà de ses frontières[195]. En remplaçant l'OUA depuis 2002, de nouvelles institutions attribuées à l'UA sont : le Parlement panafricain, la CAJDH, l'ECOSOCC et le CPS. Cette redynamisation institutionnelle s'accompagne également de nouveaux principes tels que le droit d'intervention de l'UA au sein des États membres.

---

[194] Voir *le Projet de loi autorisant le président (de la République de Côte d'Ivoire) à ratifier le Protocole relatif à la création du Conseil de Paix et de Sécurité de l'UA*. p. 1.

[195] Voir ABDULQAWI A. Yusuf, Fatsah OUGUERGOUZ, *L'UA : cadre juridique et institutionnel : manuel sur l'organisation panafricaine*, *op.cit.* p. 79.

L'UA s'est simplement inspirée de l'UE et particulièrement de ses statuts pour pouvoir juguler la résurgence éventuelle des dysfonctionnements qui ont marqué l'époque de l'OUA. Concrètement, c'est le lundi 8 juillet 2002 à Durban (Afrique du Sud) que les membres de l'OUA avaient ouvert le dernier sommet marquant un grand tournant dans l'histoire de cette première Organisation continentale. Elle a donc librement cédé sa place à l'UA, la nouvelle Organisation africaine. Bien entendu, l'inspiration des statuts de l'UE par l'UA aurait pour finalité de pallier des carences accusées par l'OUA sa devancière. En tout état de cause, un inventaire opéré sur les organes les plus sollicités dans les règlements des différends interafricains renvoie à la Cour africaine de justice et des droits de l'Homme (Chapitre I) et le Conseil de Paix et de Sécurité de l'UA (Chapitre II).

CHAPITRE I

L'IMPACT DE LA COUR AFRICAINE DE JUSTICE ET DES DROITS DE L'HOMME

De toute évidence, l'ultime préoccupation du continent africain repose actuellement sur la résolution des conflits récursifs qui annihilent ses forces d'intégration et de développement. Soulignons que ces conflits proviennent surtout des violations des droits de l'Homme, quoique protégés par des instruments internationaux tels que le Pacte sur les droits économiques, culturels et sociaux ainsi que la Charte africaine des droits de l'Homme et des peuples inspirés des modèles européens et américains. Cette Charte africaine des droits de l'Homme et des peuples est la source principale du modèle africain des droits de l'Homme[196]. Bien entendu, les droits civils et politiques, les droits économiques, sociaux et culturels, les droits de solidarité sont des droits de l'Homme déclarés indivisibles par ailleurs ainsi que les libertés fondamentales. Cependant, leur application doit être garantie par un système de protection efficace, dans le cadre des organisations universelles et régionales. Par conséquent, les États ont l'obligation « erga omnes » de les respecter[197].

Or la question du système juridique africain est très préoccupante sur la scène internationale, et ce, depuis l'OUA. Il a fallu donc créer la CAJDH afin d'instaurer un système juridique dynamique et rationnel susceptible d'éradiquer tous ces conflits qui empêchent la réalisation des objectifs fixés par l'UA. Dans ce contexte, il est satisfaisant de procéder d'abord à l'étude du fondement et des compétences de la Cour africaine de justice et des droits de l'Homme (Section I). Ensuite, nous aborderons les aspects relatifs aux droits de l'Homme (Section II). Enfin, nous allons examiner l'évaluation de la CAJDH (Section III).

---

[196]Pierre KAMTOH, *La Cour africaine des droits de l'Homme et des peuples,* http : // www.ahjucaf.org, 2 novembre 2010.

[197] *Ibid.*

Section I : Le fondement et les compétences de la Cour africaine de justice et des droits de l'Homme

Pour résoudre les sempiternels différends du continent, l'UA devrait potentiellement fonder son appui sur l'intervention de ses organes compétents en la matière. Or ce sont les textes juridiques qui attribuent des compétences à l'UA ainsi qu'aux organes qui les appliquent. La CAJDH résultera de la fusion de la CADHP ainsi qu'à la Cour de Justice de l'UA après l'entrée en vigueur du Protocole relatif. Alors les compétences de cette Cour unique relèveront d'une synergie de celles des deux précédentes cours qui seront fusionnées en vue de régler les conflits interafricains efficacement.

Par ailleurs, la CAJDH règlera également les conflits par des Résolutions « légiférantes ». Cependant, il y a lieu de raisonner par analogie avec l'avis de Joe VERHOEVEN sur les Actes unilatéraux comme source de droit. À cet effet, il évoque qu'il n'est fait aucune mention, dans l'article 38 du statut de la CIJ, des décisions ou autres Actes émanant d'OI. Il s'interroge s'il est interdit d'en faire application. À en croire son avis, ce serait surprenant, dès lors que la Cour a pour mission de régler les différends qui lui sont soumis conformément au droit international. Effectivement, si la compétence contentieuse est limitée seulement aux seuls différends interétatiques, cela réduit le domaine d'application du droit dérivé des organisations[198].

Paragraphe 1 : Le fondement de la Cour africaine de justice et des droits de l'Homme

Certes, la Cour de Justice de l'UA et la CADHP seront fusionnées pour engendrer la CAJDH. Mais son fondement renvoie conjoncturellement au processus de sa création. Ainsi, notre étude sera basée sur la Cour de justice africaine (A), la fusion institutionnelle des deux cours (B), la Cour africaine de justice et des droits de l'Homme (C) et les caractéristiques de ladite Cour (D).

A. La Cour de justice de l'Union africaine

Au demeurant, la création d'une Cour de Justice en Afrique ne relevait pas d'un concept nouveau. Elle était déjà inscrite dans le Traité d'Abuja (Nigeria) qui instituait la CEA. On parlerait plus d'un changement notable d'attitude des États africains face au règlement des différends qui les opposaient. Mais dès les années 1980, les États africains commençaient déjà à accepter les mécanismes juridictionnels de règlement de conflits en ayant parfois recours à la Cour internationale de la Charte d'Addis-Abeba. Les

---

[198] Voir Joe VERHOEVEN, « *Droit international Public* », Bruxelles, Éditions Larcier, 2000, pp. 355-357.

fonctions juridictionnelles assignées à la Conférence n'étaient quasiment jamais exécutées.

Mais c'est avec le Traité d'Abuja que les États africains se sont dotés d'une juridiction compétente pour rendre des avis consultatifs sur toutes les questions juridiques et de compétence contentieuse. La Cour de Justice de la Communauté serait indépendante des États membres. D'autres organes devraient donc rendre des Arrêts obligatoires à l'égard de ces États membres et des Organisations de la Communauté.

Le projet de création de cette Cour n'avait été qu'un échec, dès lors que le Protocole chargé de déterminer les statuts et la composition de la Cour de Justice (article 20) n'était pas rédigé. Cependant, secoués par le vent de la démocratie pluraliste, les leaders politiques africains réticents avaient d'autres priorités. Ils accordaient donc peu de place à la construction de la Cour de Justice de la CEA et à l'édification de ses organes. Une telle réticence faisait l'objet d'une entreprise qui ne se prêtait guère au mouvement de contestation des pouvoirs établis à la fin de la décennie 1980. Autrement dit, ils n'étaient pas encore disposés à soumettre leurs conflits à une juridiction internationale d'envergure panafricaine. L'admission de la compétence de la Cour impliquait une intrusion dans des conflits politiques très sensibles qui se rattachaient toujours à la souveraineté des États.

En tout état de cause, l'Afrique sombrait encore dans la frustration devant une série d'espoirs déçus. Ainsi, plusieurs objectifs institués par l'Acte constitutionnel de l'OUA n'avaient pas été atteints au regard des attentes de tous les Africains. Ces derniers qui avouaient n'avoir pas trouvé satisfaction à leurs aspirations condamnaient l'incompétence de l'OUA à intervenir dans le règlement des conflits, ce qui était suffisamment démontré. À tel point, la réticence de certains pays membres de l'UA pour la construction d'une Cour de justice en vaut la preuve. Par ailleurs, si l'OUA soutenait le respect de la souveraineté et se préservait du « droit d'ingérence » dans le cadre de la prévention et la gestion des conflits, en revanche l'UA dispose d'un droit de regard sur les affaires intérieures des pays membres. Ce droit permet à la Conférence des chefs d'État et de gouvernement de donner son accord pour une intervention dans des circonstances graves : les crimes de guerre, le génocide et les crimes contre l'humanité.

Le rôle joué par les organes de l'UA dans la prévention, la gestion et le règlement des différends est particulièrement important. Pour ce faire, c'est en 2005 que l'UA est intervenue au Togo pour éviter une crise ouverte à la mort du président GNASSINGBE EYADEMA, bien que cela ait permis à son fils de le remplacer. Elle est intervenue également au Burundi, au Darfour (Soudan), en Côte d'Ivoire, en Tunisie, en Égypte, en Libye, au Mali, puis en République centrafricaine pour la reprise du processus démocratique. Quoi qu'il en soit, le président de la Conférence de chefs d'État et le CPS sont les deux acteurs qui agissent en premier dans ce domaine.

Le 5 mai 2006 par exemple, un accord était signé entre le gouvernement soudanais et le principal groupe rebelle Jandjawids et d'autres milices. Il s'agissait d'ouvrir la voie au redressement économique et à l'intégration des anciens combattants et de la population du Darfour au processus politique[199]. Ce désarmement s'était effectué sous le contrôle de l'UA.

Créée par l'ACUA, la Cour de justice de l'UA deviendra l'une des composantes de la prochaine CAJDH. Constituée des 11 juges ressortissants des États parties au Protocole, cette Cour de justice de l'UA avait déjà été créée suivant un Protocole qui fut rédigé, puis adopté par la 2e session ordinaire de la Conférence africaine tenue, le 11 juillet 2003 à Maputo. L'entrée en vigueur de ce Protocole, comme celui du parlement panafricain, était conditionnée par la signature et la ratification, et donc la validation par les procédures constitutionnelles des États membres (art. 59 du Protocole).

Selon l'article 60, le Protocole est entré en vigueur 30 jours après le dépôt des instruments de ratification par 15 États membres. Jusqu'à la 2e Session ordinaire de la Conférence tenue le 11 juillet 2003 à Maputo (Mozambique) et malgré 36 signatures, huit instruments de ratification seulement avaient été déposés respectivement par les Comores, la Libye, le Lesotho, le Mali, le Mozambique, Maurice, le Rwanda et l'Afrique du Sud. Conformément aux dispositions de l'article 5 de l'ACUA et avant d'être fusionnée, la Cour de Justice de l'UA devrait constituer l'Organe judiciaire principal de l'UA. La compétence consultative de la Cour lui aurait permis de donner un avis sur toute question juridique à la demande des organes de l'UA.

En revanche, c'est par sa compétence contentieuse que cette Cour devrait connaître les différends qu'on lui aurait soumis dans l'interprétation et l'application de l'ACUA, des textes de l'UA ainsi que toute question relative au droit international[200]. Exactement comme à la Cour de Justice de l'UE, celle-ci devrait se charger de régler les différends concernant l'interprétation et l'application de l'ACUA, des traités et des décisions prises par les organes de l'Union. Lors de la troisième Session ordinaire tenue à Addis-Abeba en juillet 2004, la Conférence africaine avait finalement décidé de fusionner plus tard cette Cour de Justice africaine et la CADHP pour former une seule Cour de justice. Subséquemment, cette Cour africaine de Justice de l'UA n'existera que dans le dispositif institutionnel de l'UA, notamment lorsque ces deux Cours seront institutionnellement fusionnées.

---

[199] Les miliciens du Darfour au Soudan sont génériquement désignés par Janjawid. Ils font partie des acteurs principaux du conflit qui ensanglante le Darfour opposant la population arabisée du Soudan aux musulmans non arabes de la région, depuis 2003. Leur première apparition date de 1988, après la victoire du président tchadien Hissène HABRÉ, soutenu par la France et les États-Unis, sur l'armée libyenne, mettant fin aux visées territoriales du colonel KADHAFI sur le Tchad. Voir *Janjawid* - InfoRapid Portail de Connaissance, http://www fr.inforapid.org, 3 janvier 2010.

[200] Voir Stéphanie DUJARDIN, *Pour une opérationnalisation rapide de la CAJDH, op.cit.*, p. 1.

Par ailleurs, le 1er chapitre du Protocole portant statut de la Cour africaine de justice et des droits de l'homme nous édifie largement sur cet aspect.

En effet, évoquer la création d'une Cour de Justice au sein de l'UA c'est aborder le phénomène de multiplication des juridictions internationales, régionales et spécialisées qui a été entrepris au cours de la deuxième décennie du siècle dernier. Les différends entre États étaient réglés par la négociation ou par la guerre, puis par l'arbitrage avant la mise en place de ces juridictions. C'est avec la Charte de San Francisco qui crée l'ONU qu'un pas a été franchi dans le règlement des différends entre États. À partir de ce moment, la guerre était désormais exclue comme mode de résolution des conflits qui sont soumis de ce fait à la CIJ. Au regard des autres continents dotés des juridictions internationales ou régionales, nous relevons que l'Organisation panafricaine n'était pas parvenue à se doter d'une instance juridictionnelle viable[201].

Au départ, il n'y avait que 19 États africains qui reconnaissaient la compétence obligatoire de la CIJ. On souligne une certaine réticence des États africains en majorité qui hésitent à recourir à la CIJ dans le règlement de leurs différends. Ces derniers privilégient les techniques traditionnelles de règlement de conflits. Selon ces États, le droit international classique est fait pour les grandes puissances qui en assurent la défense de leurs propres intérêts. Cette justice est simplement incompatible, sinon inefficace avec les litiges typiquement africains. La réaction de ces États se justifie par le fait qu'ils ne veulent pas se voir appliquer des règles à l'élaboration desquelles ils n'ont pas participé. Malgré cela, la nécessité d'avoir recours à une instance juridictionnelle s'est récemment imposée. Cela est dû, entre autres, aux conséquences des conflits entre États et des rébellions permanentes. L'avènement de l'UA justifiait donc la mise en place d'une institution chargée d'interpréter et de sanctionner la non-application de l'ACUA, des traités et des décisions de l'Union.

B. La fusion institutionnelle des deux cours

L'idée de fusionner les deux Cours panafricaines était conçue bien avant l'adoption du Protocole relatif à la création de la Cour de justice de l'UA. Cependant, en juillet 2003 le Protocole relatif à CADHP était entré en vigueur. Ainsi, cette fusion avait exactement eu lieu en janvier 2004 corrélativement à cet événement. C'est précisément lors de la négociation du projet du Protocole de la Cour de justice de l'UA par les ministres de la Justice qui était organisée à l'Ile Maurice, en avril 2003, que cette question était soulevée et débattue pour la première fois. Ce débat reposait sur les travaux menés par un Groupe d'experts juridiques et de Comité des représentants permanents. Ces travaux avaient connu une mise en évidence

---

201 Sur cette question, il convient de lire parmi tant d'autres : Gilbert GUILLAUME, *Progrès et limites de la justice internationale, La Cour Internationale de Justice à l'aube du siècle – Le regard d'un juge*, Paris, Edition A. Pedone, 2003, p. 23.

de la nécessité de rationaliser les deux cours avec les compétences similaires pouvant engendrer, d'un moment à l'autre, des conflits de compétences et des jugements contradictoires.

Par conséquent, l'étendue du mandat de la Cour de justice était susceptible de créer des interférences avec la CADHP. Ainsi, la Conférence avait demandé au président de la Commission d'élaborer les modalités de la mise en œuvre de sa Décision dans un rapport qui devrait lui être adressé à la prochaine session. Effectivement, l'opérationnalisation de la CADHP était décidée lors de la réunion des chefs d'État au sommet d'Abuja (Nigeria) en janvier 2005. C'est en juillet 2005 que cette Décision fut confirmée lors du sommet de Syrte (Libye) : « toutes les mesures nécessaires au fonctionnement de la CADHP doivent être prises, notamment l'élection des juges, la détermination du budget et l'opérationnalisation du greffe » (Assembly/UA/Dec.83 (V))[202].

À cette occasion, la Conférence avait donc demandé à M. Mohamed BEDJAOUI, ministre des Affaires étrangères d'Algérie et ancien président de la CIJ, d'élaborer un projet d'instrument juridique portant sur la mise en place de la nouvelle Cour issue de cette fusion. Du 21 au 25 novembre 2005 à Alger (Algérie), un groupe de travail chargé de l'élaboration de l'instrument juridique unique relatif à la fusion des deux cours s'est réuni en vue d'examiner un projet de Protocole. Après quelques rectificatifs, c'est en janvier 2006 que ce document a été présenté au sommet de l'UA à Khartoum (Soudan). Encore une fois, c'est en mai 2006 qu'une nouvelle réunion du Comité d'expert a débouchée sur la présentation d'un texte modifié[203].

Par ailleurs, les articles 3 (h) et 4 (m) de l'ACUA posent l'objectif et le principe de protection et du respect des droits de l'Homme. Ainsi, la Cour de justice pouvait être amenée à statuer sur l'inapplication de ces dispositions par un État membre. De cette dualité de juridiction pouvait facilement naître des difficultés, telles que celles liées surtout à des interprétations et jugements différents sur le même point de droit. D'où cette idée de vouloir créer cette future CAJDH résultant de la fusion des deux cours.

Tout en contribuant à la construction du droit communautaire africain, le processus de fusion prévu dans le Protocole qui lui est associé ne constitue pas en soi un élément considéré comme moins porteur des risques de recul dans le régime de la protection des droits de l'Homme et des Peuples. Il en est ainsi compte tenu des distorsions relatives à des considérations des politiques des États qui acceptent, malgré eux, d'exécuter les décisions des instances juridictionnelles internationales telles que la CPI ou la CIJ, sous réserve de l'adoption du Projet de Protocole relatif à la Cour de Justice de l'Union et sa mise en œuvre. D'une manière générale, le droit de l'organisation est composé fondamentalement de deux catégories de règles.

---

[202]Voir FIDH, Guide pratique : *La cour africaine des droits de l'homme et des peuples-Vers la CAJDH*, *op.cit.*, p. 142.
[203]*Ibid.*, p. 143.

Les unes qui sont transmises à l'organisation par les instruments juridiques de sa création, notamment son traité constitutif, peuvent être qualifiées d'« originaires » ou « initiales ». En revanche, celles qui sont conçues par l'organisation elle-même sur la base du droit d'origine sont dites de « droit dérivé »[204]. Ce système se traduit par la mise en place d'organes chargés de l'appliquer et de le contrôler en cas de violation tels que la CAJDH.

C. La Cour africaine de justice et des droits de l'Homme (CAJDH)

On ne saurait parler de la Cour africaine de justice et des droits de l'Homme (CAJDH) sans corrélativement faire référence à la Cour africaine des droits de l'Homme et des Peuples (CADHP). Cette dernière est dotée des statuts qui ont été adoptés lors du sommet de Ouagadougou en juin 1998 avant leur entrée en vigueur en janvier 2004. La CADHP qui est prévue comme étant une seconde composante de la future CAJDH a été créée par le Protocole relatif à la Charte africaine des droits de l'Homme et des peuples. Ce Protocole a été adopté par la 34e session ordinaire de l'assemblée des chefs d'État et du gouvernement tenue du 8 au 10 juin 1998 à Ouagadougou (Burkina Faso). Cependant, il fallait nécessairement créer une Cour de Justice dotée des pouvoirs plus élargis que ceux des instances juridiques antérieures afin de juguler ces conflits récurrents de l'UA avec efficience.

La Conférence des Chefs d'État et de gouvernement de l'OUA a donc retenu ce choix en adoptant la Résolution AHG 230 (XXX). Une réunion d'experts gouvernementaux a été ensuite convoquée par le secrétaire général de l'OUA. L'intérêt de celle-ci était de chercher à renforcer l'efficacité de la Commission et surtout sur la création d'une CADHP, en consultation avec l'ACHPR. Un projet de Protocole relatif à la Charte a été préparé par le Secrétariat de l'OUA en collaboration avec la même ACHPR et avec l'aide de la Commission internationale de juristes[205].

Par ailleurs, la décision de fusionner les deux cours trouve sa motivation en des raisons économiques, parce que les chefs d'État considéraient que l'UA ne pouvait plus soutenir un budget répondant au fonctionnement de deux institutions judiciaires distinctement[206]. Bien que les arguments aient été avancés en faveur de ladite fusion, les réactions venant des horizons divers étaient entendues en dépit des opinions formulées par les experts juridiques et membres du Comité des représentants permanents. Un autre argument supplémentaire qui a motivé cette décision repose sur le fait que chacune des deux Cours à fusionner pouvait examiner les plaintes relatives aux droits de l'Homme.

---

[204] Voir Pierre-Marie DUPUY, *Droit international public* - 10ème éd., Paris, Edition Dalloz, 2008, p. 158.

[205] Voir MUTOY MUBIALA : *La Cour africaine des droits de l'Homme et des peuples : Mimétisme institutionnel ou avancée judiciaire ?* dans : Revue générale du droit international public, 1998, p. 769.

[206] *Ibid.*, p. 35.

Entre-temps, le projet de la Cour unique avait suscité beaucoup d'interrogations parce que comportant des inconvénients, alors qu'il était encore en cours de finalisation au sein des organes de l'UA. C'était dans ce sens que le projet de Protocole portant statut de ladite Cour africaine pouvait bouleverser l'ordonnancement institutionnel de l'UA aussi bien négativement que positivement[207]. La fusion des deux cours était décidée pour accomplir un travail dans une seule direction, afin d'empêcher que la compétence d'une Cour empiète sur celle de l'autre. Mais la fusion des deux cours incarne principalement la volonté de l'UA. Il fallait donc la mise en place d'une Cour régionale effective qui disposerait des ressources nécessaires pour défendre l'État de droit, la dignité humaine et les droits de l'Homme[208]. Parmi les objections émises pour s'opposer à cette fusion, nous retiendrons celles évoquées par un certain nombre de délégations comme la différence de mandats juridictionnels entre les deux cours.

En réalité, la CADHP a été créée en 2006 pour un complément aux travaux effectués par la Commission, particulièrement dans le domaine de la protection pour les droits de l'Homme. Cependant, la Cour de Justice de l'UA demeure une juridiction plus élargie dont la compétence s'étend à tous les traités et conventions de l'Union ainsi qu'à toutes les questions relatives aux droits de l'Homme. Des défenseurs des droits de l'Homme ont subséquemment exprimé leur crainte à propos de cette posture. Évidemment, ils soupçonnaient que cette fusion pouvait affecter la mise en place de la CADHP, étant donné que la Cour de Justice n'avait pas encore atteint le nombre de ratifications suffisantes à sa création. Ces derniers soutenaient également que cette même fusion était susceptible de compromettre le mandat relatif aux droits de l'Homme de la CADHP.

Dans son Rapport, la Fédération internationale des ligues des droits de l'Homme (FIDH) a émis une crainte. Elle déclarait que si la décision de fusion peut être expliquée pour des raisons de simplicité institutionnelle et de restrictions financières, elle est préjudiciable aussi bien à la mise en place effective de la Cour africaine qu'aux intérêts des victimes. Elle a souligné que pour sa compétence première, la Cour africaine est singulièrement habilitée à trancher toutes les affaires fondées sur la violation des droits de l'Homme.

En revanche, d'autres délégations avaient simplement évoqué la rédaction d'un nouveau Protocole sur la fusion, ainsi qu'un nouvel engagement des États membres de l'Union à se soumettre à cette juridiction. La réunion avait finalement pris une décision en faveur de la séparation des deux cours. Ainsi, à la suite des recommandations faites par la Conférence des ministres de la Justice, le CE et la Conférence avaient décidé de maintenir la CADHP comme institution distincte et séparée de la Cour de Justice de l'UA en

---

[207] Voir Stéphanie DUJARDIN, *Pour une opérationnalisation rapide de la CAJDH,* dans EU-Africa e-alert — N° 3/novembre 2006, Contribution to Éditorial.

[208] Voir *La CAJDH (CAJDH*), http://www.ihrda.org, le 5 mars 2009.

juillet 2003. Conçue comme un Organe judiciaire principal de l'Union, la CADHP est composée de 11 juges élus par la Conférence des Chefs d'État et de gouvernement de l'UA. Pour un mandat de 6 ans, celle-ci a compétence sur tous les différends et requêtes qui lui sont soumis conformément à l'ACUA et au Protocole portant sa création[209]. Il fallait opter pour un mode de fonctionnement dynamique de la nouvelle Cour dans le règlement des différends interétatiques, afin d'apaiser les tensions des partisans opposés par leurs convictions à propos des deux précédentes Cours.

La configuration structurelle de la Cour unique a définitivement tranché sur la création d'une Cour qui serait divisée en trois sections comme suit : Affaires générales, droits de l'Homme et enfin Droit international pénal[210]. Cette concurrence de juridiction ne pourra plus exister avec la mise en place de la CAJDH ou la Cour unique. En effet, un Mécanisme sera établi pour répartir les affaires entre la Section des affaires générales et celle des droits de l'Homme (cf. le Protocole de la Cour unique, chapitre 3). Ce faisant, il est donc notifié que la Cour siège en deux Sections, selon l'article 16 du Statut de la CADHP.

Il y a eu la Section des Affaires générales et la Section des droits de l'Homme, chacune d'elles étant composée de 8 juges. Conformément aux dispositions de l'article 17 et en vertu de l'article 28 de son Statut, la Section des affaires générales pourra connaître de toutes les affaires dont elle sera saisie, à l'exception de celles concernant des questions relatives aux droits de l'Homme et/ou aux droits des peuples. La compétence de cette section correspond approximativement à celle qui aurait dû échoir à la Cour de justice de l'UA. La Section des affaires générales sera ainsi compétente pour connaître toutes les affaires et les différends d'ordre juridique. L'objet des deux sections reposera sur l'interprétation et l'application de l'ACUA ; l'interprétation, l'application ou la validité des autres traités de l'Union ainsi que de tous les instruments juridiques dérivés et adoptés dans le cadre de l'UA ou de l'OUA, hormis ceux qui sont relatifs aux droits de l'Homme et des peuples.

Les questions de droit international auxquelles s'ajoutent tous les actes, décisions, règlements ou directives des organes de l'Union sont aussi relativement concernées. D'autres questions portant sur l'attribution des compétences à la Cour et qui sont prévues dans tout autre accord que peuvent conclure les États partis entre eux ou avec l'UA sont aussi examinées. La non-application de toutes ces dispositions constituerait la violation d'une obligation envers un État partie ou l'Union. La nature ou l'étendue de la réparation due à la rupture d'un engagement international fait l'objet de la compétence de la Section des droits de l'Homme. Selon l'article 17 du Statut de la CAJDH, cette section sera saisie de toute affaire concernant les droits de l'Homme et des peuples. En d'autres termes, il

---

[209] Voir Guy MVELLE, *op.cit.* p. 167.

[210] Voir Article 6 du Protocole portant amendements au Protocole portant statut de la CAJDH.

s'agit d'une section qui va assurer la continuité de la CADHP au sein de la Cour unique.

L'article 18 précise que « lorsqu'une section est saisie d'une affaire, elle peut, si elle le juge nécessaire, décider de la renvoyer à la Cour siégeant en formation plénière pour examen ». Cependant, aucune justification n'est faite sur le passage d'une affaire des sections à la formation plénière de la Cour unique. À propos, des précisions seront certainement portées dans le Règlement intérieur de cette Cour. Or l'article 19 du Statut de la Cour unique indique clairement que chacune des sections pourra constituer une ou plusieurs chambres. Ce faisant, loin d'être une institution encombrante, la CADHP n'a pas réellement été un organe de l'UA au départ. La pratique l'a d'ailleurs démontré, en dehors de tous les liens étroits qui ont existé entre ces deux institutions. L'UA qui avait entériné le Protocole se chargeait de financer la Cour africaine pour assurer son efficacité. Elle devrait aussi suivre les décisions de cette institution juridictionnelle et faire en sorte qu'elles soient exécutées par les États. La Cour devrait ainsi rendre compte à l'UA de ses activités en contrepartie[211].

En fin de compte, il est avéré que l'intégration continentale est inexorablement tributaire de la mise en place de tous les organes institués par l'ACUA, dont cette CAJDH. On constate que les dispositions de l'article 18 de l'ACUA, faisant pourtant mention de cette instance juridictionnelle, n'éclairent point sur ses statuts, sa composition et ses pouvoirs, mais renvoient simplement à un protocole relatif. Les leaders politiques d'Afrique désemparés étaient devant une impasse. Ils étaient tous perplexes et manquaient de lucidité sur la question de la fameuse CAJDH. On comprendra finalement les raisons de l'embarras manifesté par des Chefs d'État qui pensaient à l'existence de la CADHP lors de la discussion quelques mois auparavant.

D. Les caractéristiques de la Cour africaine de justice et des droits de l'Homme

L'étude des caractéristiques de la CAJDH nous renvoie à l'examen du Protocole de la Cour de justice de l'UA. Ce Protocole régit le mandat et le fonctionnement de la Cour de Justice africaine. Bien que définie par son Protocole, cette Cour de justice présageait une utopie certaine. Instituée par l'ACUA, la Cour de Justice de l'UA constituait un sujet très embarrassant pour les chefs d'État africains. Ces derniers pensaient plus à l'existence de la CADHP, lors de leurs discussions. L'entrée en vigueur de cette Cour de justice de l'Union restait tributaire à une ratification suffisante par les États membres de l'UA. Devant une telle situation, la fusion des deux cours devrait absolument être la solution finale comme pour s'en débarrasser. Ce

[211]Voir FIDH, Guide pratique : *La cour africaine des droits de l'Homme et des peuples-Vers la CAJDH, loc.cit.*

faisant, on ne saurait préciser que les compétences d'une instance juridique renvoient au statut, à la composition et au pouvoir de celle-ci.

Concernant la CAJDH, une étude conséquente sera menée sur son organisation, son fonctionnement et ses compétences. En revanche, l'étude des caractéristiques la CAJDH sera évidemment consacrée sur son organisation, son fonctionnement et ses compétences. Une interprétation et une analyse seraient nécessaires afin de donner des conclusions nécessaires, notamment sur l'ACUA, le Protocole portant Statut de la CAJDH, sinon de tous les autres instruments juridiques subsidiaires nécessaires. C'est bien après que le statut ait fait mention des définitions et des fonctions de la CAJDH dans son premier chapitre schématiquement. Ce dernier est exclusivement dévolu aux dispositions générales. Il s'agit notamment des articles 1er et 2, alors que le chapitre II traite entièrement de l'organisation de la Cour[212]. Or le chapitre II du statut portant sur l'organisation de la Cour unique traite également de sa composition, notamment dans son article 3 qui révèle que « La Cour se compose de 16 juges qui sont ressortissants des États parties. Sur recommandation de la Cour, la Conférence pourra réviser le nombre de juges ».

À cet effet, 8 juges sont pour la Section des affaires générales et 8 autres pour la Section des droits de l'Homme, tous ressortissants des États parties. Compte tenu de la préoccupation des dirigeants politiques africains sur les questions des droits de l'Homme, ce nombre de juges est approximatif à celui de la CADHP qui s'élève à 11 juges. Ainsi, la composition des deux cours exige les mêmes compétences en matière de droits de l'Homme, les mêmes soucis d'indépendance, et les mêmes conditions de répartition géographique et de représentation équitable des systèmes juridiques africains ainsi que des deux sexes[213].

Concernant la CAJDH, il est à souligner que ce même nombre de juges n'est pas irréversible pour autant que la Conférence a la possibilité de le réviser sur recommandation de la Cour. Les juges seront élus pour un mandat de 6 ans. Les critères d'éligibilité des juges reposent, entre autres, sur le fait que : « les juges doivent être élus parmi les personnes connues pour leur impartialité et leur intégrité, jouissant de la plus haute considération morale ». Ils doivent réunir les conditions requises pour l'exercice dans leurs pays respectifs des plus hautes fonctions judiciaires, et/ou qui sont des jurisconsultes possédant une compétence notoire et une expérience en matière de droit international et/ou des droits de l'Homme.

Conformément aux articles 5, 6 et 7 du Statut de la Cour unique, le processus de nomination et d'élection des juges de la Cour unique sera approximativement le même que celui des juges de la CADHP. En effet,

---

[212] Voir le chapitre II du Protocole portant statut de la cour africaine de justice et des droits de l'homme portant sur l'organisation de la cour stipule.

[213]Voir FIDH, Guide pratique : *La cour africaine des droits de l'Homme et des peuples-Vers la CAJDH, op.cit.*, p. 151.

chaque État partie peut présenter deux candidats, au lieu de trois pour cette CADHP. Par rapport à l'article 6 du Statut de la Cour unique, le président de la Commission de l'UA placera les candidatures suivant deux listes distinctes. D'une part, il y aura une liste qui comportera des candidats ayant des compétences particulières en matière de droit international, pour la Section des affaires générales.

Par ailleurs, la Section des droits de l'Homme de la Cour unique exigera également une deuxième liste sur laquelle se trouveront les candidats ayant des qualifications notoires en matière de protection des droits de l'Homme. Ces deux listes seront présentées aux États membres 30 jours au moins avant la tenue d'un sommet des chefs d'État et de gouvernement de l'Union. Lors de la première élection, il est prévu d'élire 8 juges sur chacune des deux listes. Pour ce faire, les juges seront élus par les États parties au Statut lors du CE de l'UA et nommés par la Conférence. Ainsi, la Cour ne peut, à aucun moment, comprendre plus d'un juge ressortissant d'un même État[214]. Les décisions de la Conférence définissent que chacune des régions géographiques de l'Afrique peut être représentée par trois 3 juges à l'exception de la région ouest qui est représentée par quatre 4 juges[215].

Cependant, les articles du Statut de la CAJDH font respectivement référence à la qualification des juges, les élections des juges, les modalités de déroulement des élections, la durée du mandat et les conditions d'éligibilité des juges. Enfin, ces mêmes articles évoquent la démission, la suspension et la révocation d'un juge. De la saisine, nous retiendrons que la CAJDH sera saisie suivant les capacités exigées aux requérants. Les États parties au Protocole de la Cour unique ; l'ACHPR ; le Comité africain d'experts sur le bien-être et les droits de l'enfant ; les organisations intergouvernementales africaines accréditées auprès de l'UA ou de ses organes auront donc la capacité de saisir la Section des droits de l'Homme. À travers les organisations intergouvernementales africaines accréditées auprès de l'UA ou de ses organes, le Statut de la Cour unique vise principalement les CER, telles que la CEDEAO ou encore la Communauté des États d'Afrique de l'Est (EAC) ; les institutions nationales des droits de l'Homme ; les personnes physiques et les organisations non gouvernementales accréditées auprès de l'UA ou de ses organes, sous réserve des dispositions de l'article 8 du Protocole. Par ailleurs, le Comité africain d'experts sur les droits et le bien-être de l'Enfant constitue un Mécanisme de contrôle érigé par la Charte africaine sur les droits de l'Homme et le bien-être de l'Enfant qui a été adopté à Addis-Abeba en juillet 1990. Il est entré en vigueur en novembre 1999. C'est en vertu de l'article 32 que ce comité a été créé afin d'assurer la promotion et la protection des

---

[214]*Ibid.*, p. 150.

[215] Pour satisfaire une répartition géographique équitable des juges, l'article 3 du Statut de la Cour unique prévoit le schéma idéal suivant : – 4 juges de l'Afrique de l'Ouest ; — 3 juges de l'Afrique du Nord ; — 3 juges de l'Afrique de l'Est ; — 3 juges de l'Afrique centrale ; — 3 juges de l'Afrique australe. *Ibid.*

droits exposés dans la Charte[216]. Conformément aux dispositions de l'article 42, le comité a pour mission, entre autres, d'en suivre l'application et de veiller à leur respect, d'interpréter les dispositions de la Charte à la demande des États parties, des institutions de l'UA ou de toutes autres institutions[217]. Le Comité africain d'experts a tenu sa toute première session en avril 2002 à Addis-Abeba en Éthiopie.

Outre toutes ces entités précitées et depuis la consécration de l'individu comme sujet de droit international, les personnes physiques ont également cette possibilité de saisir la Section des droits de l'Homme. En désignant les personnes physiques comme entités pouvant saisir la Section des droits de l'Homme, le Statut comme le Protocole de la CADHP ne limitent pas cette capacité seulement aux personnes victimes d'une violation des droits de l'Homme. Il est donc possible aux personnes physiques et aux ONG accréditées auprès de l'UA ou de ses organes de porter une affaire devant la Section des droits de l'Homme de la Cour unique, en dehors de l'ACHPR, les États parties et les organisations intergouvernementales africaines. Cette opportunité est conditionnée par l'acceptation préalable de l'État concerné.

En effet, selon l'article 8 du Protocole, un État partie peut faire une Déclaration acceptant la compétence des personnes physiques et ONG accréditées pour porter une affaire devant la Cour qui concerne cet État au moment de la signature, du dépôt de l'instrument de ratification ou d'adhésion ou à toute autre période après l'entrée en vigueur du Protocole de la Cour unique. Cette disposition du Protocole s'apparente ainsi à l'article 34 (6) du Protocole de la CADHP qui impose la même condition. Les entités habilitées à saisir la CADHP pourront également saisir la future Section des droits de l'Homme de cette Cour unique. Par ailleurs, deux entités supplémentaires sont habilitées à saisir la future Section des droits de l'Homme à savoir : les institutions nationales des droits de l'Homme et le Comité africain d'experts sur le bien-être et les droits de l'enfant. Ce Comité africain d'experts est l'Organe conventionnel chargé de veiller à l'application du bien-être et des droits de l'enfant[218].

Concernant la saisine, le Statut de la Cour unique distingue les entités habilitées à saisir la Section des affaires générales et celle sur les droits de l'Homme. Seuls les États parties au Statut de la Cour unique ; la Conférence ; le Parlement et les autres organes de l'Union autorisés par la Conférence ; un membre du personnel de l'Union, sur recours, dans un litige et dans les limites et conditions, dans les statuts et le règlement du personnel de l'Union ont la capacité de saisir la Section des affaires générales de la Cour unique.

---

[216] Voir article 32 de la Charte africaine sur les droits de l'Homme et le bien-être de l'Enfant.

[217] Voir article 42 de la Charte.

[218]Voir FIDH, Guide pratique : *La cour africaine des droits de l'Homme et des peuples-Vers la CAJDH, op.cit.*, p. 155.

Cependant, vouloir saisir un organe de l'UA pour dénoncer une violation des droits de l'Homme par un État membre de l'Union pose de sérieux problèmes d'accès, en dépit de nombreux Protocoles ayant traité de la question pour des améliorations. Soulignons aussi qu'avant l'article 34 (6) de son Protocole, les ONG et les individus pouvaient directement saisir la Cour unique sans une autorisation préalable de l'État concerné[219]. Néanmoins, les conditions d'accès à ces Organes sont plus difficiles pour les ONG indépendantes ainsi que celles rattachées aux Gouvernements. Ainsi que certains Organes de l'UA proposent des procédures d'accréditation de ces ONG en difficulté d'accès[220].

En revanche, évoquer formellement la compétence de la CAJDH va nous renvoyer essentiellement à son aspect matériel. À ce stade, nous retiendrons le chapitre III du Protocole portant Statut de la CAJDH. Ce chapitre traite effectivement des compétences de la Cour dans son article 28. De cet aperçu général, on pourra préciser que la CAJDH manifestera une compétence « ratione materiae », une fois qu'elle sera saisie de toute violation des droits de l'Homme. À cet effet, il est à noter que la compétence facultative et la compétence obligatoire représentent les deux catégories qui sont largement évoquées par l'article 5 portant création de la CADHP. Jusque-là, seule la compétence contentieuse de la Cour ayant également le caractère d'une compétence consultative est évoquée[221].

Pour l'accès des individus à la justice internationale, nous remarquons que la compétence facultative prévue par le système juridique africain est compatible à la restriction actuelle du droit procédural des droits de l'Homme, sans aucune exception. Sans cette compétence facultative, la Cour pourrait être inefficace dans la protection du principe d'humanité. Il en est ainsi à cause de son autorité toute relative et son difficile accès dû aux restrictions préjudiciables au respect des droits des victimes[222]. Concernant la compétence obligatoire, c'est l'article 5 (1) qui souligne qu'« ont qualité pour saisir la Cour : la Commission ; l'État partie qui a saisi la Commission ; l'État partie contre lequel une plainte a été introduite ; l'État partie dont le ressortissant est victime d'une violation des droits de l'Homme ; les organisations intergouvernementales africaines »[223].

N'importe quel État peut adresser à la Cour une requête aux fins d'intervention, lorsqu'il estime avoir un intérêt dans une affaire,

---

[219] *Ibid.*, p.143.
[220] *Ibid.* p. 154.
[221] Voir l'article 4 du Protocole relatif à la Charte africaine des droits de l'Homme et des peuples portant création d'une Cour africaine des droits de l'Homme et des peuples.
[222] Voir Jérôme Francis WANDJI K. *L'organisation panafricaine dans son rapport au principe d'humanité*, dans Revue juridique et politique des États francophones, Paris, Éditions JURIS AFRICA, Vol.67, n° 4, 2013, P.425.
[223] Voir l'article 5,1 du Protocole relatif à la Charte africaine des droits de l'Homme et des peuples portant création d'une Cour africaine des droits de l'Homme et des peuples.

conformément aux dispositions de l'article 5 (2) du Protocole[224]. De surcroît, il est mentionné à l'article 5 (3) du même Protocole que « La Cour peut permettre aux individus ainsi qu'aux organisations non gouvernementales (ONG) dotées du statut d'observateur auprès de la Commission d'introduire des requêtes directement devant elle conformément aux dispositions de l'article 34 (6) de ce Protocole »[225]. Mais à ce sujet, le Professeur Grégoire BAKANDEJA WA MPUNGU évoque cette impossibilité à un individu de saisir directement la CADHP, à moins que le pays n'ait signé une Déclaration de reconnaissance de la compétence de la Cour à examiner les requêtes des particuliers[226].

Il est particulièrement intéressant de noter que le système européen a fait preuve d'une évolution manifeste par ailleurs, dès lors qu'il reconnaît une compétence obligatoire attribuée à la CADHP pour examiner les requêtes introduites par les victimes de violations des droits de l'Homme, en conformité avec l'adoption du Protocole n° 11 à la Convention de sauvegarde des droits de l'Homme et des libertés fondamentales du 11 mai 1994. Ainsi qu'il est possible d'examiner les compétences de ladite Cour.

Paragraphe 2 : Les compétences de la Cour africaine de justice et des droits de l'Homme

Les compétences de la CAJDH sont évoquées dans l'article 28 du Protocole portant son statut. Les domaines de sa compétence juridictionnelle sont aussi définis par l'article 19 du Protocole de la Cour africaine de justice[227]. Cependant, la théorie générale sur les compétences présente deux séries attribuables à la Cour de justice d'une OI. Dans certains cas exceptionnels, trois catégories de compétences peuvent lui être attribuées telles que : les compétences contentieuses, les compétences consultatives et le règlement à l'amiable. Dans le statut de la Cour unique en revanche, il n'a été prévu aucune référence sur le règlement à l'amiable des différends.

Si le Statut de la CADHP a prévu le règlement à l'amiable des différends, celui de la Cour unique par contre n'en dispose nullement. Cette compétence semble essentielle à la CADHP dans la procédure de dénouement de certaines affaires, au même titre que la Cour européenne des droits de l'Homme. Toutefois, une possibilité de régler les différends à l'amiable

---

224 Voir l'article 5.2 du Protocole.

225 Voir l'article 5 (3) du Protocole relatif à la Charte africaine des droits de l'Homme et des peuples portant création d'une Cour africaine des droits de l'Homme et des peuples.

226 Selon Pr. Grégoire BAKANDEJA WA MPUNGU, *La Cour de justice de l'UA : un organe intégré pour la consolidation de l'État de droit et la promotion des droits humains,* http : //www.tshibangulegal.com, 21 décembre 2009.

227 Voir Blaise TCHIKAYA, *Le droit de l'Union africaine : principes, institution et jurisprudence,* Paris, Éditions Berger-Levrault, 2014, p. 162.

devrait être prévue par les juges selon le Règlement intérieur de la Cour[228]. Cependant, les compétences attribuées à la CAJDH relèvent soit de la fonction contentieuse (A), soit de la fonction consultative (B).

A. Les compétences de la Cour dans la fonction contentieuse

La fonction contentieuse s'applique exclusivement aux différends interétatiques. En pratique, cette fonction repose radicalement sur un accord de principe des États en conflit[229]. Concernant l'interprétation et l'application de son statut, l'article 28 du Statut de la CAJDH dispose de la compétence de la Cour à connaître de toutes les affaires et de tous les différends d'ordre juridique dont elle est saisie[230]. Néanmoins, cette fonction contentieuse s'exercera dans chacune des trois sections composant la Cour unique. À ce titre, l'article 17 du même statut évoque l'affectation des affaires aux différentes sections. Mais tant que la CAJDH n'est pas encore installée, cette compétence revient toujours à la Conférence qui tranche à la majorité des deux tiers conformément à l'article 26 de l'ACUA[231]. Elle ne deviendra donc exclusive qu'après la mise en place définitive de la fameuse CAJDH.L'exclusivité de la compétence de la Cour s'explique par le fait qu'elle ne sera pas partagée avec une autre Institution ou un autre Organe de l'Union, contrairement à l'ACHPR. Au sens de l'article 4 (3) de la Charte africaine des droits de l'Homme et des peuples, la compétence de la CADHP relative à l'interprétation n'était pas exclusive.

À la demande d'un État partie d'une Institution de l'OUA ou d'une Organisation africaine reconnue par l'OUA, la mission d'interpréter toute disposition de la Charte revenait également à la Commission. De cette compétence, la Cour interprète et applique les articles de l'ACUA conformément aux dispositions de l'article 28 de son statut. Cette disposition reste valable pour les autres traités de l'Union ainsi que tous les instruments juridiques dérivés, voire adoptés dans le cadre de l'UA ou de l'OUA. Par conséquent, cette mesure s'applique sur toutes les questions prévues dans tout autre accord qui attribue les compétences à la Cour. Ainsi, la compétence influence la nature ou l'étendue de la réparation due à la rupture d'un engagement international ou encore à l'existence de tout fait qui, s'il est établi, constituerait la violation d'une obligation envers un État partie ou l'Union.

Sur le plan juridique, la validité de cette disposition est d'une large portée[232]. Il en est de même pour le système juridique des Nations Unies qui

---

[228]Voir FIDH, Guide pratique : *La cour africaine des droits de l'Homme et des peuples-Vers la CAJDH,* http : //www.fidh.org, 24 septembre 2010.

[229] Voir Emmanuel DECAUX, *droit international public*, *op.cit,* p. 290.

[230] Voir l'article 28 du Protocole portant statut de la CAJDH.

[231] Voir l'article 26 de l'ACUA.

[232] Voir l'Article 28 du Statut de la Cour africaine des droits de l'Homme et des peuples évoquant la compétence matérielle de celle-ci.

connaît plusieurs Déclarations facultatives contrairement à celle prévue à l'article 36 (2) du Statut de la CIJ. Près de 65 Déclarations pour 193 États parties ont déjà vu le jour. Certaines d'entre elles datent encore de la Société des Nations (SDN)[233]. Toutefois, la Cour pourra exprimer sa compétence, à condition qu'elle soit saisie au préalable du différend opposant deux États membres. Ainsi, la voie la plus aisée pour saisir la Cour reste celle d'un compromis. Dans ce sens, les États prennent une Décision de manière conjointe sur des termes de la question qu'ils auraient soumise au juge. Quoique l'interprétation du compromis puisse présenter des difficultés, cette procédure reste la mieux indiquée pour juguler les débats relatifs à la recevabilité. Le cas de la Tunisie contre la Libye représente d'ailleurs une illustration optimale aux explications à fournir d'une telle situation.

À l'instar de la Cour de Justice de l'UE (CJUE), la CAJDH sera chargée d'assurer le respect des normes de droit, l'interprétation et l'application de l'ACUA ; de l'interprétation, l'application ou la validité des traités de l'Union et de tous les autres instruments subsidiaires adoptés dans le cadre de l'UA[234]. En tant qu'organe judiciaire de l'Union, elle peut constater le manquement d'un État membre à ses obligations en vertu desdits traités. Les décisions rendues par la CAJDH que l'ACUA a créée seront évidemment exécutées par les États à tous égards.

En revanche, les articles 17 et 34 du Protocole portant statut de la CAJDH constituent une référence essentielle dans la distinction des compétences dévolues à l'une ou l'autre des sections de ladite Cour. Pour ce faire, la Section des droits de l'Homme a compétence pour connaître toute affaire relevant des droits de l'Homme et des peuples conformément aux articles 17, 28 et 34 du statut. La compétence d'interprétation et d'application de la Section des droits de l'Homme équivaut à celle de la CADHP. Le statut de la Cour unique prévoit la même compétence pour la Section des droits de l'Homme, si ce n'est qu'il précise deux des autres instruments relatifs aux droits de l'Homme à savoir : le Protocole à la Charte africaine relatif aux droits des femmes et la Charte africaine du bien-être et des droits de l'enfant. La Section des droits de l'Homme aura la même compétence d'interprétation et d'application que la CADHP simplement parce qu'elle représentera sa continuité au sein de la future Cour unique.

En vertu donc du Protocole de Ouagadougou de 1998, la CADHP a une compétence obligatoire qui lui permet de recevoir et traiter les requêtes des acteurs tels que l'ACHPR, les États et les organisations intergouvernementales. Sa compétence facultative ne permettra la réception et le traitement des requêtes des individus et des ONG exclusivement que si

---

233 Voir Emmanuel DECAUX, *op.cit.* p. 290.

234 Article 28 (a et b) portant sur les compétences matérielles de la CAJDH est le même qui attribue les compétences nécessaires aux deux sections de la Cour unique.

l'État mis en cause a préalablement reconnu à la Cour la compétence d'examiner les requêtes des particuliers[235].

Une fois créée, la Section des droits de l'Homme de la Cour unique va incarner assurément les mêmes compétences que celles de la CADHP dans les articles 3 et 4 du Protocole relatif à la Charte africaine des droits de l'Homme et des peuples. Ces articles disposent respectivement des compétences de la Cour et des avis consultatifs[236].

B. La compétence de la Cour dans la fonction consultative

Dans le règlement des différends, la Cour exerce les compétences dans la fonction consultative en dehors de la fonction contentieuse[237]. Malgré tout, la fonction consultative de la CIJ ne peut avoir lieu sans un accord des États ou en marge d'un contentieux interétatique. Parfois, la demande d'un avis consultatif peut sembler être la poursuite du contentieux par d'autres moyens. C'est le cas de l'avis sur le Sahara occidental rendu le 16 octobre 1975 (*Rec.* 1975, p. 6) où l'aspect de quasi-contentieux a été souligné par l'exceptionnelle désignation d'un juge ad hoc par le Maroc. L'autre cas concerne l'affaire dite des conséquences juridiques des États de la présence continue de l'Afrique du Sud en Namibie, où la désignation d'un juge ad hoc était interdite à l'Afrique du Sud.

Cependant, l'Avis du 21 juin 1971 (*Rec.* 1971, p. 16) remettait la validité de son mandat en cause afin de rattraper le « manqué » du 21 décembre 1962 (*Rec.* 1962, p.319) et du 18 juillet 1966 (*Rec.* 1966, p. 6) dans l'affaire du Sud-ouest africain. Il en est ainsi pour donner un éclaircissement, sans pour autant trancher avec l'autorité de la chose jugée sur une question concernant un litige particulièrement[238]. La fonction consultative a également pris une forme inattendue en permettant à la Cour de se prononcer dans une série d'affaires relevant des tribunaux administratifs, en certaines circonstances.

Notamment, ce phénomène s'est concrétisé jusqu'à une reforme intervenue en 1995 sur saisine « comité des demandes de réformation » des jugements du Tribunal administratif des Nations Unies (TANU). Dans tous ces cas, les textes constitutifs des tribunaux prévoient que l'avis consultatif a une force obligatoire, ce que la Cour a confirmé dès la première occasion pour le Tribunal administratif de l'OI du Travail (TAOIT) (Avis du 23 oct. 1956, sur les jugements du TAOIT sur requêtes contre l'UNESCO, Rec. 1956, p. 84) comme pour le TANU[239] (Avis du 12 juill. 1973, sur la demande de la reformation du jugement n° 158 du TANU, rec. P.183).

---

[235] *Ibid.*, p. 2.
[236] Voir Blaise TCHIKAYA, *Le droit de l'Union africaine : principes, institution et jurisprudence, op.cit.*, p. 172.
[237] Voir Emmanuel DECAUX, *op.cit.* p. 292.
[238] *Ibid.*
[239] *Ibid*, P. 293.

Par ailleurs, la fonction consultative de la Cour à l'état pur est révélée lorsque celle-ci est appelée à jouer le rôle de conseiller juridique de l'ONU. Ce phénomène s'est manifesté une fois lorsque la Cour avait été saisie en 14 reprises à la demande de l'Assemblée générale. C'est lors des premières années de fonctionnement de l'Organisation que cette fonction a été cruciale avec une Cour particulièrement présente[240]. Enfin, la fonction consultative a pour mission d'élucider aussi bien les différends techniques ayant pris naissance entre Organisation et États que les conflits éventuels existant entre organes au sein des Nations Unies. Ce faisant, la compétence consultative de la CAJDH résulte de l'autorisation stipulée par l'article 53 du statut de ladite Cour de justice[241]. À ce titre, les demandes d'avis consultatif sont exposées à la Cour par une requête écrite. Entre autres exigences, ces questions sont formulées en termes précis. Ainsi, cette requête s'accompagne de toutes sortes de documents pertinents.

Selon les dispositions de l'article 53 du statut, la Cour unique, notamment par sa Section des droits de l'Homme, pourra donner un avis consultatif sur toute question juridique non soulevée devant l'ACHPR et le Comité africain d'experts, à l'instar de la CADHP. En revanche, les entités admises à poser une question juridique à la Cour unique sont moins nombreuses que pour la Cour africaine des droits de l'Homme et des peuples. Conformément aux dispositions de l'article 53 du statut, seuls certains organes spécifiques de l'UA autorisés par la Conférence pourront saisir la Cour unique pour avis[242].

Quoi qu'il en soit, la demande d'avis consultatif ne doit pas se rapporter à une requête pendante devant l'ACHPR ou le Comité africain d'experts. En général, un avis consultatif ne s'analyse pas comme une décision, mais s'interprète plus comme une opinion de la Cour. Il doit simplement éclairer l'organe qui la consulte. En conséquence, il est privé de la force obligatoire d'un Arrêt. Bien entendu, les avis consultatifs ne sont pas des Actes juridictionnels *stricto sensu*, mais ils comportent l'une des composantes de tout Acte juridictionnel comme la constatation du droit en vigueur. Dans la pratique, ceux-ci s'imposent généralement pour leur autorité morale. Ce faisant, la Cour peut donner son avis sur une question relative aux affaires générales ou à la protection des droits de l'Homme suivant la section concernée par le sujet. Toutefois, elle tente de régler à l'amiable les affaires portées devant elle ou les juges. De même, celle-ci peut interpréter ses décisions et les réviser.

En définitive, la CAJDH peut se résumer en une Institution qui avise, arbitre ou juge. Elle règle les contentieux et donne des avis consultatifs conformément à l'article 53 du Protocole portant statut de la Cour africaine de justice et des droits de l'homme.

---

[240]*Ibid.*

[241]Voir FIDH, Guide pratique : *La cour africaine des droits de l'Homme et des peuples-Vers la CAJDH,* http : //www.fidh.org, 24 septembre 2010.

[242] Voir article 53 du statut de la cour africaine de justice et de droits de l'Homme.

SECTION II : LES ASPECTS RELATIFS AUX DROITS DE L'HOMME

La question des droits de l'Homme a toujours été au centre de nombreux débats tant nationaux qu'internationaux depuis la fin du 20e siècle. Elle ne cesse donc de constituer une préoccupation permanente à l'égard de la Communauté internationale. Loin d'être résolue, cette question a toujours prévalu dans son intégrité. Les droits de l'Homme sont inhérents à sa nature même ; qu'il en soit privé et il cesse de vivre comme un être humain. C'est pourquoi le fait de dénier à l'homme l'usage de ses droits ouvre inévitablement au désordre politique et social, à la guerre, à l'hostilité entre les nations et entre groupes d'une même nation, bref aux tensions internes et internationales. D'où, les séismes qui ébranlent les nations divisent les hommes au sein des communautés et menacent quotidiennement la paix et la sécurité internationales.

Le désir des Nations Unies de développer et favoriser le respect des droits de l'Homme et des libertés fondamentales reflète le souci croissant de la Communauté internationale pour le respect desdits droits et la reconnaissance de la dignité de tous les êtres humains. Dans leur diversité, les droits de l'Homme et les libertés fondamentales sont rangés suivant trois principales générations bien distinctes. Les libertés individuelles qui attestent l'autonomie de l'individu par rapport à l'État sont : la liberté d'aller et venir, l'inviolabilité du domicile, l'interdiction des détentions arbitraires, la liberté de penser, la liberté religieuse, la liberté de la presse, la liberté de réunion, la liberté d'entreprendre, droit de propriété, et bien d'autres. Ces libertés symbolisent les droits de l'Homme de la première génération.

En revanche, les droits de l'Homme de la deuxième génération sont constitués par : les libertés collectives et les droits de la solidarité qui reposent sur l'obligation faite à l'État de pourvoir à tous les individus une formation et un emploi, une garantie contre la maladie et les risques sociaux. Enfin, les droits qui répondent à des besoins inhérents à la nature humaine sont considérés en général comme étant de la troisième génération des droits de l'Homme. Par exemple, il s'agit du droit à l'environnement, du droit au développement, du droit à la paix[243]. Ces trois générations des droits de l'Homme exigent une promotion ainsi qu'une protection adéquate. De cette manière, des mécanismes internationaux de protection des droits de l'Homme ont vu le jour. Ces mécanismes sont classés non juridictionnels et juridictionnels. Ils peuvent être classés en trois catégories à savoir : les mécanismes de prévention, les mécanismes de contrôle et les mécanismes de sanction. C'est ainsi que les ONG s'investissent pleinement sur la question des droits de l'Homme.

En dehors des ONG, il y a aussi de grands événements internationaux consacrés à la promotion et à protection des droits de l'Homme qui

[243]. Voir BOUMAKANI Benjamin « La protection des droits et libertés au CONGO », *Droits de l'Homme en Afrique*

s'exécutent régulièrement. À cet effet, nous citons la tenue du premier congrès mondial tenu à Stockholm (Suède) du 27 au 31 août 1996. Il portait essentiellement sur l'exploitation sexuelle des enfants à des fins commerciales. Ce congrès a été organisé sur l'initiative d'ECPAT (*End Child Prostitution in Asian Tourism*) avec le gouvernement suédois, l'UNICEF et le groupe des ONG pour la convention des droits de l'enfant. Il a rassemblé des représentants des gouvernements de presque tous les États membres de l'ONU, OIT, OMS, UNSECO, UNAIDS, UNHCR et INTERPOL, ainsi que des ONG, professionnels de santé et des représentants des médias de toutes les régions du monde[244].

Par ailleurs, l'UE a accompli des actions en s'appuyant sur une politique étrangère et de sécurité commune (PESC) en matière des droits de l'Homme. C'est ainsi que le parlement avait adopté le 18 juillet 1996 une Résolution sur les projets réalisés dans la mise en œuvre de la PESC conçue en janvier et décembre 1995[245]. Dans cette Résolution, il a été surtout réaffirmé que le soutien de la démocratie, le respect et la protection des droits de l'Homme doivent guider l'activité extérieure de l'Union. Le parlement se félicite de l'activité interne que le Conseil a déployée en 1995 dans ce sens. Il croit en la nécessité d'appliquer des clauses nettes et rigoureuses relatives à la démocratie et aux droits de l'Homme, pour tous les accords extérieurs conclus par la Communauté avec des États tiers. À cet égard, il estime également que chaque présidence devrait définir ses priorités spécifiques en matière de droits de l'Homme, dans le cadre de son programme.

Tout compte fait, des constatations opérées dans le cadre des mécanismes internationaux de protection des droits de l'Homme nous donnent l'occasion d'examiner : la Cour Pénale internationale (paragraphe 1) et les procédures panafricaines de protection des droits de l'Homme (paragraphe 2).

Paragraphe 1 : La Cour Pénale Internationale (CPI)

L'idée de la création d'une Cour pénale internationale (CPI) était conçue dès les années 1930[246]. C'est en 1998 qu'elle a enfin été créée à l'occasion d'une conférence internationale tenue à Rome par la volonté des Nations Unies afin d'éviter toute sorte d'impunités. Le Traité de Rome sollicitant sa création était rentré en vigueur en avril 2002 après des ratifications indispensables[247]. Avec l'entrée de la Palestine le 1er avril 2015, la CPI compte aujourd'hui 123 États membres, dont 33 États africains, après le retrait du Burundi, hormis les États-Unis, la Russie, la Chine, l'Israël, le

244 Voir *le Rapport global de suivi de la mise œuvre des actions de lutte contre l'exploitation sexuelle des enfants à des fins commerciales*, p. 5, http://www.ecpat.net, le 6 octobre 2014.

245 Voir *Rapport du 23 avril 1997 sur le développement de perspectives pour la politique de sécurité commune de l'UE*, http://www.europarl.europa.eu, le 05 octobre 2015.

246 Emmanuel DECAUX, *op.cit.*, pp. 232-233.

247 Voir Linda A

Soudan, et l'Inde[248]. Les 123 États Parties au Statut de Rome de la Cour pénale internationale sont répartis comme suit : 33 sont membres du groupe des États d'Afrique, 19 sont des États d'Asie et du Pacifique, 18 sont des États d'Europe Orientale, 28 sont des États d'Amérique latine et des Caraïbes, et enfin 25 sont membres du Groupe des États d'Europe occidentale et autres États[249]. La CPI qui a été officiellement instituée le 1er juillet 2002 est une institution permanente qui siège à La Haye[250]. Elle exerce sa compétence pour les crimes les plus graves ayant une portée internationale tels que : les génocides, les crimes contre l'humanité, les crimes de guerre et les agressions. Cette juridiction permanente n'appartient pas au système des Nations Unies. La CPI ne se substitue pas aux tribunaux nationaux de ses États membres. Elle n'est saisie au dernier recours que lorsque les systèmes nationaux ou régionaux de justice pénale ne peuvent pas organiser un procès juste et équitable[251].

Dès 2004, les États africains ont adressé les premières plaintes au procureur de la CPI. Ces plaintes concernent celles de l'Ouganda et la RDC qui visent l'Afrique des Grands Lacs. Bien entendu, cette région est encore secouée par les réactions subversives inhérentes au génocide rwandais de 1994 dans les pays voisins. Ainsi, le différend interétatique né entre la RDC et le Rwanda concomitamment à celui entre la RDC et l'Ouganda a été porté devant la CIJ. Ce différend est fondé sur des responsabilités étatiques pour des « activités militaires » menées dans le territoire congolais. La CPI a reçu d'autres plaintes des États africains comme celle de la RCA contre, M. Jean-Pierre Bemba ce chef de guerre de la RDC qui a été arrêté en 2008 et déféré à ladite Cour pour un procès.

Effectivement, c'est le 22 décembre 2004 que le gouvernement centrafricain avait saisi la CPI de la situation en RCA[252]. Par conséquent, un mandat d'arrêt provisoire de la CPI avait été lancé contre M. Jean-Pierre Bemba qui a donc été arrêté le 24 mai 2008 à Bruxelles. Il a été incarcéré dans la prison des criminels de guerre depuis juillet 2008 pour des crimes de guerre et crimes contre l'humanité qu'il aurait commis du 25 octobre au 15 mars 2003 en RCA. Depuis le mardi 29 septembre 2015, M. Jean-Pierre Bemba s'est retrouvé à nouveau dans le box des accusés de la CPI pour y répondre de subornation de témoins[253]. Au total, le procureur a enregistré 10 mandats d'arrêt sur ces trois cas de procédure[254]. C'est finalement le 21 juin

248 Voir IRIN, *Analyse : Vers la création d'une cour pénale africaine*, Irin, http://www.irinnews.org, 26 janvier 2014.

249 Voir *Les États parties au Statut de Rome*, https://asp.icc-cpi.int, le 26.01.2018

250 Voir Emmanuel DECAUX, *op.cit.*, p. 242.

251 Voir Hervé, Serge et Balla, *Guerre ouverte entre l'Union africaine et la CPI*, http://www.voixdexils.ch/, le 22 janvier 2015.

252 Voir République centrafricaine, www.iccnow.org, le 05 octobre 2015.

253 Voir Stéphanie Maupas, *Le Congolais Jean-Pierre Bemba en procès à la CPI pour corruption de témoins*, http://www.lemonde.fr, le 05 octobre 2015.

254 Voir Emmanuel DECAUX, *op.cit.*, p. 247.

2016 que la CPI a prononcé la condamnation de M. Jean-Pierre Bemba à 18 ans de prison pour crimes de guerre et crimes contre l'humanité[255].

Effectivement, les deux premières enquêtes ouvertes par le procureur de la CPI, en RDC et en Ouganda résultent des « auto-saisines » des États ayant fait la demande d'enquêter au sein de leur propre territoire. La République centrafricaine a présenté une troisième saisine à la CPI pour des crimes qui ont été commis sur son territoire. Or cette possibilité n'est pas explicitement prévue par le Statut de Rome. Par conséquent, nous constatons que la pratique de la CPI a connu au préalable une certaine évolution dans une direction que les États fondateurs n'ont pas prévue lors de sa création[256].

Depuis quelques années déjà les rapports entre l'UA et la CPI ont été couverts de tensions sous-jacentes. Leur collaboration s'est surtout effondrée lorsque l'UA soutenait le président soudanais Omar EL-BÉCHIR poursuivi par la CPI et de son opposition au mandat d'arrêt établi contre l'ancien président libyen Mouammar KADHAFI. Effectivement, M. Omar EL-BÉCHIR a fait l'objet d'une accusation de génocide le 14 juillet 2008. Cette accusation succède aux éléments de preuve qui démontrent qu'il a commis des crimes de génocide, des crimes contre l'humanité et des crimes de guerre en mobilisant l'ensemble de l'appareil d'État contre la population au Darfour pendant cinq ans[257]. Malgré tout, le gouvernement sud-africain a été saisi par la CPI pour procéder à son arrestation sur des crimes contre l'humanité et le génocide dans la guerre au Darfour. Cependant, le président soudanais a assisté au 25e sommet de l'UA qui a commencé le 14 juin 2015 à Johannesburg (Afrique du Sud) devant une cinquantaine de chefs d'État. Soudain, une ONG a donc saisi la justice sud-africaine pour qu'il ne quitte pas le pays au moins jusqu'au lendemain[258].

Au sommet du cinquantenaire de l'UA tenu le 27 mai 2013 à Addis-Abeba, le Premier ministre éthiopien et ancien président en exercice de l'UA, M. Haile Mariam DESSALEGN a dénoncé une chasse raciale opérée par la CPI contre les Africains. D'aucuns arguent donc qu'il devient de plus en plus insupportable de cautionner cette forme de justice sélective contre le continent africain[259]. Évidemment, la CPI a inculpé une trentaine de personnes depuis sa création uniquement des Africains. Ils l'ont été pour des crimes survenus dans huit pays d'Afrique à savoir : le Soudan (Darfour) RDC, RCA, Ouganda, Kenya, Libye, Côte d'Ivoire, Mali. Et pourtant, les

---

[255] Voir Laurent Ribadeau Dumas, *LA PHOTO. RDC : Jean-Pierre Bemba condamné à 18 ans de prison par la CPI*, http://geopolis.francetvinfo.fr, le 26.01.2018.

[256] Voir Louis BALMOND, *op.cit.*, pp. 361-362.

[257] Selon Louis BALMOND citant M. Moreno-Ocampo, *Cour pénale internationale : Accusation de génocide contre le président soudanais, 14 juillet 2008*, Éditions A

[258] Voir RFI, *Sommet de l'UA : El-Béchir interdit de quitter l'Afrique du Sud*, http://www.rfi.fr/afrique, le 14 juin 2014.

[259] Voir, Moussa Bienvenu Haba, *L'offensive de l'Union africaine contre la Cour pénale internationale : La remise en cause de la lutte contre l'impunité*, http://www.cdiph.ulaval.ca, le 29.01.2018.

enquêtes ouvertes en RDC, RCA, Mali et Ouganda ont néanmoins été demandées par ces quatre États parties au Statut de Rome eux-mêmes. Celles du Darfour et de la Libye qui ne sont pas des signataires au statut ont été demandées par le CS de l'ONU.

Entre-temps, c'est par une autosaisine que le procureur de la CPI s'est emparé des dossiers kényan et ivoirien. Visiblement, cette Cour ne connaît généralement que des affaires africaines parce que les dossiers ouverts ne consistent qu'à ne poursuivre que les Africains. Cette situation est donc très mal vécue par les Africains eux-mêmes. Elle s'est envenimée lors des accusations portées contre l'ex-président ivoirien M. Laurent GBAGBO et le président kényan Uhuru KENYATTA ainsi que son vice-président William RUTO. Cette nouvelle situation a donc relancé le débat sur les questions d'intervention de la CPI en Afrique[260]. Cependant, l'impuissance de la CPI semblait se manifester lorsque l'UA lui a refusé de livrer le président Omar EL-BÉCHIR du Soudan, le président kényan et son vice-président, tous deux étaient poursuivis depuis 2011 pour crimes contre l'humanité[261].

Poursuivant son offensive, l'UA a tenu un sommet extraordinaire les 11 et 12 octobre 2013 à Addis-Abeba contre les procédures de la CPI[262]. La Décision sur les relations entre l'Afrique et la CPI a été adoptée au cours de ce sommet. Elle interdit toute poursuite devant un tribunal international à l'encontre d'un chef d'État ou de gouvernement en exercice ou toute autre personne jouissant de cette qualité durant son mandat. Toutes ces tensions ont dégénéré en une perspective de retrait de l'UA de la CPI. L'UA veut simplement créer une Cour pénale africaine qui serait identique à celle de la CPI. Ce projet de retrait de certains États parties au Statut de Rome n'est pas nouveau[263]. C'est d'une manière tout à fait indifférente que la Cour internationale a refusée de réagir aux Résolutions pareilles de l'UA. Elle évoque que sur les 43 pays africains qui avaient signé le Statut de Rome fondant de la CPI, 34 l'avaient ratifié. Ainsi, la Résolution de l'UA ne pourra avoir aucune force contraignante sur la CPI qui est une institution purement indépendante. Lié par un accord de coopération avec le CPI, le CS

---

[260] Voir Ndeye Diarra, *L'UA et la CPI : liaisons délicates*, http://www.terangaweb.com, 26 janvier 2014.

[261] Voir MALICK HAMID, *L'Union africaine refuse de « livrer » Kenyatta à la CPI*, http://www.afrik.com/, 26 janvier 2014.

[262] Assemblée de l'UA, Quinzième Session extraordinaire, « Décision sur les relations entre l'Afrique et la Cour pénale internationale (CPI) - Ext/Assembly/AU/Dec.1(Oct.2013) », Addis-Abeba, 12 octobre 2013,

[263] La menace d'un retrait massif du Statut de Rome est une idée qui a été avancée pour la première fois en juin 2009. Les États africains partisans du Statut se réunissaient déjà pour tenter d'étudier la proposition de retrait tout en protestant contre l'inculpation du président Omar EL -BÉCHIR. Voir Jean-Baptiste Jeangène Vilmer, *L'Afrique face à la justice pénale internationale* dans Études internationales, Québec, Bibliothèque et Archives nationales du Québec, 2014, Vol. XLV, n° 1, p. 7.

de l'ONU est la seule entité qui peut simplement lui suspendre des procédures[264].

À cet effet, l'impact politique de l'UA a pu être considérable, dès lors qu'elle a fait bloc derrière M. KENYATTA et M. RUTO dont la victoire électorale a mis les capitales occidentales dans l'embarras[265]. Après plusieurs reports de procès, le mercredi 8 octobre 2014 KENYATTA avait annoncé sa présentation à La Haye pour son procès[266]. Cette fois-ci, les juges ont refusé de reporter le procès souhaité par la procureure de la CPI. Ils lui avaient lancé l'ultimatum d'une semaine pour fournir des preuves consistantes contre M. Uhuru KENYATTA. Après épuisement de l'ultimatum fixé, les juges l'ont invité à retirer les charges de crimes contre l'humanité portées à l'encontre de M. Uhuru KENYATTA pour défaut des preuves[267]. Évidemment, c'est deux jours après ce refus de report de procès que les charges de crimes contre l'humanité portées contre le président kényan ont été retirées[268].

Bien entendu, la CPI a été créée par la volonté des Nations Unies pour finir avec l'impunité des criminels dans toute la Communauté internationale, y compris les États africains qui ont signé le statut de Rome. Mais à présent, il est paradoxal que ces derniers puissent rejeter la CPI et menacer de se retirer de la justice pénale internationale en parlant d'une chasse raciale. S'agit-il d'interdire à la CPI d'engager les poursuites envers les auteurs des crimes en Afrique ? Ce comportement est tellement absurde étant donné que la mission de la CPI est de juger les personnes accusées de génocide, de crime contre l'humanité, de crime d'agression et de crime de guerre, conformément au statut de Rome. Il est vrai que le continent africain compte un nombre impressionnant de ces accusés.

Évidemment, ces États ont plus livré les criminels à la CPI pour engager des procédures adéquates. Ce phénomène ne devrait-il pas constituer un modèle à suivre pour d'autres États signataires du statut de Rome au plan international ? Il serait plutôt souhaitable de siéger à la CPI afin d'encourager les autres États membres à suivre l'exemple des Africains. Ce projet de retrait de l'UA à la CPI est susceptible d'ambitionner l'immunité des leaders politiques africains des poursuites pénales de la CPI. Cette attitude de l'UA a suscité l'indignation de l'Amnesty International en

---

[264]Voir L'Union africaine dénonce la « chasse raciale » opérée par la Cour pénale internationale (au *sommet du cinquantenaire* de l'UA à Addis-Abeba), http://www.lemonde.fr/afrique/article/2013/05/27.

[265] « Décision sur les relations entre l'Afrique et la Cour Pénale Internationale », Ext/AU/Déc. 1 (oct. 2013).

[266] Voir Agence France-Presse Nairobi, *Le président kényan KENYATTA se comparaitra devant la CPI*, http://www.lapresse.ca/international/afrique, 11 avril 2015.

[267] Voir Stéphanie MAUPAS, *Le Procès Uhuru KENYATTA en manque de preuves*, http://www.lemonde.fr, 11 avril 2015.

[268] Voir Stéphanie MAUPAS, *CPI : non-lieu dans l'affaire Kenyatta*, http://www.rfi.fr/afrique, 11 avril 2015.

évoquant un scandale pour les victimes de violations desdits droits en Afrique[269].

Formellement, la majorité des dirigeants politiques d'Afrique s'opposent aux procédures de la CPI, mais la réalité sur le terrain est quelque peu contraire. De même, l'UA est moins attentif à la volonté des Africains ainsi qu'aux victimes des exactions. Ces derniers soutiennent le déferrement des affaires du Kenya à la CPI. Pourtant, il y a eu plus d'une dizaine d'États africains qui ont été représentés par leurs leaders politiques à la 13e Assemblée des États parties au Statut de Rome. Ils se sont réunis au siège des Nations Unies du 8 au 17 décembre 2014. Les gouvernements ont présenté une vision plus positive de la relation de l'Afrique avec la CPI, au lieu de celle qui apparaît souvent dans les débats publics, selon ces organisations. Ils ont exprimé un grand soutien à l'égard de la CPI dans sa lutte contre tous ces crimes. Entre autres États, nous citons : l'Afrique du Sud, le Burkina Faso, la Côte d'Ivoire, la Gambie, le Ghana, le Lesotho, le Malawi, la Namibie, le Nigeria, la RDC, le Sénégal, la Sierra Leone et la Zambie[270].

Quoi qu'il en soit, cette nouvelle disposition des rapports entre l'UA et la CPI présage une avancée future dans la lutte contre l'impunité des crimes en Afrique.

Paragraphe 2 : Les mécanismes panafricains de protection des droits de l'Homme

La protection des droits de l'Homme qui préoccupe tous les systèmes internationaux a occasionné la multiplication des sous-systèmes régionaux corrélatifs. À l'instar du système onusien de protection des droits de l'Homme, des instances juridiques internationales ainsi que de nombreux instruments tels que la Convention de sauvegarde des droits de l'Homme et des libertés fondamentales ont vu le jour en Europe. Nous citons également l'adoption de la Convention américaine des droits de l'Homme en 1969, dans le cadre de l'OEA puis la Charte africaine des droits de l'Homme et des peuples adoptée le 27 juin 1981 par l'OUA[271].

Par ailleurs, les procédures de protection des droits de l'Homme que le système panafricain a prévues regorgent les principes ainsi que les mécanismes juridictionnels et non juridictionnels. S'agissant des mécanismes juridictionnels, nous retiendrons l'exemple du Tribunal spécial pour la Sierra Leone qui a été créé en 2002 par le CS. Ce tribunal est différent des tribunaux pénaux internationaux parce qu'il comprend des

---

269 Voir Amnesty International *Le scandale du rejet de la CPI par l'Union africaine*, http://www.amnesty.fr, 26 janvier 2014.

270 Voir la *CPI* , http://www.hrw.org, le 27 janvier 2014.

271 Voir Stéphane DOUMBÉ-BILLÉ, *L'Union africaine : objectifs et principes* dans *L'UA : cadre juridique et institutionnel : manuel sur l'organisation panafricaine*, *op.cit.* p., 75.

magistrats nationaux. C'est là que l'ancien président du Liberia, M. Charles TAYLOR fut inculpé pour crimes commis contre l'humanité dans son pays. En fuite depuis le mardi 28 mars 2006, il a été arrêté mercredi 29 mars 2006 près de la frontière avec le Cameroun, dans le nord-est du Nigeria. M. Charles TAYLOR a été enfin remis en Sierra-léonais via le Liberia avant d'être transféré à La Haye le 20 juin 2006. Il en est ainsi pour des raisons de sécurité, mais aussi pour que son jugement se déroule plus sereinement au tribunal spécial[272].

Ainsi, il faudrait examiner la CADHP (A), les mécanismes panafricains dans leurs procédures de protection des droits de l'Homme (B) et étayer le rôle de la Section des droits de l'Homme de la Cour unique dans la protection desdits droits (C), ainsi que la fonction de la Section du droit pénal international (DPI) en matière de crimes internationaux (D).

A. La Cour africaine des droits de l'Homme et des peuples

Instituée par le Protocole à la Charte africaine des droits de l'homme et des peuples, la CADHP a été créée après moult hésitations sur l'efficacité des moyens de protection des droits publics et des libertés fondamentales. La lenteur de son entrée en vigueur a semblé contraster avec la promptitude ayant caractérisé la ratification de la Charte par tous les États africains à la fin de l'année 2002. Il convient ainsi de s'interroger sur l'aptitude de la Cour disposant d'une compétence contentieuse et consultative à garantir la protection efficace des droits, des libertés et des devoirs, d'autant plus qu'une opinion conseille sa fusion avec la Cour de Justice de l'UA.

Avant la création de la CADHP, de vives pressions avaient été menées par les universitaires et les organisations des droits de l'Homme en faveur dudit projet. Dès lors, certains dirigeants politiques d'Afrique ont pris conscience de la question avant de se préoccuper de la prévention, du règlement de conflits et de la consolidation de la paix du continent. L'Assemblée des chefs d'État et de gouvernement avait donc ordonné à son secrétaire général de procéder à la convocation d'une réunion des experts gouvernementaux en 1994[273]. Ainsi les iles Comores avaient ratifié leur instrument le 25 décembre 2004. Un peu plus tard, le Protocole établissant la Cour africaine marquait son entrée en vigueur le 25 janvier 2005 dès la réception de ce quinzième instrument de ratification. Les Iles Comores avaient déposé leur instrument de ratification, à la suite de l'Afrique du Sud, de l'Algérie, du Burkina Faso, du Burundi, de la Côte d'Ivoire, de la Gambie, du Lesotho, de la Libye, du Mali, de l'Ile Maurice, de l'Ouganda,

---

[272] Selon Thérèse GASTAUT, *loc.cit.*

[273] Voir Rapport de réunion des Experts Gouvernementaux Meeting, AHG/Res 230 (xxx), 30e Session ordinaire de l'Assemblée des Chefs d'État et de gouvernement, Tunis, Tunisie, juin 1994, in Ibrahim Ali Badawi El-Sheikh, "Projet de Protocole de la Charte Africaine des Droits de l'Homme et des Peuples, Note Introductive," 9 Journal Africaine de Droit International public et comparé 943, 944 (1997).

du Rwanda, du Sénégal et du Togo. Tous ces 15 pays ont donc ratifié le Protocole établissant la Cour africaine pour son entrée en vigueur.

Tout compte fait, des invitations étaient adressées aux États membres en vue de désigner les candidats devant servir à la Cour africaine. Neuf États parties avaient déjà soumis la nomination des juges en juillet 2004. La Gambie, le Lesotho et le Sénégal ont offert d'accueillir la Cour africaine après leur retrait manifesté plus tard. Au sommet de l'UA de janvier 2005, l'Assemblée des Chefs d'État a décidé de reporter l'élection des juges au mois de juillet 2005.

Sur une proposition de M. Olusegun Obasanjo, ancien Président en exercice de l'UA et ancien Chef d'État de la République fédérale du Nigeria, l'UA a décidé d'intégrer la Cour africaine des droits de l'Homme et la Cour de Justice de l'UA. La préoccupation de l'UA sur cette décision était basée sur le nombre croissant des institutions difficiles à soutenir financièrement. La Commission de l'UA devrait ensuite déterminer les modalités d'exécution de la décision d'intégrer les cours[274]. Un panel d'experts juridiques s'était réuni à Addis-Abeba en Éthiopie du 13 au 14 janvier 2005 pour considérer la décision et formuler des recommandations. À cette occasion, un Projet de Protocole relatif à l'intégration de la CADHP et la Cour de Justice de l'Union africaine avait été rédigé. Ce document était présenté au CE de l'UA à Abuja (Nigeria) lors du sommet de janvier 2005.

Selon les recommandations de la Commission, il fallait maintenir l'intégrité de la compétence des deux Cours. Les protocoles présents devraient également être administrés par la même Cour depuis les chambres spéciales. Les amendements indispensables aux deux protocoles devraient être effectués après adoption d'un autre protocole par l'Assemblée des chefs d'État et de gouvernement de l'UA. Cependant, le rapport du COREP ainsi que ceux de la Commission de l'UA devraient être référés. Néanmoins, cela n'était possible qu'à la suite d'une décision prise par le CE qui était effectuée lors du sommet de l'OUA en janvier 2005. La tenue de ce sommet incarnait exactement une réunion d'experts juridiques gouvernementaux pour présentation de leurs recommandations à la prochaine session ordinaire de l'UA en juillet 2005. Ainsi qu'il y a eu une réunion préparatoire desdits experts juridiques gouvernementaux à Addis-Abeba (Éthiopie) du 29 mars au 1er avril 2005. Le but de cette réunion était d'examiner ces documents à présenter à ladite session qui était prévue en juillet 2005. L'Assemblée des Chefs d'État et de gouvernement a décidé de la mise en place de la Cour africaine des droits de l'Homme au fameux sommet de l'UA tenu en juillet 2005 à Syrte (Libye). Un groupe de travail sur le projet d'instrument juridique unique relatif à la fusion de la CADHP et la Cour de Justice de l'UA s'est donc réuni pour examiner le projet de document du 21 au 25 novembre 2005.

[274] Voir *La cour africaine des droits de l'Homme et des peuples*, http, 30 septembre 2010.

Contrairement à l'ACHPR, la CADHP a rendu plusieurs décisions exécutées par les États. Bien que l'ayant précédée dans le régime de protection des droits de l'Homme, cette Commission n'adressait aux États violateurs des droits de l'Homme que de simples recommandations. Ceux-ci n'avaient aucune force obligatoire à l'égard des parties en conflit. À présent, les décisions de la Cour s'imposent désormais aux parties (États et justiciables). On pouvait ainsi apprécier l'apport de la CADHP dans le processus de mise en œuvre de la nouvelle Cour.

Pourquoi n'a-t-on pas tenu compte de l'existence de la CADHP lors de la création de l'UA en juillet 2000 et de l'entrée en vigueur de son ACUA le 26 mai 2001 ? Pourtant, c'est au même titre que cet organe était prévu dans ce fameux ACUA. Précisons que la CADHP a été créée en complément de la Commission en tant qu'organe consultatif, particulièrement dans le domaine de la protection des droits de l'Homme. Il en est ainsi parce que la responsabilité de la Commission était simplement de promouvoir et de garantir la protection desdits droits, mais aussi limitée par les pouvoirs consultatifs que lui confère la Charte. En outre, la CADHP a été créée afin de pallier les contraintes sur la Commission en tant qu'organe consultatif.

En vertu de l'article 27 (2) du Protocole relatif à la Charte africaine des droits de l'Homme et des peuples, la CADHP évoque un autre élément novateur nécessaire à la protection de ces mêmes droits. Il s'agit du fait que « dans les cas d'extrême gravité ou d'urgence et lorsqu'il s'avère nécessaire d'éviter des dommages irréparables à des personnes, la cour ordonne les mesures provisoires qu'elle juge pertinentes ».

B. Les procédures panafricaines de protection des droits de l'Homme

L'intérêt principal porté sur la promotion et la protection des droits de l'Homme témoigne d'une orientation conséquente vers l'intégration et le développement du continent africain. Au titre des mesures de sauvegarde, la Charte africaine avait mis sur pied une ACHPR chargée de la promotion et la protection des droits de l'Homme et des peuples. Conformément à l'article 42, l'ACHPR a établi son règlement intérieur qui fixe sa composition, son organisation, son fonctionnement, la détermination de ses compétences et la procédure à suivre devant elle. En effet, on ne saurait obtenir une paix durable sans justice ni respect des droits de l'Homme en Afrique[275].

En revanche, les mécanismes du système panafricain de protection des droits de l'Homme et des peuples sont évidemment des procédés utilisés pour protéger ces droits. Ce système s'active lorsque la Commission est saisie par des communications diverses qui sont des plaintes écrites dénonçant une ou plusieurs violations des droits de l'Homme et des peuples

[275]Voir William PÂTON, ancien coordonnateur du PNUD au Congo dans *La Semaine africaine*, *op.cit.*

initiées par les États parties[276]. Mais ces mécanismes de protection varient suivant la nature des communications. À un colloque de Dakar en juin 1987, le juge Kéba MBAYE avait proposé une trilogie de communications à savoir : les communications-informations (1), les communications-négociations (2) et les communications-plaintes (3).

1. Les communications-informations

Les plaintes écrites sous forme de communications-informations sont classées en deux catégories. Elles informent l'ACHPR des violations commises par un État partie. L'article 47 de la Charte africaine des droits de l'Homme et des peuples fait part des communications-informations initiées par les États parties. En revanche, l'article 55 du même instrument évoque celles des personnes victimes des violations des droits de l'Homme. La Communication émanant d'un État partie est adressée à l'État visé, au président de la Commission de l'UA et au président de l'ACHPR. Ainsi, ces communications sont ensuite expédiées au secrétaire général de l'ACHPR qui est le chef de l'administration.

En revanche, le président de la Commission de l'UA transmet ces mêmes communications-informations à l'ACHPR, conformément aux dispositions de l'article 101 du règlement de la Charte africaine des droits de l'Homme et des peuples. Dans tous les cas, ces communications-informations sont enregistrées par l'ACHPR, quelle que soit leur origine.

2. Les communications-négociations

Les communications-négociations concernent uniquement les États parties de la Charte africaine des droits de l'Homme et des peuples entre eux. Elles véhiculent les informations de l'ACHPR et prennent une autre connotation selon qu'un État est auteur ou simplement visé dans les violations des droits de l'Homme. Elles engagent un mécanisme spécifique de protection des droits de l'Homme et des peuples détenus par les États parties exclusivement. Ces communications-négociations concernent plus les conflits interétatiques pour des résolutions par voie pacifique. Une communication est alors adressée à un autre État partie concerné, puis notifiée au président de la Commission de l'UA ainsi qu'au président de l'ACHPR conformément aux dispositions de l'article 47 de la Charte africaine des droits de l'Homme et des peuples.

Dans les trois mois après réception de ladite communication, l'État soupçonné doit adresser à l'État communiquant, des explications et des déclarations écrites qui éclaircissent la question. Ces explications et déclarations doivent contenir les indications à propos des lois et règlements de procédures appliquées ou applicables, et sur les voies de recours utilisées,

[276] Malcolm N. SHAW, *op. cit.*, p. 335.

en utilisation ou utilisables. Des négociations bilatérales ont lieu, à moins qu'il ne soit fait recours à une autre procédure de règlement pacifique du différend. Jusqu'à présent, de telles communications n'ont jamais vu le jour certainement à cause du respect et de la crainte réciproque qu'entretiennent les États parties entre eux.

3. Les communications-plaintes

Les communications-plaintes évoquées aux articles 48, 49 et 55 (2) de la Charte africaine des droits de l'Homme et des peuples émanent des États parties et d'autres personnes.

3.a. Les communications-plaintes des États

Les communications-plaintes des États sont affirmées par les articles 48 et 49 de la Charte. Les communications-plaintes évoquées par l'article 48 font suite aux communications-négociations ayant échoué dans une résolution de différend qui aurait opposé deux États partie à la Charte. Ainsi, l'État victime des violations des droits de l'Homme et des peuples peut s'adresser à l'ACHPR qui pourra exercer les compétences de protection des droits et libertés. Les juridictions judiciaires peuvent assurer la protection des droits et liberté des individus au plan interne d'un État, à condition de franchir les domaines dans lesquels le principe traditionnel les maintient. Cette protection se fait conformément à l'utilisation qu'elles feront de leurs méthodes de contrôle afin d'étendre la responsabilité des services publics et limiter les pouvoirs de l'Administration[277]. Une notification doit cependant être faite au président de l'ACHPR, au président de la Commission de l'UA et à l'autre État sur le litige.

En revanche, les communications-plaintes évoquées par l'article 49 traitent de la procédure qui consiste à saisir immédiatement l'ACHPR. Cette procédure empêche toutefois de passer par les dispositions de l'article 48 qui impose un délai de trois mois avant de réagir par la saisine de la Commission. En définitive, ces communications rejoignent la catégorie de celles qui intéressent un litige portant sur la violation des droits de l'Homme et des peuples tout simplement.

Quoi qu'il en soit, ces communications doivent contenir les renseignements concernant la tentative de règlement amiable, conformément aux dispositions de l'article 47 de la Charte africaine des droits de l'Homme et des peuples. Cela n'est toutefois pas le cas pour la dispense accordée par l'article 49 qui évoque la mise en mouvement directe et immédiate de l'ACHPR. À partir du registre de ces communications-plaintes, les

[277] Selon Josiane TERCINET, *Les tribunaux judiciaires juges de l'Action administrative*, Grenoble, Service de reproduction des thèses de l'Université des sciences sociales de Grenoble (SRT) [s.d.], p. 209.

renseignements détaillés détenus par le président de la Commission de l'UA doivent être véhiculés aux commissaires et leur en faire tenir une copie.

En tout état de cause, ce texte permet à la Conférence africaine de demander à l'ACHPR d'accomplir certaines tâches. Les répercussions dans ces engagements ne seront totalement sensibles que lorsqu'un jour l'ACHPR sera informée d'un litige opposant les États parties sur une violation des droits de l'Homme et des peuples, ainsi que des devoirs corrélatifs des États. La Commission doit à son tour obtenir les renseignements utiles des États parties concernés et s'inspirer des autres informations issues des sources différentes qu'elle notifie en vertu des solutions à obtenir pour le respect des droits de l'Homme et des peuples. Lorsque les bons offices échouent, c'est au cours d'une session tenue à huis clos et en présence des parties que le président de la Commission examine l'affaire minutieusement. De même, un rapport est adopté par la Commission après les débats dans un délai ne pouvant excéder un an à partir de la date de notification de la communication-plainte. Le rapport est communiqué aux parties et à la Conférence des chefs d'État et de gouvernement de l'Union par l'intermédiaire du président de la Commission.

Après l'examen du rapport, cette Conférence pourrait ouvrir la voie à une reprise de l'action de l'ACHPR sur les violations des droits de l'Homme et des peuples déjà examinées, conformément aux dispositions de l'article 45 (4) de la Charte africaine des droits de l'Homme.

3.b. Les communications-plaintes des personnes autres que les États

Ce sont les communications-plaintes initiées par les personnes qui ne sont pas les États parties. Elles soulèvent des problèmes sur la saisine de l'ACHPR, leur recevabilité et les décisions prises ou susceptibles de l'être face aux violations dénoncées des droits de l'Homme et des peuples ainsi que les devoirs corrélatifs des États. La procédure adoptée à ces communications est prescrite dans le règlement intérieur de l'ACHPR. Il faudrait donc faire un rapprochement des règles détaillées des normes plus succinctes que fixe la Charte africaine des droits de l'Homme et des peuples.

3.b.1. La saisine de la Cour africaine de justice et des droits de l'Homme

La saisine demeure le principal moyen d'activer un organisme qui est en même temps obligé d'exercer ses attributions dans une affaire qui lui est soumise. En aucun cas, la saisine de l'ACHPR sur les communications ne saurait être un droit totalement dévolu au requérant. Pour accéder à l'ACHPR, la saisine qui est conçue comme un véritable véhicule de l'information doit transiter par la majorité absolue des commissaires pour appréciation. Sans quoi, il est impossible de la saisir.

3.b.2. La recevabilité des communications-plaintes

Le règlement intérieur de l'ACHPR s'en tient au principe d'appartenance à un État partie à la Charte africaine des droits de l'Homme et des peuples. La communication peut être initiée par la victime elle-même ou par une ONG accréditée en tant qu'observateur auprès de l'ACHPR, soit par une autre personne agissant au nom de la victime avec des preuves à l'appui dans tous les cas. Il revient à l'ACHPR de statuer sur le cas après avoir examiné la communication, étant donné que l'article 58 de la Charte africaine des droits de l'Homme et des peuples exige la preuve de l'existence d'un ensemble de violations graves ou massives des droits de l'Homme et des peuples. Ensuite, la Commission pourra rendre compte par un rapport assorti des conclusions et des recommandations à la Conférence l'UA[278].

La commission pourra commencer son instruction sur l'affaire à partir d'une série des questions auxquelles l'auteur de la communication se soumet par le biais du président de la Commission de l'UA. L'auteur doit prouver les violations des dispositions de la Charte africaine des droits de l'Homme et des peuples, ainsi qu'un épuisement des recours internes de l'État visé, sans oublier l'identité de ce dernier. En outre, le problème qui se pose est celui de la décision sur la recevabilité qui doit intervenir dans les meilleurs délais. Toutefois, l'examen devra s'effectuer en ordre chronologique des communications-plaintes.

Quoi que l'on dise, aucune décision sur la recevabilité ne peut être prise sur une communication-plainte si elle ne fait pas l'objet d'une notification préalable à l'État visé et s'il ne lui est pas permis de fournir des renseignements supplémentaires ou des observations complémentaires. À propos, l'article 56 de la Charte des droits de l'Homme et des peuples étale les sept conditions de recevabilité et d'irrecevabilité de la communication-plainte. Une notification est ensuite faite pour la recevabilité d'une communication-plainte, tant à l'intéressé qu'à l'État visé.

3.b.3. La Décision sur la violation des droits de l'Homme et des peuples

Lorsque l'irrecevabilité de la communication-plainte est prononcée, l'ACHPR engage une procédure d'adoption dite la « Décision finale de la Commission » que le règlement intérieur de l'ACHPR nomme ainsi. Elle concerne une décision prise sur les violations des droits de l'Homme et des peuples, ainsi que des devoirs corrélatifs des États dénoncés par la communication. Le règlement intérieur rapproche cette description de la procédure concernant le fond des règles fixées par la Charte africaine des droits de l'Homme et des peuples, spécialement en son article 58.

278 La Conférence de l'Union, Organe suprême de l'Union, elle est composée de Chefs d'où de leurs représentants se réunissent une fois au moins par an en session ordinaire. Voir Guy MVELLE, *op.cit.*, p. 167.

Lorsqu'une communication est déclarée recevable, l'ACHPR peut procéder de deux manières selon le règlement intérieur à savoir : la procédure et la décision[279]. D'une part, elle étudie directement les faits et initie des constatations. D'autre part, elle peut aussi confier ce travail à un groupe de trois commissaires et faire des recommandations. Mais un rapport spécial doit être soumis à la Commission par un Rapporteur spécial.

En outre, un rapport constituant la décision de cette Commission doit être communiqué à la Conférence par le biais du président de l'ACHPR. Un rapport circonstancié accompagné des conclusions et des recommandations doit être dressé ensuite par la Commission à la Conférence de qui elle a reçu l'ordre de mener des investigations sur la violation. En ce moment, la Commission perd son droit d'initiative sur la qualification des violations graves ou massives des droits de l'Homme et le déclenchement de la procédure spéciale protectrice contre de telles violations.

Néanmoins, ce droit lui est conféré par l'article 58 de la Charte africaine des droits de l'Homme et des peuples. Enfin, il y a lieu d'aborder la procédure et la décision à la lumière de l'article 58 de la Charte africaine des droits de l'Homme et des peuples.

3.b.4. Procédure et Décision à la lumière de l'article 58 de la Charte africaine des droits de l'Homme et des peuples

Le règlement intérieur ne semble pas du tout prendre en compte l'article 58 de la Charte africaine des droits de l'Homme et des peuples concernant l'examen des violations alléguées des droits de l'Homme et des peuples, ainsi que des devoirs corrélatifs des États. Ce texte s'intéresse un peu plus à la révélation des situations particulières qui sont constituées par un ensemble de violations graves ou massives des droits de l'Homme et des peuples. Par conséquent, il institue une procédure particulière de protection. Ainsi qu'il y a ces faits dramatiques exigeant une protection particulière qui se distinguent des autres faits moins critiques où une protection ordinaire pouvait suffire.

Pour des faits moins critiques qui n'en constituent pas moins des violations des droits de l'Homme et des peuples, l'ACHPR doit clôturer ses investigations par un rapport destiné à la Conférence qui peut ordonner de le publier à l'État dénoncé ainsi qu'au plaignant. Ce rapport n'est autre que la décision de l'ACHPR qui constate et relate les faits avec des conclusions sur les violations des droits de l'Homme et des peuples imputables à l'État visé. L'ACHPR peut assortir la transmission de son rapport des recommandations qu'elle trouve nécessaires à une application effective de la Charte africaine des droits de l'Homme et des peuples. Les recommandations peuvent être faites à l'État dénoncé, bien qu'elles soient normalement destinées à la

---

[279] Voir les articles 107 et 108 de l'ACHPR.

Conférence de l'Union : ce n'est qu'une forme de l'action diplomatique de conciliation que doit mener l'ACHPR.

Après cette zone de violation isolée et se tenant hors de l'empire de droit, on franchit la zone critique des violations graves ou massives des droits de l'Homme et des peuples ainsi que des obligations corrélatives des États. Le système spécial de protection prévu pour cette zone de crise donne à l'ACHPR un rôle plus actif qui varie selon qu'il y a urgence ou non. Notamment, nous notifions que l'urgence serait toujours un principe en matière de violation des droits de l'Homme.

Quelle que soit la qualification à donner par le plaignant aux faits déclarés, c'est l'ACHPR qui serait évidemment investie d'un large pouvoir de qualification et jouit d'un droit d'initiative lui permettant de déclencher la mise en œuvre de la protection spéciale ou d'en rester le protecteur ordinaire[280]. Enfin, l'ACHPR peut constater ou non l'urgence de la situation révélée. Cependant, la protection spéciale applicable par faute d'urgence s'exécute suivant une procédure jugée plus lente.

À cet effet, on pourrait conclure brièvement que la bonne volonté des États pris isolément ou remis au sein de l'UA est stimulée par les options publiques internationales, sinon nationales pour des ajustements utiles, financiers, budgétaires, structurels, procéduraux, en personnel, en matériel, et concernant le statut des commissaires. Il est certain que le phénomène le plus regrettable est celui du fait que la plupart des États africains ne fournissent aucun effort à présenter des rapports fiables au comité de droits de l'Homme, à l'ONU ou à l'ACHPR .

Somme toute, ces États membres de l'UA s'efforcent de dénoncer les difficultés qu'ils connaissent dans la réalisation des objectifs ou dans l'acquittement des obligations conventionnelles sur les droits de l'Homme. Conséquemment, ces États membres parviennent mieux à relever le défi des violations de ces droits.

C. La Section des droits de l'Homme de la Cour unique

Pour autant que les droits de l'Homme et des peuples aient constitué une priorité pour l'intégration et le développement du continent, les dirigeants politiques africains ont créé une Cour relative par le Protocole de Ouagadougou qui régit son organisation (1), sa compétence (2) et son fonctionnement (3). Jusqu'à preuve du contraire, la Section des droits de l'Homme de la Cour unique sera la réincarnation de la CADHP.

Censée naître de ces cendres au sein de la Cour unique, cette section représentera le maintien, sinon la pérennité de la CADHP. À la suite des

[280] Lorsque les faits déclarés par le plaignant invoquent un préjudice moral, la qualification à donner recouvre aussi bien « la partie sociale du patrimoine » (préjudice esthétique, atteinte à l'honneur, à la réputation, droit moral de l'auteur, croyances et convictions morales), que la souffrance physique ou la douleur morale. Voir Josiane TERCINET, *Les tribunaux judiciaires juges de l'Action administrative*, *op.cit.*, p. 287.

recommandations faites par la Conférence des ministres de la Justice en juillet 2003, le CE suivi de la Conférence des chefs d'État et de gouvernement de l'UA avait décidé que la CADHP serait maintenue comme institution distincte séparée de la Cour de Justice de l'UA. Sur les compétences de cette Cour, l'article 3 du Protocole relatif à la CADHP évoque approximativement les mêmes dispositions que celles de l'article 28 (c) du Statut de la CAJDH d'une manière générale.

Cet article confirme ce maintien, voire cette continuité de la Cour africaine des droits de l'Homme particulièrement à propos des compétences matérielles[281]. De même, l'article 7 du Protocole portant amendements au Protocole portant statut de la CAJDH souligne l'affectation des différentes affaires aux trois sections, corrélativement à leur nature spécifique. L'alinéa 2 de cet article 7 fait mention de l'affectation des affaires concernant la Section des droits de l'Homme[282].

Ainsi, l'article 3 (h) de l'ACUA affirme la protection des droits de l'Homme et des peuples conformément à la Charte africaine des droits de l'Homme et des peuples ainsi qu'aux autres instruments pertinents en la matière. Toutes les dispositions des instruments juridiques témoignent la perpétuation de la Cour africaine des droits de l'Homme sous forme de Section des droits de l'Homme dans la Cour unique. Dans ce sens, tout sur la Section des droits de l'Homme de la Cour unique renvoie immédiatement à la CADHP. Enfin, la CADHP était régie par le Protocole de Ouagadougou (Burkina Faso) au sein de l'OUA.

Par ailleurs, il convient de souligner que lorsque les conflits africains sont pour la plupart dérivés des violations des droits de l'Homme, l'action de la Cour de justice en ce moment touche indirectement le règlement des problèmes relatifs. À ce titre, les compétences affichées par la Cour de justice africaine semblaient intégrer les compétences partagées ou concurrentes de la CADHP qui est habilitée à trancher tous les litiges afférents.

Or les compétences partagées ou concurrentes de la Cour de justice de l'UA relèvent des dispositions de l'article 19 (2) de son Protocole et portent les plus grandes précisions sur ce point[283]. Ainsi, le règlement des violations des droits de l'Homme pouvait être une possibilité légalement établie dans la mesure où cet article le lui permet. Cela relève donc d'une sorte de compétence exclusive de la Cour de justice de l'Union. Par conséquent, il y a intérêt d'examiner ces compétences sérieusement.

Toutefois, la prise de conscience sur les questions des droits de l'Homme suscite leur prise en compte sur la scène internationale pour leur résolution ainsi que leur intégration dans les activités et programmes, notamment au

---

281 Voir l'article 3 du Protocole relatif à la Cour africaine des droits de l'Homme et des peuples consacré à la compétence de la Cour.

282 Voir l'article Article 7 (2) du Protocole portant amendements au Protocole portant statut de la CAJDH.

283 Voir l'article 19 du Protocole.

sein des institutions internationales de protection des droits de l'Homme. À cet effet, la Déclaration et le Plan d'action recommandant particulièrement que les droits de l'Homme soient intégrés à l'ensemble des activités et programmes de l'OUA, a été adopté lors de la première Conférence ministérielle de l'OUA tenue à Grand Baie (Maurice), du 12 au 16 avril 1999[284]. De toute évidence, le Protocole relatif à la création d'une CADHP régit l'organisation (1), la compétence (2) et le fonctionnement (3) de ladite Cour.

1. L'organisation de la Section des droits de l'Homme de la Cour unique

Sur le plan d'organisation, nous retiendrons que la Section des droits de l'Homme de la Cour unique sera structurée quasiment de la même manière que la CADHP. Cette dernière entretient des relations dynamiques avec l'ACHPR[285]. Potentiellement, elle complète et renforce les fonctions de protection que la Charte africaine des droits de l'Homme et des peuples a confiées à l'ACHPR. Ainsi, 11 juges dont chacun est ressortissant d'un État membre de l'OUA et d'un greffier composent la Cour africaine des droits de l'Homme et des peuples, dans la mesure où celle-ci ne peut comprendre plus d'un juge de la même nationalité. La Cour désigne le personnel du greffe. En revanche, la Conférence des chefs d'État et de gouvernement procède à l'élection des juges « au scrutin secret et à titre personnel parmi les juristes jouissant d'une très haute autorité morale, d'une compétence et expérience juridique, judiciaire ou académique reconnue dans le domaine des droits de l'Homme et des peuples » conformément à l'article 11 du Protocole[286].

Avec la création de la Section des droits de l'Homme, ce nombre de juges a été réduit à huit pour chacune des deux sections de la Cour unique. Soulignons que les articles 14 (1), 12, 13, 15 du Protocole relatif à la Charte africaine des droits de l'Homme et des peuples nous renseignent respectivement sur les conditions d'élection des juges, la représentation par sexes des candidats, la communication des listes des candidats, la durée du mandat des juges. Dans la mesure du possible, la Cour devait pouvoir accomplir sa mission en toute indépendance, c'est-à-dire sans ingérence ni entrave. À cet effet, le Protocole avait prévu des garanties d'indépendance, tant sur le plan institutionnel que sur le plan personnel.

Sur le plan institutionnel, le Protocole portant création de la CADHP prévoit des dispositions dans les articles 3, 21, 24, 25, 28, 32, 33 et 35 pour garantir cette indépendance[287]. Ces dispositions font de la Cour un organe indépendant des États parties, des institutions et des autres organes de l'UA. Elle doit s'administrer de façon autonome à tel point qu'elle doit établir son règlement intérieur, déterminer sa propre procédure, élire son président et

[284] Selon ABAKAR Tollimi, *op.cit.*, p.193.
[285] *Ibid.*
[286] Voir Pierre KAMTOH, *op.cit.*
[287] *Ibid.*, p. 6.

son vice-président dont elle fixe les attributions et désigne son greffier ainsi que les autres fonctionnaires de greffe. Ces juges doivent disposer d'un pouvoir de gestion sur le plan juridictionnel. En outre, ils doivent faire preuve d'une certaine collégialité dénuée d'autocratie, sinon acquérir les qualités pluralistes et démocratiques pour être efficients dans leurs fonctions.

En revanche, l'indépendance des membres de la Cour est suffisamment garantie par l'article 17 du Protocole relatif à la Charte africaine des droits de l'Homme et des peuples. Il suffit de se référer au droit international qui renvoie aux principes fondamentaux sur l'indépendance de la magistrature confirmée par des Résolutions 40/32 et 40/146 des 29 novembre et 13 décembre 1985 de l'Assemblée générale de l'ONU. Ils constituent une source d'inspiration pour toute organisation et administration des juridictions qui devraient les appliquer, dès lors que « les peuples du monde entier s'étant déclarés résolus à créer les conditions nécessaires au maintien de la justice » dans la Charte des Nations Unies[288].

2. La compétence de la Section des droits de l'Homme de la Cour unique

La compétence de la Section des droits de l'Homme de la Cour unique reflétera celle de la CADHP, d'autant plus qu'elle représente sa continuité. Elle est exprimée par l'article 3 du Protocole relatif à la Charte africaine des droits de l'Homme et des peuples. Cette compétence est à la fois d'ordre matériel et personnel. La compétence matérielle est contentieuse ou consultative. Par l'article 3 du Protocole relatif à la Charte africaine des droits de l'Homme et des peuples, la Cour pourra connaître de toutes les affaires et de tous les différends qui lui seront soumis au plan contentieux d'une part. Cela s'exécutera conformément à l'interprétation et à l'application de la Charte, du protocole et de tous les autres instruments pertinents relatifs aux droits de l'Homme ratifiés par les États concernés. La Cour pourra connaître tous les recours invoquant la moindre violation des droits de l'Homme et des peuples. La compétence de la Cour ne sera pas exclusive en matière d'interprétation au regard de l'article 45 (3) de la Charte.

Cependant, c'est à la demande d'un État partie d'une Institution de l'OUA ou d'une organisation africaine reconnue par l'OUA que l'ACHPR peut également interpréter toute disposition de la Charte. Toutefois, ce mandat d'interprétation reconnu à l'ACHPR ne se limite qu'aux dispositions de la Charte. Mais tout litige portant sur l'interprétation faite par l'ACHPR pourra être soumis à la Cour. D'autre part, l'article 4 du Protocole évoque la compétence consultative de ladite Cour qui peut donner un avis motivé sur toutes sortes de questions juridiques. Cela est donc possible conformément à la Charte ou à tout autre instrument pertinent relatif aux droits de l'Homme, pourvu que l'objet dudit avis consultatif ne porte pas sur une requête

[288] *Ibid.*

pendante devant l'ACHPR. Cet avis consultatif peut évidemment être conçu comme une opinion de la Cour dans l'objectif d'éclairer l'organe qui la consulte et non comme une décision. En définitive, cet avis consultatif ne possède pas la force obligatoire d'un Arrêt. Effectivement, les avis consultatifs ne constituent pas des Actes juridictionnels stricto sensu, mais la constatation du droit en vigueur est l'une des composantes de tout Acte juridictionnel qui s'imposent généralement dans la pratique pour leur autorité morale[289].

En revanche, les compétences personnelles sont largement évoquées dans les dispositions des articles 4, 5, 6 du Protocole. Elles donnent un sens à la substance composant chacune de ses dispositions. Suivant les règles de droit appliquées aux sujets de la société internationale, les États en premier, nous retiendrons que l'État partie pourra requérir l'intervention de la Cour dans une affaire. Mais la Cour pourra également être saisie par l'ACHPR, l'État partie qui a saisi l'ACHPR ; l'État partie contre lequel une plainte a été introduite ; l'État partie dont le ressortissant est victime d'une violation des droits de l'Homme et enfin, les ONG.

Dans ces conditions, l'État auquel une violation des droits est imputée pour son action ou son abstention pourra se défendre. Chaque État partie pourra formuler un recours individuel en cas de besoin. Au préalable, ce droit est subordonné à l'acceptation discrétionnaire de chaque État partie. À partir de la ratification du Protocole, cet État partie devra faire une déclaration acceptant la compétence de la Cour pour recevoir les requêtes des individus et des ONG dotés du statut d'observateur auprès de la Commission. Quoi qu'il en soit, la Cour devra statuer sur la recevabilité de ces requêtes selon les conditions évoquées dans l'article 56 de la Charte des droits de l'Homme et des peuples[290]. Elle sera juge de sa propre compétence conformément aux dispositions constituant les articles 3 (2) et 6 (3) du Protocole. Elle décidera seule en cas de contestation de ladite compétence. Ce faisant, une requête dont elle est saisie pourra d'office être renvoyée devant la Commission. Conformément aux exigences stipulées par l'article 8 du Protocole, il ressort de cela que la Cour examinera les requêtes dont elle sera saisie en tenant compte de la complémentarité entre elle et la Commission. Ainsi, la Cour ne pourra connaître d'une affaire qui lui sera soumise que suivant les dispositions de l'article 50 de la Charte.

En effet, l'article 1er de la Charte africaine des droits de l'Homme et des peuples dispose que « les États membres reconnaissent les droits, devoirs et libertés énoncés dans cette Charte et s'engagent à adopter des mesures législatives ou autres pour les appliquer ». Par exemple, ces États parties doivent se conformer aux décisions rendues dans tout litige leur concernant et les exécuter dans le délai fixé par la Cour[291]. Dans la mesure où la Cour se

---

289 Voir Pierre KAMTOH, *op.cit.*, p. 8.

290 *Ibid.*, p. 9.

291 *Ibid.*, p. 10.

présentera comme une véritable garantie de secours, voire un mécanisme subsidiaire de sanction à l'égard des systèmes juridiques nationaux en matière de protections des droits de l'Homme, il a fallu tout simplement prévoir la défaillance des États membres à faire respecter la Charte, ce qui explique d'ailleurs la création de ladite Cour.

3. Le fonctionnement de la Section des droits de l'Homme

De toute évidence, le fonctionnement de la Section des droits de l'Homme de la Cour unique reflétera celui de la CADHP. Le Protocole instituant la CADHP n'est entré en vigueur que le 11 février 2009, c'est-à-dire 30 jours après le dépôt de 15 instruments de ratification ou d'adhésion par un État. Ce Protocole a pris effet à la date du dépôt de l'instrument de ratification ou d'adhésion pour les États qui l'ont ratifié ou adhéré ultérieurement, comme l'indique son article 34 (4). En dehors des articles portant sur la création, l'organisation, la compétence et le règlement intérieur, le reste de ces 35 articles disposent du fonctionnement de la Cour pour la plupart. Ainsi, on peut généralement faire allusion aux avis consultatifs qui peuvent être donnés par la Cour selon l'article 4 du Protocole. Les amendements stipulés à l'article 35 de ce Protocole font également partie du fonctionnement de la Cour. D'une manière générale, ce fonctionnement pourra aussi intégrer toute la procédure évoquée dans ce Protocole.

D. L'action de la Section du droit international pénal de la Cour unique

La Section du droit international pénal de la Cour unique est un organe qui n'est saisi que de toute affaire relative aux crimes définis par le Statut du fameux Protocole instituant la CADHP[292]. Une fois créée, cette Cour sera compétente en matière de crimes internationaux. Par conséquent, elle n'aurait pas compétence dans les affaires que la CPI a instruites comme sur la République centrafricaine, la Côte d'Ivoire, la RDC, la Libye, le Kenya et le Soudan[293]. Cette section est composée d'une Chambre préliminaire, une Chambre de Première Instance et une Chambre d'appel[294]. La Chambre préliminaire peut cependant exercer les attributions évoquées par l'article 46 (f) dans le statut. Celle-ci peut aussi émettre des ordres et des mandats à la demande du procureur et suivant les exigences de l'enquête ainsi que des poursuites.

---

[292] Voir article 7 (3) du Protocole.

[293]Voir *Analyse : Vers la création d'une cour pénale africaine ?*http://www.irinnews.org, le 15 mai 2015.

[294] Voir article 6 (2) du Protocole portant amendements au protocole portant statut de la CAJDH.

Les ordres de la même catégorie sont donnés selon les besoins, « pour garantir la protection et le secret des témoins et des victimes, la présentation des preuves et la protection des personnes arrêtées ». Mais conformément au Statut et au Règlement intérieur de la Cour, la Chambre de première instance peut conduire les procès des personnes incriminées. Elle peut aussi recevoir et conduire « les pourvois en appel de la Chambre préliminaire conformément à l'article 18 du Statut ». Enfin, signifions que la Chambre d'appel est celle qui reçoit et conduit les pourvois en appel de la Chambre de première instance selon l'article 18 du Statut[295]. En revanche, l'article 28 (a) du Protocole portant amendements au Protocole portant Statut de la CAJDH évoque la compétence internationale pénale de la Cour. C'est ainsi que « Sous réserve du droit de faire appel, la Section du droit international pénal de la Cour a compétence pour juger les crimes » divers.

Ces crimes sont : le génocide, les crimes contre l'humanité, les crimes de guerre, le crime relatif au changement anticonstitutionnel de gouvernement, la piraterie, le terrorisme, le mercenariat, la corruption, le blanchiment d'argent, la traite des personnes, le trafic illicite de stupéfiants, le trafic illicite de déchets dangereux, l'exploitation illicite des ressources naturelles, le crime d'agression[296]. Mais afin de refléter le développement du droit international, la Conférence a la possibilité d'étendre cette compétence de la Cour à d'autres crimes, sur consensus des États Parties[297]. Toutefois, les crimes dont la Cour a compétence ou relevant de sa dévolution n'ont aucune limitation[298].

SECTION III : L'ÉVALUATION DE LA COUR AFRICAINE DE JUSTICE ET DES DROITS DE L'HOMME

Les divers problèmes du continent africain sont très préoccupants aussi bien pour ses propres dirigeants que pour la Communauté internationale. C'est ainsi qu'il a été prévu de créer une CAJDH qui sera chargée, entre autres, de régler les conflits. Le rôle d'une telle institution vaudra une certaine évaluation. La création de la CAJDH par l'UA va constituer un tournant décisif dans la résolution desdits conflits. Bien entendu, il s'agira aussi d'étudier l'impact des autres instances juridiques sur la Cour unique (paragraphe 1) et la jurisprudence de la Cour africaine de justice et des droits de l'Homme (paragraphe 2).

---

[295] Voir Article 19 bis de l'Annexe du Statut de la CAJDH et des peuples.
[296] Voir article 28A (1) du Protocole.
[297] Voir article 28A (2) du Protocole.
[298] Voir article 28A (3) du Protocole.

Paragraphe 1 : L'impact des autres instances juridiques sur la Cour unique

Une simple évaluation basée sur la pratique de la CAJDH ne permettra pas d'obtenir les meilleures données. Celle-ci devra au contraire intégrer la contribution de certaines instances juridiques dans la manière de résoudre les conflits. Cette approche pourra s'avérer importante pour autant qu'elle va nous exiger, entre autres, des renseignements sur l'impact de ces différentes instances juridiques. Il faudra ainsi se référer tant à l'influence de la CADHP qu'à la jurisprudence de l'ACHPR. D'une part, nous retiendrons donc l'efficacité de la CAJDH dans l'exécution par les États membres des décisions qui seront rendues. D'autre part, nous aurons à traiter de la jurisprudence de l'ACHPR.

Ces deux aspects constitueront un potentiel considérable du point de vue juridique. Ainsi qu'ils vont suffisamment influencer la Cour unique dans le règlement des conflits et présenter un double intérêt pour son évaluation. Contrairement à l'ACHPR par exemple, la CADHP avait rendu plusieurs décisions forcément exécutées par les États en vertu des articles du Protocole de la Charte africaine tels que les articles 3 et 7. L'exécution des décisions qui seront rendues va remonter de la CADHP. Décidément, il faudrait apprécier l'influence qu'elle aura sur la Cour unique dans la manière de faire appliquer les décisions, une fois qu'elles ont été rendues.

Par ailleurs, lorsqu'elle fera usage de sa compétence contentieuse en matière de règlement de conflits, la Cour unique de l'UA dépendra concrètement de la Section des droits de l'Homme pour rendre ses jugements. Bien entendu, ses activités se focaliseront sur les cas de violations des droits civils et politiques. Cette pratique relèvera simplement de la jurisprudence de l'ACHPR. Par ailleurs, c'est à l'occasion du 25e anniversaire de la Charte africaine des droits de l'Homme et des peuples que la Déclaration de Banjul évoquait le développement d'une jurisprudence de l'ACHPR[299].

Finalement, la CAJDH ne va s'inspirer que de la jurisprudence de l'ACHPR pour résoudre les différends. Tout compte fait, cet apport des autres juridictions précitées produira virtuellement des effets satisfaisants dans le règlement des conflits africains. Inspirée de ces instances juridiques, la CAJDH pourra garantir l'efficacité et l'évolution du système juridique au sein de l'UA, partant du continent lui-même. Entre autres, c'est une garantie qui reposera plus précisément dans l'interprétation des dispositions potentiellement litigieuses de l'ACUA. Notamment, il s'agit de celles relevant du droit d'intervention de l'Union, ce qui deviendra alors une considérable opportunité.

[299]Assembly/AU/Decl.3 (VII), Page 1.

Paragraphe 2 : L'évolution de la jurisprudence de la Cour africaine de justice et des droits de l'Homme

L'examen pratique de la jurisprudence quant à la CAJDH révèle un contraste entre la méfiance des États africains vis-à-vis de la CIJ et paradoxalement, l'attache d'une confiance absolue qu'ils y ont finalement affichée plus tard. À l'image d'un revirement de la jurisprudence de la Cour européenne des droits de l'Homme, la CAJDH est conçue suivant l'affinement d'une évolution juridictionnelle[300]. Auparavant, plusieurs États africains présentaient une grande méfiance envers la justice internationale.

Effectivement, les États africains ont eu tendance à exprimer une certaine désaffection à l'égard de la Cour internationale[301]. Cette attitude était principalement fondée sur la tradition africaine et la jurisprudence de la CIJ. Elle paraissait comme un instrument de sauvegarde des intérêts de grandes puissances par l'application du droit international classique. Par ailleurs, elle a été rejetée par les États africains dans les affaires du Cameroun septentrional et du Sud-ouest africain dont les Arrêts semblent avoir favorisé les États occidentaux.

Finalement, les vives critiques portées à son égard ressemblent fort à un déni de justice[302]. Pour ces raisons, la justice africaine s'est beaucoup plus illustrée par un enfermement à l'égard de toutes sortes d'institutions judiciaires internationales. Devant un conflit, cette justice africaine a plus privilégié le rapprochement des points de vue des parties qu'un règlement basé sur le droit international.

Somme toute, c'est à l'image de la CIJ qu'un Protocole relatif à la création d'une Commission de médiation, de conciliation et de l'arbitrage était adopté en mai 1964 au Caire (Égypte)[303]. Ainsi, les États africains se réunissaient pacifiquement pour résoudre leurs différends sur invitation de l'OUA. Mais en raison d'un manque d'application par les États membres, ce dispositif était visiblement sorti de l'usage, en dépit de son caractère innovateur de l'époque.

Avec le temps, l'arbitrage avait constitué un moyen de résolution des conflits interétatiques multiples du continent africain. Nous citons en exemple celui entre le Sénégal et la Guinée-Bissau en 1985, entre la Guinée et la Guinée-Bissau de la même année, mais aussi de l'Éthiopie contre l'Érythrée qui s'est déroulée de mai 1998 à juin 2000. D'autres exemples concernent des crises ayant opposé un État africain et un État non africain, tel que ce compromis d'arbitrage qui a eu lieu sur le conflit opposant l'Érythrée au Yémen à propos des iles Ḩānīsh entre 1998 et 1999.

---

[300] Selon Katia LUCAS-ALBERNI et coll., *Le revirement de la jurisprudence de la Cour européenne des droits de l'Homme*, Bruxelles, Édition Bruylant, 2008, p. 384 et suiv.

[301] Joseph-Marie BIPOUN-WOUM, *Le droit international africain : problèmes généraux — règlement de conflits,* Paris, Librairie générale de droit et de jurisprudence, 1970, p. 191.

[302] *Ibid,* pp. 135-136.

[303] Cf. ABAKAR Tollimi, *op.cit.*, p. 233.

Il s'agit évidemment d'un compromis d'arbitrage qui a été signé par l'Érythrée et le Yémen le 3 octobre 1996 à Paris. Le but était de pouvoir régler pacifiquement un différend qui les opposait sur certaines iles situées au sud de la mer rouge. Ce compromis découlait d'un accord sur les principes signé auparavant des deux parties le 21 mai 1996 à Paris. Ce même compromis entrepris par la France était issu d'une médiation demandée par l'Érythrée et le Yémen, sur le Conseil du secrétaire général des Nations Unies. Le tribunal d'arbitrage devait ensuite se prononcer conformément au compromis relatif du 3 octobre 1996. Il fallait qu'il se prononce d'abord sur le différend, puis sur la souveraineté territoriale, avant de se pencher sur la question de la délimitation des frontières maritimes. La première sentence était rendue par le tribunal à l'unanimité le 9 octobre 1998 sur le champ du différend et sur la question de la souveraineté territoriale. Cette sentence a attribué la majorité des iles concernées par le différend au Yémen à savoir : iles Ḫānīsh et Zukar, iles de Jabal Al-Tayr et Zubayr.

Le tribunal a également rendu la seconde sentence à l'unanimité le 17 décembre 1999. Cette dernière a défini les frontières entre ces deux pays suivant les conclusions arrêtées dans la première sentence[304]. La résolution de tous ces contentieux est passée soit par des arbitres désignés d'un commun accord par les parties, soit par la Cour permanente d'arbitrage de 1899 siégeant à La Haye. Ce regain d'intérêt pour l'arbitrage s'explique par sa souplesse qui est un atout unanimement reconnu, malgré des réserves suscitées par sa rapidité et son coût peu élevé[305]. Par conséquent, le recours à la justice internationale a connu une progression quantitative. Ainsi, entre 1950 et 2007 la CIJ a rendu par sa compétence contentieuse : 19 Arrêts, 1 Sentence arbitrale, 17 Ordonnances, 1 Mandat d'arrêt, 1 Entraide judiciaire en matière pénale dans l'affaire opposant Djibouti à la France et 5 Avis consultatifs par sa compétence consultative.

Contre toute attente, cette progression a pu rompre la vieille et longue tradition de méfiance envers la justice vécue par les États africains, malgré les variations selon qu'un État choisit l'arbitrage ou la CIJ[306]. Aujourd'hui, cette nouvelle conception de la justice internationale permettra à la CAJDH de régler les différends aisément. Dans le cadre de ces interventions et pour l'étendue des compétences qui lui sont dévolues en vertu de l'article 36 (2) du statut, la CIJ peut aussi intervenir dans les mêmes conflits qui se produisent en Afrique, pour lesquels la CAJDH aura à intervenir également[307].

---

[304]Voir Jean-François DOBELLE — Jean-Michel FAVRE, *Le différend entre l'Érythrée et le Yémen : la sentence arbitrale du 9 octobre 1998 sur le champ du différend et la souveraineté territoriale*, Annuaire français de droit international XLIV -1998 – CNRS Éditions, Paris, pp. 337-355.

[305]Voir ABAKAR Tollimi, *op.cit.*, p.134.

[306]*Ibid.*

[307] Voir Emmanuel DECAUX, *op.cit.*, pp. 294-295.

Ce faisant, de multiples conflits ont été pacifiquement résolus par des organisations intergouvernementales panafricaines et sous-régionales. En outre, pour instauration de la paix et la sécurité du continent africain, des procédures diplomatiques ont été élaborées ainsi qu'une mise en place des dispositifs normatifs et institutionnels inspirés par les forces d'interposition de l'ONU[308].

Au bout du compte, nous constatons que la Cour unique s'est largement inspirée du droit international appliqué par la CIJ dans le règlement des conflits. Nous aurons à évaluer sa jurisprudence une fois que la CAJDH de l'UA sera installée. Dans cette perspective, nous tiendrons compte au moins des résultats sur les missions accomplies, ainsi que les initiatives prises et les efforts fournis dans sa mise en œuvre. Quoi que l'on dise, c'est en raison de chacune des affaires qu'elle pourra s'évaluer, notamment pour celles qui s'inscriront avec une extrême sensibilité. Néanmoins, elle se souciera d'en garantir le respect de sa jurisprudence au gré des exigences institutionnelles[309].

---

[308] *Ibid.*, p. 133.

[309] Vincent Berger, *Jurisprudence de la Cour Européenne des droits de l'Homme*, Paris, Édition Dalloz, 2009, p. 221 et suiv.

CHAPITRE II

LE RÔLE DU CONSEIL DE PAIX ET DE SÉCURITÉ

Le Conseil de paix et de sécurité (CPS) est un organe permanent de prise de décision pour la prévention, la gestion et le règlement des conflits en Afrique. Il facilite une réponse convenable et opérante aux situations de conflit et de crise. Depuis plusieurs décennies, l'Afrique connaît une instabilité causée par les coups de force pour le changement des régimes politiques, les guerres entre États, les rébellions armées et les guerres civiles. Ces conflits qui perturbent la paix et la sécurité des populations constituent également une menace régulière sur la paix et la sécurité internationales[310].

Parmi les nombreux défis auxquels le continent africain est confronté, la quête de la paix et la sécurité est sans doute plus pressante. Aussi, la promotion de la paix, la sécurité et la stabilité en Afrique est l'un des principaux objectifs de l'UA, comme à l'article 3 (f) de l'ACUA. Un environnement stable est une condition préalable pour le développement durable de continent africain[311]. En consacrant l'essentiel de ses ressources et son énergie au règlement de multiples différends, ce continent semble se détourner progressivement de ses principaux objectifs. En prenant conscience de ce désastre, les États africains ont convenu de créer en 1963, une plate-forme de règlement des conflits, l'OUA. Sa principale responsabilité reposait sur le maintien de la sécurité et la stabilité continentale. Ainsi, le CPS se réunit d'une manière quasiment permanente pour gérer les crises[312].

Composé de 15 États membres, cette institution est chargée de la sécurité, la stabilité, la diplomatie préventive, la promotion et le rétablissement de la paix en Afrique. Il est également chargé de la gestion des catastrophes et des actions humanitaires. Le CPS peut remplacer l'Organe central du

---

[310]Voir *le Projet de loi autorisant le président (de la République de Côte d'Ivoire) à ratifier le Protocole relatif à la création du Conseil de Paix et de Sécurité de l'Union africaine, op.cit.*

[311] Voir *Note d'information de la session spéciale sur l'examen et le règlement des conflits en Afrique* de Tripoli, Grande Jamahiriya arabe libyenne populaire et socialiste tenue le 31 août 2009, *op cit.*, p. 1.

[312] Le Conseil de Paix et de Sécurité Guy MVELLE, *op.cit.*, p. 167.

Mécanisme pour la prévention, la gestion et le règlement des conflits en Afrique. Cet organe a été créé par les Chefs d'État africains lors du sommet de Tunis en 1993.

À l'instar du CS de l'ONU, le CPS peut prendre les décisions ayant force obligatoire que les États membres doivent appliquer, conformément aux termes de l'ACUA. Les contours de la situation de paix et de sécurité en Afrique ont largement été évoqués par la Déclaration du Caire de 1993, lors de la 29e session ordinaire de la conférence des chefs d'État et de gouvernement. Cette session tenue au Caire (Égypte) du 28 au 30 juin 1993 a concomitamment marqué le trentième anniversaire de l'OUA. Dans cette même perspective, l'Organisation panafricaine a pu créer ce Mécanisme pour la paix et la stabilité en Afrique à l'issue de cette Déclaration. Ainsi, la coordination de cet organe était assurée par un Organe central dans certaines conditions.

À tous les égards, une étude rigoureuse s'avère indispensable sur le rôle du CPS en scrutant surtout les composantes ainsi que les fondements de celui-ci (Section I), les principes qui lui sont rattachés (Section II) et enfin la prévention et la gestion des conflits qu'il assure (Section III).

SECTION I : LES COMPOSANTES ET LES FONDEMENTS DU CONSEIL DE PAIX ET DE SÉCURITÉ

Le maintien de la paix est sans conteste l'objectif principal du CPS de l'UA. Bien que hanté par la tradition internationale de règlement pacifique des différends, le CPS connaît des assises intra-africaines des préventions des conflits. Ces fondations consistent à assurer une sécurité collective du continent, ce qui est l'idéal du panafricanisme qui magnifie l'union et la solidarité des peuples dans la sécurité[313]. Ainsi, la sécurité collective des États qui est un objectif primordial pour les OI politiques demeure une question de grande importance dans le domaine de la coopération internationale.

Sur ce point, le droit international a déjà enregistré des avancées bien poussées et accepter désormais que les droits de l'individu ne relèvent plus strictement de la juridiction domestique d'un État. Cet aspect légitime davantage le Principe de la responsabilité de protéger (R2P) par le devoir d'intervention collective ou de solidarité tout simplement[314]. Les OI sont issues de la prise de conscience de l'interdépendance croissante entre les États pour améliorer les conditions de vie des populations. En revanche, le régionalisme provient du désir de toutes les régions de la Communauté

---

313 Voir Blaise TCHIKAYA, *Le droit de l'Union africaine : principes, institution et jurisprudence, op.cit.*, p. 94.

314 Voir Jean-Nazaire TAMA *La responsabilité de protéger : une version reformée ou un maquillage subtil du devoir* d'ingérence dans Revue juridique et politique des États francophones, Paris, Éditions JURISAFRICA, Vol.67, n°4, 2013, P.458.

internationale de participer à la paix, la sécurité et la prospérité universelles. D'où cette existence des mécanismes opérants de règlement des différends et de sécurité collective que nous avons[315].

S'il y a une préoccupation des Africains sur la sécurité collective, c'est parce qu'elle est aussi un idéal du panafricanisme[316]. Ainsi, lors de la Déclaration du Caire de 1993, les Chefs d'État et de gouvernement africains ont rappelé leur préoccupation sur la sécurité et la stabilité en tant qu'objectif majeur au plan national, régional et continental. C'est suivant les aspirations des peuples africains que ces dirigeants politiques s'évertuent à réaliser le développement et l'intégration dans les domaines socio-économiques et culturels, instaurer la paix et la sécurité en réglant ces conflits dévastateurs du continent.

Cependant, la création d'une institution consacrée à la stabilisation du continent a connu de nombreuses tentatives infructueuses. Néanmoins, il a fallu attendre le passage de l'OUA à l'UA pour créer le CPS le 25 mai 2004 à partir d'un Protocole au siège de l'organisation. Ce Protocole relatif à la création du CPS a été élaboré et adopté le 9 juillet 2002, lors de la première session ordinaire de la Conférence des Chefs d'État et de gouvernement de l'UA à Durban (Afrique du Sud). Il est entré en vigueur le 26 décembre 2003[317].

Le CPS a précisément été créé à l'occasion de la journée de l'Afrique, après avoir réuni toutes les conditions nécessaires à son lancement. En revanche, ce passage à l'UA s'est accompagné d'un renouvellement des principes de vision et d'action en matière de paix et de sécurité. Cette étape a qualitativement marqué la mise en œuvre des dispositifs institutionnels de réaction aux crises sur le continent[318]. Depuis qu'il est devenu opérationnel, le CPS constitue désormais un véritable « système de sécurité collective et d'alerte rapide, visant à permettre une réaction rapide et efficace aux situations de conflit et de crise en Afrique »[319]. Il a remplacé l'Organe central du Mécanisme pour la prévention, la gestion et le règlement des conflits de l'OUA.

---

[315] *L'Union africaine et le maintien de la paix et la sécurité internationales,* http://www.africa-union.org, 15 avril 2011.

[316] Voir Blaise TCHIKAYA, *Le droit de l'Union africaine : principes, institution et jurisprudence, op.cit.,* p. 94.

[317] Raphaël VANS TEENBERGHE, « Le Pacte de non-agression et de défense commune de l'Union africaine : entre unilatéralisme et responsabilité collective », *RGDIP* 2009, p. 127., (Note de bas de page n° 14).

[318] Voir Yves Alexandre CHOUALA, *Puissance, Résolution des conflits et sécurité collective à l'ère de l'Union africaine – Théorie et pratique,* http://www.afri-ct.org/Puissance-resolution-des-conflits,04 avril 2011, p. 289.

[319] Voir article 2 (1) du Protocole relatif à la création du Conseil de paix et de sécurité de l'Union africaine.

Placé dans un continent encore marqué par de nombreux conflits, le CPS s'est déjà réuni plus de 200 fois depuis sa création[320]. Il a tenu son premier sommet les 10 et 11 janvier 2005 à Libreville (Gabon) sur la situation en RDC, au Darfour et en Côte d'Ivoire[321].

Il convient donc d'examiner les conditions de sa mise en œuvre et son développement par rapport à la nature, la taille des missions qui lui ont été confiées et les objectifs fixés (paragraphe 1). Il faudra ensuite analyser sa composition, son pouvoir et son fonctionnement (paragraphe 2).

Paragraphe 1 : Nature, missions et objectifs du Conseil de Paix et de Sécurité

L'Article 2 (1) du Protocole relatif à la création du CPS notifie la création de ce dernier, conformément aux dispositions de l'Article 5 (2) de l'ACUA. Ainsi, le CPS exécute les missions qui lui ont été assignées suivant ses objectifs. Mais c'est avec l'appui d'un système d'alerte rapide qu'il diligente l'exécution de ses missions. Ce faisant, les Unités d'observation et de contrôle des Mécanismes régionaux ainsi qu'un Centre de même nature composent ce système. Il analyse l'évolution des situations sur le continent et élabore un module d'alertes rapides sur la base d'indicateurs politiques, économiques, sociaux, militaires et humanitaires bien déterminés et agréés. Ainsi, nous pouvons également noter la présence d'une Force africaine prépositionnée ou Force africaine en attente (FAA) qui inclut des contingents pluridisciplinaires composés des civiles et militaires stationnés. Conformément à l'ACUA, ces contingents en attente sont toujours prêts au déploiement pour des missions d'appui à la paix et d'intervention aussitôt qu'ils sont requis[322].

A. La nature et les missions du Conseil de Paix et de Sécurité

Par sa nature caractéristique, le CPS est l'organe de décision permanent qui assure la prévention, la gestion et le règlement des conflits africains. Dans ses opérations, le CPS bénéficie de l'appui de la Commission de l'UA, du Groupe des sages (GS), ainsi que du Système continental d'alerte rapide (SCAR), de la Force africaine prépositionnée et d'un Fonds spécial. Ces opérations sont menées en étroite collaboration avec le président de la Commission. Le rôle de ce dernier est précisé dans l'Article 10 (1) du protocole du CPS. L'action que le CPS a pu mener lors des élections

---

[320] Voir Delphine LECOUTRE, *Les enjeux du Conseil de Paix et de Sécurité,* http : // www.monde-diplomatique.fr, le 2 avril 2011.

[321] Voir Blaise TCHIKAYA, *Le droit de l'Union africaine : principes, institution et jurisprudence, op.cit.*, pp. 92-93.

[322] Voir *le Projet de loi autorisant le président (de la République de Côte d'Ivoire) à ratifier le Protocole relatif à la création du Conseil de Paix et de Sécurité de l'Union africaine, op.cit., p.* 5.

illégales d'Anjouan de 2007 aux iles Comores est une parfaite illustration[323]. Évidemment, c'est le 7 mai 2007 que le CPS a annoncé l'installation de la Mission d'assistance électorale et sécuritaire aux Comores (MAES). Cette Mission était chargée d'assurer le bon déroulement des élections sur l'ile d'Anjouan en 2007. La MAES est intervenue militairement en mars 2008 en vue de restaurer l'ordre constitutionnel sur l'Ile. Le but de cette intervention était de porter assistance au gouvernement central de l'Union des Comores. C'est en octobre 2008 que son mandat a pris fin[324].

Selon son avis, le président de la Commission peut attirer l'attention du CPS sur toute affaire qui pourrait mettre en danger la paix, la sécurité et la stabilité sur le continent. Il peut également attirer l'attention du GS sur toute affaire qui mérite leur attention. De sa propre initiative ou à la demande du CPS, le président de la Commission peut user de ses bons offices. Cette procédure est menée soit personnellement, soit par l'intermédiaire d'Envoyés spéciaux, de Représentants spéciaux, du GS ou des Mécanismes régionaux. Le but de cette action est de prévenir les conflits potentiels, régler les conflits en cours et promouvoir les initiatives ainsi que les efforts de consolidation de la paix et de reconstruction post-conflictuelle[325].

De toute manière, les dispositions de l'Article 10 (3) du Protocole relatif à la création du CPS viennent éclairer les activités que le président de la Commission peut assurer[326]. En revanche, l'article 10 (4) poursuit sa mention en portant des précisions sur l'exercice des fonctions et du pouvoir du Président de la Commission[327]. Dans leur diversité, les missions du CPS peuvent se résumer, entre autres domaines en ce qu'il consacre tous ses efforts pour la promotion et le règlement pacifique des différends, le respect de l'État de droit et des libertés fondamentales. Il doit également contribuer à la mise en œuvre d'une politique de défense commune et de lutte contre le terrorisme international.

En fin de compte, c'est par une grande coopération avec les Nations Unies que le CPS mène ces actions, notamment dans la préservation et le maintien de la paix[328]. Dans ce cadre, il échange régulièrement des vues avec les membres du CS, alternativement à Addis-Abeba et à New York[329].

B. Les objectifs du Conseil de Paix et de Sécurité

Le Protocole relatif à la création du CPS est un instrument juridique fondamental en matière de maintien de la paix et de la sécurité du continent

---

[323] Voir Louis BALMOND et al., « *Intervention de l'Union africaine à Anjouan, Comores : Chronique des faits internationaux* », *RGDIP* 2008, p. 641.

[324] Voir MAES – Réseau de recherche sur les opérations de paix, http://www.operationspaix.net, le 14 octobre 2015.

[325] Article 10 alinéa 2 du Protocole du Conseil de Paix et de Sécurité.

[326] Voir Article 10 alinéa 3 du Protocole du Conseil de Paix et de Sécurité.

[327] Voir l'article 10 du Protocole du Conseil de paix et de sécurité.

[328] Voir Article 6 du Protocole du Conseil de paix et de sécurité portant sur les fonctions.

[329] Voir Delphine LECOUTRE, *Les enjeux du Conseil de Paix et de Sécurité, op.cit.*, p. 3.

africain. Il dispose moult objectifs du CPS qui sont intégralement fixés et libellés dans son article 3 du Protocole relatif.

Paragraphe 2 : La composition, les fonctions et le pouvoir du Conseil de Paix et de Sécurité

Bien entendu, le CPS est un organe de décision permanent pour la prévention, la gestion et le règlement des conflits dont la composition, les fonctions et le pouvoir sont respectivement stipulés dans les articles 5, 6 et 7. Cependant, il est conçu de cette manière que son action résultant d'une telle institution serait un apport considérable à l'édification de la paix. Le continent africain ne saurait accéder concrètement au développement et à l'intégration sans cet apport. Il est à noter que la prévention, la gestion et le règlement des conflits permettent de lutter contre les effets pervers de la mondialisation qui est un défi redoutable pour le continent africain.

A. La composition du Conseil de paix et de sécurité

À l'instar du CS des Nations Unies, le CPS de l'UA se compose de 15 membres qui jouissent tous des droits égaux comme le prévoit l'article 5 du protocole du CPS[330]. 10 membres sont donc élus pour un mandat de deux ans à l'issue des élections du CPS. Ils sont ensuite associés aux cinq autres élus pour un mandat de trois ans en assurant la continuité. Le CPS se distingue du CS des Nations Unies du point de vue de sa composition. Il ne dispose d'aucun membre permanent simplement pour contrôler les positions dominantes dans la durée de certains États. Aucun droit de veto n'est également utilisé parce que les États africains veulent juguler cette injustice révélée qu'ils condamnent vigoureusement dans la réforme des Nations Unies au sein du CS. Cette attitude fait prévaloir l'équité et la solidarité de puissance entre États pour la rotation des sièges[331]. Ce droit de veto n'est pas utilisé par tous ses membres simplement pour empêcher un certain blocage[332].

Par rapport au CS de l'ONU, le CPS présente aussi bien une de similitude des traits que des points de divergence. Par exemple, ces deux institutions comptent chacune 15 membres et ont des vocations relativement similaires. Mais la distinction essentielle entre elles repose au niveau des pouvoirs respectifs. Ainsi, contrairement au CS de l'ONU, le CPS ne peut maîtriser seul les opérations de prévention, de gestion des conflits et de maintien de la paix sans le président de la commission de l'UA. De même pour intervenir,

---

330 Voir Roland ADJOVI, « Le Conseil de paix et de sécurité » *in L'Union africaine : cadre juridique et institutionnel : manuel sur l'organisation panafricaine*, Paris, éd. A. PEDONE, 2013, p. 138.

331 Voir Delphine LECOUTRE, *op.cit.*, pp. 3-4.

332 Voir Dominique BANGOURA, *L'Union africaine et la gestion des conflits sur le continent,* dans *Enjeux diplomatiques et stratégiques 2007,* p. 199.

le CPS doit s'en remettre à la Conférence des chefs d'État et de gouvernement, ce qui n'est pas le cas pour le CS de l'ONU[333].

Cette Conférence des chefs d'État et de gouvernement procède aux élections de ces 15 membres du CPS conformément aux critères généraux fixés à l'article 5 (2) du Protocole[334]. Ce critères portent sur l'engagement à défendre les principes de l'Union, la contribution et l'expérience dans les opérations d'appui à la paix, la capacité et l'engagement d'assumer les responsabilité dans la qualité de membre, la contribution financière, le respect de la gouvernance constitutionnelle, de l'État de droit et des droits de l'Homme[335]. La représentation régionale équitable reste le critère de base au cours de ces élections[336]. Toutefois, un membre sortant du CPS devient rééligible immédiatement[337]. La Conférence peut cependant procéder à une évaluation périodique pour déterminer la mesure dans laquelle les membres du CPS continuent à remplir les critères énoncés à l'article 5 (2) afin de prendre toute action appropriée à cet égard[338].

Dans sa qualité d'organe permanent, le CPS exige une présence constante du représentant de chaque État membre au siège de l'Union où se tiennent les réunions. Les réunions du CPS sont tenues au niveau des représentants permanents, des ministres ou des chefs d'État et de gouvernement. Aussi souvent que nécessaire, cette institution est convoquée au moins deux fois par mois uniquement au niveau des représentants permanents[339]. Respectivement, c'est au moins une fois par an que les ministres ainsi que les chefs d'État et de gouvernement se réunissent. D'où, la création du CPS est une significative innovation par rapport aux mécanismes antérieurs[340]. C'est une réalité qui peut se traduire par la fréquence répétée des réunions que tiennent des représentants permanents du CPS, ce qui reflète d'ailleurs une permanence de sa structure. Cette posture confirme la fameuse innovation dans le cadre de la prévention, la gestion et le règlement des conflits du continent. Par conséquent, elle constitue un atout majeur à l'égard de cette institution.

À cette spirale, le CPS vient finalement d'introduire un profond changement dans la vision et la pratique du maintien de la paix et de la sécurité collective en Afrique. Il inaugure une nouvelle dimension du maintien de la paix et de la sécurité régionale en se focalisant sur l'intervention. Contrairement à l'Organe central du Mécanisme pour la

---

[333]Voir Laurent CORREAU, *l'Union africaine installe son Conseil de Paix et de Sécurité* http://www.rfi.fr. 25 mai 2004.

[334] Voir l'article 5 alinéa 2. *Protocole du Conseil de Paix et de Sécurité.*

[335] Selon Dominique BANGOURA, *op.cit.*, p. 200.

[336]*Ibid.*

[337] Article 5 alinéa 3 du Protocole du Conseil de sécurité.

[338] Article 5 alinéa 4 du Protocole du Conseil de sécurité.

[339] Article 8 alinéa 2 du Protocole relatif à la création du Conseil de Paix et de Sécurité de l'UA

[340] Voir Delphine LECOUTRE, *Les enjeux du Conseil de Paix et de Sécurité, op.cit.*, p. 4.

prévention, la gestion et le règlement des conflits qui agissait en dehors de la puissance et l'hégémonie, le CPS tient légitimement compte de l'importance des puissances dans la promotion de la sécurité collective[341].

En dehors du premier atout fondé sur la permanence de sa structure, le CPS dispose d'un ordre du jour flexible. Cet outil politique important constitue son deuxième atout qui est adopté au début de chaque réunion. Il est conjointement élaboré par le président tournant et le commissaire de paix et de sécurité de la Commission de l'Union[342]. En effet, outre ces deux premiers atouts, le CPS profite encore d'un troisième, puis d'un quatrième atout. L'atout de l'institution étant bien cette possibilité de conduire de véritables débats constructifs dans la partie des réunions qui se déroulent à huis clos[343].

Enfin, le quatrième atout se trouve dans la réalisation des missions au niveau des zones de conflits ou de reconstruction post-conflit[344]. Celui-ci peut décider de les tenir en public dans des conditions particulières même si les réunions du CPS sont toujours tenues à huis clos[345]. C'est par consensus que les décisions sont prises au cours de ces réunions dans tous les cas. Au cas échéant, c'est sur les questions de procédure à la majorité simple et les décisions sur les autres questions à la majorité des deux tiers des membres votants que les décisions du CPS sont adoptées conformément à l'article 8 alinéa 13 du Protocole[346].

En revanche, le CPS établit son propre règlement intérieur, dans lequel sont fixés la convocation de ses réunions, la conduite des débats, la publicité et les procès-verbaux des séances. Dans ce règlement intérieur, on trouve aussi tous les autres aspects pertinents de son travail, de telle sorte qu'un examen ainsi qu'une approbation soient faits par la Conférence de l'Union[347].

B. Les pouvoirs et les fonctions du Conseil de Paix et de Sécurité

Pour la prévention, gestion et le règlement de conflits du continent africain, le CPS exerce des pouvoirs (1) et des fonctions (2) conformément au Protocole relatif à sa création.

1. Les pouvoirs du Conseil de Paix et de Sécurité de l'Union africaine

Les pouvoirs du CPS évoqués dans l'article 7 de son Protocole sont utilisés conjointement avec le président de la Commission de l'UA dans la

---

[341] Voir Yves Alexandre CHOUALA, *op.cit.*, pp. 291-292.
[342] Voir Delphine LECOUTRE, *Les enjeux du Conseil de Paix et de Sécurité, loc.cit.*
[343] *Ibid.*, p. 5.
[344] *Ibid.*
[345] Voir Article 8 alinéa 10 du *Protocole relatif à la création du Conseil de Paix et de Sécurité de l'UA*
[346] Voir l'article 5 (11) du Protocole du Conseil de sécurité.
[347] Article 5 alinéa 14 du Protocole du Conseil de sécurité.

gestion des conflits. Composée de 10 commissaires, dont le Président et le vice-président, la Commission joue le rôle de secrétariat de l'UA. Elle symbolise l'Union et protège ses intérêts sous la direction de la Conférence et du CE. La Commission peut faire des propositions aux organes et exécuter les décisions arrêtées par divers organes. Elle assiste les États membres lorsqu'ils réalisent des programmes et des politiques de l'Union, particulièrement la Conférence pour la sécurité, la stabilité, le développement et la coopération en Afrique (CSSDCA) et enfin le nouveau partenariat pour le développement de l'Afrique (NEPAD). La Commission peut aussi élaborer les positions communes de l'Union et coordonner les actions des États membres dans les négociations internationales[348].

Dans le cadre de ses attributions, le CPS assure la promotion et le renforcement d'un partenariat solide entre l'UA et les Nations Unies, y compris leurs agences ainsi que les autres OI compétentes pour la paix et la sécurité internationales. Il élabore les politiques et les actions nécessaires pour que toute initiative extérieure dans ce domaine soit entreprise dans le cadre des objectifs et des priorités de l'Union. Le CPS peut suivre les progrès réalisés sur la promotion des pratiques démocratiques, la bonne gouvernance, l'État de droit, la protection des droits de l'Homme et des libertés fondamentales, le respect du caractère sacré de la vie humaine, ainsi que du DIH par les États membres.

Selon l'article 7 du Protocole, le CPS peut favoriser et encourager la mise en œuvre des conventions et traités internationaux pertinents de l'UA et des Nations Unies. Il en est de même pour ceux qui sont pertinents sur le contrôle des armes et le désarmement. Le CPS examine et prend toute action appropriée dans les situations où l'indépendance nationale et la souveraineté d'un État membre sont menacées par des actes d'agression, y compris par des mercenaires ; appuyer et faciliter l'action humanitaire dans les situations de conflits armés ou de catastrophes naturelles graves. Il peut soumettre des rapports réguliers à la Conférence sur ses activités ainsi que l'état de la paix et la sécurité en Afrique par son président.

Enfin, le CPS a le pouvoir de se prononcer sur toute autre question ayant des incidences sur le maintien de la paix, de la sécurité et de la stabilité sur le continent. Il exerce également les pouvoirs que lui délègue la Conférence conformément à l'article 9 (2) de l'ACUA. Par ailleurs, l'article 7 (2) du Protocole étale les pouvoirs du CPS à l'égard des États membres. Il conjugue partiellement avec l'article 24 (1) de la Charte des Nations Unies dans le cadre des pouvoirs des OI. Ce dernier article qui porte sur les fonctions et les pouvoirs du CS des Nations Unies justifie clairement sa prééminence au plan international à s'acquitter des devoirs que lui impose cette responsabilité.

En revanche, les États membres reconnaissent que c'est au terme du Protocole que le CPS agit en leur nom, une fois qu'ils se sont acquittés de

[348]Voir Guy MVELLE, *op.cit.*, p. 167.

leurs devoirs[349]. En d'autres termes, cela signifie simplement que le CPS agit au nom des États membres qui ont le devoir d'accepter l'application des décisions tout en lui apportant leur aide. En matière de saisine, le CPS prend des initiatives et conduit les actions qu'il juge appropriées dans l'optique de régler, sinon de prévenir les conflits par des moyens à sa discrétion ou simplement par une action collective[350].

Selon l'article 7 alinéas 3 et 4, il est mentionné que les États membres conviennent d'accepter et d'appliquer les décisions du CPS conformément à l'ACUA. Enfin, les États membres peuvent coopérer avec le CPS et faciliter toute action qu'il entreprendrait en vue de la prévention, la gestion et le règlement des crises ainsi que des conflits, en vertu des responsabilités qui lui sont confiées au terme du présent Protocole.

2. Les fonctions du Conseil de Paix et de Sécurité de l'Union africaine

Les fonctions du CPS sont plus ou moins nombreuses lorsqu'on se focalise sur l'article 6 du Protocole. Elles portent principalement sur la paix, la sécurité et la stabilité en Afrique[351].

Section II : Les principes et le fonctionnement du Conseil de Paix et de Sécurité

En tant qu'institution continentale, l'intégration économique, politique et sociale du continent africain demeure la ferme vocation de l'UA. Mais cette intégration ne peut être possible sans la prévention, la gestion et la résolution des conflits, des facteurs pour la consolidation de la paix. Voilà pourquoi l'UA agit selon les principes de base proclamés dans l'article 4 de son ACUA[352]. Ainsi, elle entend dépasser les limites de l'OUA en instaurant « le droit de l'Union d'intervenir dans un État membre sur décision de la Conférence dans certaines circonstances graves, à savoir : les crimes de guerre, le génocide et les crimes contre l'humanité » conformément à l'article 4 (h) de l'ACUA[353]. C'est pour rompre avec cette insensibilité longtemps reprochée à l'OUA qu'elle s'est réservée un droit d'intervention au nom du principe de non-indifférence. Ce droit conçu par l'ACUA a été confirmé par le Protocole sur les amendements à l'ACUA.

Par conséquent, l'UA pourrait désormais agir sans un consentement préalable de l'État concerné par un cas de « menace de l'ordre légitime ». Par ailleurs, les États membres ont le droit de solliciter l'intervention de

---

[349] Patrick DAILLIER, Mathias FORTEAU et Alain PELLET, *op.cit.*, p. 941.

[350]Voir *le Projet de loi autorisant le président (de la République de Côte d'Ivoire) à ratifier le Protocole relatif à la création du Conseil de Paix et de Sécurité de l'Union africaine, loc.cit.*

[351] Voir l'article 6 du Protocole du CPS.

[352] Voir l'article Article 4 de l'Acte constitutif.

[353] Voir l'Article 4 (h) de l'Acte constitutif.

l'Union pour restaurer la paix et la sécurité conformément aux dispositions de l'article 4 (j) de l'ACUA. Ce faisant, l'article 4 (p) rappelle le respect des principes démocratiques, des droits de l'Homme, de l'État de droit et la bonne gouvernance, puis réitère le principe de « Condamnation et de rejet des changements anticonstitutionnels de gouvernement »[354].

Bien entendu, la mission principale du CPS consiste en la recherche d'un maintien de la sécurité et de la stabilité du continent africain. C'est à ce stade qu'il est indispensable de s'intéresser aux principes du CPS (1) et à son fonctionnement (2).

Paragraphe 1 : Les principes du Conseil de Paix et de Sécurité

Le CPS de l'UA est une institution du continent africain dont les principes de l'ACUA, la Charte des Nations Unies et la DUDH restent les seuls guides. Ainsi, l'article 4 du Protocole énonce que le CPS est particulièrement guidé par les principes fondamentaux de l'UA. Certains principes portent essentiellement sur la maîtrise des situations de crise ; le règlement pacifique des différends et des conflits ; le respect de l'état de droit, des droits fondamentaux de l'Homme et des libertés, le respect du caractère sacré de la vie humaine, ainsi que du DIH. Or les atteintes massives aux droits de l'Homme sont considérées comme des menaces contre la paix par la « jurisprudence » du CS. À ce titre, donc l'urgence de la crise nécessite une intervention rapide[355].

En revanche, d'autres principes concernent l'interdépendance entre le développement socio-économique et les questions de sécurité des peuples et des États ; le respect de la souveraineté et de l'intégrité territoriale des États membres de l'UA ; la non-ingérence d'un État membre dans les affaires internes de l'autre État membre ; l'égalité souveraine des États membres et de leur interdépendance; le droit inaliénable à une existence sans dépendance ; le respect des frontières établies lors de l'acquisition de l'indépendance. Ainsi, nous saisissons cette occasion d'étudier le fonctionnement du CPS.

Paragraphe 2 : Le fonctionnement du Conseil de Paix et de Sécurité

Le mandat du CPS est défini par son Protocole. Ainsi qu'il peut accomplir diverses missions d'appui à la paix. Le CPS est doté d'un Comité d'état-major (CEM) constitué d'officiers supérieurs fournis par les États membres de l'UA[356]. Cet organe indépendant est « chargé de conseiller et d'assister le CPS pour tout ce qui concerne les questions d'ordre militaire et

---

354 Voir Dominique BANGOURA, *op.cit., p.* 199.

355 Voir Philippe CHABASSE, *loc.cit.*

356 Selon Yves Alexandre CHOUALA, *op.cit.,* p. 291.

de sécurité en vue du maintien et de la promotion de la paix et de la sécurité en Afrique » (Article 13 al. 8 du protocole). Bien qu'il soit subsidiaire du CPS, le CEM constitue la clé de la nouvelle architecture de paix et de stabilité continentale.

Cependant, il y a un Mécanisme pour la prévention, la gestion et le règlement des conflits de l'OUA qui a été créé en juin 1993. Il a été officiellement succédé le 25 mai 2004 par le CPS[357]. Dans la promotion et le maintien de la paix, de la sécurité et de la stabilité en Afrique, le CPS coopère et travaille en étroite collaboration avec le CS des Nations Unies, en tant que principal responsable du maintien de la paix et de la sécurité internationales. Il revient donc au CS de prendre des mesures militaires et non militaires visant les États responsables des actes tels que la menace contre la paix. À cet effet, une intervention armée peut être organisée directement par le Conseil, sinon mandater un groupe d'États pour l'exécuter[358]. Chaque fois qu'il est nécessaire, le CPS fait recours aux Nations Unies pour obtenir une assistance financière, logistique et militaire indispensable à sa mission, conformément aux dispositions du chapitre VIII de la Charte des Nations Unies[359].

Dans son fonctionnement, le CPS bénéficie des prérogatives dues aux conditions favorables très particulières telles que : la permanence du CPS, à la célérité de l'examen de situation, à la souplesse de son agenda et à une certaine franchise dans les débats. Cette permanence lui permet d'exercer ses compétences et sa responsabilité chaque fois qu'il est nécessaire[360]. Les représentants permanents, les ministres ainsi que des chefs d'État et de gouvernement se réunissent généralement au siège situé à Addis-Abeba. Toutefois, ces réunions peuvent être délocalisées sur invitation d'un chef. En revanche, les membres du CPS peuvent modifier l'ordre du jour conformément aux dispositions de l'article 6 alinéas 1 et 3 du règlement intérieur. Cette possibilité illustre bien la souplesse de l'agenda.

En effet, le président de la Commission et les États membres soumettent les propositions au président du CPS. Par conséquent, l'ordre du jour est provisoirement préparé à partir des propositions soumises au préalable. L'article 8 (7) du Protocole du CS dispose qu'aucun État membre n'a le droit de s'opposer à l'inscription d'un point à l'ordre du jour provisoirement[361]. Enfin, le CPS tient des réunions à huis clos pour conduire des débats[362]. L'article 17 (3) du Protocole du CS porte sur les relations avec les Nations Unies et les autres OI. Tandis que l'alinéa 4 de cet article évoque la

---

357 Voir Delphine LECOUTRE, *Revitaliser le comité d'état-major de l'Union africaine*, dans *Géopolitique africaine,* n° 24, Paris, Octobre-Décembre 2006, *op.cit.* pp. 239-241.

358 Selon Philippe CHABASSE, *loc.cit.*

359 Article 17 alinéa 2 du protocole du Conseil de sécurité, portant sur les relations avec les Nations Unies et les autres organisations internationales.

360 Voir Dominique BANGOURA, *op.cit.,* p. 201.

361 *Ibid.*

362 Voir l'article 8 (9) du CPS).

coopération étroitement entreprise avec les autres OI compétentes en matière de paix, de sécurité et de stabilité en Afrique[363]. C'est par la Commission et le CPS que l'UA s'engage pour la paix et la sécurité du continent.

Si les textes fondateurs tels que l'ACUA, le Protocole relatif à la création du CPS ont été établis, la vision et les missions ont été aussi fixées à leur tour. Cependant, les décisions du CPS ont retenu trois grandes classifications. Il s'agit de la première classification qui concerne les Déclarations politiques et juridiques de principe telles que : la condamnation d'un changement anticonstitutionnel de gouvernement. En revanche, la deuxième classification porte sur les décisions pratiques telles que : l'envoi de mission de contact, d'observation, d'information, de facilitation, de méditation. Enfin, la troisième classification est celle des décisions stratégiques qui mettent en jeu des moyens humains, matériels et militaires importants tels que : la constitution ou bien la prolongation de forces de l'UA[364]. Depuis sa création, le CPS intervient toujours pour un rétablissement de la paix et de la sécurité en faveur des États membres de l'Union. Elle prend régulièrement des Résolutions qui s'appliquent envers ces États en cas de résurgence de conflits. Mais un État qui a signé le Protocole relatif à la création du CPS sans le ratifier ne peut pas participer aux sessions qu'elle tient. Cette configuration lui prive des prérogatives prévues par le Protocole en cas de crise politique ou toute autre forme d'instabilité qu'il peut connaître.

Tout compte fait, le CPS devra continuer de se faire guider par les principes de son Protocole afin de permettre à l'UA d'asseoir l'intégration économique, politique et sociale d'un continent stable et atteindre les objectifs fixés comme prévu.

SECTION III : LA PRÉVENTION ET LA GESTION DES CONFLITS

L'importance des tâches du CPS a finalement suscité la résurgence des angoisses à propos de la prévention, la gestion et le règlement de conflits en Afrique. En effet, c'est au début des années 1990 que les efforts ont été multipliés selon l'exigence et l'augmentation en nombre des médiateurs spécialisés dans ce domaine d'action. Ainsi qu'il y a eu une transformation des paramètres de la prévention et de la résolution des conflits du Moyen-Orient à l'Afrique ainsi que de l'Asie à l'Amérique centrale. Le renouvellement des études et des stratégies influencées par les recherches sur la paix a suscité de nouvelles approches, en pensant que les réflexions sur la guerre et sur la paix seraient indissociables[365].

---

[363] Voir l'article 17 (3) et (4) du protocole du Conseil de sécurité.

[364] Voir Dominique BANGOURA, *loc.cit.*

[365] Voir Charles-Philippe DAVID, *La guerre et la paix : Approches contemporaines de la sécurité et de stratégie,* Paris, Presse de Science Po (2è éd. Revue et augmentée), 2006, pp. 282-283.

Bien entendu, les questions de paix constituent la pierre angulaire au sein des sociétés sans autorité centrale, donc moins intégrées. Ces sociétés sont souvent gouvernées par les leaders politiques qui emploient la force afin d'assouvir leurs appétits, sinon protéger leurs intérêts[366]. Dans ce contexte, une responsabilité internationale a toujours été engagée dans tout ordre juridique dont la valeur pratique résulte de l'efficacité et de l'étendue des règles de responsabilité[367]. Or les opérations de prévention, de gestion et de règlement des conflits reposent sur la préservation de la coopération internationale qui est l'un des objectifs fondamentaux de l'ONU. Ainsi, les États membres s'engagent à régler leurs différends par des moyens pacifiques et à s'abstenir de recourir à la menace ou à l'emploi de la force contre d'autres États, conformément au chapitre VII de la Charte des Nations Unies[368].

Or les opérations de prévention et de gestion des conflits exigent des moyens humains, matériels et financiers importants sur le terrain. À cet effet, l'ONU intervient régulièrement à travers les organes spécialisés tels que le Haut-commissariat des Nations Unies aux réfugiés (HCR). Mais les OMP sont plus effectuées par les organes subsidiaires du CS de l'ONU[369]. Bien entendu, la question essentielle de la société internationale concerne son aptitude à maintenir la paix[370]. Pour cette raison et en vertu de l'article 52 (1) du chapitre VIII de la Charte portant sur les accords régionaux (accords qui régissent leurs rapports mutuels), l'ONU peut toutefois confier ou déléguer tout ou partie de ses pouvoirs aux organisations régionales[371].

Ainsi le CS a profondément coopéré avec l'Organisation du traité de l'Atlantique Nord (OTAN) et l'Organisation pour la Sécurité et la Coopération en Europe (OSCE) pour résoudre des conflits dans la péninsule des Balkans. Cependant, on a pu constater une limitation de sa coopération envers les organisations régionales africaines en matière d'appui logistique et financier à tel point qu'il s'est absenté dans la résolution des conflits au Liberia, au Rwanda et au Burundi tout en se résignant à poursuivre son engagement en Somalie. Bien évidemment, les opérations « Restore Hope I et II » ont échoué en Somalie. Néanmoins par sa responsabilité principale sur l'OUA et l'IGAD, l'ONU a conduit vers la tenue d'une conférence de

---

366 Voir Philippe BRAILLARD, *Théorie des relations internationales,* Paris, Presses Universitaires de France, 1977, p. 129.

367 Voir Sandra SZUREK, « Responsabilité de protéger, nature de l'obligation et responsabilité internationale », *in* Société française pour le droit international, *La responsabilité de protéger-colloque de Nanterre*, Paris, Édition Pédone, 2008, p. 91.

368 Voir Geneviève Bertrand, *op.cit.*, p. 8.

369 Voir Emmanuel DECAUX, *op.cit.,* pp. 189-190.

370 Serge SUR, *op.cit.*, p. 409.

371 Voir Jean-Pierre COT, Alain PELLET et Mathias FOURTEAU, La Charte des Nations Unies : Commentaire article par article (tomes 2), *op.cit.*, p. 1367.

réconciliation en août 2000 par les efforts diplomatiques de ces deux organisations[372].

Si les compétences de l'UA révélées par ses textes fondateurs font référence à la Charte des Nations Unies, c'est par ce que le système africain est subordonné au mécanisme universel onusien. Quoi qu'il en soit et en vertu de la Charte des Nations Unies, le CS des Nations Unies reste le premier responsable pour la paix et la sécurité internationales. Nous allons finalement examiner les relations qui existent entre les différentes institutions sous-régionales de paix et de sécurité et l'organisation continentale lors des crises ou des conflits. Successivement, nous examinerons l'action de l'OUA dans la prévention, la gestion et le règlement des conflits (paragraphe 1), l'évolution du Mécanisme de prévention de gestion et de règlement de conflits de l'OUA (paragraphe 2) et l'UA face aux conflits (paragraphe 3).

Paragraphe 1 : L'Action de l'OUA dans la prévention, la gestion et le règlement des conflits

Dans le domaine de la prévention, la gestion et le règlement des conflits, la distinction s'avère nécessaire selon qu'il s'agit d'évoquer l'action du Mécanisme régional établi par l'OUA ou des Mécanismes agissant au sein des Organisations sous-régionales africaines[373]. Par exemple, l'OUA et la CEDEAO ont connu distinctement un Mécanisme de prévention, de gestion et de règlement des conflits. Inspiré des institutions de l'ONU pour la paix, chaque Mécanisme a été doté d'une Force opérationnelle dans la conduite de leurs missions. Ces forces ont été un moyen de contrainte ou de dissuasion. Leur mise à la disposition des OI est relative à la sécurité collective du continent africain. C'est une question qui avait largement préoccupé les pères fondateurs de l'OUA dès les premières années des indépendances[374]. Mais ces Forces opérationnelles se sont parfois avérées inefficaces lors du déploiement des OMP de l'OUA ou de la CEDEAO. Ces opérations ont donc prouvé les défaillances pour leur préparation ou leur formation jugée inadéquate pour quelques contingents. Certains contingents de « Economic Community of West African States (ECOWAS) » comme « Economic Community of West African States Cease-fire Monitoring Group (ECOMOG) » ont commis des exactions au Liberia et en Sierra Leone pour avoir collaboré avec les factions qui contrôlaient les zones diamantifères. Ce comportement avait attisé la guerre au lieu de maintenir la paix[375].

[372]Voir Hassatou BALDE, *Les mécanismes de prévention, de gestion et de règlement des conflits des organisations africaines* dans *Revue d'analyse juridique de l'actualité internationale*, http://www.ridi.org/adi, 12 avril 2011.

[373] Voir ABAKAR Tollimi, *op.cit.*, p. 177.

[374]Voir Charles NACH MBACK, *La force interafricaine de maintien de la paix au Tchad : un essai non concluant, Ibid.*

[375] Selon Hassatou BALDE, *op.cit.* p. 3.

Ce Mécanisme convenu par les États membres de la CEDEAO a été érigé pour consolider « les conditions devant permettre à l'Afrique de l'Ouest de réagir promptement aux situations de crise ». Notamment, il vise « le renforcement de la coopération dans les domaines de la prévention des conflits, de l'alerte précoce, des OMP, de la lutte contre la criminalité transfrontalière, le terrorisme international, la prolifération des armes légères, et les mines antipersonnel ». Son action porte également sur « la formulation et la mise en œuvre de politiques de lutte contre la corruption, le blanchiment d'argent et la circulation illégale des armes légères », conformément aux dispositions de l'article 3 du Protocole[376].

Nous retiendrons que le Mécanisme de la prévention, de la gestion et du règlement des conflits de l'OUA ainsi que celui de la CEDEAO ont visé un seul et même objectif pour empêcher la transformation de certaines situations en conflits armés. Ainsi, chaque organe pouvait mener une action diplomatique dans ce domaine, sinon tout autre moyen non juridictionnel, tel que la négociation.

Par exemple, cette conduite justifiait la consécration des deux tiers du Fonds Spécial de l'OUA aux efforts diplomatiques déployés dans la résolution des crises et des conflits au Burundi, en Sierra Leone, en RDC, aux Comores et en Somalie. Le Mécanisme de l'OUA plaçait les OMP derrière la prévention des conflits. C'est certainement l'échec de son intervention au Tchad en 1981 qui l'aurait instruit pour adopter cette nouvelle conduite.

Bien entendu, l'OUA a récolté un échec au Tchad. Depuis le 21 mars 1980, la bataille de N'Djaména a opposé les Forces armées nationales (FAN) d'Hissein HABRÉ au Gouvernement d'Union Nationale de transition (GUNT) dirigé par GOUKOUNI OUEDDEI. Pour tenter de résoudre ce conflit, les États africains ont fini par doter le Tchad d'un mécanisme qui devrait assurer une transition politique vers la reconstruction institutionnelle du pays. La Force interafricaine de l'OUA au Tchad (FIA) a donc été créée en qualité d'instrument d'exécution de ce projet. Mais, cette dernière a manqué de cohérente et de clarté à cause des difficultés vécues dans l'action sur le terrain des hostilités.

Effectivement, les activités de cette Force de maintien de la paix ne s'orientaient sur aucun but précis. La FIA confondait la neutralité et l'indifférence à cause de son manque de coordination dans cette mission. Néanmoins, c'est dans le cadre des opérations de restauration et de maintien de la paix que les actions internationales n'ont jamais été neutres, aussi bien dans leurs motivations, que dans leur impact. Cette Force a également connu des difficultés d'organisation et de fonctionnement. Finalement, elle a été installée dans un désordre qui annonçait un dysfonctionnement.

---

[376] Selon Cheikh Oumar DIARRA, *La CEDEAO comme cadre institutionnel de lutte contre la prolifération des armes en Afrique de l'ouest,* http://www.unidir.org, 23 décembre 2010.

Évidemment, la FIA est arrivé trop en avance sur le terrain d'un point de vue chronologique. De même, les moyens matériels n'étaient pas assez suffisants au moment où la FIA devait commencer ses opérations d'une part. D'autre part, il se posait des problèmes logistiques et financiers ainsi que celui de la formation de ses hommes. Même si le GUNT avait perdu le pouvoir malgré tout, le pays était encore instable et non reconstruit. Cependant, la constitution de l'Armée nationale intégrée (ANI) n'a pu avoir lieu. Au bout du compte, ce sont les dysfonctionnements de la FIA qui ont encouragé le retour diplomatique de Hissein HABRÉ qui a pu séduire des États africains bien avant sa prise de pouvoir. Ainsi, son émergence a occasionné la reprise des hostilités après avoir reconstitué son potentiel militaire[377].

Finalement, nous retiendrons que l'OUA a tenté une expérience qui a simplement échoué au Tchad. Cet échec est attribué aussi bien aux difficultés financières et logistiques qu'aux divergences des États quant au rôle joué par la FIA et à l'obligation de solliciter la logistique des puissances occidentales. Par conséquent, le retard accusé dans l'installation des différents contingents a occasionné un privilège à l'une des parties dans ce conflit. Au bout du compte, la FIA a manifesté son inefficacité dans ce cette guerre au Tchad. Par ailleurs, c'est en quittant N'Djamena (Tchad) le 25 juin 1982 que le général EJIGA, commandant de la FIA avait déclaré : « nous n'avons pas tiré un seul coup de feu ». Ainsi qu'il y a lieu de s'interroger sur le rôle joué par cette Force au cours de ce conflit tchadien[378].

C'est comme pour se racheter de cet échec que l'OUA a certainement participé à la Mission des Nations Unies en Éthiopie et en Érythrée (MINUEE) où elle a été en étroite collaboration avec l'ONU[379]..Ce faisant, la MINUEE a été créée 31 juillet 2000 après adoption de la Résolution 1312 du CS. L'objectif était de maintenir une liaison avec les parties et installer un Mécanisme permettant de vérifier la cessation des hostilités. Effectivement, c'est en juin 2000 qu'un accord de cessation des hostilités a été donc signé entre l'Éthiopie et l'Érythrée suivant les pourparlers organisés sous les auspices de l'OUA et l'Algérie après deux ans d'hostilité sur un différend frontalier.

---

[377]La force interafricaine de maintien de la paix au Tchad a été créée alors que les guerres civiles récurrentes avaient provoqué la désagrégation de l'État tchadien, en dépit de nombreuses initiatives internationales tentées pour le retour de la paix dans ce pays. Il s'agit là des interventions menées par la France et la Libye notamment dans les cadres bilatéraux formels ou informels qui n'ont malheureusement pas pu instaurer une paix durable sur tout le territoire Tchadien. C'est à ce stade donc que l'OUA devait trouver à expérimenter son projet d'instauration d'un système de sécurité collective à l'échelle continentale. Voir Charles NACH MBACK, *La force interafricaine de maintien de la paix au Tchad : un essai non concluant,* Article paru in Dominique Bangoura (éd.), La recherche de la paix en Afrique, Paris, OPSA, 1998, p.1.

[378]*Ibid.*, P.11.

[379] Selon Hassatou BALDE, *op.cit.*, p. 2.

En septembre de la même année, le CS a également autorisé la MINUEE à surveiller le respect de la cessation des hostilités et favoriser le respect des obligations auxquelles les deux parties ont souscrit en matière de sécurité. Près de 4 200 militaires ont été déployés pour cette mission. Par la suite, le CS avait mis fin au mandat de la MINUEE par la Résolution 1827 (2008) du 30 juillet 2008. Effectivement, c'est lors de sa 5946e séance au matin que le CS avait annoncé par une décision qu'il mettait fin au mandat de MINUEE à compter du 31 juillet 2008, huit ans après sa création[380]. Cette décision relève des restrictions imposées par l'Érythrée à la Mission, mais aussi au refus de l'Éthiopie d'exécuter l'Avis de la Commission du tracé de la frontière du 27 novembre 2007[381].

Par ailleurs, l'Organisation panafricaine avait installé un Centre de gestion des conflits à son siège d'Addis-Abeba en 1996. Cette structure comprenait une section d'alerte précoce pour déceler l'augure de l'éruption de crise en Afrique. La majorité de ces organes ont vu le jour sous les auspices de l'OUA. Mais leur mission s'est prorogée jusqu'au temps de l'UA[382]. Cependant, l'effondrement de l'OUA n'a pas entraîné celui des Mécanismes institués par ces principales organisations sous-régionales. Leur reconduction dans l'UA a prouvé la détermination de stabiliser le continent à propos des conflits. L'UA devrait nécessairement s'inspirer de l'échec de l'OUA au Tchad. Les causes correspondantes pouvaient servir de recommandations à l'UA qui devrait minutieusement les exploiter afin de réussir sa mission dans ce domaine.

En contrepartie, l'UA devrait s'intensifier sur l'interprétation des textes juridiques en vigueur lors des opérations par les acteurs agissant sur le théâtre d'opérations. Elle doit éviter les difficultés dans l'action sur le terrain, mais avoir également une cohérence et une clarté dans les missions. Évidemment, comme pour cet échec de l'OUA au Tchad, l'incohérence résulte du fait que les activités de la Force de maintien de la paix n'ont pas d'accommodation sur un but précis. L'UA devrait aussi éviter les failles dans la coordination, ce qui réduit fréquemment la lisibilité du rôle qu'elle aura à jouer sur le terrain des hostilités. Elle est également tenue d'opérer une distinction entre la neutralité et l'indifférence dans l'accomplissement de sa mission au cours d'un conflit. De même qu'elle s'attachera à éviter les difficultés d'organisation et de fonctionnement des organes requis dans de nombreuses missions, notamment sur les opérations du maintien de la paix.

Contre toute attente, la persistance des conflits africains a paradoxalement créé le courant de pensée de l'« afro-pessimisme » chez certains dirigeants politiques africains tourmentés par le découragement. Ainsi, ils ont placé le continent dans une spirale de déclassement

---

380 Voir Nations Unies, *Le Conseil de sécurité met fin au mandat de la mission de l'ONU en Éthiopie et en Érythrée, huit ans après sa création,* http://www.un.org, le 09 octobre 2015.
381 Voir Nations Unies – Maintien de la paix, *Accompagner et surveiller la cessation des hostilités*, http://www.un.org, le 07 octobre 2015.
382 *Ibid.*

international. Ces gouvernants ont finalement opté pour une résolution autonome des conflits en Afrique. Étant donné qu'il ne peut y avoir une sécurité ni un quelconque développement du continent sans la paix, les États africains avaient donc décidé de créer le Mécanisme pour la prévention, la gestion et le règlement des conflits de l'OUA comme un instrument à l'échelle continentale par la Déclaration du Caire de juin 1993.

Le Mécanisme pour la prévention, la gestion et le règlement des conflits de l'OUA fonctionnait sous la direction et la coordination de l'Organe central entre les sessions ordinaires de la Conférence des Chefs d'État et de gouvernement[383]. Pour avoir exprimé ses insuffisances, cet Organe central du Mécanisme pour la prévention, la gestion et le règlement des conflits de l'OUA a été remplacé par le CPS dont le lancement officiel au niveau des Chefs d'État s'est effectué le 25 mai 2004 au siège de l'organisation. Cette opération s'était effectuée lors de la Journée de l'Afrique après un long travail conceptuel et d'intenses consultations qui s'étaient déroulées entre États membres de l'UA[384].

Il est intéressant de noter aussi que l'Organe central était constitué par les membres du Bureau de la Conférence des Chefs d'État et du gouvernement. Cette institution fonctionnait à l'échelon des chefs d'État et des ambassadeurs ou de n'importe quel représentant légitimement mandaté. D'où notre intérêt à examiner l'évolution du Mécanisme de prévention de gestion et de règlement de conflits de l'OUA.

Paragraphe 2 : L'évolution du Mécanisme de prévention de gestion et de règlement de conflits de l'OUA

Avant de devenir la CADHP, le Mécanisme pour la prévention, la gestion et le règlement des conflits de l'OUA a évolué de l'Organe central (A) à la Commission africaine des droits de l'Homme et des peuples (B).

A. L'Organe central du Mécanisme pour la prévention, la gestion et le règlement des conflits de l'OUA

L'Organe central du Mécanisme pour la prévention, la gestion et le règlement des conflits de l'OUA disposait de son propre Mécanisme dans ce domaine. Créé en juin 1993 au Caire, ce Mécanisme avait un secrétariat général et a permis la réduction des crises et des conflits récurrents en Afrique[385]. En créant le Mécanisme de prévention, de gestion et de règlement de conflits, l'OUA croyait aussi pallier la carence des moyens et adapter des

---

[383] À en croire ABAKAR Tollimi, *op.cit.*, p. 177.

[384] Delphine LECOUTRE, *Le Conseil de Paix et de Sécurité de l'Union africaine, clef d'une nouvelle architecture de stabilité en Afrique ?, op.cit.*

[385] Voir. Hassatou BALDE, *Actualité et Droit international -Les mécanismes de prévention, de gestion et de règlement des conflits des organisations africaines*, http : //www.ridiorg/adi, 19 août 2010. p. 2.

structures aux nouveaux objectifs. Malheureusement, les dysfonctionnements de tout ce système lui ont causé des manquements.

Effectivement, l'Organe central a connu une faiblesse fonctionnelle importante qui l'a d'ailleurs conduit à une mutation structurelle au cours de sa progression. À cet effet, le Centre de gestion des conflits de l'OUA a suggéré une meilleure capacité opérationnelle, dès lors qu'elle l'avait décelée. Il était proposé de retenir la qualité de membre de l'Organe central, sans tenir compte des critères établis ; sinon privilégier ce droit d'ingérence qui entravait les interventions dans les conflits internes des États de l'OUA[386]. Pour y remédier, il fallait toutefois requérir une assistance permanente de l'ONU. Bien entendu, l'OUA avait néanmoins enregistré quelques succès mineurs dans le domaine de règlement des conflits par la suite.

Par exemple, l'OUA a pu régler le différend frontalier opposant l'Algérie et le Maroc dès octobre 1963. Elle est pareillement intervenue dans les différends entre les trois États de l'ancienne Afrique orientale britannique, entre la Somalie et l'Éthiopie, la Somalie et le Kenya ainsi que le Gabon et la Guinée équatoriale. Pendant une décennie, elle a également réussi à tenir des réunions entre les États africains proches d'Israël et ceux appartenant à la Ligue arabe comme la Mauritanie et la Somalie qui étaient devenues respectivement membres le 26 novembre 1973 et le 14 février 1974[387].

Entre autres, l'UA a vu le jour en juillet 2001 pour éradiquer les principales causes de l'affaiblissement de l'OUA. L'action de l'OUA reposait sur deux tensions à savoir : le colonialisme et les courants contradictoires entre ses pères fondateurs. D'où, les Chefs d'État et de gouvernement des États membres de l'OUA ont affirmé cette conviction au préambule de l'ACUA en évoquant l'efficacité avec laquelle l'UA devrait affronter les défis actuels de la mondialisation.

B. La Commission africaine des droits de l'Homme et des peuples (ACHPR)

L'UA est la seule Organisation continentale qui est dotée d'une Cour de Justice. Par ailleurs, c'est pour cette raison qu'une attention particulière a été accordée à la prévention, la gestion et le règlement des conflits. L'OUA n'était avant tout qu'une organisation dont l'objectif fondamental était celui de renforcer la coopération entre les États africains en vue d'une solidarité entre les peuples du continent. Même la préoccupation de garantir la sécurité qui figure dans la Charte d'Addis-Abeba du 28 mai 1963 n'était qu'un objectif de moindre importance. La lutte contre le colonialisme et l'apartheid

---

[386] Voir Delphine LECOUTRE, *loc.cit.*

[387] Voir Marianne Cornev in, *Histoire de l'Afrique contemporaine*, Édition Payot, Paris, 1978, p. 316.

ainsi que le règlement des conflits interafricains sont deux directions qui ont essentiellement marqué l'œuvre de l'OUA[388].

Conformément aux dispositions de l'article 2 de la Charte sur les objectifs de l'OUA, la sécurité ne constituait qu'un domaine de coopération parmi les autres, au même titre que l'économie et les transports[389]. La coopération était donc assurée par une des trois commissions spécialisées de l'OUA[390]. C'est le cas de la Commission de la défense dont la principale action était l'opération de maintien de la paix au Tchad en 1981. À l'absence d'une Cour de justice, l'OUA s'était contentée d'un simple Mécanisme africain de protection des droits de l'Homme, parce qu'elle était plus préoccupée par la décolonisation et l'unification du continent. Il y avait l'idée d'une Cour au départ certes, mais c'est à l'adoption de la Charte africaine des droits de l'Homme et des peuples que la question d'une Cour avait été écartée et remplacée par une Commission.

Conformément aux dispositions de l'article 45 (1) de la Charte africaine des droits de l'Homme et des peuples, la Commission s'est contentée de donner simplement des Avis et faire des recommandations aux gouvernants. C'est aussi par une coopération avec les autres institutions africaines ou internationales qu'elle a privilégié la promotion et à la protection des droits de l'homme et des peuples dont le rôle n'est que préventif. Ainsi la Commission a négligé la protection des droits de l'Homme et des peuples qui est pourtant fondamentale[391]. Au fond, l'idée d'écarter la mise en place d'une Cour peut expliquer une certaine réticence des leaders politiques d'Afrique à oser accepter une justice équitable et peut être impitoyable contre eux-mêmes. Ainsi, nous avons pu noter ces atermoiements remarquables que nous avons constatés autour de l'idée d'une Cour de Justice africaine qui a été installée cinq longues années[392].

M. William PĂTON, un ancien coordonnateur du PNUD au Congo, a d'ailleurs affirmé cette impossibilité d'acquérir une stabilité durable en Afrique sans une justice équitable ni un respect des droits de l'Homme et des peuples. Par conséquent, les objectifs de l'intégration et du développement du continent ne pourront jamais être atteints dans ce contexte. Au préalable, il faudrait donc s'occuper des questions de paix et de sécurité internationales, en dépit de ces OI qui foisonnent en Afrique. Par ailleurs, l'ACHPR n'était chargée que de promouvoir et de garantir la protection desdits droits. Elle était généralement limitée par les pouvoirs consultatifs conférés par la Charte. Les actions du Mécanisme africain de protection des droits de l'Homme étaient appuyées par la CADHP.

---

[388] *Ibid.*, p. 315.

[389] Voir Hassatou BALDE, *op.cit.* 23 septembre 2010.

[390] Voir l'Article XX de la Charte de l'OUA.

[391] Selon Keba Mbaye. Voir Pierre KAMTOH, *op.cit.*, p. 3.

[392] Jean-Louis ATANGANA AMOUGOU, *Avancées et limites du système africain de protection des droits de l'Homme : la naissance de la Cour africaine des droits de l'Homme et des peuples*, http : //www.droits-fondamentaux.org, 23 septembre 2010.

En effet, l'OUA n'a pu adopter sa propre Charte consacrée aux droits de l'Homme et des peuples qu'une vingtaine d'années plus tard, alors que le problème des droits de l'Homme était devenu très préoccupant sur tout le continent. Les critiques ont défrayé la chronique à propos du système africain des droits de l'Homme depuis la signature de la fameuse Charte. Leur principale cause reste cet échec à l'édification d'une Cour de Justice susceptible de garantir la promotion et la protection des droits de l'Homme et des peuples en Afrique[393]. En revanche, c'est sur consécration de la Charte africaine des droits de l'Homme et des peuples que l'ACHPR devenait l'unique Mécanisme de promotion et de protection des droits de l'Homme, ainsi qu'un instrument d'interprétation des dispositions de toute la Charte africaine des droits de l'Homme et des peuples. Effectivement, la Commission exécutait toutes les autres tâches confiées à la Conférence des chefs d'État et de gouvernement.

Entre autres missions, l'ACHPR était aussi chargée de veiller au respect des obligations souscrites par les États membres à son égard[394]. En outre, la Commission se chargeait de l'interprétation de la Charte, des activités de promotion et de protection, de l'examen des rapports des États membres et des plaintes. Cette même Commission était dénuée d'un pouvoir élargi, en dépit d'un mandat de promotion combinée investie par la Charte. Ce système africain est l'incarnation de la Commission ayant fait l'objet de nombreuses critiques. Il a été installé par le Protocole pour remédier aux lacunes de la Charte. Les fonctions de protection de la Commission conférées par la Charte sont complétées par la Cour conformément à l'article 2 du Protocole. Cependant, l'article 3 du Protocole précise l'étendue des compétences de la Cour sur la connaissance de « toutes les affaires et de tous les différends dont elle est saisie concernant l'interprétation et l'application de la Charte, du présent Protocole, et de tout autre instrument pertinent relatif aux droits de l'Homme et ratifié par les États concernés »[395].

Concrètement, il n'a eu aucune solution exécutoire offerte ni par la Commission, ni par la Charte durant toute cette période. Hormis la Gambie, le Sénégal, et le Botswana, il n'y a pas eu un État africain capable de réclamer une démocratie nominale à l'adoption de la Charte africaine en 1961. Malgré les plaintes individuelles déposées à la Commission, ses décisions dénuées de contraintes n'ont pu attirer l'attention des gouvernements des États membres concernés.

Dans son rôle de protection des droits de l'Homme, l'ACHPR a fait preuve de relatives faiblesses. Au départ, elle n'a eu qu'un très faible budget. Par conséquent, la Commission n'a pas pu mener des enquêtes sur le terrain de façon adéquate. Elle a plus connu des difficultés lorsqu'il s'agissait de

---

[393]Voir Mirna E. ADJAMI, « African Courts, International Law, and Comparative Case Law: Chimera or Emerging Human Rights Jurisprudence? », Michigan Journal of International Law, Vol. 24, automne 2002, pp. 103-108.

[394] Voir l'article 45 de la Charte africaine des droits de l'Homme et des peuples.

[395] Voir Jean-Louis ATANGANA AMOUGOU, *op.cit.*, p. 176.

donner des Résolutions et faire appliquer les Recommandations, dans la mesure où la plupart d'entre elles n'ont pas été suivies d'effets[396]. En tout état de cause, et en dehors du rôle joué par l'OUA dans la prévention, la gestion et le règlement des conflits, il reste à examiner celui incarné par l'UA et les organisations sous-régionales dans ce cadre comme : la CEDEAO, l'IGAD, la CEEAC, la CEMAC et la SADC. Ainsi nous allons aborder l'implication de l'UA et les organisations régionales de paix et de sécurité dans le domaine de la prévention, la gestion et le règlement des conflits.

Paragraphe 3 : L'Union africaine et les organisations régionales de paix et de sécurité

L'implication conjuguée de l'UA et des Mécanismes sous-régionaux dans la prévention, la gestion et le règlement des conflits témoigne d'un profond engagement des leaders politiques africains à la recherche d'un développement ainsi qu'une intégration politique et sociale réelle du continent. Ces questions de paix et de sécurité ont évidemment suscité la création des organisations sous-régionales nanties des mécanismes des CER en Afrique. Ces mécanismes assument la responsabilité principale dans la promotion de la paix, la sécurité et la stabilité du continent conformément à l'article 16 (1) du Protocole du CPS. Elles entretiennent également une parfaite collaboration entre le président de la Commission et le CPS dans leur partenariat[397]. Ainsi, nous allons progressivement examiner les principales organisations sous-régionales compétentes en matière de paix et de sécurité à savoir : la Communauté économique des États d'Afrique de l'Ouest (CEDEAO) (A), l'Autorité intergouvernementale pour le Développement (IGAD) (B), la Communauté économique des États de l'Afrique centrale (CEEAC) (C), la Communauté économique et monétaire de l'Afrique centrale (CEMAC) (D), la Communauté pour le Développement de l'Afrique australe (SADC) (E) et l'Union du Maghreb arabe (UMA) (F).

A. La Communauté des États de l'Afrique de l'Ouest (CEDEAO)

Le premier Traité de la CEDEAO a été signé le 28 mai 1975 à Lagos (Nigeria), par les chefs d'État et de gouvernements des 16 pays membres de cette organisation au début à savoir : le Bénin, le Burkina Faso, le Cap Vert, la Côte d'Ivoire, la Gambie, le Ghana, la Guinée, la Guinée Bissau, le

[396]Voir FIDH, Guide pratique : *La cour africaine des droits de l'Homme et des peuples-Vers la CAJDH,* http : //www.fidh.org, 24 septembre 2010.

[397] Philippe TUNAMSIFU SHIRAMBERE « *La collaboration entre l'ONU et l'Union africaine dans la Résolution pacifique des conflits armes en Afrique : cas de la crise au Darfour* », http://www.memoireonline.com, 10 juillet 2012. Sylvain Christian FOPY, *Le droit d'intervention de l'Union africaine, op.cit.*

Liberia, le Mali, la Mauritanie, le Niger, le Nigeria, le Sénégal, la Sierra Leone et le Togo. C'est en 1976 que le Cap-Vert avait intégré la CEDEAO tandis que la Mauritanie décidait de la quitter. Évidemment, la CEDEAO ne comptait plus que 15 États membres après le départ de la Mauritanie en 2000. Ce dernier avait préféré quitter la Communauté afin de se consacrer à l'érection de l'UMA. Ainsi, les chefs d'État et de gouvernement de la Communauté avaient révisé ce Traité qui a été signé en 1993 à Cotonou (Bénin), pour cause des changements et des nouveaux mandants en son sein. Par ailleurs, la révision du fameux Traité incarnait une volonté de réaliser des objectifs de la plus haute ambition à la CEDEAO comme prévenir et régler les conflits régionaux. Enfin, c'est dans un but exclusivement économique que la CEDEAO a été créée en 1977.

La CEDEAO est donc chargée de développer la coopération et l'intégration dans les domaines économiques, sociaux et culturels de la sous-région. Ainsi qu'elle devrait favoriser la croissance économique et le développement en Afrique de l'Ouest, selon les termes officiels de l'organisation[398]. Avec le retrait de la Mauritanie en 1999, la CEDEAO ne compte plus que 15 membres officiellement à savoir : le Bénin, le Burkina Faso, le Cap-Vert, la Côte d'Ivoire, la Gambie, le Ghana, la Guinée, la Guinée-Bissau, le Liberia, le Mali, le Niger, le Nigeria, le Sénégal, la Sierra Leone et le Togo. Mais l'éventuelle entrée du Maroc devrait reconstituer l'effectif à 16 pays membres de la CEDEAO.

Par ailleurs, c'est à l'issue du sommet de Monrovia (Liberia) que M. Faure GNASSINGBE, le président togolais a été élu par ses homologues le dimanche 4 juin 2017 pour présider la CEDEAO de 2017 à 2018, en remplacement d'Ellen Johnson SIRLEAF, l'ancienne chef de l'État du Liberia[399]. La CEDEAO a été créée pour jouer un rôle purement économique. Elle s'occupe actuellement du maintien de la paix, malgré la persistance des difficultés économiques en son sein. Elle suppose que les objectifs fixés ne seront atteints qu'après avoir réglé les questions du maintien de la paix au préalable, une condition essentielle dans la démarche. Voilà pourquoi la CEDEAO s'est dotée des prérogatives diplomatiques en adoptant un Pacte de non-agression afin de contribuer au maintien de la paix en Afrique de l'Ouest.

À cet effet, la CEDEAO est intervenue en 1990 au Liberia en envoyant 2000 soldats après l'attaque menée par le mouvement rebelle de Charles TAYLOR. Cette intervention s'inscrit comme la toute première de l'ECOMOG qui a enfin réussi à rétablir la paix au Liberia après 7 ans d'occupation. Elle est encore intervenue en 2003 à travers la Mission de la CEDEAO au Liberia (ECOMIL). Cette mission a été envoyée à Monrovia

---

[398] Voir Marthe Rubio, *Qu'est-ce que la CEDEAO ?,* http://www.lemonde.fr, le 10 octobre 2015.

[399]Madame Ellen Johnson Sirleaf, ancienne présidente de la République du Liberia a été succédé par M. George Weah élu nouveau président du pays le 28 décembre 2017. Voir Jeune Afrique, *Liberia : George Weah élu président*, www.jeuneafrique.com, le 08.02.18.

(Liberia)pour achever la démission de Charles TAYLOR[400]. Ce conflit s'inscrit dans le cadre de la Seconde Guerre civile au Liberia. Évidemment, c'est une guerre qui a commencé en 1999 avec l'apparition d'une milice formée par les Libériens unis pour la Réconciliation et la Démocratie (LURD) au nord du pays. Il y a eu également le Mouvement pour la Démocratie au Liberia (MODEL) qui est un second groupe armé apparu au début de l'année 2003.

En juin 2003, le gouvernement de M. Charles TAYLOR ne dirigeait quasiment qu'un tiers du Liberia, pendant que les milices antigouvernementales menaçaient la capitale Monrovia[401]. Les combats se sont poursuivis alors que les pourparlers de paix se tenaient encore au Ghana. Un Accord de cessez-le-feu signé le 17 juin 2003 entre le LURD, le MODEL et le gouvernement libérien a été violé par l'une ou l'autre des parties. Les dirigeants de la CEDEAO ont finalement créé l'ECOMIL le 2 juillet 2003.C'est le 1er août que cette mission a été autorisée par la Résolution 1497 du CS de l'ONU en attendant le déploiement d'une force de l'ONU. Elle connaîtra un déploiement des premiers soldats sur le terrain le 4 août 2003.

Les parties à l'Accord de paix signé à Accra (Ghana) ont pris l'engagement à assurer la présence de garanties facilitant le retour et la réinstallation des réfugiés ainsi que des personnes déplacées en toute sécurité. Malheureusement, les 3500 soldats de l'ECOMIL ne pouvant se déployer dans tout le Liberia ont été contraints de se rétracter et transférer la Mission à l'ONU. C'est ainsi que L'ECOMIL s'était retirée le 1er octobre 2003 concomitamment avec le déploiement de la Mission des Nations Unies au Liberia (MINUL)[402].

Le CS a établi cette MINUL par la Résolution 1509 (2003) du 19 septembre 2003. Son but étant celui de vérifier la mise en œuvre de l'Accord de cessez-le-feu et le processus de paix, assurer la sécurité du personnel des Nations Unies et appuyer les activités humanitaires en faveur des droits de l'Homme. Le MINUL appuie également l'effort de réforme de la sécurité nationale. En date du 30 juin 2011, 470 civils internationaux, 987 civils locaux et 237 volontaires de l'ONU ont été déployés dans le cadre de cette mission[403]. Dans le même objectif, l'ECOMOG est vainement intervenue en Guinée-Bissau en février 1999. En effet, 600 soldats ont été envoyés après les hostilités dues à une rébellion menée par Ansumane MANÉ[404]. Cette

---

[400]Voir Marthe Rubio, *Qu'est-ce que la CEDEAO ? op. cit.*, p.1.

[401] Voir ROP, *Mission de la CEDEAO au Liberia (août-septembre 2003)*, http://www.operationspaix.net, le 08.02.2018.

[402] Voir Historique de l'opération ECOMIL, *Mission de la CEDEAO au Liberia (août-septembre 2003)*, http://www.operationspaix.net, le 13 octobre 2015.

[403] Voir Historique de l'opération MINUL, http://www.operationspaix.net, le 14 octobre 2015.

[404]Ansumane Mané le général de brigade en rébellion avait été tué le 30 novembre 2000 lors d'un affrontement avec les forces gouvernementales du président Kumba Yala, dans la région de Biombo située à 30 km au nord de la Guinée-Bissau. Accompagné de quelques soldats

rébellion a fini par destituer le chef d'État, M. Joao Bernardo Vieira[405]. La CEDEAO a également dépêché 629 soldats pour apporter un soutien à la restauration de l'ordre constitutionnel après quelques semaines du coup d'État du 12 avril 2012.

En Sierra Leone, l'ECOMOG a été redéployée en mai 1997 en raison d'une guerre civile qui a commencé en 1991. Il y a eu le rétablissement de l'ancien président Ahmad TEJANKABBAH au pouvoir grâce à l'action du contingent Nigérian qui a chassé la junte militaire ayant occupé Freetown, la capitale du pays. Les 11 000 soldats de l'ECOMOG ont cédé la place à une mission de l'ONU en 2000[406]. Il en est de même pour l'intervention des forces de la CEDEAO en Côte d'Ivoire ou de la Mission de la CEDEAO en Côte d'Ivoire (MICECI) effectuée en janvier 2003, après une rébellion qui sévissait depuis septembre 2002. Cette mission composée de 1300 soldats a activement participé à la chute du président Laurent GBAGBO le 11 avril 2011 grâce à l'appui des Forces armées françaises de l'opération LICORNE[407]. La CEDEAO est formellement responsable de la prévention et le règlement des conflits en Afrique de l'Ouest. Il en est ainsi parce que la sécurité et la stabilité sont fondamentales pour le développement économique et le progrès social de la sous-région[408].

1. Les structures de la CEDEAO

La CEDEAO a connu l'édification des structures de gestions de conflits à savoir : la Commission pour la défense et la sécurité, le Conseil des sages, l'ECOMOG, le Conseil de médiation et de sécurité de la CEDEAO, le Centre d'observation et de contrôle d'alerte précoce, le Corps expéditionnaire de la CEDEAO. Ces structures ont solidement contribué au déploiement des efforts de défense et de sécurité collective. Depuis de longues années, la CEDEAO constitue le seul espace africain disposant d'une architecture politique, judiciaire et militaire crédible.

Par ailleurs, l'Afrique de l'Ouest est la sous-région pionnière sur le continent dans le domaine de la défense et la sécurité collective. Effectivement, c'est devant les organes inefficaces et éloignés de l'OUA que

---

fidèles, celui-ci s'était échappé le 20 novembre 2000 après avoir échoué dans son coup d'État de juin 1998, la cause principale de la guerre civile de Guinée-Bissau contre le pouvoir du président João Bernardo Vieira en mai 1999. Chef de l'ex-junte militaire et héros de l'indépendance de cette ancienne colonie portugaise ce général s'apprêtait à engloutir encore la Guinée-Bissau dans un gouffre. Voir Christophe CHAMPIN, *La mort du général MANE,* http://www1.rfi.fr/actufr/articles/012/article_15365.asp, le 02/12/2000.

[405]VoirAOUAGA.COM — *Afrique : de nombreux chefs d'État contraints de quitter le pouvoir*http://news.aouaga.com, le 10 octobre 2015.

[406] Afrique, *Afrique : les interventions de force de la CEDEAO*, http://maliactu.net, le 10 octobre 2015.

[407]*Ibid.*

[408]Voir *Maintien de la paix dans le monde : l'ONU et les acteurs régionaux,* http://www.ladocumentationfrançaise.fr/dossiers/maintien-paix/cedeao.shtm. 18/05/2009.

[408]*Ibid,* p. 217.

la CEDEAO s'est dotée d'institutions de non-agression et de défense pour lutter contre ce type de menaces dans les années 1970-1980. Dans les années 1990, elle s'est adaptée au contexte des crises politiques et des conflits internes, étant entendu que la régionalisation des conflits internes est aussi une menace à la paix et à la sécurité sous-régionales[409].

Après ce déclenchement de la guerre civile interethnique du 24 décembre 1989 au Liberia, la CEDEAO était présentée comme la première organisation sous-régionale à pouvoir installer l'ECOMOG comme Force de maintien de la paix dans la sous-région. Cela avait visiblement démontré la place d'acteur efficace de la CEDEAO dans ce domaine[410]. L'ECOMOG a vu le jour dans l'optique de lutter contre l'insécurité en Afrique de l'Ouest comme l'évoque l'article 58 du Traité de la CEDEAO révisé en 1993. La création de cette composante militaire a été décidée par les sept chefs d'État, membres du Comité permanent de médiation de la CEDEAO qui s'étaient réunis à Banjul (Gambie) le 6 août 1990.

Dirigé par le Nigeria qui fournit l'essentiel des effectifs, l'ECOMOG permet de soutenir les efforts de négociation. Cette nouvelle disposition était visiblement créée pour corriger la carence de la CEDEAO qui ne pouvait entreprendre une quelconque action dans le domaine militaire. Raison pour laquelle la légalité de l'intervention de l'ECOMOG au Liberia en 1990 a été qualifiée de douteuse par les juristes. A posteriori, c'est le CS des Nations Unies qui avait donné son aval à l'engagement de l'ECOMOG au Liberia[411]. Ainsi, la Communauté a abordé cette préoccupante question de sécurité dans le Protocole relatif au Mécanisme de prévention, de gestion, de règlement des conflits, de maintien de la paix et de la sécurité qui a été signé le 10 décembre 1999 à Lomé (Togo)[412].

Conformément aux dispositions de l'article 6 du Protocole relatif au Mécanisme, la CEDEAO a accompli de nombreuses missions de paix au sein de la sous-région que de grands défis ont été relevés. Les plus importants d'entre eux ont porté, entre autres, sur la crise en Guinée. À cet effet, c'est conjointement avec les États-Unis, l'UE et l'UA que la CEDEAO a sanctionné les responsables de la junte dirigée par le capitaine Moussa Dadis CAMARA, pour avoir pris le pouvoir par un coup d'État le 23 décembre 2008. Notamment, il s'agit d'un embargo décrété sur les armes, d'interdictions de voyager et de gel des avoirs financiers hors de Guinée[413]

Après le Liberia et la Sierra Leone, la consolidation de la paix reste encore très fragile dans d'autres États membres de la CEDEAO comme en

---

[409] Dominique BANGOURA, op.cit., p. 202.

[410] Voir *Maintien de la paix dans le monde : l'ONU et les acteurs régionaux, op.cit.*

[411] Le mandat de l'ECOMOG au Liberia a été élargi à la Sierra Leone (1997) et à la Guinée Bissau (1998). Voir Dominique BANGOURA, *op.cit.*, p. 217.

[412] Cheikh Oumar DIARRA, *La CEDEAO comme cadre institutionnel de lutte contre la prolifération des armes en Afrique de l'ouest*, http://www.unidir.org, *op.cit.*

[413]Voir Alain Joyandet et Moussa Dadis CAMARA in Sanctions *internationales : la Guinée évoque un risque de « chaos », op.cit.*

Côte d'Ivoire et au Mali. En Côte d'Ivoire, les événements résultaient de l'opposition des deux présidents. En effet, il s'agit du président sortant, M. Laurent GBAGBO qui avait refusé de céder le pouvoir à M. Alassane OUATTARA, le vainqueur universellement reconnu des élections du 28 novembre 2010. Ce refus a été un véritable point de discorde. Cette opposition qui a finalement dégénéré en une crise redoutable a été l'une des sources de grande instabilité au sein de la CEDEAO.

À propos, la situation politique s'était brutalement détériorée en Côte d'Ivoire. La Conférence des Chefs d'État et de gouvernement s'était réunie en sa 39e Session ordinaire les 23 et 24 mars 2011 à Abuja au Nigeria. Elle a déploré les attaques ciblées et délibérées d'Ivoiriens, de citoyens de la CEDEAO, d'autres étrangers innocents et celles perpétrées contre le personnel de la Mission des Nations Unies dans ce pays.

À cet effet, la Conférence a été profondément préoccupée par le nombre élevé de réfugiés à travers les frontières et par l'accroissement du nombre de déplacés internes. La Conférence était également convaincue que la déstabilisation de la paix et la sécurité en Côte d'Ivoire reposait sur le refus du Président sortant de céder le pouvoir à M. Alassane OUATTARA. Elle considérait que la crise était devenue une situation de crise humanitaire régionale. Les décisions des sommets extraordinaires de la Conférence des Chefs d'État et de gouvernement de la CEDEAO des 7 et 24 décembre 2010 indiquent au paragraphe 10 qu'« En cas de rejet de cette demande non négociable par M. GBAGBO de céder le pouvoir, la Communauté n'aura d'autre choix que de prendre toutes mesures nécessaires, y compris l'usage de la force légitime pour réaliser les aspirations du peuple ivoirien ».

Entendu que ces décisions ont été entérinées par l'UA et les Nations Unies, la Conférence a décidé avec fermeté que le moment est venu de les exécuter en vue d'assurer la protection des vies humaines et le transfert des rennes du pouvoir à M. Alassane OUATTARA sans délai. Cette même Conférence des Chefs d'État et de gouvernement a demandé au CS des Nations Unies d'autoriser la mise en œuvre immédiate de ces décisions[414]. Il y avait une ultime nécessité d'accorder une attention particulière sur la prévention, la gestion et le règlement des conflits, compte tenu de ce climat de crise généralisée qui régnait en Afrique de l'Ouest.

Finalement, l'obstination de M. Laurent GBAGBO a occasionné son arrestation le lundi 11 avril 2011 à l'issue d'une offensive généralisée. Cette arrestation a été réalisée par les Forces républicaines de la Côte d'Ivoire(FRCI) proches de son rival, M. Alassane OUATTARA. Elles ont été appuyées par des moyens aériens et blindés des forces françaises et de l'opération de l'ONU en Côte d'Ivoire (ONUCI)[415].

---

[414] Voir *Résolution A/RES.1/03/11 de la conférence des chefs d'État de la CEDEAO sur la situation en Côte d'Ivoire,* dans Press releases N° 041/2011 du 25 mars 2011 à Abuja au Nigeria.

[415] Voir AFP, *Laurent GBAGBO arrêté*, http : //www.lepoint.fr, 04 janvier 2015.

2. Le rôle de la CEDEAO dans la prévention, la gestion et le règlement des conflits

Bien entendu, le dispositif de paix et de sécurité collective au sein de la CEDEAO s'articule principalement autour d'un Traité fondateur. Cependant, deux instruments figurant dans sa composition ont été retenus dans ce domaine. Ainsi, nous citons en premier : l'Accord de non-agression et d'assistance en matière de Défense (ANAD) signé à Abidjan le 9 juin 1977. Cet instrument garantit la paix et la sécurité par la prévention, la gestion et le règlement des conflits pacifiquement. Ainsi, la CEDEAO peut assurer la défense d'un État membre victime d'une agression armée ou d'une menace par une assistance militaire. Un Protocole d'application de l'ANAD a été signé à Dakar le 14 décembre 1981. Il a été suivi d'un Protocole additionnel du 20 décembre 1982 pour création d'une Force de paix contrôlant la délimitation du théâtre des opérations.

L'extension de l'ANAD au sein de la CEDEAO s'est effectuée par le Protocole du 22 avril 1978, ainsi qu'elle a occasionné la signature du Protocole d'assistance mutuelle en matière de défense (PAMD) le 29 mai 1981 à Freetown[416]. Ce nouvel instrument de la CEDEAO qui est entré en vigueur en 1986 fixe sa postérieure orientation. Le Protocole concernant l'Aide mutuelle à la Défense (PAMD) est un traité collectif de défense qui engage les États membres de la CEDEAO pour porter secours à un autre État membre victime d'agression extérieure ou d'un affrontement interne. Toute offensive dirigée contre un État concernera la Communauté entière. Ce dernier obtiendra de l'aide et de l'assistance mutuelle possible de la Force commune d'interposition pour sa défense, sinon des unités d'intervention issues des contingents des États membres.

C'est dans cet esprit d'assistance mutuelle qu'ont été prévues les Forces armées alliées de la Communauté (FAAC)[417]. Les États ne s'engagent à fournir ces unités nationales à la CEDEAO qu'en cas de conflit armé entre deux ou plusieurs États membres, d'agression armée ou de menace d'agression extérieure ou encore de conflit interne entretenu activement de l'extérieur. Ces forces armées non permanentes sont activées par simple initiative de la Communauté devant un conflit constant qui menace la sécurité de la sous-région, ou pour une légitime défense des territoires des États membres en interposition dans un conflit interétatique au sein de la CEDEAO.

Bien entendu, la CEDEAO a adopté le Protocole relatif au Mécanisme de prévention, de gestion et de règlement des conflits, de maintien de la paix et de sécurité. Ce protocole a été signé le 10 décembre 1999 à Lomé (Togo). Dans la même perspective, la CEDEAO a signé un Protocole additionnel portant sur la démocratie et la bonne gouvernance. Aujourd'hui, la CEDEAO paraît comme la seule organisation régionale compétente qui

[416] Voir OCDE, *Instruments régionaux*, http : //www.oecd.org, 31 janvier 2015.
[417] Voir Guy MVELLE, *op.cit.*, p. 235.

propose des Résolutions crédibles dans un domaine complexe tel que la prévention et la gestion des conflits. Ces Résolutions sont souvent reprises par l'UA, voire relayées par le CS des Nations Unies. Cet aspect est confirmé par le processus (CEDEAO, UA, ONU) qui ouvre à la Résolution 1721 du Conseil de l'ONU du 1er novembre 2006 ayant prolongé la transition en Côte d'Ivoire d'un an[418].

Par ailleurs, un Conseil de médiation et de sécurité de la CEDEAO a été créé et lancé officiellement en mai 2002 à Monrovia au Liberia. Il peut donc autoriser toute sorte d'intervention telle que la possibilité de déployer des missions politiques et militaires. Cet organe du Mécanisme donne des informations nécessaires sur ses décisions aux Nations Unies ainsi qu'à l'UA. Il est responsable de la fourniture et de la révision des mandats. Il assure la supervision des activités menées par de nombreux organismes et nomme également les membres du commandement des forces. La Commission pour la défense et la sécurité (CDS) figure en premier parmi les organismes qui sont sous son contrôle. Pour autant qu'ils ne se posent pas de nombreux dilemmes dans le domaine de la paix et la sécurité, cette Commission examine toutes les questions techniques et administratives. Elle apporte également des estimations sur les demandes en logistique portant sur les OMP.

Toute cette panoplie des structures de prises de décision et d'administration peut finalement justifier l'intérêt que la CEDEAO accorde sur la gestion des conflits. Ces structures sont dotées d'une certaine souplesse, quoique le pouvoir de décision soit normalement réservé à la Conférence qui est l'organe suprême[419]. Parmi ses structures, la CEDEAO connaît aussi le Conseil des sages dans son fonctionnement. À l'image du GS de l'UA, le Conseil des sages de la CEDEAO est une structure qui relève de la supervision du Conseil de médiation et de sécurité de la CEDEAO (CMS).

Nommé par le Secrétaire exécutif, ce Conseil des sages est chargé de la promotion d'une diplomatie de prévention au sein de la CEDEAO. Le Centre d'observation et de contrôle d'alerte précoce qui est une institution principale du Mécanisme de la CEDEAO dans ce contexte intervient après. Ce Mécanisme qui analyse les facteurs nuisibles à la paix et la sécurité en Afrique de l'Ouest couvre également quatre zones d'observation et de contrôle de la sous-région[420].

Enfin, l'ECOMOG constitue un groupe qui agit dans le cadre de contrôle au sein de la CEDEAO. Cependant, une force d'intervention rapide a été aussi créée pour renforcer ce système de défense et de sécurité en cas de troubles au sein de la CEDEAO. C'est lors d'une réunion de la CDS de la

---

[418] Voir Dominique BANGOURA, *op.cit.*, p. 203.

[419] Voir Hassatou BALDE, *op.cit.* p. 3.

[420] Voir Hassatou BALDE, *Les mécanismes de prévention, de gestion et de règlement des conflits des organisations africaines*, *loc.cit.*

CEDEAO tenue le 19 juin 2004 à Abuja (Nigeria) que les chefs d'État-major ont approuvé la création d'une force de 6500 hommes. Cette force servira pour des déploiements immédiats en cas de troubles dans la région. Elle sera de réserve et sera composée d'un contingent d'intervention rapide de 1500 soldats. C'est le fameux « Corps expéditionnaire de la CEDEAO » qui sera appuyé par un groupe complémentaire de 3500 soldats. La capacité d'intervention de ladite force sera de 30 jours, mais intégralement opérationnelle pendant 90 jours de manière autonome[421].

Les résultats apportés par la CEDEAO sont insuffisants à cause de ses possibilités d'action qui sont encore limitées pour mener des opérations de maintien de paix de manière autonome. Les moindres potentialités mises à sa disposition procèdent de la marge de manœuvre des États membres. Elle devrait donc se doter des contingents militaires solidement équipés et bien entraînés au plan technique dans ce domaine. À ces manquements viennent s'ajouter l'incapacité dans la planification opérationnelle, la gestion administrative adéquate et le soutien logistique conséquent susceptible de réussir sa mission[422].

B. L'Autorité intergouvernementale pour le développement (IGAD)

En 1986, six États de l'Afrique orientale s'étaient constitués en une Autorité intergouvernementale sur la sécheresse et le développement (IGADD). Leur objectif était d'abord de confirmer une présence permanente d'esprit de lutte contre la sécheresse qui les affectait. Plus tard, cette organisation a été remplacée par l'Autorité intergouvernementale pour le développement (IGAD) qui a été créée le 21 mars 1996, en signe de solidarité à promouvoir le développement de la sous-région. Au départ, les États membres de l'IGAD étaient : Djibouti, l'Éthiopie, le Kenya, la Somalie, le Soudan et l'Ouganda. Cet effectif est passé à sept membres après l'admission de l'Érythrée en septembre 1993.

En 1996, donc 10 ans plus tard, l'IGAD a révisé sa Charte constitutive pour accentuer le développement et se doter d'objectifs plus élargis en matière de paix et de sécurité en Afrique de l'Est[423]. En renforçant son secrétariat, l'IGAD a créé une division des affaires politiques et humanitaires[424]. Cette division comportait une section pour la prévention, la gestion et le règlement des conflits. L'édification de l'IGAD a offert un cadre adéquat pour traiter les questions de la politique et du plan socio-économique de la sous-région.

Un des principaux objectifs de cette organisation concerne les efforts de paix en Somalie et au Soudan. Et pourtant, le secrétariat érigé par l'IGAD a

---

[421] Voir *Maintien de la paix dans le monde : l'ONU et les acteurs régionaux, loc.cit.*

[422] Voir Papa Samba NDIAYE, *Les organisations internationales africaines et le maintien de la paix : l'exemple de la CEDEAO*, Paris, Ed. L'Harmattan, 2014, p. 129.

[423]. *Ibid.*

[424] Dominique BANGOURA, *op.cit.* p. 204.

manifesté certaines défaillances à pacifier quelques conflits en son sein. En fin 2006, l'IGAD avait pour enjeu majeur de régler le conflit entre l'Érythrée et l'Éthiopie, ainsi que de restaurer la paix et la stabilité au Soudan et en Somalie. C'est donc au Soudan qu'elle a joué un rôle dans la médiation entre les forces rebelles du sud du Soudan et le gouvernement soudanais à Khartoum, en facilitant la reconstruction et le maintien de la paix. Ainsi, l'IGAD a signé un Accord de paix le 9 janvier 2005 à Nairobi (Kenya).

En revanche, l'IGAD a participé au processus de réconciliation après l'élection d'ABDULLAHI Yusuf en octobre 2004 en Somalie. Cependant, c'est en 1991 que les affrontements entre forces locales ont causé une décrépitude de l'État somalien, ce qui a nécessité le déploiement de la mission de soutien de la paix de l'IGAD en Somalie (IGASOM). Le mandat onusien voté le 19 février 2007 autorisant l'établissement de la Mission de l'UA en Somalie (AMISOM) annule par la même occasion la Résolution 1725 qui autorisait ce déploiement de l'IGASOM.

Cette Mission a été officiellement installée en avril 2005, puis endossée par l'UA en mai 2005. Elle a donc été mandatée par le CS de l'ONU en décembre 2006 suivant la Résolution 1725. Son intérêt était d'aider au retour du gouvernement fédéral transitoire et de lui permettre d'exercer un contrôle sur l'ensemble du territoire, excepté le Somaliland. Contre toute attente, l'IGASOM n'a toutefois jamais connu son déploiement, ce qui a engendré une longue absence de la loi étatique en Somalie. Toutes les autres tentatives initiées à tous les niveaux n'ont finalement pu résoudre la situation en amont. Par ailleurs, le mandat onusien qui a été voté le 19 février 2007 autorisant l'établissement de l'AMISOM annule par la même occasion la Résolution 1725 sur le déploiement de l'IGASOM[425].

Cette situation a traduit un échec de l'IGAD en Somalie et au Soudan où le problème de stabilité s'est beaucoup posé[426]. Ces exemples certifient l'existence d'un secrétariat affaibli qui n'a pas su jouer le rôle de modérateur puissant[427]. Concrètement, l'IGAD prône un règlement pacifique des crises en privilégiant la signature des accords comme principale issue crédible. Encore une fois, les accords de paix qui avaient été signés le 12 décembre 2000 sous l'égide de l'ONU n'ont toujours pas été respectés. Malgré tout, l'IGAD a proposé un règlement pacifique de la guerre civile au Soudan et du conflit Éthiopie-Érythrée en Afrique orientale[428].

Par ailleurs, la naissance de l'IGAD repose évidemment sur un Accord portant sa création. Ce dernier est muni de plusieurs objectifs reflétant ses ambitions telles que « promouvoir la paix et la stabilité dans la sous-région et créer des mécanismes au sein de la sous-région pour la prévention, la gestion

---

425 Voir Historique de l'opération IGASOM, http://www.operationspaix.net, le 14 octobre 2015.

426 Voir Cérium, *Historique de l'opération IGASOM - ROP*, http// : www.operationspaix.net, 15 février 2013.

427 *Ibid.*

428 Guy MVELLE, *op.cit.*, p. 236.

et le règlement des conflits entre les États et au sein des États par voie de dialogue »[429]. Ces préoccupations de l'IGAD sur la promotion de la paix et la stabilité dans la sous-région ont engendré l'érection de plusieurs autres organes tels que l'Assemblée des Chefs d'État et de gouvernement. Cette Assemblée donne les principes directeurs et suit les questions politiques qui relèvent particulièrement de la prévention, la gestion et le règlement des conflits. Ainsi qu'il y a lieu d'évoquer l'existence d'un Conseil des ministres chargé de la promotion de la paix et de la sécurité dans la sous-région. Il fait également des recommandations à l'Assemblée en suivant les questions de politiques et de sécurité, telles que la prévention, la gestion et le règlement des conflits ainsi que la restauration de la paix. Enfin, l'IGAD dispose d'un Comité d'ambassadeurs et d'un Secrétariat[430].

Autre mesure, un Département pour la gestion des conflits a été créé au sein de l'IGAD dont les règles sont en même temps régies par l'article 18 de l'Accord portant création de l'IGAD[431]. Dans une large mesure, un Protocole sur la création du Mécanisme d'Alerte précoce et des réactions aux conflits pour les États membres de l'IGAD (CEWARN) avait été adopté le 9 janvier 2002 pour le maintien de la paix et de la sécurité dans la sous-région. Son siège était officiellement inauguré le 30 juin 2003. Cependant, il y a eu une Brigade d'intervention d'Afrique de l'Est (EASBRIG) opérant dans le cadre de la Force d'intervention africaine de l'UA. Sa création résultait d'une mission confiée à l'IGAD dans le rôle intermédiaire de coordination joué à cette occasion. C'est au sommet d'Addis-Abeba tenu en juillet 2004 que son approbation avait concrètement eu lieu.

En tout état de cause, le bilan à dresser pour les missions accomplies par l'IGAD semble être mitigé. D'une part, il y a eu la présence des Mécanismes d'intervention et de soutien ad hoc qui ont bénéficié des soutiens financiers des partenaires internationaux et des États membres de l'UE. En effet, ces soutiens ont procuré quelques succès dans certaines opérations de négociations difficiles. Ces négociations ont abouti à la conclusion des Accords de paix ayant résolu les guerres dispendieuses de la Somalie en octobre 2004, puis du Soudan en janvier 2005[432]. D'autre part, l'édification du Secrétariat a manifesté de nombreuses défaillances dans des missions de pacification des conflits. Dans cette spirale, nous osons citer le conflit entre l'Érythrée et l'Éthiopie, sans oublier celui du Darfour où un certain affaiblissement du fameux Secrétariat n'a pu permettre de jouer le rôle de modérateur puissant relevant de ses responsabilités.

---

[429]Voir article 7 (g) de l'Accord portant création de l'Autorité intergouvernementale pour le Développement (IGAD).

[430]Voir *Maintien de la paix dans le monde : l'ONU et les acteurs régionaux, op.cit.*

[431] Voir article 18 de l'Accord portant création de l'IGAD.

[432]*Ibid.*

C. La Communauté économique des États de l'Afrique centrale (CEEAC)

La prise de conscience de la propagation des conflits qui ont déstabilisé l'Afrique centrale dans les années 1990 a nécessité une réponse politique et sécuritaire commune. Ainsi, l'UA a désigné la CEEAC pour concevoir l'architecture de paix et de sécurité, la coopération d'ordre politique et sécuritaire au niveau de l'Afrique Centrale[433]. La CEEAC est une organisation sous-régionale du maintien de la paix, de la sécurité et de la stabilité en Afrique centrale ainsi que dans les pays des Grands Lacs. Le traité de la CEEAC est en vigueur depuis décembre 1984 pour appliquer cette politique régionale de paix et de sécurité. La CEEAC est composée des États membres de l'Union douanière et économique d'Afrique centrale (UDEAC) et de la Communauté économique des Pays des Grands Lacs (CEPGL). Elle a été créée le 18 octobre 1983 par le Cameroun, la Centrafrique, le Congo, le Gabon, la Guinée équatoriale, le Tchad, le Burundi, le Rwanda, le Zaïre (l'actuelle RDC) et Sao Tomé-et-Principe[434].

La CEEAC a commencé son fonctionnement en 1985 sur la prévention, la gestion et la résolution des conflits en Afrique centrale. Des crises internes qui ont secoué sept États membres sur 11 l'ont rendue inactive entre 1992 et 1997 dans ce domaine. Concrètement, c'est en 1991 que la CEEAC a élargi sa vision de l'intégration, la promotion de la paix, la sécurité et la stabilité de la sous-région.

En revanche, le Secrétariat de la CEEAC avait arrêté son fonctionnement sur le plan opérationnel, et pourtant le contrôle des richesses en RDC opposait quelques États membres qui refusaient d'ailleurs de payer leurs cotisations conventionnelles[435]. Effectivement, les chefs d'État présents au sommet de Libreville du 6 février 1998 ont amorcé un engagement portant sur la renaissance de la CEEAC. Cela a été suivi d'une prise de responsabilité dans le domaine de la paix et de la sécurité dans la sous-région. Ils ont enfin pris conscience pour sortir la CEEAC de sa léthargie et reprendre de l'activité[436].

Finalement, la Conférence des chefs d'État et de gouvernement de Malabo (Guinée équatoriale) de 1999 s'est focalisée sur le développement des capacités sur le maintien de la paix, de la sécurité et de la stabilité, un préalable au développement économique et social[437]. Bien entendu, cette conférence a été marquée par l'adoption du Protocole relatif au COPAX et du Pacte d'assistance mutuelle entre les membres le 24 février 2000. Cependant, la 10e Conférence réunie à Malabo le 17 juin 2002 a adopté les

---

433Voir Rapport Afrique N° 181 du 7 novembre 2011.

434*Ibid.*

435 À en croire Dominique BANGOURA, *op.cit.* p. 203.

436 Voir Fiche d'information de l'organisation : CEEAC, http://www.operationspaix.net, le 8 février 2015.

437Voir Profil : Communauté économique des États d'Afrique centrale (CEEAC), http://www.issafrica.org, le 8 février 2015.

règlements relatifs au COPAX[438]. Le COPAX peut prévenir, gérer et régler les conflits conformément aux dispositions de l'article 4 du protocole relatif[439]. Néanmoins, l'article 20 évoque l'existence du Mécanisme d'alerte rapide de l'Afrique centrale (MARAC) et de la Force multinationale de l'Afrique centrale (FOMAC) comme moyens créés pour assister les instances du COPAX. Toutefois, le recours au Mécanisme d'alerte rapide permet efficacement d'accroître la prévention et d'empêcher la déflagration d'une simple divergence d'intérêt entre États membres en une crise redoutable[440]. Conformément aux dispositions de l'article 5 du Protocole relatif au CPS de l'Afrique centrale, le COPAX « peut constituer et déployer des missions civiles et militaires d'observation et de vérification de taille et de durée appropriées, pour maintenir ou rétablir la paix dans les sous-régions chaque fois que le besoin se fait sentir »[441].

Les règlements du COPAX ont été adoptés à Malabo en vue de promouvoir, de maintenir et de consolider la paix et la sécurité en Afrique centrale. Autant que possible, les objectifs conçus lors de la Conférence ordinaire des chefs d'État et de gouvernement ne peuvent s'accomplir sans le concours des organes techniques du Conseil mis à la disposition du COPAX. À cet effet, nous citons d'abord le MARAC qui est un organe technique conçu pour rassembler et analyser les informations en vue d'une alerte avancée ainsi qu'une prévention des crises. Il viendra ensuite la CDS qui planifie, organise et oriente la prise possible des décisions de la Communauté dans les opérations militaires.

Enfin, nous avons la FOMAC composée de contingents militaires provenus des États membres de l'Afrique centrale. Cette force non permanente installe et assure les missions de paix, de sécurité et d'aide humanitaire[442]. Une 11e conférence s'était également tenue en janvier 2004 à Brazzaville en République du Congo. Elle avait pour mission d'avaliser les ratifications exigées pour une entrée en vigueur nécessaire du Protocole relatif à l'établissement du fameux COPAX. La plupart des activités de paix accomplies par la CEEAC sont orientées vers la formation. Ce faisant, des séminaires de formation au maintien de la paix ont été tenus, ainsi que la création des unités d'interventions sous-régionales.

Dans ce cadre, plusieurs autres initiatives similaires à celles de l'Afrique de l'Ouest soutenues par l'ONU ont vu le jour au sein de la CEEAC. Ainsi qu'un exercice régional avait eu lieu au Gabon en janvier 2000 pour augmenter les capacités des États membres dans le cadre du contrôle, du maintien de la paix et de la prévention des conflits. Effectivement, la prévention s'effectue en amont d'un conflit pour l'empêcher de se dégrader totalement au sein d'un État. Dans ce cas, il faut se référer à la prévention

---

438 Voir fiche d'information de l'organisation : CEEAC, *loc.cit.*

439 Voir article 4 du Protocole relatif au COPAX.

440 Voir Charles-Philippe DAVID, *op.cit.*, pp. 284-285.

441 Voir article 5 du Protocole relatif au COPAX.

442 Voir *Maintien de la paix dans le monde : l'ONU*

« structurelle » traitant des causes sous-jacentes au conflit. Ce type de stratégie est particulièrement privilégié dans les conflits ethno-politiques, associés par certains auteurs américains au « deep prevention »[443]. Cet exercice était une simple représentation de l'application formelle du concept français de renforcement des capacités africaines au maintien de la paix (RECAMP)[444]

D. La Communauté économique et monétaire de l'Afrique centrale (CEMAC)

La Communauté économique et monétaire d'Afrique centrale (CEMAC) n'est qu'une simple succession de l'Union douanière et économique d'Afrique centrale (UDEAC). Elle a été rendue officielle par un traité signé le 16 mars 1994 à N'Djamena au Tchad. Ce traité est entré en vigueur à l'occasion de la Conférence des chefs d'État de la CEMAC en juin 1999 à Malabo (Guinée équatoriale). La CEMAC qui est composée d'une partie des États de la CEEAC comprend six États membres à savoir : le Cameroun, la Centrafrique, le Congo, le Gabon, la Guinée équatoriale et le Tchad. Elle dispose de son propre cadre de paix et de sécurité, puis joue un rôle important dans le domaine du maintien de la paix au plan sous-régional.

Ainsi qu'un Pacte de non-agression, de solidarité et d'assurance mutuelle entre les États membres fait partie de textes adoptés de la CEMAC en matière de paix et de sécurité. Ce cadre a été renforcé par la Force multinationale en Centrafrique (FOMUC) qui est une Force multinationale de la CEMAC créée le 2 octobre 2002 par la Conférence des chefs d'État réunie à Libreville, pour la paix et la sécurité en Centrafrique. La FOMUC avait mission à cette époque « de contribuer à la sécurisation de la République centrafricaine et la restructuration des Forces armées centrafricaines (FACA) ; d'accompagner le processus de transition pour la réconciliation nationale, le retour rapide à l'ordre constitutionnel et la restauration d'une paix durable en RCA »[445].

C'est à l'issue d'un sommet tenu le 2 octobre 2002 que les États membres de la CEMAC ont décidé du déploiement de la FOMUC avec 350 soldats en RCA. Précisément, c'est sous mandat de l'UA et approuvé par l'ONU que la CEMAC a déployé la fameuse Force le 4 décembre 2002. Le mandat de la FOMUC qui a remplacé la Mission des Nations Unies en République centrafricaine (MINURCA) a pris fin en 2000. Cette Force multinationale a été installée dans le cadre des Accords signés le 2 octobre 2002 à Libreville (Gabon). Ainsi, la République du Congo, le Gabon, et le Tchad ont constitué un contingent de 374 militaires pour le maintien de la paix et de la sécurité dans la sous-région, partant pour protéger initialement le président

---

[443] Charles-Philippe DAVID, *op.cit.*, p. 284.
[444]Voir *Maintien de la paix dans le monde : l'ONU*
[445] Voir Dominique BANGOURA, *loc.cit.*

centrafricain Ange Félix PATASSÉ de l'époque confronté à une violente rébellion.

Outre cet objectif majeur, la FOMUC devrait s'occuper de la restructuration des forces armées et surveiller le travail des patrouilles mixtes le long de la frontière avec le Tchad. Le 12 juillet 2008, la FOMUC était devenue une Mission de consolidation de la paix en Centrafrique (MICOPAX) sous l'autorité de la CEEAC. Le mandat du FOMUC a été prorogé et adapté après l'éviction du pouvoir du président PATASSE par le général François BOZIZÉ en mars 2003[446].

Bien entendu, c'est le 19 décembre 2013 que l'UA et la CEEAC ont transféré cette autorité de la MICOPAX à la MISCA à Bangui (RCA). Cependant, à la Conférence de Brazzaville (Congo) tenue le 28 janvier 2004, les chefs d'État de la CEMAC ont signé un Pacte de non-agression, de solidarité et d'assistance mutuelle entre les États membres de la CEMAC[447].

E. La Communauté de développement d'Afrique australe (Southern African Development Community–SADC)

La Communauté de développement d'Afrique australe (SADC) a été créée par un traité signé le 17 août 1992 à Windhoek (Namibie). Elle est entrée en vigueur le 30 septembre 1993. Encore appelée CDAA, la SADC a simplement succédé à la Conférence pour la Coordination du Développement en Afrique australe (CCDAA). C'est en 1980 que cette Conférence a été créée, en réaction à l'Afrique du Sud, afin d'instituer une coopération dans le cadre de la paix et de la sécurité. En 1996, la SADC a créé un organe chargé de la politique, la défense et la sécurité qui comprend un Comité de politique et de diplomatie, ainsi qu'un Comité de défense et de sécurité[448]. Composée de 14 États membres actuellement, la SADC n'en comptait que 11 avant l'entrée de l'Afrique du Sud en qualité de membre en 1994, puis l'admission des Seychelles et de la RDC le 8 septembre 1997[449]. La SADC est constituée de plusieurs États qui sont à la fois membres de la CEEAC.

Par ailleurs, la SADC est une organisation sous-régionale qui regorge d'importants objectifs parmi lesquels figurent le développement économique, l'harmonisation des politiques régionales, la promotion de la paix et la sécurité. Une réunion des ministres des Affaires étrangères et de la Défense a été tenue à Gaborone (Botswana) le 28 juin 1996. Elle a été tenue

---

[446] Voir Historique de l'opération FOMUC, http://www.operationspaix.net, le 14 octobre 2015.

[447]Voir *Maintien de la paix dans le monde : l'ONU et les acteurs régionaux, op.cit.*

[448] Voir Guy MVELLE, *op.cit.*, p. 236

[449] La SADC est composée de 14 pays : Afrique du Sud, Angola, Botswana, Lesotho, Malawi, Maurice, Mozambique, Namibie, République démocratique du Congo, Seychelles, Swaziland, Tanzanie, Zambie et Zimbabwe. Voir *Maintien de la paix dans le monde : l'ONU et les acteurs régionaux, op.cit.*

dans le cadre de la coopération régionale pour la sécurité, la médiation dans les conflits et la coopération militaire. À cette occasion, l'Organisation a lancé le projet de création d'un Organe sur la politique, la défense et la sécurité.

Ce projet sert à développer la capacité collective de maintien de la paix dans la sous-région et d'élaborer un Comité interétatique pour la défense et la sécurité axé sur la mise en œuvre d'une Force en attente[450]. Ce même projet a été mis au point en août 2000 au sommet de Windhoek (Namibie), afin de développer une capacité régionale de maintien de la paix. Le Protocole portant création de l'Organe a été adopté par les chefs d'État de l'Organisation à Blantyre (Malawi) en 2001[451]. Il est entré en vigueur après neuf ratifications telles que le Pacte de défense mutuelle signé le 26 août 2003 à Dar es Salam en Tanzanie pour le compléter[452]. Ce pacte est la source d'une approche commune des questions de sécurité qui projette la création d'une Force régionale pouvant être mobilisée en cas de besoin dans toutes les zones de conflits ou des crises en Afrique australe.

Manifestement, la SADC témoigne des améliorations politiques depuis quelques années. Des objectifs multiples sont donc inscrits dans l'article 5 du Traité de la SADC de 1992. Plusieurs missions ont été accomplies au niveau de la sous-région en jouant un rôle très actif dans le maintien de la paix et de la sécurité, à titre d'exemple. Ainsi, nous pouvons noter son intervention militaire au Lesotho suivant les contestations ayant conduit aux grandes manifestations après les élections du 21 mai 1998. De même, à la demande du gouvernement du Lesotho, une Force de la SADC a été requise pour intervenir immédiatement en vue d'empêcher un coup d'État, partant le Lesotho et l'Afrique du Sud ont connu des élections démocratiques.

La SADC a également accompli des missions d'observation dans plusieurs États membres. Par exemple, elle a appuyé le processus électoral en RDC. De même, l'opération Boléas conduite au Lesotho par des soldats botswanais et sud-africains s'était effectuée du 22 septembre 1998 à mai 1999 pour établir l'ordre. Cette mission consistait à prévenir le coup d'État, désarmer les mutins et créer un environnement stable en vue des initiatives diplomatiques[453]. Ces troupes militaires ont pu quitter le Lesotho en mai 1999 en implantant une petite unité qui devrait s'occuper de la formation et de l'entraînement de la Force de Défense du Lesotho (LDF).

Au-delà des considérations générales, il y a lieu de retenir que c'est avec l'implication de l'Afrique du Sud que le rôle de la SADC s'est renforcé au fil des années[454]. Au cours de la période d'août 1998, la SADC s'est indirectement engagée en RDC par le biais de l'Angola, la Namibie et le

[450] Selon Dominique BANGOURA, *op.cit.* p. 204.
[451] Voir *Maintien de la paix dans le monde : l'ONU et les acteurs régionaux, loc.cit.*
[452] *Ibidem*
[453] Voir *Opération Boléas - Opération Boléas,*
http//:www. ancien.operationspaix.net/Operation-Boleas, 13 février 2013.
[454] Voir Dominique BANGOURA, *loc.cit.*

Zimbabwe. Trois de ses États membres intervenaient donc pour contrer les forces rebelles suivant la demande d'une assistance militaire formulée par l'ancien président M. Laurent Désiré KABILA. Cette intervention fut donc réalisée par une partie des États membres de la SADC sous son autorité. Elle n'a malheureusement pas fait l'unanimité au sein de celle-ci, en dépit du soutien apporté au processus de paix signé le 10 juillet 1999 à Lusaka. C'est en novembre 1999 que l'ONU a déployé la Mission des Nations Unies en RDC (MONUC) qui est une force destinée à la mise en œuvre globale des Accords. La SADC a pris la décision de créer une brigade de maintien de la paix en Afrique le 17 août 2007, lors de la réunion des chefs d'État de la SADC à Lusaka (Zambie). Cette brigade est chargée des missions de déploiements rapides de durée illimitée. Cependant, elle ne pourra toutefois intervenir que sous un mandat des Nations Unies, de l'UA ou de la SADC. Les effectifs de la brigade seront fournis par les États membres pour constituer des contingents qui seront basés dans chacun d'eux.

F. L'Union du Maghreb arabe (UMA)

Dans l'objectif de renforcer davantage les relations existantes entre les peuples du Maghreb arabe fondés sur la communauté d'histoire, de religion et de langue, les cinq chefs d'État Maghrébins ont tenu une réunion à Zéralda (Algérie) le 10 juin 1988. À cet effet, une décision était prise sur la conception d'une Grande Commission qui travaillerait pour une Union entre les Cinq États du Maghreb arabe. Plus tard, le Traité constitutif signé le 17 février 1989 par ces Cinq Chefs d'État du Maghreb arabe a été suivi de la création de l'UMA ainsi que de son programme de travail suivant la Déclaration solennelle du sommet à Marrakech[455]. L'UMA est avant tout un Accord commercial panarabe portant sur l'unité économique et politique en Afrique du Nord[456]. L'UMA est composée de l'Algérie, la Libye, le Maroc, la Mauritanie et la Tunisie.

L'organisation est dotée de plusieurs organes : un Conseil suprême (dit Conseil de la présidence), la Réunion des Premiers ministres, le Conseil des ministres des Affaires étrangères, le Comité de suivi, les Commissions ministérielles spécialisées, le Secrétariat général, le Conseil Consultatif, l'instance judiciaire, l'Université maghrébine, la Banque maghrébine d'investissement et du Commerce extérieur (BMICE)[457].

En examinant des instances de Paix, de Sécurité et de stabilité, nous reteindrons d'abord le Conseil de la Présidence qui est l'Organe suprême de

---

[455] Voir *Aperçu sur Institutions UMA - L'Union du Maghreb arabe*, http : //www.maghrebarabe.org, le 7 février 2015.

[456] Voir FRICA PLATFORM, Union *du Maghreb arabe (UMA)*, http : //www.africa-platform.org, le 7 février 2015.

[457] Voir Nations Unies-Commission économique pour l'Afrique, UMA - *Union du Maghreb Arabe* http://www.uneca.org, le 7 février 2015.

l'Union composé des chefs d'État de ses membres[458]. La présidence du Conseil s'effectue par rotation entre ces chefs d'État pour une durée d'un an[459]. Il est l'unique institution habilitée à prendre des décisions et à l'unanimité de ses membres[460]. Les Sessions ordinaires du Conseil de la Présidence de l'Union sont tenues une fois par an. Il peut cependant tenir des Sessions extraordinaires en cas de nécessité[461].

Ainsi, plusieurs Résolutions ont été prises au cours de six sommets tenus dans chacun des États membres de l'Union dont deux fois à Tunis de 1990 à 1994[462]. Ensuite viennent la réunion des Premiers ministres des États membres qui se tient chaque fois qu'il est indispensable, le Conseil des ministres des Affaires étrangères qui prépare les sessions du Conseil de la Présidence en examinant aussi les propositions du Comité de suivi et des Commissions ministérielles spécialisées, le Comité de suivi constitué des membres de gouvernement ou du Comité populaire public que chaque État membre désigne pour les affaires de l'Union. Ses travaux sont ensuite soumis au Conseil des ministres des Affaires étrangères[463].

Nous avons aussi les quatre Commissions ministérielles spécialisées créées par le Conseil de la Présidence ainsi que le Secrétariat général dont le siège est à Rabat (Maroc). Le Conseil Consultatif ayant son siège à Alger (Algérie) compte 301 représentants choisis par les institutions législatives des États membres, sinon conformément aux règles internes de chacun de ses membres. Ce Conseil qui tient une Session ordinaire chaque année peut tenir une Session extraordinaire à la demande du Conseil de la Présidence. Il émet l'avis sur les projets de décision du Conseil de la Présidence avec possibilité de soumettre des recommandations sur l'Union au Conseil en vue d'atteindre ses objectifs. Enfin intervient l'Instance judiciaire composée de deux juges par État pour six ans. Ce mandat peut être renouvelé par moitié tous les deux ans, alors que celui de son Président ne dure qu'une année. L'instance judiciaire qui a son siège à Nouakchott (Mauritanie) émet des avis consultatifs sur des questions juridiques présentées par le Conseil de la Présidence. Elle a aussi des sentences exécutoires et définitives lorsqu'elle règle des différends soumis par ce même Conseil de la Présidence ou un État membre sur l'interprétation et l'application du traité, ainsi que les Accords conclus dans le cadre de l'Union ou encore conformément à ses Statuts[464].

---

458 Voir Article 4 (1) du traité de Marrakech.

459 Voir Article 4 (2) du traité de Marrakech.

460 Voir Article 6 du traité de Marrakech.

461 Voir Article 5 du traité de Marrakech.

462 Voir UMA-historique, *Service de consultation individuelle pour l'élaboration de spécifications techniques d'une base de données économiques et sociales*, http://www.maghrebarabe.org, le 8 février 2015.

463 *Ibid.*

464 *Ibid.*

CONCLUSION DE LA PREMIÈRE PARTIE

L'engagement de l'UA dans la résolution des conflits renvoie à l'action des organes concernés dans ce domaine. Par conséquent, ces institutions chargées de résoudre les crises puisent leurs compétences indispensables dans les textes fondateurs, au premier rang desquels l'ACUA. Cependant, il y a d'autres instruments juridiques subsidiaires qui accompagnent ces fameuses sources des compétences dévolues à l'UA ainsi qu'à ses organes afin d'aboutir à un développement socio-économique ainsi qu'à l'intégration totale de l'Afrique. À ce titre, le CPS ainsi que la CAJDH demeurent régulièrement les principaux organes les plus sollicités dans la résolution des crises en Afrique.

Quoi qu'il en soit, les organisations sous-régionales africaines et surtout celles de paix et de sécurité souffrent généralement d'un manque déplorable de moyens nécessaires à l'accomplissement de leurs missions efficacement. La plupart des contingents militaires africains dénotent des lacunes importantes à ce stade comme le déficit d'équipements militaires adéquats. Cette situation est accentuée par des effectifs soldatesques insuffisants et moins bien formés. D'où, nous constatons la présence des nombreuses contraintes opérationnelles sur le terrain.

Visiblement, ce phénomène gangrène les efforts entretenus dans le domaine de la prévention, la gestion et le règlement des conflits, d'où cette pérennité des crises qui dévastent ce continent africain. Il demeure donc la source avérée des limites et des déficiences de l'UA incarnées par une certaine faiblesse au sein des institutions. Bien évidemment, ces multiples manquements affectent considérablement la réussite des opérations sur le terrain, ainsi qu'ils limitent l'efficacité de l'organisation continentale dans le règlement des conflits.

DEUXIÈME PARTIE

LES LIMITES D'APPROCHE OPÉRATIONNELLE DE L'UNION AFRICAINE DANS LES CONFLITS

Les opérations déjà menées par l'UA sur les conflits ont consigné son engagement pour la paix et la sécurité du continent. Cette posture s'est identifiée surtout lorsqu'elle a posé les textes fondateurs tels que l'ACUA et le Protocole relatif à la création du CPS puis fixé la vision ainsi que les missions dans son programme. Mais en même temps, plusieurs décisions capitales subdivisées en trois principales catégories ont été prises par le CPS à savoir : les Déclarations politiques et juridiques de principe, les décisions pratiques puis les décisions stratégiques[465].

En revanche, ces textes fondateurs qui attribuent les compétences à l'UA nous ont permis de déterminer ses objectifs et ses limites, au regard des organes qui interviennent dans la résolution des conflits. Ainsi, nous comprenons aisément la manière dont ses textes fondateurs ont été conçus et découvrons enfin le cadre et la règle d'action de l'UA dans ce domaine. Toutefois, la reconnaissance des compétences de l'UA et des organes concernés dans les opérations témoigne de la volonté du maintien et de la promotion des relations interétatiques pacifiquement coordonnées.

Par ailleurs, une analyse opérée sur le règlement des différends politiques par les moyens non juridictionnels révèle des obstacles corrélatifs. À propos, l'application des procédures alternatives pour les vaincre s'avère incontournable. En revanche, le règlement des conflits juridictionnalisés par des mécanismes juridictionnels connaît-il aussi des divergences et la non-application des décisions rendues par l'UA. Une collaboration avec des institutions compétentes du continent à bas échelon et du niveau comparable ou universel de l'extérieur devient nécessaire pour une efficacité dans le règlement des conflits. Et pourtant, cette condition bien qu'occasionnant des formes de collaboration est susceptible d'engendrer des divergences, des rivalités, voire des antagonismes.

---

465 Dominique BANGOURA, *op.cit.,* p. 201.

Or, si les relations de l'UA avec les autres institutions régionales devenaient difficiles, il faudrait savoir si les opérations à mener sur le terrain apporteront des solutions espérées. On peut donc comprendre l'intérêt d'examiner la manière dont l'UA résout les conflits politiques selon leur nature, ainsi que les obstacles majeurs enregistrés sur le théâtre d'opérations. L'examen consacré à la résolution des conflits politiques permettra ensuite d'aborder la base et le mode de règlement des conflits juridictionnalisés.

Bien entendu, ces questions sont traitées dans la deuxième partie qui est consacrée l'examen des limites d'approche opérationnelle de l'UA dans les conflits. Le Premier titre fait une analyse de l'approche institutionnelle des conflits politiques, ainsi qu'il étudie la nature desdits conflits au premier chapitre. La première section fait l'objet des conflits armés internationaux et leurs causes fondamentales examinées au premier paragraphe. Les causes d'ordre national sont liées aux besoins politiques, économiques et sociaux. En revanche, les causes internationales des conflits politiques relèvent de la croissance inégale de la puissance et de la transition entre puissances. Le second paragraphe étudie les conditions préalables au règlement des conflits politiques, l'obligation de résoudre les différends par les moyens pacifiques et la liberté de choix des parties au mode de règlement des différends.

La Section II fait mention des conflits armés non internationaux ainsi que leurs bases étalées au premier paragraphe et la recherche des solutions dans les conflits armés non internationaux au second paragraphe. En revanche, c'est dans la Section III où sont évoqués : les situations de troubles et tensions internes, puis leurs causes fondamentales relevant des pulsions agressives des individus, des phénomènes sociaux dus à la faillite des États, à la nature des régimes politiques et aux conflits des civilisations au premier paragraphe. Des situations de troubles et tensions internes sont évoquées au second paragraphe du point de vue de leur résolution. Le deuxième chapitre faisant l'objet de l'apport des procédures alternatives dans le règlement des différends politiques traite surtout des moyens non juridictionnels correspondants à la Section I.

À cet effet, il est évoqué le refus du recours au droit international (paragraphe 1), suivi d'un examen du mode de règlement direct entre parties, particulièrement la négociation (paragraphe 2).Enfin, interviendra le mode de règlement par l'intervention d'un tiers, c'est-à-dire la médiation, l'enquête, la conciliation et les bons offices (paragraphe 3).L'examen des obstacles majeurs au règlement des différends politiques (Section II) a été suivi de l'étude des aspects de conflits politiques (Paragraphe 1) et l'attitude des parties au règlement des différends politiques (Paragraphe 2).

En revanche, les opérations de maintien et de rétablissement de la paix en Afrique font l'objet du Chapitre III. Elles ont été minutieusement examinées par la 1ère Section dans le dispositif normatif de sécurité de l'UA (Paragraphe 1), dans le dispositif institutionnel de sécurité de l'UA (Paragraphe 2) et dans l'Architecture africaine de Paix et de Sécurité (Paragraphe 3). La Section II portant précisément sur les opérations de maintien et de rétablissement de la paix dans les sous-régions examine les actions des dispositifs relatifs en Afrique de l'Est. Cette étude évoque d'abord les opérations de restauration et du maintien de la paix en Somalie. Elle est axée sur les interventions internationales ainsi que l'implication du CPS de l'UA dans ce pays. Ainsi, l'AMISOM qui est largement impliquée dans le conflit somalien a connu des progrès politiques.

Ces opérations ont porté ensuite sur le rétablissement et la consolidation de la paix au Soudan. Particulièrement, il s'agit de l'implication de l'UA dans la province du Darfour (Soudan). Ainsi qu'une étude a été particulièrement effectuée dans le processus de paix entre le Soudan et le Soudan du Sud. En revanche, les opérations de paix au Maghreb et en Afrique subsaharienne font référence aux opérations de restitution et du maintien de la paix en Libye, la restauration et la consolidation de paix au Mali et l'investissement de l'UA en Centrafrique dont les dernières opérations sont concentrées sur la Première Guerre civile (2004-2007), la Deuxième Guerre civile (2012-2013) et la troisième guerre civile dans ce même pays (2013-2014).

En revanche, le deuxième Titre concerne la substance des conflits juridictionnalisés. Ainsi, les fondements des conflits juridictionnalisés ont fait l'objet d'une étude au premier chapitre. À ce titre, les divergences interétatiques (Section I) sont étudiées sous forme des relations conflictuelles et l'inégalité de fait des États comme principaux facteurs des conflits juridictionnalisés. À ce titre, la violation des obligations du traité (Section II) a été développée en violation de la souveraineté de l'État et la violation de l'intégrité territoriale de l'État. Finalement, nous aurons le mode de règlement des conflits juridictionnalisés (Chapitre II) qui fait simplement allusion aux mécanismes juridictionnels (Section I) à savoir : le règlement par l'arbitrage et le règlement par la justice. Par ailleurs, les limites dans le règlement judiciaire des conflits en Afrique (Section II) ont fait l'objet d'une étude sur les limites liées à la nature des conflits et les limites géographiques.

La deuxième Partie développe la conception et le cadre des textes fondateurs ainsi que la règle d'actions de l'UA, voire son impact sur le terrain.

PREMIER TITRE

LES LIMITES D'APPROCHE OPÉRATIONNELLE DES CONFLITS POLITIQUES

Les questions de conflits restent fondamentalement une préoccupation majeure au sein de la Communauté internationale, d'autant plus qu'elles interpellent inlassablement les dirigeants de l'ONU en général et ceux de l'Afrique en particulier. On ne peut donc traiter ces questions sans un regard accentué sur les institutions et les mécanismes corrélatifs. Cependant, les objectifs fixés par l'UA seraient utopiques dans la mesure où les structures de résolution des conflits fléchissaient. Bien entendu, les difficultés de l'Union ne peuvent simplement s'évaluer à partir du fonctionnement des organes impliqués dans ce domaine. Il faut d'abord se focaliser sur la manière et le cadre de la conception des textes fondateurs ainsi que sur la règle liée au mode d'action de l'UA.

Ensuite, il faudrait se poser la question sur le profil des résultats escomptés. Cette approche est d'autant plus importante qu'elle devra nous renseigner suffisamment sur l'attitude des États membres à l'égard de diverses interventions accomplies par l'UA dans le règlement des conflits. Retenons que l'UA a toujours été à l'avant-garde des efforts de règlement des conflits depuis sa création. Voilà pourquoi les dirigeants politiques d'Afrique n'ont jamais cessé de réaffirmer tout leur engagement aux situations de conflits sur le continent et faire de la paix une priorité absolue[466].

D'une manière générale, la paix a toujours été ressentie et présentée comme une valeur incontestable, aussi bien sur le plan international qu'en Afrique[467]. Il faudrait donc voir dans quelle mesure les États membres recourent aux interventions de l'UA et examiner la manière dont elles se déroulent. De même, il faut observer la manière dont l'UA réagit devant chaque crise à résorber. Intervient-elle réellement sur réquisition des États membres ou de son propre chef ? Autant de questions peuvent susciter notre

---

[466] Voir *Note d'information de la Session spéciale sur l'examen et le règlement des conflits*
[467] Voir Serge SUR, *op.cit.*, p. 425.

interrogation à propos. Or, les interventions de l'UA relèvent d'une procédure réglementaire à laquelle elle doit obéir. Elles sont accomplies par les organes responsables de les exécuter.

En réalité, ces interventions ont toujours été menées en étroite collaboration avec certains organes de l'ONU tels que le CS ainsi qu'avec les organisations sous-régionales pour espérer réaliser des interventions plus efficacement. Effectivement, il s'agit du fait que dans le règlement des conflits politiques qui les préoccupent, les États membres accordent plus d'importance aux organisations de paix et de sécurité des sous-régions d'appartenance. À ce titre, comment pourrait-on s'attendre à une quelconque efficacité de l'UA dans ces conditions ? Il serait absurde de croire que se détourner de l'Organisation continentale pourrait éradiquer ce fléau de conflits en Afrique. Ces organisations sous-régionales devraient au contraire s'attacher à l'UA. Parmi les situations pertinentes que nous pouvons évoquer, nous retiendrons ce coup d'État de mars 2003 enregistré en RCA que la CEMAC avait cautionné, tandis qu'il était vivement condamné par l'UA. À cet effet, la RCA était suspendue pour participer aux activités de l'UA, conformément au principe condamnant les changements anticonstitutionnels de gouvernement.

Contre toute attente, c'est le 3 juin 2003, c'est-à-dire moins de trois mois plus tard, que la CEMAC s'était réunie à Libreville au Gabon pour reconnaître officiellement le régime du général François BOZIZÉ, paradoxalement porté au pouvoir par ce fameux coup d'État perpétré en mars 2003.Après les recommandations pressantes émanant de la CEMAC, l'UA avait finalement reconnu ce gouvernement peu après l'élection présidentielle de mai 2005[468]. Ce faisant, le général François BOZIZÉ était élu chef de l'État et l'ordre constitutionnel était bien établi. Ce phénomène prouve qu'il existe parfois une grave scissure entre les textes conventionnels du droit communautaire de l'UA et leur application dans la recherche de solution aux conflits. Effectivement, l'UA affiche ses ambitions par rapport à l'ACUA en matière de maintien de la paix. Malheureusement, celles-ci rencontrent des limites diverses de leur concrétisation[469].

De tels mépris manifestés par les États membres envers l'UA expriment la prépondérance qu'ils accordent aux Organisations sous-régionales vis-à-vis d'elle, ce qui devrait pourtant susciter des réajustements permettant d'éradiquer les limites de l'UA dans la résolution des conflits. Cependant, aussi évidente que puisse être cette affirmation, il serait néanmoins nécessaire qu'une telle hypothèse soit systématiquement confirmée par d'autres constatations sur le théâtre d'opérations. En revanche, nous tiendrons alors compte de l'intérêt que nous portons d'abord à la nature des

---

[468] Dominique BANGOURA, *op.cit.*, p. 216.

[469]Josiane TERCINET, *L'Union africaine et le maintien de la paix en Afrique : aspects institutionnels et opérationnels, op.cit.*, p. 78.

conflits politiques (Chapitre I), nous nous pencherons ensuite au règlement des différends politiques (Chapitre II).

CHAPITRE I

LA NATURE DES CONFLITS POLITIQUES

La théorie des justiciables nous informe qu'une tendance de base s'est développée dans la distinction entre les conflits juridiques et les conflits politiques. Cette tendance a connu une expansion dans la doctrine et la pratique vers la limitation de la justiciabilité des différends dès les origines du mouvement axé sur la réalisation de l'arbitrage obligatoire, celle-ci étant réservée à certains différends spécifiques.

Par définition, les conflits politiques ont trait aux changements ou à la révision du droit. Par contre, les conflits juridiques sont ceux qui portent sur l'interprétation ou à l'application du droit existant. C'est par leur nature ou par la volonté des Parties que les différends politiques peuvent s'assimiler aux différends non justiciables. Du point de vue de leur consistance à l'égard des États, ceux-ci ne pourraient se résoudre que par des moyens non juridictionnels. Ainsi, ils sont souvent tranchés par un organe politique d'ordre législatif ou gouvernemental. En revanche, les conflits juridiques sont par nature des différends justiciables puisqu'ils incarnent une obligation de leur résolution par des moyens forcément juridictionnels[470].

Au sens du DIH, les conflits politiques se distinguent aussi bien des conflits armés internationaux (Section I), des conflits armés non internationaux (Section II) que des tensions internes (Section III).

SECTION I : LES CONFLITS ARMÉS INTERNATIONAUX

Dans un cadre purement juridique, la notion de conflit armé international est plus précise que le concept traditionnel de guerre qui, polysémique, paraît moins compréhensible et ne correspond plus à la réalité contemporaine. Le Protocole n° I (1977) additionnel aux quatre conventions de Genève de 1949 portant sur le droit international de la guerre *stricto sensu* dispose clairement que la notion de guerre est incluse dans celle de conflit armé

[470] Voir Photini PAZARTZIS, *op.cit.*, p. 36.

international qui paraît plus large. Tout conflit armé international indique à la fois un aspect militaire et international au même titre que la guerre[471].

Bien entendu, dans l'exercice des relations internationales, les États s'opposent fréquemment pour des facteurs variés. Ainsi, la dégradation du climat paisible dans ces États conduit inexorablement aux conflits armés internationaux. En matière des relations internationales, définir les conflits armés internationaux fait référence à la contrainte armée qui est pratiquée par un État contre un autre. En d'autres termes, il faudrait bien que les forces armées d'un État affrontent d'autres forces armées ou le territoire d'un autre État comme indiqué selon la terminologie du CICR. Le Commentaire des Conventions de Genève de 1949 atteste que « tout différend surgissant entre deux États et provoquant l'intervention des membres des forces armées est un conflit armé au sens de l'article 2, même si l'une des Parties conteste l'état de belligérance. La durée du conflit ni le caractère plus ou moins meurtrier de ses effets ne jouent aucun rôle »[472]. Le DIH pourrait donc s'appliquer dans ce contexte. En Afrique par exemple, le conflit armé de 1998 à 2000 entre l'Éthiopie et l'Érythrée a exactement illustré cette catégorie de conflits armés internationaux.

Les luttes de libération nationale ont été historiquement rangées dans cette classification alors que, par définition, ils n'impliquaient qu'un État (colonialiste) contre un mouvement de libération nationale (MLN). Avec la décolonisation de l'Afrique, ce cas de figure a disparu, excepté au Sahara occidental où s'opposent le Maroc et le Front Polisario, mais ce dernier a proclamé la naissance de la République arabe sahraouie démocratique (RASD), dont la reconnaissance comme État par l'OUA a provoqué le départ du royaume chérifien de l'Organisation panafricaine. En effet, le Maroc qui est membre de l'UMA et membre fondateur de l'OUA a quitté l'Organisation continentale en 1984 après l'admission de la République arabe sahraouie démocratique (RASD) parmi les États indépendants et souverains d'Afrique. Il n'a donc pas jugé opportun de rejoindre l'UA.

Le Maroc n'était plus membre de l'UA car il avait quitté l'OUA à cause du différend sur le Sahara occidental qu'il considère comme partie intégrante de son territoire. Au bout du compte, c'est le 12 novembre 1984 à Addis-Abeba que le Maroc était contraint de quitter l'OUA devancière de l'UA après cette admission de la RASD. Mais après 33 ans d'absence, le Maroc vient de réaliser deux grandes réussites diplomatiques à savoir : sa réintégration à l'UA et son adhésion à la CEDEAO par un accord de principe les 5 et 6 juin 2017lors du 51^{ème}sommet des chefs d'État et de gouvernement de la CEDEAO tenu à Monrovia (Liberia). Le roi Mohammed VI avait évidemment évoqué ce ralliement dans un discours émouvant

---

471 Patrick DAILLIER, Mathias FORTEAU et Alain PELLET., *op.cit.*, pp. 1062-1063.

472 Voir CICR – Ressources, Comment le terme « conflit armé » est-il défini en droit international humanitaire ? https://www.icrc.org, 08 juillet 2015.

prononcé devant les chefs d'État africains le 31 janvier 2017 à Addis-Abeba[473].

Les conflits armés internationaux peuvent revêtir un caractère politique au plan national et international tel que le différend territorial qui opposait le Tchad à la Libye. Les relations entre ces deux États devenaient pratiquement exécrables et furent marquées par les différentes interventions militaires à l'époque du président Hissein HABRÉ. Évidemment, l'implication de la Libye au Tchad a été à la fois énigmatique et désagréable. Il y a eu une stratégie d'occupation et même de fédération de portions étendues du territoire tchadien qui a été combinée à un soutien accentué des opposants au régime par la Libye[474].

Cependant, les conflits inhérents aux divergences politiques tirent réellement leurs sources des contradictions à la fois diffuses et importantes, au regard de l'intensité et de la durée qu'elles peuvent connaître. Bien entendu, l'intensité renvoie tout simplement au niveau de violence qu'un conflit armé international pourrait atteindre. Il convient de noter que le droit international ne fixe guère le degré de violence que les opérations militaires doivent obligatoirement atteindre pour déclencher une application des règles inhérentes aux conflits armés[475]. Sélectivement ou cumulativement, l'intensité peut être attribuable à la réglementation d'un recours à la force, sinon au rôle apaisant des Nations Unies, voire à la notion de la sécurité collective[476]. Dans une certaine mesure, nous pouvons relever une classification portant essentiellement sur la paix.

Ainsi, la notion de paix a évolué de l'absence de violence entre États à la vision de la paix positive. Le continent africain connaît les conflits classiques de haute intensité qui mobilisent de lourds moyens militaires et un ensemble important d'instruments diplomatiques et politiques des États belligérants. Par contre, ces conflits classiques ont été rejoints par ceux de faible intensité (Low intensity conflicts) dont la fréquence est plus élevée que celle de simples situations de troubles et tensions internes qui généralement ne finissent pas en violences ouvertes. En un mot, un conflit est qualifié de faible intensité quand il se situe au-delà d'une relation pacifique et en deçà d'une guerre classique qui oppose des armées régulières[477].

En effet, la notion de conflit de faible intensité est constituée par des affrontements qui ne mobilisent que des forces limitées. Celles-ci ne portent pas essentiellement sur les États, ni sur leur survie ni sur la sécurité

473Voir Mohamed Takadoum, *Le Maroc vient de réintégrer l'Union africaine après trente-trois ans d'absence, mais que faire avec l'intrus ?*http://www.agoravox.fr, le 24.11.17.

474Voir Crisis Group, *Libye/Tchad : au-delà d'une politique d'influence*, http://www.crisisgroup.org, le 18 février 2013.

475 Selon Patrick DAILLIER, Mathias FORTEAU et coll., *op.cit.*, p. 1063.

476 Serge SUR, *loc.cit.*

477 Voir Michael KLARE et Peter KORNBLUH, *Conflits de basse (ou faible) intensité*, http://www.leconflit.com, le 26.02.2018.

internationale de façon considérable[478]. Ces conflits qui sont très meurtriers entraînent beaucoup plus de pertes civiles que militaires. La plupart des conflits de décolonisation ou de troubles sporadiques liés à la guérilla constituent un exemple très pertinent sur cet aspect[479].

Les conflits de faible intensité n'ont donc aucun impact considérable sur les États organisés du point de vue de la sécurité internationale. Ils préoccupent tous les États, à tel point que l'atteinte portée envers la sécurité de l'un d'entre eux concerne la sécurité de la collectivité. Il doit en découler une réaction collective à cette atteinte, quel que soit son degré. La sécurité collective est à la fois un objectif et un instrument comportant une dimension institutionnelle. Cette réaction collective est canalisée par une instance internationale qui exprime la solidarité de l'ensemble. Celle-ci doit être capable de constater les manquements et pouvoir décider, ainsi qu'organiser les mesures collectives même si elles sont exécutées par un autre organe. Son existence favorise un usage maîtrisé de la force tout en restant subordonnée à des objectifs communs pour maintenir la paix et assurer sa propre sauvegarde[480].

À cet égard, les textes de l'UA s'expriment clairement tels que l'article 2 du Protocole relatif à la création du CPS de l'UA. À l'évidence, les crises et les tensions ont largement été caractérisées par la guerre froide. Cependant, elles existent encore dans certaines situations locales dont l'intervention des diplomates, des fonctionnaires internationaux, des experts et des chercheurs est de mise pour leur gestion. Enfin, la durée représente la dernière dimension des conflits politiques. Dans ce sens, la durée tend à l'allongement quelque peu comparable à la dimension relative de l'intensité ou à des affrontements irréguliers. Généralement, la durée dépend des difficultés rencontrées dans la résolution définitive d'un conflit[481].

Nous retiendrons qu'au sein du continent africain, certains conflits politiques prennent le caractère des conflits armés internationaux dans leur diversité[482]. Ces conflits sont tributaires de plusieurs causes fondamentales (paragraphe 1). En revanche, le règlement des conflits politiques exige des conditions préalables (paragraphe 2).

Paragraphe 1 : Les causes fondamentales des conflits armés

Les conflits armés internationaux ou non internationaux font intégralement partie des handicaps qui empêchent l'accélération du

---

[478] Cf. : Serge Sur, *op.cit.,* p. 418.
[479] *Ibid.*
[480] *Ibid.,* p. 467.
[481] *Ibid.,* p. 431.
[482] Charles-Philippe DAVID, *op.cit.*, p. 137.

processus d'intégration du continent africain[483]. Dans ce contexte, il serait pratiquement difficile, voire impossible de résoudre les problèmes sociaux, économiques et politiques multiformes auxquels l'Afrique reste confrontée. Bien évidemment, ces conflits relèvent de plusieurs autres causes fondamentales telles que les contradictions multiples qui génèrent les oppositions politiques.

À ce titre, nous osons invoquer la guerre civile rwandaise et plus généralement divers conflits périphériques dus à l'opposition Est-Ouest en Afrique[484]. Or les aspects culturels sont à la fois de principales sources des conflits et de grandes causes qui divisent des sociétés humaines. Par conséquent, des nations et des groupes de différentes civilisations peuvent toutefois s'affronter en conflits politiques. Il en est ainsi parce que ces conflits sont toujours projetés et conduits au nom des êtres humains qui s'organisent en diverses entités sociales. Toute sorte de groupes sociaux tels que les groupes subnationaux, nationaux et extranationaux peuvent créer des conflits armés internationaux ou non internationaux[485].

Sur le plan international, les conflits armés sont générés, entre autres facteurs, par les contradictions des civilisations. Ainsi, les États africains se sont longuement opposés à l'hégémonie de civilisations puissantes par des conflits. À présent, seules leurs dimensions d'ordre national et international pourraient interpeller notre attention du point de vue de la responsabilité des États. Rappelons-nous que par définition un conflit juridique a toujours été généré par une opposition entre deux ou plusieurs personnes relevant d'une divergence d'avis ou d'intérêt.

Au sens juridique bien entendu, un différend a néanmoins une signification et une acceptation bien précises. C'est « un désaccord sur un point de droit ou de fait, une contradiction, une opposition de thèses juridiques ou d'intérêts entre deux personnes » tel qu'il est défini par la Cour permanente de Justice internationale[486]. Au plan politique par contre, un différend reste celui qui, du fait de l'objet sur lequel il porte, est susceptible d'un règlement prenant pour base le droit existant et ne peut être résolu que par l'abandon de la prétention de l'une des parties ou par modification du droit positif, tel qu'il est formulé plus haut.

En revanche, les bases des conflits armés internationaux relèvent simplement des causes nationales et internationales. Au fond, les causes fondamentales se rapportant aux dimensions variées et générées par les États responsables constituent le centre de nos préoccupations actuelles. Dans leur quintessence, ils s'analysent selon la multiplicité des dimensions qui répondent aux divers besoins de l'État, tels que les dimensions individuelles,

---

[483] Voir BOUBACAR Barry, « histoire et perception des frontières en Afrique aux XIXe et XXe siècles : les problèmes de l'intégration africaine » dans *Des frontières en Afrique du XIIe au XXe – Bamako, 1999,* Paris, Édition STEDI-MÉDIA, 2005, p. 65.
[484] Voir Serge SUR, *op.cit.*, pp. 418-429.
[485]Voir Philippe BRAILLARD, *op.cit.*, p. 264.
[486]Voir C.P.J.I. *série A*

nationales et internationales. Ainsi, il existe une vaste littérature pour rendre compte de multiples causes de guerres entre États. De Charles-Philippe DAVID par exemple, nous retiendrons que le modèle explicatif fréquemment utilisé demeure celui de Kenneth WALTZ qui est structuro-réaliste. Il analyse le phénomène de la guerre selon trois dimensions ou « images » à savoir : individuelle, nationale et internationale[487]. Ce faisant, les causes de conflits sont liées à la nature et à l'évolution des États. Selon leur classification, nous retiendrons les causes nationales (A) et les causes internationales (B).

A. Les causes nationales des conflits politiques

Les causes nationales des conflits politiques découlent des déterminants économiques sociaux et politiques. Ces déterminants sont eux-mêmes tributaires de la nature et de l'évolution des États[488]. Ainsi, nous pouvons classer ces causes comme suit : les besoins politiques (1), les besoins économiques (2) et les besoins sociaux (3).

1. Les besoins politiques

Les besoins politiques sont exprimés par des États prédateurs et expansionnistes qui montrent leur insatisfaction sur les arrangements territoriaux inadéquats ou injustes. À ce titre, ils choisissent l'offensive armée comme la meilleure résolution du problème. Or les conflits politiques renvoient à une conquête, un redressement ou encore une domination à des fins idéologiques ou géopolitiques. En Afrique, cet aspect est illustré par les conflits affectant la région des Grands Lacs où il règne une convoitise territoriale manifestée par des pays frontaliers à la RDC, tels que le Rwanda, le Burundi, et l'Ouganda, ou encore par ce fameux conflit armé qui avait opposé l'Érythrée à l'Éthiopie de 1998 à 2000.

2. Les besoins économiques

Les besoins économiques suscitent à un État l'intention de s'approvisionner d'importantes quantités de ressources naturelles d'un autre État victime du dépiautage forcé. Ce phénomène justifie le recours à la force comme l'unique moyen possible de résolution du problème de raréfaction des ressources d'un État. Si le recours à la guerre a longuement symbolisé l'attribut essentiel de la souveraineté de l'État, c'est parce qu'il permettait de le singulariser au regard de n'importe quelle organisation politique. Sous réserve de certaines conditions procédurales de portée limitée, telle qu'une Déclaration de guerre officielle suivant le droit international classique, un État avait la possibilité de faire recours à la guerre pour des motifs et des

---

[487] Selon Charles-Philippe DAVID, *op.cit.*, pp. 148-149.

[488] *Ibid.*, pp. 149-150.

objectifs convenables à ses ambitions discrètement. Il s'agit de cette souveraineté qui se définissait objectivement par la reconnaissance du monopole de la violence légitime, aussi bien à l'intérieur qu'à l'extérieur de l'État. Finalement, le *jus ad bellum* se définissait ainsi[489].

Si aujourd'hui ces États s'évertuent à extérioriser leur autorité, c'est pour simplement prétendre atteindre les objectifs qu'ils se sont fixés. Mais généralement, cela n'intervient que d'une manière exceptionnelle, parce que ces objectifs aux apparences rationnelles sont réellement abstraits. Ici nous pourrons précisément faire allusion au rapport d'accusation contre M. Saddam HUSSEIN que M. George W. BUSH a confirmé et présenté devant le CS de l'ONU le 12 septembre 2002. Ce rapport faisait allusion à la découverte des armes de destruction massive chez l'ancien président Saddam Hussein en Irak[490].

Si les conflits interétatiques peuvent être conçus comme un instrument de la politique extérieure des États, il faut cependant avouer qu'ils affectent malheureusement leurs relations diplomatiques établies avec les autres. Ils ont donc joué un rôle dans la pérennité avec une détermination incomparable. Ces conflits ont été limités tant dans les moyens mis en œuvre que dans les buts fixés. S'il faut néanmoins se défier des rapprochements rétrospectifs, nous retiendrons que ces conflits ont suscité des transformations de la société internationale par leur ampleur considérable[491]. Effectivement, ces conflits sont fréquemment observés dans les conditions de demandes intenses des ressources pétrolières à renouveler sans cesse au profit de la Partie qui les convoite.

C'est par la Résolution 1973 que le CS a décidé l'instauration d'un régime d'exclusion aérienne le 17 mars 2011 afin d'assurer la protection des civils contre des attaques systématiques et généralisées. Il a également renforcé un embargo sur les armes qu'il a imposé le 26 février et demandé au secrétaire général la création d'un groupe d'experts chargé de superviser l'application des sanctions[492]. La mise en œuvre de la zone d'exclusion aérienne par les États-Unis a permis la conquête des ressources pétrolières en Libye.

Cette action a été effectuée avec la Force opérationnelle interarmées combinée de la Corne de l'Afrique qui est l'un des deux « Commandement subalterne » de l'Africom. Ce nouveau commandement unifié des Forces US en Afrique représente le centre de commandement des nouvelles ambitions africaines de l'Empire. Celui-ci a été créé sur les préconisations du think-

---

[489] Voir Serge SUR, *op.cit.*, p. 57.

[490] Voir Ignacio RAMONET, « ARMES D'INTOXICATION MASSIVE : Mensonges d'État » *in le Monde diplomatique — juillet 2003*,http://www.monde-diplomatique.fr, le 06 juillet 2015.

[491] *Ibid.*

[492] Voir le texte intégral de la Résolution 1973 du Conseil de sécurité de Nations Unies adopté le 17 mars 2011 sur la Libye, http://www.lemonde.fr/afrique/article/2011/03/1, le 21 juillet 2015.

tank israélo-étatsunien « Institute for Advanced Strategic and Political Studies » et instituer la fameuse zone d'exclusion aérienne[493].

En revanche, la Partie adverse qui refuse une telle attitude de déséquilibre condamnable, et se voyant placée devant une perte virtuelle de ses acquis sociaux, n'opterait plutôt que pour une riposte. Effectivement, ce sont les besoins économiques qui expriment cette volonté de s'extirper d'une dépendance dans la raréfaction des ressources d'un État par la guerre[494]. Cette attitude déclenche inévitablement un conflit armé ouvert entre les États. La présence et l'influence des complexes militaro-industriels justifient ce rattachement des conflits qui incarnent cette recherche de satisfaction en besoins économiques des États. Sans conteste, la décision de recourir à la force est de nature purement politique. À ce stade, plusieurs exemples sont à retenir pour le continent africain.

D'une part, nous avons le conflit territorial sur la presqu'ile de Bakassi qui est un exigu terrain situé dans des eaux pratiquement riches en pétrole, mais qui oppose le Nigeria au Cameroun. Néanmoins, cette presqu'ile convoitée par le Nigeria pour ses eaux réputées riches en ressources pétrolières et halieutiques est longtemps sous-administrée par le Cameroun. Le 10 octobre 2002, la CIJ a rendu un Arrêt qui attribue la péninsule au Cameroun. Mais la situation a stagné car l'Armée Nigériane n'a cessé d'occuper le territoire depuis 1993, en dépit de la création d'une commission de l'ONU chargée de superviser le transfert du territoire et sa délimitation[495].

D'autre part, l'îlot de Mbagné, placé sous la souveraineté gabonaise depuis 1972, a créé des heurts entre le Gabon et la Guinée équatoriale. Depuis 1972, cet îlot situé dans des eaux également florissantes de pétrole est placé sous la souveraineté du Gabon. La Guinée équatoriale conteste les documents qui l'attribuent à Libreville en évoquant une occupation illégale[496].

Enfin, l'enclave du Cabinda qui est une manne pétrolière vivant en état de siège permanent est source d'un conflit inter-angolais. Rappelons que cette enclave du Cabinda est un territoire de 7270 km^2 qui est bloqué entre les deux Congo. Toutes ces situations de conflits permanents constituent des preuves tangibles de besoins économiques des États.

3. Les besoins sociaux

Les conflits politiques faisant l'objet des interventions de l'UA relèvent aussi des besoins sociaux qui sont fréquemment axés sur une affirmation d'ethnie, de groupe et de clan à la détention du pouvoir. Ils génèrent donc les

---

[493] Voir Nathalie GUIBERT « Libye : la création d'une zone d'exclusion aérienne en discussion » *in le Monde Afrique* — 1er mars 2011,http://www.lemonde.fr, le 06 juillet 2015.
[494] Raymond ARON, *la société industrielle et la guerre,* Paris, 1959, Librairie Plon, pp. 24-25.
[495]Voir *Géopolitique africaine*, n° 24 Octobre-Décembre 2006, pp. 108-109.
[496]*Ibid.*, p. 108.

conflits d'ordre fratricides, nationalistes ou irrédentistes définis et justifiés par des affrontements de tous ces acteurs sur le plan interne ou international. La guerre au Rwanda ayant opposé les tutsis aux Hutu en 1994 est donc une expression des besoins sociaux des populations[497]. Malgré cela, nous sommes parfaitement conscients de ne pouvoir avilir ces années de conflit au Rwanda de 1990-1994 à une simple expression de besoins sociaux.

Dans cette crise, des causes sous-jacentes d'ordre idéologique, la combinaison des causes historiques et des évolutions politiques ont été des facteurs de grande influence. Depuis plusieurs années avant 1994, l'idéologie chrétienne et xénophobe développée par les militants appartenant au « Hutu Power » exprimait déjà une vengeance contre leurs envahisseurs historiques, en l'occurrence les hamites Tutsis. Il en est ainsi parce que ces derniers les auraient rabaissés en esclavage des siècles durant auparavant et qu'il fallait s'opposer à la victoire du Front patriotique rwandais (FPR), un tremplin assuré dans la restauration de la monarchie Tutsi. Au-delà, l'influence politique du « Hutu Power » a finalement oppressé les Accords d'Arusha dont les dispositions n'ont pu être appliquées pour un gouvernement de transition à base élargie.

Au bout du compte, la radiodiffusion des thèses de la tendance « Hutu Power » a suscité le déclenchement du conflit au Rwanda en avril 1994[498]. Mais ce conflit qui a ravagé le Rwanda depuis plusieurs décennies peut aussi être qualifié de conflit identitaire. À propos, M. Anastase SHYAKA s'appuie sur les arguments de M. François THUAL[499]. Il soutient que le conflit qui a ravagé le Rwanda depuis plusieurs décennies a été un conflit identitaire. Il confirme également que le conflit identitaire évoque la persuasion, à tort ou à raison, d'un groupe humain se sentant menacé de disparaître ou d'être réduit sur le plan physique ou politique par un autre. Le conflit identitaire est donc celui où des narcissismes collectifs s'affrontent. Il peut ainsi se cristalliser sur des appartenances ethniques et territoriales, linguistiques, confessionnelles et culturelles certes, mais aussi à partir de l'histoire, des constructions idéologiques et des affiliations politiques comme sur le conflit Hutu-Tutsi au Rwanda et au Burundi.

Cependant, l'origine et l'évolution des mécanismes identitaires tracent l'itinéraire de leur formation. Dans la genèse d'un tel conflit, la peur existentielle, la négation de l'histoire et tout mouvement identitaire entreprennent une démarche intemporelle fixant l'histoire de la communauté dans une sorte d'essence perpétuelle. Le mécanisme identitaire a un fonctionnement qui s'assimile à celui d'un mythe gnostique. Il existe d'abord une entité parfaite puis intervient un facteur perturbateur souvent conquérant, comme une religion rivale ou une ethnie dominante et, enfin

---

[497]Voir NKURUNZIZA Charles, *Le conflit rwandais*, http : //www.only.nl, 18 février 2013.
[498]Voir Larry MINEAR et Philippe GUILLOT, *Soldats à la rescousse : les leçons humanitaires des événements du Rwanda*, Paris, Service des Publications, OCDE, 1996, p.62.
[499]*Les conflits identitaires,* Paris, Ellipses, 1995.

surgit l'idée de la réintégration et de la restauration de l'état primitif. À cette spirale, la communauté menacée va s'armer pour exterminer ses assaillants[500]. En plein XXe siècle finissant, pouvait-on encore concevoir des conflits de cette envergure dont les effets pervers incommensurables ont décimé des populations entières ? En effet, il est incompréhensible que des OI solidement constituées comme l'ONU et l'OUA soient tenues en échec devant le génocide du Rwanda de 1994 ?[501]

Évidemment, d'aucuns soutiennent d'ailleurs que l'ONU a brillamment échoué dans sa procédure d'intervention collective. Cette attitude est souvent incarnée par une gestion attentiste et incertaine des crises suivant la commission Evans-Sahnoum[502]. Le cas au Rwanda est une illustration très congruente. En tout état de cause, cette guerre de reconquête du pouvoir par le FPR a essentiellement généré la tragédie rwandaise qui a profondément marqué l'histoire de ce pays[503]. Aujourd'hui, la responsabilité de protéger les populations a été au centre du Sommet mondial de 2005. Ce dernier a été suivi d'une élaboration du document final au rang de principe fondé sur les obligations internationales des États conformément à la Charte entérinée par la Communauté internationale[504]. Ainsi, le CPS a réaffirmé les dispositions des paragraphes 138 et 139 de ce document final dans sa Résolution n° 1674 (2006) du 28 avril 2006 portant sur la protection des populations civiles[505].

---

500 Voir Anastase SHYAKA, *Le conflit rwandais Origines, Développement et Stratégies de sortie : Étude commandée par La Commission Nationale pour l'Unité et la Réconciliation,* www.cec.rwanda.free.fr/...Rwandais/Le-conflit-rwandais-Anastase-Shyaka.pdf, le 10juillet 2015.

501Depuis le 6 avril 1994, après la mort des Présidents du Burundi et du Rwanda dans un accident d'avion dû à un lancer de roquette, un million de Tutsis et de Hutus modérés ont été intensivement et systématiquement massacrés au Rwanda. Malgré le choc de la communauté internationale, des pays comme la Belgique ont demandé le 21 avril 1994 de retirer leurs contingents suite à l'assassinat brutal le7 avril du Premier Ministre, Mme Agathe Uwilingiyimana et des 10 Casques bleus belges chargés de la protéger. Chargée de superviser les Accords de paix ayant mis fin à la guerre civile l'année précédente, la MINUAR avait réduit ses membres de 2 165 à 270. La faillite de l'intervention de la communauté internationale a donc exacerbée cette tragédie rwandaise. Les Nations Unies qui n'ont pu atténuer les atrocités au Rwanda ont été sévèrement limitées par la réticence des États Membres incapables de renforcer le mandat de la MINUAR et dépêcher des contingents supplémentaires. Voir *Le programme de communication sur le génocide au Rwanda et les Nations Unies*, http://www.un.org, le 12 juillet 2015.

502 Voir Jean-Nazaire TAMA *La responsabilité de protéger : une version reformée ou un maquillage subtil du devoir* d'ingérence dans Revue juridique et politique des États francophones, *op.cit.*, p.448.

503 Voir Charles NKURUNZIZA, *Le conflit rwandais,*www.jkanya.free.fr, le 10 juillet 2015.

504François Hollande, le président de la République française faisait allusion à la R2P en invoquant « la responsabilité de protéger les civils » en Syrie, lors de la conférence des ambassadeurs du 27 août 2013. Finalement la Responsabilité de protéger devient R2P dans son abréviation anglo-saxonne.

505Voir Jean-Nazaire TAMA *La responsabilité de protéger : une version reformée ou un maquillage subtil du devoir* d'ingérence dans Revue juridique et politique des États francophones, *op.cit.*, p.450.

Quoi qu'il en soit, c'est par la force qu'une cohésion nationale et sociale s'imposerait à la simple satisfaction d'une frange d'individus. Généralement, les conflits résultent des forces idéologiques antagonistes avérées des motivations très déterminantes, au regard de la puissance matérielle et des intérêts comme source d'affrontement pour les grandes puissances. À ce titre, l'intransigeante prise de position de la Chine et la Russie devant le CS sur des sanctions contre la Syrie illustre suffisamment cet aspect.

B. Les causes internationales des conflits politiques

Les causes internationales sont intimement rattachées à la condition relativement anarchique du système international, ainsi qu'aux changements inhérents à l'évolution de l'équilibre des puissances qui occasionnent des conflits politiques d'ordre international. Ainsi, les causes susceptibles de générer les guerres sont de deux ordres[506]. Notamment, il s'agit de la croissance inégale de la puissance (1) et de la transition entre puissances (2).

1. La croissance inégale de la puissance

L'inégalité de la croissance observée auprès d'un État surpuissant est susceptible de susciter une asymétrie, base d'un sentiment d'hégémonie et d'invincibilité face aux conflits internationaux qui peuvent se déclencher. Ainsi, deux ou plusieurs autres aspirants à la notion d'hégémonie peuvent toutefois s'affronter. À cette enseigne, la théorie élaborée à propos de la stabilité de l'hégémonie évoque qu'au bout du compte, la paix est assurée au moment que l'hégémonie l'emporte dans une période de sa stabilisation qui succède généralement à la guerre. Nous pouvons ainsi citer le conflit de la Libye contre le Tchad à propos de la bande d'Aouzou, ou celui du Nigeria contre le Cameroun sur la péninsule de Bakassi. Pour promouvoir la paix, la sécurité et la stabilité sur le continent, l'UA a prévu, entre autres, des dispositions dans l'article 7 (1) du Protocole d'accord et de coopération dans le domaine de la paix et de la sécurité entre l'UA, les CER et les Mécanismes de coordination des brigades. Ainsi, « les parties intensifient leurs efforts en vue de la prévention structurelle des conflits, notamment à travers des politiques visant à promouvoir des principes et des pratiques démocratiques, la bonne gouvernance, l'État de droit, la protection des droits de l'Homme et des libertés fondamentales, ainsi que le respect du caractère sacré de la vie humaine et du droit international humanitaire »[507].

---

[506]*Ibid.*

[507]Voir l'article 7(1) du Protocole d'accord et de coopération dans le domaine de la paix et de la sécurité entre l'UA, les CER et les Mécanismes de coordination des brigades.

2. La transition entre puissances

La transition entre puissances qui se traduit par la mutation dans la répartition des capacités est le fondement de la puissance des États. Mais une transition qui devient potentiellement imminente peut occasionner un climat d'angoisse pour l'État adverse. Lorsqu'elle peut générer les conflits, cet État adverse anticipe une attaque généralement pour épargner la surprise qui surpassera la force ennemie. Ce modèle type de conflit est qualifié de « fuite en avant ». En d'autres termes, il s'agit d'un conflit de prévention encore appelé guerre préventive. Ce genre de conflit explique la méfiance d'un État qui craint une attaque ennemie en déclenchant un conflit par anticipation, tout simplement. De telles circonstances de transition offrent un spectacle où la rivalité liée à l'acquisition des armements et le dispositif militaire dans l'offensif deviennent de plus en plus importants pour une excitation au conflit international, tantôt interne.

En Afrique, ce phénomène de transition entre puissances s'observe plus exactement dans les relations constamment tendues entre les États de la région des Grands Lacs. Ce phénomène peut s'illustrer par le conflit entre la RDC et ses voisins. Effectivement, dans leurs conflits contre la RDC, le Rwanda, le Burundi, et l'Ouganda ont souvent été accusés, entre autres actions conflictuelles, d'appuyer militairement des groupes d'insurgés qui interviennent directement à leur profit à l'intérieur du territoire congolais.

Cet argument est étayé par un nouveau rapport non publié établi par un groupe d'experts du CS de l'ONU. Ce document indique que le ministre de la défense rwandais, le général James KABAREBE, tenait le sommet de la pyramide de commandement du M23, un groupe armé constitué de mutin qui mène les opérations dans la partie Est de la RDC. Recherché par la CPI pour crimes de guerre, M. Bosco NTAGANDA qui a déserté l'Armée congolaise a rejoint la chaine de commandement de cette rébellion. Ainsi, ils contrôlaient plusieurs localités en territoire de Rutshuru qui est une subdivision administrative de la province du Nord-Kivu (RDC). Il a été incarcéré le 22 mars 2013 suivant deux mandats d'arrêt initiés contre lui pour crimes contre l'humanité et crimes de guerre commis en 2002 et 2003 en Ituri localité du territoire d'Irumu située en Nord-est de la RDC[508].

Quoique démenties par le Rwanda et l'Ouganda, les allégations de ce rapport révèlent un soutien ininterrompu des rebelles par ces deux États en leur fournissant des armes. Ces derniers auraient même envoyé des troupes d'appui aux insurgés dans une attaque meurtrière contre des Casques bleus. Remis par les experts du Comité des sanctions du CS, ce rapport donne des précisions sur des unités conjointes des Armées rwandaises et ougandaises qui ont appuyé le M23 dans une série d'attaques en juillet 2012. Ces attaques permettaient de tenir le contrôle des principales villes de Rutshuru et de la base militaire stratégique de Rumangabo en RDC. Le gouvernement

---

[508] Voir Stéphanie MAUPAS, *Bosco NTAGANDA répond devant la CPI d'une partie de ses crimes au Congo*,http://www.lemonde.fr, le 21/03/2015.

rwandais était accusé de violer l'embargo de l'ONU sur les armes, facilitant ainsi le recrutement des belligérants sur son propre territoire, en vue d'encourager la défection au sein de l'Armée congolaise.

En fin de compte, ce sont les trafiquants de minéraux et métaux précieux exploités dans les mines de l'Est de la RDC, pour le compte du Rwanda, qui soutiennent la rébellion sur le plan logistique. Ainsi, c'est seulement le 29 août 2012 que M. Martin KABWELULU, le ministre congolais des Mines, avait sollicité un embargo sur le Rwanda à propos du pillage des minerais en RDC. Cependant, c'est dans le courant de l'année 2011 que le Rwanda avait rapatrié plus de 80 tonnes de minerais de contrebande au Congo. Heureusement que les douaniers avaient réussi à saisir ce butin.

Bien entendu, pour renforcer la capacité des États dans la prévention, la gestion et le règlement des conflits, l'article 7 (4) pose les dispositions sur la coopération des parties pour un rétablissement et une consolidation de la paix en vue de régler un tel conflit. Ces dispositions évoquent également la manière d'empêcher sa résurgence par des moyens pacifiques et le déploiement des missions de soutien de paix prévu par le Protocole relatif au CPS et les autres instruments régionaux pertinents.

En tout état de cause, l'évolution et la nature des États font partie intégrante des causes réelles des conflits internationaux. Cependant, les rivalités entre puissances ennemies stimulent également les conflits interétatiques. Cette attitude créée l'instabilité et l'insécurité permanentes du continent africain qui se prive finalement du développement et de l'intégrité indispensables[509]. À cet effet, il paraît utile d'aborder les conditions préalables au règlement des conflits politiques.

Paragraphe 2 : Conditions préalables au règlement des conflits politiques

Lorsqu'il s'agit d'examiner le rôle de l'UA dans la prévention, la gestion et le règlement des conflits, nous constatons un accroissement de ses compétences au regard de l'OUA sa devancière notamment sur les questions fondamentales telles que la démocratie, l'État de droit, la bonne gouvernance et les droits de l'Homme qui sont extrêmement sensibles[510]. Cependant, la réussite des opérations dans le règlement des conflits politiques exige des moyens les plus adaptés. Mais il s'avère que des conditions préalables sont à envisager pour ces techniques modernes de règlement des conflits. À ce stade, le simple regard porté sur le droit nous laisse remarquer qu'il constitue non seulement un procédé, mais aussi une base au règlement des différends internationaux.

[509]Voir VOA News, *RDC*, https://www.voaafrique.com, le 21/03/2015.

[510] Voir MESMER L. GUEUYOU, « Le rôle de l'UA dans la prévention et la Résolution des conflits », *in L'Union africaine : cadre juridique et institutionnel : manuel sur l'organisation panafricaine*, Paris, éd. A. PEDONE, 2013, p. 271.

Effectivement, le règlement de tels différends occupe une place importante dans les relations internationales. De cette manière, le droit joue un rôle capital en la matière, quoiqu'il ne soit pas exclusivement sollicité. Il en est ainsi, simplement parce que le droit ne représente pas l'unique moyen de résolution des différends internationaux. Il faudrait ainsi adapter un mode de résolution convenable à chaque type de problème évoqué dans le conflit. Ce faisant, les différends à caractère politique exigent un règlement faisant appel aux modes diplomatiques définis par un aspect non obligatoire des solutions dégagées.

Par contre, les modes de règlement obligatoires des différends répondent aux différends juridiques. Ces derniers conviennent donc mieux aux résolutions basées sur l'interprétation et l'application des normes du droit positif et non inversement. Et pourtant, en droit international, il est possible aux parties de ne pas toutefois se référer au droit positif pour résoudre leur différend, surtout lorsqu'elles conviennent pour un compromis mutuel au préalable. En ce moment, la solution qui en découle sera couverte de l'autorité de la chose jugée, au regard des répercussions de droit et de toutes autres situations relatives, partant c'est de la sécurité juridique qu'il s'agit pour le reste[511].

En tout état de cause, deux principes fondamentaux régissent le mécanisme du règlement pacifique des différends. En premier lieu, nous retiendrons l'obligation de résoudre les litiges par les moyens pacifiques (A) et en second lieu interviendra la liberté de choix des parties en ce qui concerne le mode de règlement de ces différends (B).

A. L'obligation de résoudre les différends par les moyens pacifiques

Pour la résolution des différends, l'obligation de recourir à des moyens pacifiques constitue la première condition d'assujettissement des États placés dans une situation politique conflictuelle. Il s'agit d'une obligation d'ordre général de règlement pacifique des différends. Ainsi, il s'inscrit comme principe du droit international général. Ce faisant, c'est avec les traités bilatéraux que ces obligations dont la portée est universelle ont connu leur établissement à travers les traités multilatéraux.

Malgré leur conception quelque peu différente, ces obligations assurent néanmoins le maintien de la paix et de la sécurité internationales. L'obligation de règlement des différends par les moyens pacifiques a constitué l'objet principal des Conventions de La Haye de 1899 et de 1907 sur le règlement des conflits internationaux[512]. Il en a également été l'objet du Pacte de la SDN[513]. Aujourd'hui, les dispositions de la Charte des Nations Unies font aussi référence à cette obligation telle que les articles 33 (1) et 2

[511] *Ibid*, p. 226.

[512] Voir Conventions de la Haye de 1899 et de 1907 sur le règlement des conflits internationaux.

[513] Voir le Pacte de la Société des Nations.

(3)[514]. Par ce dernier article, il nous est rappelé que l'obligation constitue une prohibition dorénavant classique qui interdit tout recours à la force pour faire aboutir les réclamations, sinon permettre de résoudre les conflits. Dès lors que la guerre ne représentait plus un mode de règlement des différends, sa proscription a fait de l'obligation un corollaire de l'interdiction du recours à la force ou de l'utilisation de la force pour résoudre les conflits internationaux. Dans tous les cas, les sujets de droit international sont soumis au principe général de droit international qui est l'obligation de résoudre les différends par les moyens pacifiques. Cette obligation découle de l'article 33 (1) de la Charte des Nations Unies associée à son article 2 (3)[515].

Dans sa substance, l'obligation prévoit donc le devoir des États à régler leurs différends susceptibles de menacer le maintien de la paix et de la sécurité internationales par des moyens pacifiques choisis, et au préalable par le moyen de la négociation, de l'enquête, de la médiation, de la conciliation, de l'arbitrage, du règlement judiciaire et du recours aux organismes régionaux. En revanche, l'obligation de négocier est la conséquence immédiate de la formulation générale de cette obligation de résoudre les différends[516].

B. La liberté de choix des parties au mode de règlement des différends

Si l'obligation de résoudre les différends par les moyens pacifiques demeure la règle primordiale à laquelle les sujets de droit international sont tenus à se soumettre, la liberté de choix des parties inhérente au mode de règlement des différends en est absolument le corollaire. Ainsi, l'obligation prouve qu'il n'existe aucun mode préférentiel nanti d'un privilège absolu de résoudre définitivement un conflit en toute efficacité. Un libre arbitre est plus accordé aux États en conflit d'adopter la méthode et la procédure mieux adaptées à la résolution de leur différend.

La plupart des traités conçus au sein de l'UA sont surtout calqués sur le modèle de la Charte des Nations Unies. Cependant, ils n'expriment qu'un simple engagement de caractère général. Ainsi, qu'ils réaffirment conventionnellement cette obligation inscrite au traité que les parties doivent impérativement mettre en pratique dans l'exercice de leurs relations interétatiques. Ces traités incarnent donc cette obligation manifestée par ce libre choix parmi de nombreux moyens de règlement de conflits.

---

514 Selon Michel VIRALLY, *Panorama du droit international,* RCADI, 1983-V, p.238.

515 Voir Photini PAZARTZIS, *op.cit.*, p.66.

516 La négociation fait partie des moyens pacifiques de règlement des conflits. Elle comporte une confrontation bilatérale. Sa procédure conduit généralement à un compromis de telle sorte que chaque partie atteint quelques-uns de ses objectifs en abandonnant certains d'autres. Le dénouement du conflit dépend par contre de la volonté commune des parties d'aboutir à un Accord. À en croire Photini PAZARTZIS, *op.cit.*, p.259.

Par exemple, nous retiendrons ainsi la négociation qui était menée sous les auspices du panel de haut niveau de l'UA. Elle exige une mise en œuvre intégrale de la Résolution 2046 du CS pour un règlement définitif du différend opposant le Soudan au Soudan du Sud d'une part[517]. Malheureusement, les négociations entre ces deux États en stagnation avaient fait l'objet de grands débats au 20e sommet des pays de l'UA tenu du 21 au 28 janvier 2013 à Addis-Abeba[518].

D'autre part, c'est le 16 juin 2011 que M. Thabo MBEKI médiateur de l'UA pour le Soudan avait fait venir à Addis-Abeba, une délégation des combattants de l'Armée sudiste de Kordofan-Sud victime d'intenses conflits. Le but de la médiation était de négocier un cessez-le-feu avec les représentants de Khartoum déjà présents à Addis-Abeba[519]. La substance de ces traités comporte un effet très large, d'autant plus qu'elle ne se limite pas qu'aux différends qui menacent le maintien de la paix et de la sécurité internationales.

Au contraire, cette substance s'intéresse à tous types de litiges dans les domaines pertinents du traité. Malencontreusement, une telle attitude n'est pas trop favorable pour les États membres de l'UA. Manifestement, ceux-ci ne sont pas totalement disposés à l'accueillir pour en tirer profit. Pour ce motif par exemple, c'est par son Premier ministre, M. Cheikh Modibo DIARRA que le Mali avait refusé la perspective des négociations avec les islamistes occupant le nord du pays. Il en est ainsi, simplement parce que cette portée présente de grandes incertitudes, pour autant que les dispositions de ces traités génèrent une obligation de règlement à la charge des États membres de l'UA. Ainsi, ces États membres auront la possibilité de faire le choix du moyen pacifique à leur convenance. Toutefois, cette liberté de choisir peut devenir un inconvénient de taille susceptible d'altérer le règlement pacifique des différends, au détriment des États membres en conflit.

Effectivement, les dispositions portant sur le règlement des différends permettent aux États de garder une certaine liberté de choisir les moyens d'appliquer l'obligation qu'ils ont souscrite. Cette attitude laisse subsister quelques échappatoires, sinon les risques de tergiverser devant les issues des conflits. Il en est ainsi parce que la valeur de l'obligation souscrite résulte à la fois de la nature des comportements prescrits, du degré de précision de son contenu, enfin du nombre et de l'importance de ses clauses échappatoires[520]. Ce phénomène peut néanmoins encourager, voire animer un volontarisme politique. Il est bien plus souvent assorti d'un

---

517Voir France diplomatie - *Événement : Sommet de l'Union africaine à Addis-Abeba (15 et 16 juillet 2012),*http://www.diplomatie.gouv.fr, 18 février 2013.

518Voir Rapport du CPS N° 43 — Février 2013, P. 12.

519Voir Catherine MAIA, *Poursuite des négociations à Addis-Abeba,* reseau-multipol.blogspot.com, le 19.02.2013.

520 Voir Photini PAZARTZIS, *op.cit.,* p. 65.

comportement d'atermoiement inexorable que les leaders politiques africains seraient tentés d'adopter.

Aujourd'hui, la question du volontarisme politique ou d'atermoiement ne peut pas se poser puisque la Commission fonctionne à l'instar du Secrétariat général des Nations Unies. Conformément à l'article 10 du CPS, le président de la Commission par sa propre initiative ou à la demande du CPS, « peut, user de ses bons offices, soit personnellement, soit par l'intermédiaire d'Envoyés spéciaux, de Représentants spéciaux, du Groupe des sages ou des Mécanismes régionaux pour prévenir les conflits potentiels, régler les conflits en cours et promouvoir les initiatives et les efforts de consolidation de la paix et de reconstruction post-conflit ».

Évidemment, tout se joue conformément aux dispositions de l'article 10 (2.c) du Protocole du CPS. Malheureusement, les situations de troubles et tensions internes naguère du Maghreb, du Mali et de la RCA l'ont démontré. Tantôt, un accord indispensable pour le choix d'un moyen de résolution des différends peut s'avérer impossible, en dehors d'une violation de l'obligation néanmoins clairement stipulée. Heureusement que l'énoncé d'une obligation de caractère général peut désigner une procédure à laquelle les parties doivent recourir en cas de désaccord sur un autre moyen. À ce titre, l'obligation s'avère plus contraignante, dès lors que les dispositions complémentaires peuvent trouver une issue[521].

Pour ce faire, le premier paragraphe de l'article 33 de la Charte des Nations Unies précise ces différents modes de règlement des différends. Cet article constitue une excellente garantie dans l'exercice des relations interétatiques. Ainsi, la liberté de choix à un mode de règlement des différends exprime celle des parties au litige devant la procédure. À tous égards, le simple engagement pris par les parties constitue une faveur leur permettant d'apprécier le choix des moyens librement, ce qui réduit en conséquence la portée de celui-ci. Il est donc question de souligner que l'obligation de résoudre les conflits par des moyens pacifiques et la liberté de choix de parties représentent les deux principes cardinaux qui gouvernent le mécanisme du règlement pacifique des différends. Aucun mode de règlement des litiges n'est prioritaire pour les parties. Ainsi, ils doivent plus choisir les procédés qui leur conviennent. Ces divers moyens susceptibles de couvrir leurs rapports internationaux sont énumérés par l'article 33 (1) de la Charte des Nations Unies de manière énonciative[522].

SECTION II : LES CONFLITS ARMÉS NON INTERNATIONAUX

Contrairement aux conflits armés internationaux, les conflits armés non internationaux se déroulent en plein territoire d'un État entre les forces

[521]*Ibid,* p. 68.
[522] Voir Raymond RANJEVA et Charles CADOUX, *op.cit.*, p. 225.

armées gouvernementales et les forces rebelles, ou bien entre des groupes armés non gouvernementaux. La distinction de ces deux types de conflits tient compte de certaines spécificités restrictives. Les traités de DIH distinguent le conflit armé non international à travers l'article 3 commun aux Conventions de Genève de 1949 et l'article 1er du Protocole additionnel II[523]. D'une part, cet article s'applique « en cas de conflit armé ne présentant pas un caractère international et surgissant sur le territoire de l'une des Hautes Parties contractantes ». D'autre part, une définition plus restrictive du conflit armé non international a été adoptée conformément à l'article premier du Protocole additionnel II. Cet instrument s'applique donc aux conflits armés « qui se déroulent sur le territoire d'une Haute Partie contractante entre ses forces armées et des forces armées dissidentes ou des groupes armés organisés qui, sous la conduite d'un commandement responsable, exercent sur une partie de son territoire un contrôle tel qu'il leur permette de mener des opérations militaires continues et concertées et d'appliquer le présent Protocole »[524].

D'un point de vue juridique, il n'existe pas un autre type de conflit armé dans ce cadre. Néanmoins, une situation peut évoluer d'un type de conflit armé à un autre, selon les faits qui peuvent parfois prévaloir. L'exemple d'un conflit armé interne internationalisé vécu en République du Zaïre (l'actuelle RDC) est bien convaincant. En effet, il s'agit du conflit qui avait opposé les Forces gouvernementales du président Mobutu à l'Alliance des Forces démocratiques pour la Libération du Congo/Zaïre (AFDL) sur le plan interne. Mais au fur et à mesure, ce conflit non international s'est transformé en conflit international avec l'intervention de nombreuses troupes étrangères venues, entre autres, du Rwanda, de l'Ouganda et du Burundi pour appuyer le mouvement rebelle (AFDL). Cependant, les troupes étrangères marocaines, tchadiennes et autres ont combattu aux côtés des Forces armées gouvernementales du Zaïre[525].

Le conflit armé non international au Darfour a également pris le caractère d'un conflit armé international, dès lors que le Soudan a accueilli une partie des miliciens Jandjawids venus du Tchad pour se réfugier au nord du Darfour en 1998 et combattre ensuite en sa faveur. Ce conflit tribal a opposé des Forces armées tchadiennes à celles du Soudan en prenant chacune position aux frontières, mais aussi la confrontation de l'Armée soudanaise

---

[523] Voir CICR – Ressources, Comment le terme « conflit armé » est-il défini en droit international humanitaire ?, *op.cit.*, p.1.

[524] *Ibid.*

[525] Voir Philippe TUNAMSIFU SHIRAMBERE, *la collaboration entre l'Organisation des Nations Unies et l'Union africaine dans le règlement pacifique des conflits armes africains : cas de la crise au Darfour,* Mémoire pour l'obtention du Diplôme de Licencié en Droit - Université Libre des Pays des Grands Lacs « ULPGL », 2005, http://www.memoireonline.com, le 08 juillet2015.

aux mouvements rebelles tels que l'Armée de libération du Soudan (ALS), le mouvement pour la justice et l'égalité, les milices tribales d'autodéfense[526].

Les cas récents des insurgés de la RCA et du Mali sont aussi d'une pertinence incontestable sur le concept d'un conflit armé interne internationalisé. Effectivement, ces groupes terroristes ont tenu le contrôle du Nord Mali en présentant une structure organisée et hiérarchisée nantie d'un armement très sophistiqué. Malgré tout, ils ont été détruits par l'Armée française aux côtés de l'Armée malienne, tous appuyés par les diverses forces militaires étrangères sous le contrôle du CS des Nations Unies. Ces conflits armés non internationaux relèvent généralement des dissidents ou de toutes autres unités armées organisées entre eux au plan interne. Ce faisant, seuls la durée et le niveau d'intensité atteints par des hostilités pourront déterminer la présence des conflits armés non internationaux sur le terrain.

L'Afrique connaît de nombreux exemples à propos, ainsi nous pouvons citer le conflit du Nigeria contre le mouvement insurrectionnel et terroriste d'idéologie salafiste djihadiste de Boko Haram, originaire du nord-est du Nigeria. Ce même mouvement est en confrontation avec les Forces armées camerounaises au nord du pays. De même, ces islamistes Nigérians de Boko Haram ont mené leur première offensive au Tchad dans la nuit du jeudi au vendredi 13 février 2015. Le bilan de cette invasion sur les rives du lac Tchad est d'au moins cinq morts à proximité d'un site de réfugiés[527].

En effet, tous ces aspects permettent de distinguer les conflits non internationaux des troubles intérieurs ou de simples émeutes sporadiques, une fois que les parties en conflit ont été définies et identifiées, sinon après qu'on a pu définir et identifier les limites territoriales, enfin lorsqu'on peut définir et identifier le commencement et la fin d'un conflit. Les guerres civiles et les guerres d'indépendance sont des exemples pertinents de ce type de conflits. Dans la première catégorie, on peut ranger les événements du Darfour où s'affrontent différentes milices parfois soutenues par le gouvernement soudanais. Le long conflit qui opposa ce même gouvernement soudanais à l'Armée populaire de libération du Sud-Soudan (SPLA) sera placé dans la seconde catégorie. Après 22 années de guerre assorties des centaines de milliers de victimes, ce conflit a fini par la création de la République du Soudan du Sud après le référendum du 9 juillet 2011[528]. Celui-ci est donc devenu le 54e État africain et le 193e membre de l'ONU après avoir été avalisé par l'Organisation panafricaine en dépit des innombrables difficultés que ce jeune État devra surmonter.

---

[526] Voir Éric KAMBALE WAHASA, *Crimes de guerre et crimes contre l'humanité : quels enjeux pour le droit international humanitaire ?*, Université Cadi Ayyad : Faculté de droit Marrakech - Licence Droit public 2009, http://www.memoireonline.com, le 08 juillet2015.

[527] Voir Reuters – Le monde, *Incursion de Boko Haram au Tchad*, http://www.lemonde.fr, le 08 juillet 2015.

[528] Voir sylvain KAHN, *Soudan : quelle géographie après le référendum d'autodétermination du sud ?*http://www.franceculture.fr, le 22.2015.

Les conflits armés non internationaux présentent une énorme complexité et font régulièrement l'objet d'une intervention extérieure. Pour des questions d'intérêt, un ou plusieurs États peuvent apporter un soutien à l'un ou à l'autre État en conflit. En effet, la fin d'un conflit intra-étatique peut résulter d'une intervention des forces armées de la Communauté internationale, ce que nous reconnaissons à l'UA. Ainsi, tout acte de contrainte armée qu'un État engage contre les ressortissants étrangers résidant sur son territoire s'inscrit dans le cadre des conflits armés non internationaux.

Si tout conflit opposant un groupe de ressortissants étrangers contre un État où ils résident ne constitue pas un conflit international, il représente incontestablement un conflit non international. La raison fondamentale de cette réalité est que juridiquement ces ressortissants ne peuvent pas représenter leur État. Par conséquent, ce genre de conflit ne peut que s'inscrire dans un contexte non international, bien qu'il puisse opposer des parties relevant des nationalités différentes.

De même, un conflit armé non international peut s'exprimer par le fait qu'un État puisse se permettre de prêter son concours à une intervention armée menée contre un autre État, mais sans implication directe de celui-ci à assumer entièrement le poids des opérations sur le terrain. Tantôt, le territoire d'un État bienfaiteur peut servir des lieux de préparation d'une éventuelle attaque militaire contre un autre État. Il peut aller jusqu'à favoriser le recrutement de toutes sortes de belligérants au bénéfice d'un État étranger.

Par ailleurs, certains conflits armés non internationaux peuvent résulter du fait qu'un État puisse héberger des rebelles venus d'un autre État pour profiter de leur concours aux exactions à commettre envers une partie de la population civile qui s'oppose au pouvoir dictatorial de cet État hôte, comme cela s'est déroulé en RCA et au Soudan. En RCA, c'est lors du coup d'État perpétré par le général François BOZIZÉ que le président Ange-Félix PATASSÉ avait sollicité l'aide des Milices armées de M. Jean-Pierre BEMBA de la RDC pour contrer la victoire de son opposant. Le 30 septembre 1998 à Kisangani, un groupe de Congolais sous la direction de Jean-Pierre BEMBA crée le Mouvement de libération du Congo (MLC) qui est un mouvement politico-militaire et sa branche armée dénommé l'Armée de Libération du Congo (ALC)[529].

En effet, c'est en mai 2001 et en octobre 2002 que ces miliciens du MLC et de l'ALC sont respectivement venus de la RDC pour mener des opérations émaillées de nombreuses exactions envers les populations centrafricaines[530]. En revanche, le Soudan a accueilli une partie des miliciens Jandjawids venus

---

529 Voir Juliette Cua, Catherine Gouëset, *Jean-Pierre Bemba devant la CPI : chronologie*, http://www.lexpress.fr, le22.03.2015.

530 Voir IRIN, *République Centrafricaine : Le calvaire des victimes de viol continue*, http://www.irinnews.org, le 22.03.2015

du Tchad pour se réfugier au nord du Darfour en 1998. Composantes des Jandjawids, ces insurgés tchadiens conduits par M. Acheickh Ibn Omer SAEED, l'allié tchadien de la Libye sont accueillis par Musa HILAL, nouveau chef des Arabes du Nord Darfour, auprès de qui ses miliciens sont déjà fournis en armes. Leur mission était d'aider le Gouvernement du Soudan (GOS) dans sa politique régionale de contrôle territorial dans les années 1990.

Quoi que l'on dise, nous sommes incontestablement devant une série d'actions qui profitent aux opérations militaires d'un État étranger affrontant un autre État. Sur le plan juridique, ces actes requièrent diverses connotations. Autrement, ces attitudes affichées par un État salutaire qui cède son territoire au profit d'un autre État en conflit le qualifient d'un véritable participant à la contrainte armée.

Si la jurisprudence a apporté les éléments nécessaires à la définition du conflit armé, dont le conflit armé non international, c'est aussi parce que les jugements et les décisions du TPIY ont fourni un éclairage sur celle-ci. Cependant, dans la doctrine, les commentaires explicites des auteurs célèbres s'appliquent aux conflits dont les critères ne sont pas strictement définis dans le Protocole additionnel II. Tandis que ces commentaires en donnent l'essentiel des indications à l'application des garanties prévues dans l'article 3 commun aux Conventions de Genève de 1949[531].

Tout compte fait, les conflits armés non internationaux relèvent des causes liées à la nature et à l'évolution des États. Nous allons d'abord nous pencher sur l'étude des bases qui sont à l'origine de tels conflits (paragraphe 1), avant d'examiner la recherche des solutions relatives (paragraphe 2).

Paragraphe 1 : Les bases des conflits armés non internationaux

Les bases des conflits armés non internationaux sont diversifiées. De ce fait, leurs causes sont également issues des déterminants politiques, économiques et sociaux qui eux-mêmes proviennent des structures de l'État. Évidemment, dans l'exercice des relations interétatiques, les États membres de l'UA sont contraints de nouer des relations conformément aux normes de l'ACUA. Mais l'éclatement d'un conflit ouvert devient généralement inéluctable lorsqu'un État arrive à violer les dispositions d'un traité dans l'exercice des relations interétatiques. Ainsi, ces déterminants génèrent des causes fondamentales des conflits armés non internationaux. Ces causes fondamentales se rapportant aux multiples dimensions sont elles-mêmes générées par les États responsables. Elles constituent le centre de nos préoccupations actuelles et s'analysent selon les dimensions qui répondent aux divers besoins de l'État.

---

531 Voir CICR – Ressources, Comment le terme « conflit armé » est-il défini en droit international humanitaire ?, *loc.cit.*

En un mot, ce sont principalement les causes nationales qui créent les conflits armés non internationaux. Cependant, la politique de bon voisinage oblige les États à une assistance mutuelle conforme aux pratiques conventionnelles de l'Union. Par conséquent, aucune pratique anarchique ne devrait être consentie au sein de l'UA. Malheureusement, des États méprisant la souveraineté et l'égalité des autres États commettent des actions contraires aux normes conventionnelles de l'Union et des Nations Unies puisque la souveraineté et le principe de l'égalité des États contribuent au fondement de la Charte.

Bien entendu, sur la base de ces inégalités et pour satisfaire leurs exigences économiques, politiques et sociales, les États africains ont été obligés de se regrouper en organes sous-régionaux. Une telle solidarité autonome témoigne d'une spontanéité des États à s'entraider dans les opérations de conflits armés non internationaux. En 2013, le coup d'État de Michel DJOTODIA qui a chassé le général BOZIZÉ en RCA peut illustrer cette organisation anarchique des États dans les opérations de conflits armés non internationaux. Il suffit d'ailleurs de se référer à l'implication des troupes tchadiennes dans le conflit soudanais en perpétrant des exactions.

Évidemment, ce phénomène s'observe également au sein de plusieurs autres États africains comme en Guinée-Bissau où le général Mamadu TURÉ KURUMA, vice-chef d'état-major s'est emparé du pouvoir le 12 avril 2012, à deux semaines du second tour de la présidentielle. À cette occasion, le processus électoral en cours a été interrompu et plusieurs personnalités ont été arrêtées par les putschistes conduits par ce fameux général. Parmi ces personnalités arrêtées nous citons M. Raimundo PEREIRA, Président de la République par intérim depuis le 9 janvier 2012, ainsi que M. Carlos GOMES Junior, le Premier ministre et candidat favori du second tour de la présidentielle. Ce dernier a également été membre du Parti africain pour l'indépendance de la Guinée et du Cap-Vert (PAIGC).

Pour justifier ce coup d'État, les putschistes et les principaux chefs militaires ont dénoncé « un accord militaire secret » était conclu paraît-il, par l'ex-Premier ministre M. Carlos GOMES Junior et M. Raimundo PEREIRA, président par intérim, entre les gouvernements bissau-guinéen et angolais afin de « faire éliminer » l'Armée par les militaires angolais présents en Guinée-Bissau[532]. Or il est conventionnellement établi que dans le cadre de la sécurité collective, les opérations d'assistance à un État membre doivent forcément s'exécuter sous le contrôle des institutions hiérarchiques concernées. Ces opérations peuvent être placées sous le contrôle du CPS pour l'UA, sinon sur celui de l'Organisation sous-régionale concernée.

Dans ce cadre, la CEDEAO doit contrôler les situations conflictuelles de l'Afrique de l'Ouest tandis que la CEMAC s'occupe des différends relevant de la compétence des institutions de l'Afrique centrale. C'est une réaction

[532]Voir Jean Serjanian, Coup d'État en Guinée-Bissau, http// : www. geopolis.francetvinfo.fr, le 22 mars 2015.

qui doit répondre normalement aux critères de la sécurité collective émanant d'un exercice des relations interétatiques fiables et équitables entre les États membres de l'UA, tel que formulé dans l'article 4 de l'ACUA portant sur les Principes[533]. Les articles 2,3 et 4 du Protocole du CPS de l'UA disposent des normes indispensables à la conduite des relations interétatiques conformes.

Quoi qu'il en soit, les dispositions de l'ACUA sont des références incontournables dans la conduite des relations qui se nouent régulièrement entre les États membres de l'UA. Elles favorisent une base d'orientation dans la recherche des solutions aux conflits, notamment des conflits non internationaux.

Paragraphe 2 : La recherche des solutions dans les conflits armés non internationaux

Pour accéder à un développement durable et résister aux menaces de la mondialisation actuelle, le continent africain devra relever les défis auxquels il est confronté. Cependant, la promotion de la paix, la sécurité et la stabilité compte parmi les principaux objectifs de l'UA, tel qu'il est stipulé à l'article 3 (f) de l'ACUA. Sans conteste, la question de la paix et de la sécurité demeure la pierre angulaire de l'intégration et du développement de l'Afrique. À présent, on s'interroge sur les prévisions dans les textes fondateurs concernant le règlement des conflits en générale, et des conflits non internationaux en particulier. Effectivement, c'est lors de la 13e session ordinaire tenue du 1er au 3 juillet 2009 à Syrte (Libye) que la Conférence des chefs d'État et de Gouvernement de l'UA avait adopté une décision de tenir une session spéciale sur l'examen et le règlement des conflits en Afrique.

L'adoption de cette décision a été une preuve supplémentaire de l'engagement des dirigeants politiques africains à faire face au fléau des conflits, d'une part. D'autre part, cette décision a marqué un tournant dans les efforts visant à doter l'UA d'un cadre institutionnel plus efficace pour lutter contre ce fléau, en ce qu'elle a considérablement renforcé ses pouvoirs dans la prévention et le règlement des conflits. Cette session spéciale a été une occasion permettant d'examiner les efforts ambitionnant de relever les défis de la paix et de la sécurité sur le continent africain. Elle a également prescrit d'imprimer un nouvel élan au processus de mise en œuvre des décisions prises par les différentes instances de l'UA sur les questions de paix et de sécurité.

À cet effet, c'est lors de la 1ère session ordinaire de la Conférence africaine tenue en juillet 2002 à Durban (Afrique du Sud) que les chefs d'État et de Gouvernement avaient adopté un Protocole relatif à la création du CPS de l'Union, en appliquant les dispositions de l'ACUA, tout simplement. Dans ce Protocole, ces leaders politiques africains ont prévu de

533 Voir l'article 4 de l'Acte constitutif de l'Union africaine.

nombreux mécanismes, sinon des moyens de résolution de ces conflits qui ne font que fragiliser le continent en le rendant d'un environnement perpétuellement instable. En conséquence, un Protocole définissant les éléments constitutifs de l'Architecture continentale de paix et de sécurité était entré en vigueur en décembre 2003. Il a subséquemment introduit de nouvelles règles des procédures sérieuses. Ainsi, l'article 3 (b) du Protocole du CPS de l'UA portant sur les objectifs prévoit d'anticiper et de prévenir les conflits. Ainsi, lorsque des conflits éclatent, le CPS aura la responsabilité de rétablir et de consolider la paix en vue de faciliter leur règlement[534].

De toute manière, lorsqu'un conflit non international intervient au sein d'un État membre, l'UA se mobilise et se déploie conformément au Protocole du CPS ainsi qu'aux dispositions et aux principes de l'ACUA pour le résoudre. Par exemple, l'intervention de l'UA dans la région du Darfour (Soudan) constituait le premier déploiement de 7 000 casques blancs de la MUAS sur l'ensemble du territoire. Ces troupes accomplissaient la mission d'observation à la suite d'un Accord de paix sur le Darfour (DPA) qui a été signé sous les auspices de l'UA à Abuja (Nigeria) en mai 2006. L'article 4 (h) de l'ACUA dispose des procédures compétentes de l'UA, il en est de même pour l'article 3 (b) du Protocole du CPS sur le règlement des conflits.

Quoi qu'il en soit, le règlement des conflits africains devrait normalement s'effectuer par le biais d'une coopération très intense avec l'UA et les institutions sous-régionales[535]. Mais dans certaines circonstances, les interventions de l'UA se font directement avec les structures de l'ONU concernées par les conflits, sans passer par les organisations sous-régionales africaines. Lorsque la situation sécuritaire se dégrade au sein d'un État, les organes requis pour la résoudre peuvent employer plusieurs moyens tels que les accords politiques usuels. Ces derniers sont classés en accord de paix ou accord global et inclusif.

Pour une question de commodité et selon les exigences de la procédure adoptée, la signature d'un accord de paix peut se dérouler dans un territoire étranger, c'est-à-dire au sein d'un État membre de l'UA, différent de celui du théâtre d'opération qui est victime du conflit non international. Cet accord de paix peut être un accord interne et international, un cessez-le-feu ou un accord politique. Manifestement, c'est le volet politique de cet accord qui instaure souvent le dialogue entre les parties en conflit. En outre, un accord de ce genre est destiné à jeter les bases d'un nouvel ordre politique et de réconciliation nationale après un conflit souvent émaillé de lourdes conséquences.

Par exemple, un accord global et inclusif obtenu à l'issue d'une médiation a pour objectif de mettre fin à un conflit, même s'il est de longue durée. Généralement, cette seconde forme d'accord pose le cadre de partage

[534] Voir l'article 3 (b) du Protocole du Conseil de Paix
[535] Voir le Communiqué de presse Conseil de Sécurité

d'un pouvoir très souvent convoité par les entités en opposition au sein d'un même État. C'est un phénomène récurrent que l'on a d'ailleurs constaté dans la plupart des États africains victimes des conflits. Ce partage de pouvoir qui divise la majorité de ces États s'étale généralement dans une période de transition dont la durée est d'un certain nombre d'années.

Cette période commence toujours par la constitution d'un Gouvernement d'unité nationale de transition (GUNT) dont la tâche sera de préparer et organiser les élections générales libres et transparentes. À titre d'exemple, nous pouvons nous référer à l'accord de règlement du conflit ivoirien qui a conduit au partage du pouvoir entre Laurent GBAGBO et Guillaume SORO. Après des rencontres entre les délégations des différentes parties du 5 février au 3 mars 2007 à Ouagadougou (Burkina Faso), cet accord politique a été signé par Laurent GBAGBO, Guillaume SORO et le facilitateur Blaise COMPAORÉ, l'ancien président du Burkina Faso. Finalement, Guillaume SORO a été nommé Premier ministre le 29 mars 2007 par l'ancien président ivoirien Laurent GBAGBO suivi d'une adresse à la nation le 13 avril 2007[536].

Depuis sa création, l'UA a toujours joué le rôle d'une avant-garde des efforts de résolution des conflits sur le continent, d'une part. D'autre part, les chefs d'État et de Gouvernement se préoccupent fermement de la question de paix et de sécurité du continent par la résolution des conflits. Tant bien que mal, l'UA intervient régulièrement dans tous les États membres où les conflits ont posé les questions de paix et de sécurité internationales. C'est ainsi qu'il y a eu intervention, entre autres, au Darfour, en Somalie, dans la région des Grands Lacs, au Maghreb, au Mali et en RCA. Malgré toutes ces interventions réalisées, l'instabilité règne encore comme si la paix et la sécurité tant recherchées tardent encore à s'installer en Afrique.

Si jusque-là, des résultats escomptés ne sont pas totalement aguichants, c'est parce que l'UA progresse très lentement dans la marche vers sa mission malgré sa bonne implication à éradiquer ce fléau de conflits. Il en est ainsi parce qu'elle est confrontée à plusieurs défis et connaît trop de limites ensemble avec les CER dans leur mode de coopération. Toutes ces organisations africaines souffrent encore de nombreuses causes telles que les limites budgétaires et financières, ainsi que des limites opérationnelles. Effectivement, l'UA connaît un manque considérable de structures viables inhérent au mode de financement du fonds de paix, de formation solide des soldats, dont l'état de défectuosité des Armées nationales et le manque de coordination des organes d'une part[537].

D'autre part, la faiblesse de législation au sein de l'UA reste une limite à souligner avec rigueur parce que l'ACUA manque de précision sur la nature

---

[536]Voir RFI - *Côte d'Ivoire - Un Accord de partage du pouvoir à deux*, www.rfi.fr, le 22.03.2015.

[537] Voir Papa Samba NDIAYE, *Les organisations internationales africaines et le maintien de la paix : l'exemple de la CEDEAO*, *op.cit.*, pp. 138-152.

des compétences de l'UA. Seul l'article 4 (e) dispose exceptionnellement du « Règlement pacifique des conflits entre les États membres de l'Union par les moyens appropriés qui peuvent être décidés par la Conférence ». Dans le même sens, l'article 4 (h) fait néanmoins état de l'intervention de l'Union dans les États membres en évoquant que « Le droit de l'Union d'intervenir dans un État membre sur décision de la Conférence, dans certaines circonstances graves, à savoir : les crimes de guerre, le génocide et les crimes contre l'humanité ».

Or le remède ne pouvait s'avérer efficace qu'au cas où les dirigeants politiques d'Afrique auraient fait usage d'une articulation suivie d'exploitation conséquente, entre autres, des dispositions de l'article 9 du Protocole sur les amendements à l'ACUA, représentant l'article 20 bis du même Acte[538].

En effet, il s'agit d'une disposition qui fait état de la création du CPS, mais aussi des attributions, des pouvoirs, de la composition et de l'organisation tels qu'ils sont déterminés par la Conférence et indiqués dans un protocole relatif. Dans ce cas, il convient donc de rappeler que le CPS est un organe clé de l'Union sur la prise de décisions de façon permanente en vue de la prévention, la gestion et le règlement des conflits, tel qu'il est formulé à l'article 2 du Protocole relatif à la création du CPS de l'UA[539].

Cependant, certains organes de règlement des différends tels que l'ACHPR garante de l'Union et du processus d'intégration ne possèdent pas encore les capacités nécessaires d'atteindre les ambitions proclamées comme veiller au respect des obligations souscrites par les États membres à son égard. Cet aspect pose donc certaines limites à juguler les situations de troubles et tensions internes qui secouent encore la majorité des États africains perpétuellement.

SECTION III : LES SITUATIONS DE TROUBLES ET TENSIONS INTERNES

Les situations de troubles et tensions internes déstabilisent l'ordre interne d'un État. Néanmoins, ces troubles incarnés par des actes de violence correspondent aux émeutes, voire aux actions sporadiques et isolées. Tant, ces troubles et tensions intérieures présentant des aspects antinomiques à la paix exigent les opérations militaires pour restaurer la stabilité. À ce stade, nous reviendrons sur le mouvement insurrectionnel ayant pris de l'ampleur en février 2003 au Soudan. Concrètement, ces troubles n'ont forcément rien de commun avec les conflits armés.

---

[538]Voir article 9 du Protocole sur les amendements à l'Acte constitutif de l'Union A qui fait état de l'insertion dans l'Acte d'un nouvel article 20 (bis).

[539]Voir article 2 du Protocole relatif à la création, à la nature et à la structure du Conseil de Paix.

Quoi qu'il en soit, de lourdes conséquences sont toutefois à prévoir lorsque les situations de troubles et tensions internes arrivent à s'intensifier au sein d'un État. Par conséquent, les violations des droits fondamentaux, les arrestations massives, les disparitions et les actes de tortures qui sont légion attestent des dysfonctionnements de l'État concerné. Néanmoins, les règles pertinentes du DIH sont aussi applicables même s'il n'y a pas d'hostilité ouverte. Hormis cela, nulle Déclaration de guerre formelle ou reconnaissance de la situation n'est obligatoire pour intervenir. Pour toutes ces raisons, les États parties de la Convention de Genève de 1949 ont mandaté le CICR, à travers les Statuts du Mouvement international de la Croix-Rouge et du Croissant-Rouge, de « travailler à la compréhension et à la diffusion du DIH applicable dans les conflits armés et d'en préparer les développements éventuels »[540].

Notre étude portera sur les causes ainsi que les conséquences des situations de troubles et tensions internes (Paragraphe 1). On examinera ensuite la résolution de ces situations de troubles et tensions internes (Paragraphe 2).

Paragraphe 1 : Les causes fondamentales des situations de troubles et tensions internes

Les situations de troubles et tensions internes sont caractérisées par des actes de violence issus de l'affrontement des entités au sein d'un même État. Au fond, la violence elle-même relève, entre autres, de simples conceptions générales de la nature humaine, et peut dépendre de la dynamique des sociétés. En d'autres termes, les situations de troubles et tensions internes peuvent trouver leurs fondements sur des pulsions individuelles (A), tandis qu'elles peuvent aussi s'appuyer sur des phénomènes sociaux (B).

A. Les pulsions agressives des individus

La théorie de Konrad LORENZ et Margaret MEAD repose sur les pulsions agressives des individus. Selon leurs affirmations, « l'approche biologique et anthropologique estime que la guerre prend racine dans la nature belliqueuse de l'homme, qui exprime ses frustrations par l'agression et l'usage de la violence »[541]. Cette étude nous permet de conclure qu'elles conduisent les individus à commettre des actes de violence dans un grand désordre. Eu égard à une certaine manière de concevoir les faits, l'agressivité peut exprimer une compétition purement naturelle.

En fin de compte, il est tout à fait raisonnable de soutenir que ces pulsions agressives souvent individuelles sont la principale cause des

---

540 Voir CICR – Ressources, Comment le terme « conflit armé » est-il défini en droit international humanitaire ?, *op.cit.*, p.1.

541 Voir Charles-Philippe DAVID, *op.cit.*, p. 149.

situations de troubles et tensions internes d'un État, étant entendu qu'elles incarnent la nature du comportement humain. Aussi évidente que puisse être cette affirmation, les situations de troubles et tensions internes ne sont donc que le résultat de la condition humaine. Il en est ainsi parce qu'ils relèvent des aspirations et des défauts des hommes.

Si ces causes sont individuelles, c'est parce qu'elles se rapportent à la nature du comportement humain et la guerre serait donc le produit de la fameuse condition humaine, des désirs et des imperfections des individus. À ce stade, certains accusent les leaders politiques d'Afrique qui inciteraient au conflit où quand ils ne peuvent s'en abstenir devant une impasse[542].

B. Les phénomènes sociaux

Outre les pulsions individuelles, les situations de troubles et tensions internes d'un État sont l'expression directe des phénomènes sociaux. Ce sont les analyses fondées sur la dynamique sociale qui tentent de les justifier. En effet, de nombreux phénomènes sociaux génèrent incontestablement des situations de troubles et tensions internes qui méritent d'être évoquées pour la circonstance. Pour ce faire, nous soulignons concrètement la faillite des États (1), la nature des régimes politiques (2) et les conflits des civilisations (3).

1. La faillite des États

D'aucuns affirment que la faillite des États serait l'une des causes principales des troubles et tensions internes des États. Dans ce cas, il s'agirait plus précisément de la faillite de l'État postcolonial, l'épicentre de la marginalisation du continent, qui serait à l'origine de la violence[543]. Si ces États africains issus de la colonisation ont failli dans leur rôle, c'est parce qu'ils produisent des calamités qui menacent la survie des d'individus et détruisent les liens sociaux pour laisser le champ libre aux conflits. C'est donc l'esprit de la faillite de l'État postcolonial qui engendre le dysfonctionnement des rapports entre les citoyens et les nations qu'ils constituent, du point de vue des valeurs fondamentales de la communauté. En effet, les sociétés plurinationales souhaitées par les dirigeants politiques africains ont manifestement échoué devant un modèle d'État qui offrirait les conditions optimales aux populations. De ce fait, ils sont encore restés figés et tributaires du modèle occidental. Évidemment, la carence de plusieurs États sortis du colonialisme peut constituer une donnée particulièrement très préoccupante pour le continent africain.

---

[542] *Ibid.*

[543] Voir Moïse Léonard JAMFA CHIADJEU, *comment comprendre la « crise » de l'État postcolonial en Afrique ? Un essai d'explication structurelle à partir des cas de l'Angola, du Congo-Brazzaville du Congo-Kinshasa, du Liberia et du Rwanda*, Éditions scientifiques européennes, Bern 2005, p. 14.

Par conséquent, la légitimité des États à peine décolonisés a été mise en cause, dès lors qu'ils n'ont pu satisfaire les besoins rudimentaires de leurs propres peuples conformément au respect des droits fondamentaux. Cette défection engendre des troubles et tensions internes qui retentissent sur la sécurité internationale. Elle ouvre la voie aux situations de troubles et tensions internes qui se combinent aux conflits internationaux typiques de ces derniers temps[544].En effet, une population dont les besoins sociaux ne sont pas satisfaits, a fortiori ceux de première nécessité, penche inexorablement aux revendications envers les gouvernants. Cette attitude crée l'instabilité de l'ordre public des États, particulièrement en Afrique. Ce même phénomène a pu être observé dans les monarchies des temps reculés[545]. Ce faisant, des tensions sociales et des émeutes contre la vie chère ont éclaté dans de nombreux États africains entre novembre 2007 et avril 2008[546]. Ces émeutes de la faim ont donc décliné vers la révolution sociale à cause d'une flambée alimentaire.

Effectivement, ces tensions sociales et ces émeutes contre la vie chère ont entraîné des manifestations violentes observées en l'Égypte, au Cameroun, en Côte d'Ivoire, en Mauritanie, en Éthiopie et au Madagascar. Au Kenya aussi, le prix de la nourriture a concurrencé les niveaux spectaculaires de la croissance. Cette révolte sociale qui a éclaté en Égypte a poussé les populations à se froisser pour obtenir quelques galettes de pain, à cause de cette flambée des cours du blé[547].

Bien entendu, la faillite des États explique la présence des conflits armés intra-étatiques qui entraînent les situations de troubles et tensions internes. Cependant dans l'analyse libérale et structuraliste, ces conflits obéissent à une logique économique, autrement dit à l'exploitation illicite des ressources d'un État dans le dessein de contribuer financièrement aux efforts d'une lutte armée. Ainsi, avec l'acquisition des armes, on assiste au recrutement des belligérants aussi bien du côté des gouvernants que des rebelles. C'est ainsi

---

[544] Voir Serge SUR, *Relations internationales*, Paris, Montchrestien, Lextenso éditions, 2011, 598 p.

[545] Voir Machiavel, *Le prince*, Paris, Édition Flammarion, 1992, p. 73, voir aussi « Le Monde diplomatique » du lundi 14 avril 2015, *Émeutes de la faim,* https, le 9 août 2015.

[546] En Afrique toutes ces émeutes se sont déroulées de manière chronologique comme suit : novembre 2007 Mauritanie, 19 février 2008 Guinée Conakry, 20 au 23 février 2008 Burkina Faso, 23 février 2008 Cameroun, 30 mars 2008 Sénégal, 31 mars au 1er avril 2008 Côte d'Ivoire, 6 au 9 avril 2008 Égypte, avril 2008 Tunisie. Voir Robert PARIS, *Avril 2008 : des émeutes de la faim à la révolution sociale ?* http://www.matierevolution.fr, le 09 août 2015.

[547]En Égypte, au Maroc, au Burkina Faso, au Cameroun, en Mauritanie et en Côte d'Ivoire, les interventions de la police ont détruit les barricades érigées par les familles en colère qui n'ont plus la moindre pitance. Du Zimbabwe, en passant par le Burkina Faso, le Sénégal et l'Égypte, les émeutes de la faim se sont multipliées, en faisant de nombreuses victimes. Cette situation qui s'est particulièrement dégradée a rendu la farine, le riz, le maïs, le lait et d'autres denrées de base inaccessibles à de larges couches de populations dans ces pays. Leurs prix ont explosé et Louis Michel le commissaire européen au Développement a résumé la gravité de la situation en affirmant que l'Afrique risquait un « vrai tsunami économique et humanitaire ». *Ibid.*

que le déroulement de certains conflits internes se justifie par la dilapidation des ressources naturelles d'un État, notamment par ceux qui violent les lois au détriment des populations. Placées devant une telle situation, ces populations peuvent se dresser contre ses dilapidateurs sous forme d'insurrection. Ainsi, de nombreuses manifestations relevant de la désobéissance civile ont été observées en Sierra Leone, au Liberia, en République du Congo, en RDC ou en RCA dès les années 1990. Ce climat s'est plus manifesté dans les pays du Maghreb, notamment en Tunisie, en Égypte et en Libye. Une série des mouvements insurrectionnels ont récemment vu le jour dans une période relativement confuse dans cette région septentrionale de l'Afrique.

À tour de rôle, l'insurrection a donc semé les situations de troubles et tensions internes de ces différents États de l'Afrique du Nord[548]. Ce mouvement insurrectionnel a commencé en Tunisie, pour se propager ensuite par simple contamination en Égypte, en Libye, avec quelques perturbations constatées presque dans toute la sous-région. Cependant, l'Algérie a été épargnée par ces situations de troubles et tensions internes du « Printemps arabe » ; en revanche, le Maroc s'en est soustrait de justesse grâce à une charte libérale octroyée par le roi à ses sujets, ce qui a donc empêché le déclenchement des manifestations.

En effet, c'est exactement le 17 décembre 2011 qu'une protestation a commencé en Tunisie pour réclamer la réparation face à une injustice relative à une confiscation du pouvoir et des revenus par une oligarchie et un régime despotique. Évidemment, l'État tunisien corrompu et dictatorial a dévoilé son incapacité à assurer les besoins vitaux essentiels de sa population, ce qui a dégénéré en une série d'émeutes épouvantables, caractéristique d'une véritable insurrection.

Progressivement, c'est après la Tunisie que cette vague d'insurrection a inéluctablement atteint l'Égypte. À ce stade, c'est la gestion économique malsaine qui a occasionné des situations de troubles et tensions internes dans cet État. La gestion du pouvoir politique par le président MOUBARAK a fait l'objet de nombreuses critiques. Durant son règne, il a provoqué des problèmes socio-économiques graves tels que les émeutes de la faim en 2010. C'est vrai que ces problèmes ont joué leur rôle, mais la privation de liberté politique et de népotisme de son régime ont surtout fait l'objet de l'ire populaire.

La Libye a également connu la révolte due à la mauvaise gestion du pouvoir politique. Quoique pendant des années précédentes la paix civile a régné en Libye grâce à la rente pétrolière, la crise libyenne a fini par se déclencher depuis le mois de février 2011. En Libye, les élections qui ont voulu mettre fin au régime de l'ancien président Mouammar KADHAFI ont

---

[548] Voir Paul Robert, Alain Rey, *op.cit.*, p. 652.

frustré les populations, ce que de nombreux observateurs internationaux ont d'ailleurs soulignés[549].

Particulièrement, l'insurrection en Libye s'est largement distinguée par l'adoption de la Résolution 1973 de l'ONU suivie de l'intervention étrangère. En conséquence, la France et les États-Unis ont pris soin d'apporter l'appui nécessaire aux rebelles libyens par des opérations militaires de grande envergure. C'est le CS de l'ONU qui a pratiquement autorisé l'opération « Unified Protector » conduite par l'OTAN jusqu'à la chute totale du régime dictatorial du président Mouammar KADHAFI en Libye. Ce faisant, le 19 mars 2011, l'ancien Président français Nicolas SARKOZY avait lancé une opération dans le cadre d'une intervention militaire internationale contre la Libye, à l'issue d'un sommet entre dirigeants occidentaux et arabes à l'Élysée.

La Résolution 1973 ciblait-elle réellement le départ du président Mouammar KADHAFI ainsi que la chute de son régime ? Quelques spécialistes du droit international comme Philippe SAND, Malcom SHAW, Ryszard PIOTROWICZ soutiennent que le texte qui a été adopté autorisant « toutes mesures nécessaires (...) pour protéger les populations et zones civiles menacées d'attaques en Jamahiriya arabe libyenne » légitime suffisamment une intervention d'envergure qui englobe une attaque ciblant le leader libyen en matière de la protection des civils. Aussi vraie que soit cette autorisation aux États d'intervenir afin de protéger la population civile comme stipulé au paragraphe 4 de la Résolution, une délimitation du degré d'autonomie et d'interprétation de celle-ci est possible.

À propos, c'est le paragraphe 4 qui évoque l'exclusion du « déploiement d'une force d'occupation étrangère sous quelque forme que ce soit et sur n'importe quelle partie du territoire libyen »[550]. Mais contre toutes attentes, la question de la souveraineté libyenne s'est ensuite posée concernant cette intervention en Libye. Dans un contexte très précis, le CS s'est ensuite saisi de la fameuse question libyenne. Ainsi, le Liban qui est pourtant un membre non permanent du CS lui a soumis un projet de Résolution. Cependant, soutenu par la France et le Royaume-Uni, ce projet de Résolution 1973 a été adopté à la séance plénière du 17 mars 2011. Aussi, cette nouvelle Résolution est venue se superposer à la Résolution 1970 qui a été votée un mois auparavant.

Dans son texte, la Résolution 1973du CS des Nations Unies a évoqué cinq objectifs précis à savoir : la Protection civile, la mise en place d'une Zone d'exclusion aérienne sur la Jamahiriya arabe libyenne, le Gel des avoirs de dirigeants et organes économiques libyens, l'application de l'embargo sur les armes déjà évoquée par la Résolution 1970, enfin

---

549 Voir BITAR KARIM Émile, *Les intellectuels français et le printemps arabe*, Revue internationale et stratégique, 2011/3 n° 3, pp. 141-148.

550Voir Arnaud SIAD, *L'intervention en Libye : un consensus en Relation internationales ?* Paris, Éditions l'Harmattan, 2014, pp. 32-33.

l'interdiction des vols et création d'un groupe d'experts requis pour suivre l'adéquation de la Résolution 1973[551].

Sur le fondement de la fameuse Résolution 1973 autorisant tous les moyens nécessaires pour protéger les populations civiles, les premières frappes aériennes menées par des avions français contre les Forces armées libyennes eurent lieu ce même jour. Sur cet aspect, le Sommet mondial de 2005 a défini la « Responsabilité de protéger » comme un rappel à l'État souverain de protéger sa population et non comme un mécanisme qui légitime des interventions armées[552]. Le 18 mars 2011, M. Barack OBAMA l'ancien président des États-Unis avait également annoncé la conduite des opérations militaires dans le cas où le président Mouammar KADHAFI s'entêterait à conserver le pouvoir en Libye. Lors de ces opérations, les rebelles libyens avaient bénéficié d'une aide internationale en vue de vaincre le président KADHAFI. Dans ce cadre, ils s'accordaient convenablement avec les Occidentaux sur les cibles à viser pour les frappes aériennes.

Chemin faisant, l'ancienne secrétaire d'État américaine, Madame Hillary CLINTON avait pris part au Sommet de Paris dont l'objectif était d'associer les pays africains et arabes aux occidentaux pour intervenir efficacement en Libye. Mais en octobre 2011, la Russie et la Chine s'étaient opposées à cette intervention. D'autres abstentionnistes tels que les non-permanents du CS s'y étaient également opposés. Leur abstention se justifiait par le fait que la Résolution 1973 n'autorisait que l'installation d'une zone d'exclusion aérienne et non le changement de régime, sauf par les populations libyennes elles-mêmes.

Par contre, les Occidentaux favorables à cette intervention soutenaient que cette Résolution soulignait le changement indispensable de régime, l'autorisation des frappes au sol et un engagement solide envers le Conseil national de transition (CNT)[553]. De leur côté, le Brésil, l'Inde et l'Afrique du Sud s'abstenaient de voter un projet de Résolution relatif. Pourtant, c'est en février 2012 que l'Inde et l'Afrique du Sud ont fini par voter en faveur de cette même Résolution[554]. Pour ce faire, les rebelles ont solidement résisté face aux Forces armées libyennes du Président Mouammar KADHAFI.

De cette responsabilité de protéger stipulée par le Rapport de la Commission internationale de l'intervention et de la souveraineté des États (CIISE) au Sommet mondial de 2005, le CS de l'ONU s'était prononcé en

---

[551]*Ibid., intervention en Libye : un consensus en Relation internationales ?* Paris, Éditions l'Harmattan, 2014, pp. 29-30.

[552] Voir Arnaud SIAD, *La « responsabilité de protéger » et le recours à la force : leçons libyennes*, dans Regards des doctorants IHEDN sur le Livre blanc défense et sécurité nationale, Sous la direction scientifique du lieutenant-colonel Marie-Dominique Charlier, p.44.

[553]Voir Arnaud SIAD, *L'intervention en Libye : un consensus en Relation internationales ?op.cit.*, pp. 30-31.

[554]Voir Arnaud SIAD, *La « responsabilité de protéger » et le recours à la force : leçons libyennes*, *op.cit.*p.44.

faveur d'un recours à la force contre les troupes pro-Kadhafi par des frappes aériennes[555]. Pendant qu'une zone d'exclusion aérienne était prévue, la Chine, la Russie, l'Allemagne le Brésil et l'Inde ont manifesté leur abstention[556]. En revanche, le colonel KADHAFI avait promis « l'enfer » à ceux qui oseraient mener des attaques contre la Libye. Tour à tour, les principales villes Libyennes tombaient aux mains des rebelles ou des insurgés. Aussitôt, elles étaient récupérées par des kadhafistes c'est-à-dire les loyalistes, avant qu'elles ne soient de nouveau récupérées par le camp adverse constitué des opposants. Il est à noter qu'au sommet de l'UE, il y a eu un désaccord sur la fameuse zone d'exclusion aérienne réclamée par Paris et Londres. À tous égards, la France avait reconnu le CNT créé par l'opposition le 27 février 2011 à Benghazi (Libye). L'objectif du CNT a été de garantir les droits des populations longtemps martyrisées par la dictature dans les zones déjà libérées. Outre mesure, le CNT s'étant proclamé « Seul représentant de la Libye » rejetait toute tentative de négociation avec le colonel, M. Mouammar KADHAFI. De son côté, l'UE renforçait les sanctions financières contre le régime libyen, après celles également infligées par l'ONU et les États-Unis. En revanche, des soupçons d'une possible manipulation des insurgés par Al-Qaïda ont été révélés par le président Mouammar KADHAFI au cours de ces violents combats entre groupes armés. Tandis que la zone allant de la frontière égyptienne jusqu'à Ajdabiya avec Tobrouk et Benghazi était aux mains des rebelles. Ainsi, l'ancien secrétaire général de l'ONU, M. Ban Ki-moon évoquait des milliers de morts. De même, les témoins ont fait part des massacres et des tirs à l'arme lourde à Benghazi, sans oublier les heurts sanglants à Al-Baïda (Est). Alors qu'il y avait des protestations sans précédent contre le régime violemment réprimées à Benghazi et Al-Baïda, le président Mouammar KADHAFI, au contraire, avait promis de se battre jusqu'à la mort. À partir d'un certain degré de violence et d'extension territoriale, toute insurrection au sein d'un État était traditionnellement qualifiée de guerre civile. Il s'agissait d'une simple rébellion à force ouverte justiciable d'une opération de police.

À cette spirale, elle ne relevait que du droit interne et de la « compétence exclusive » de l'État concerné. La guerre quant à elle, opposait des « belligérants », c'est-à-dire des États au sein du droit international. Il pouvait donc y avoir la guerre entre civils dans le cas d'insurrection d'États fédérés contre le gouvernement d'un État fédéral telle que la guerre de Sécession aux États-Unis de 1861 à 1865. Généralement, c'est à partir d'un

---

[555]*Ibid.*, p.46.

[556]Quoique le Sommet mondial de 2005 ait donné une définition très limitée de la norme à la R2P, malgré tout la pratique de certains États, dont la France, laisse à penser que la R2P serait réellement un nouvel outil légitimant le recours à la force à des fins humanitaires. La Résolution 1973 qui autorisait l'établissement d'une zone de non-vol sur la Libye fut ainsi interprétée. *Ibid.*, P.47.

seuil de violence et d'extension territoriale qu'une insurrection était qualifiée de guerre civile au sein d'un État.

Au regard de tout ce qui précède, nous constatons que ce phénomène de faillite des États constitue toujours l'une des principales causes d'insurrection. C'est donc l'une des causes des situations de troubles et tensions internes dans la plupart des États africains.

2. La nature des régimes politiques

La plupart des États membres de l'UA sont fréquemment victimes des situations de troubles et tensions internes souvent imputables à la nature des régimes politiques en Afrique. Ces situations découlent principalement du caractère belligène des dictateurs ainsi que l'exercice du pouvoir anticonstitutionnel des régimes incontrôlés et orientés vers l'exaltation de la force que nous opposons aux démocraties libérales. Évidemment, la nature de tels régimes peut varier en attitude belligène des tyrans, sinon en régimes au pouvoir détraqué et orienté vers le délire de la violence, contrairement aux démocraties libérales basées sur le contrôle du pouvoir et sur la prospection des compromis ou de l'avantage corrélatif[557].

Or les démocraties libérales reposent sur le contrôle du pouvoir et sur la recherche de compromis ou de l'avantage des entités concernées. Au-delà des considérations générales, on peut comprendre l'intérêt qu'il y a à s'interroger sur les motivations de tant de révoltes que connaissent tous ces États africains. Ils sont donc victimes des situations de troubles et tensions internes, ce qui est la cause directe d'instabilité et de l'insécurité permanente du continent. Devant une telle interrogation, il est intéressant de noter que l'égoïsme des classes dirigeantes relevé dans les régimes antidémocratiques de certains États de l'UA constitue l'une des causes fondamentales les plus remarquables de la tyrannie qui sévit horriblement les populations.

Quoi qu'il en soit, l'impact de l'oligarchie et de la gérontocratie de quelques régimes dictatoriaux des gouvernants africains est déplorable. À titre d'exemple, nous pouvons citer le président Edouardo DOS SANTOS en Angola qui était au pouvoir depuis le 10 septembre 1979. Ce dernier a décidé de quitter le pouvoir qu'il a conservé pendant 38 ans sans partage. Il a donc été remplacé par Joao LOURENÇO, ce nouveau président qui a prêté serment le mardi 26 septembre 2017. De même, le Président Teodoro OBIANG NGUEMA MBASOGO de la Guinée équatoriale qui a pris le pouvoir du 3 août 1979 jusqu'à nos jours. Par ailleurs, le président Denis SASSOU NGUESSO avait présidé le Congo-Brazzaville du 8 février 1979 au 31 août 1992. Il y est revenu à partir du 15 octobre 1997 et demeure jusqu'à présent par une conquête armée du pouvoir. Le Président Paul BIYA du Cameroun est également au pouvoir du 6 novembre 1982 à aujourd'hui. Enfin, c'est depuis l'indépendance du Zimbabwe en 1980 que M. Robert

---

[557] Selon Serge SUR, *Relations internationales, loc.cit.*

MUGABÉ avait accédé à la présidence de la République jusqu'à démissionner sous pression de son peuple le mardi 21 novembre 2017.

Bien que ces comportements puissent éloigner le continent de ses perspectives de développement qu'il s'est fixées, M. Robert MUGABÉ a été désigné président en exercice de l'UA le 30 janvier 2015[558].Les processus électoraux produisent des tensions internes dans la majorité des États membres de l'UA, surtout au cours des années 1990. Évidemment, c'est lors des élections que certains dirigeants politiques, tantôt qualifiés de véritables potentats, manœuvrent sous la dictature. Dans leurs pratiques antidémocratiques, ceux-ci tronquent les processus électoraux et violent paradoxalement les droits de l'Homme au sein de leurs propres États. Or les droits de l'Homme résultent de l'aspiration croissante de l'humanité à une vie digne et civilisée permettant à chaque être humain de jouir du respect et de la protection dus à sa personne. Le déni à l'usage de ces droits ouvre inexorablement la voie au désordre politique et social, au conflit, à l'hostilité entre les États, voire entre gouvernants et gouvernés au sein d'un État. Voilà la demeure des séismes qui ébranlent les États perpétuellement.

À titre d'exemples, nous pouvons citer les tensions internes résultant des processus électoraux en Côte d'Ivoire où M. Laurent GBAGBO était élu président de la République le 26 octobre 2000 à l'issue d'élections exclusives contestées. Ce même cas a été observé à Madagascar pour l'élection de M. Marc RAVALOMANANA comme président de la République du 5 juillet 2002 au 17 mars 2009 à la suite des élections pluralistes désavouées. De même en Ouganda, M. Milton OBOTE était élu président de la République du 17 décembre 1980 au 27 juillet 1985 à la suite d'élections pluralistes protestées pareillement. Des cas similaires ont été vécus au Togo où M. Faure GNASSINGBÉ était devenu Président de la République suite aux élections réprouvées après une transition heurtée[559]. Enfin, M. Joseph KABILA est réélu président de la RDC, le 18 octobre 2011 après les élections également contestées par l'opposition avec heurts dans ce pays[560].

Et pourtant, ce sont les élections libres qui permettent une alternance pacifique des coalitions politiques dans un régime démocratique. Au contraire, l'alternance de pouvoir entre politiques et religieux ou entre militaires et civils, sinon entre jeunes et gérontocrates constitue l'une des causes des situations de troubles et tensions internes en Afrique. Or ces populations sont totalement dépouillées de leurs patrimoines nationaux, jusqu'au point où il leur manque la moindre nourriture quotidienne. En conséquence, les processus électoraux ont profondément compromis la cohésion nationale en déclenchant des conflits et des violences qui ont

---

558 Voir AFP — le Monde, Robert *Mugabe est le nouveau président de l'Union africaine*, http://www.lemonde.fr, le 08 juillet 2015.

559 Voir El Hadj MBODJ, *Ibid.*

560 Voir Jonny Hogg KINSHASA (Reuters), *Heurts en RDC*

immédiatement menacé l'ordre social, partant influencer le développement économique.

Jusqu'à présent, ce phénomène reste un défi majeur qui ne cesse d'inhiber les efforts d'intégration du continent. Effectivement, de nombreux partis politiques africains ont été conçus sur des bases ethniques et tribales. Ce phénomène a conduit à l'ethnisation de la politique, c'est le fameux cas du Rwanda où les tutsis se sont opposés aux Hutu. Il en est de même pour les guerres civiles de la République du Congo, où les différentes ethnies ne cessent de s'opposer autour des années 1960 marquant l'indépendance de ce pays.

Le Soudan du Sud connaît également ce genre de conflit entre Dinkas et Nuer[561]. Quoi qu'il en soit, il serait tout de même intéressant de se pencher sur la notion de conflit ethnique. À propos, Éric Hobsbawm, s'est préoccupé de vouloir donner une définition. Tout en avouant qu'il serait assez difficile de donner une définition exhaustive à ce terme. Pour contourner cette difficulté, il a plutôt choisi de chercher à découvrir ce qui distingue les conflits ethniques des autres. Ce faisant, il s'est concentré sur l'ethnicité qui ne caractérise pas des groupes humains, mais la manière dont ils sont scindés ou leur démarcation les uns des autres.

L'ethnicité qui repose plus sur la présomption d'une ascendance commune et de lien de consanguinité au sein du groupe est « pour le moins arbitraire quand ce n'est pas une pure fiction comme dans les nations modernes »[562]. Aussi CHARLES, RIVIÈRE et SOW sont ces trois chercheurs ayant travaillé sur le caractère ethnique des violences collectives en Afrique. Ils se sont particulièrement penchés sur l'ethnicité en Guinée. Contrairement à d'autres conflits ethniques en Afrique, l'étude sur la Guinée est singulière à leur égard parce qu'il n'oppose pas deux ethnies, mais plutôt les gouvernants aux Peuls qui forment un groupe ethnique[563]. Ainsi qu'ils soutiennent qu'en Afrique le « fait » ethnique reste une réalité fondamentale. Les événements relatifs nous le rappellent à tout instant. Tous les gouvernements africains qui composent constamment avec eux le savent, mais hésitent à en parler, de peur que les recherches et l'attention portées sur eux ne puissent les renforcer[564]. Pourquoi les dirigeants politiques en Afrique se réservent-ils de traiter ces questions ethniques qui génèrent des conflits dévastateurs. Rappelons-nous que c'est au XXe siècle que l'ethnologie a acquis une autonomie absolue à partir d'une enquête menée sur le terrain, à l'observation active et à des théories comparatistes telles que le culturalisme,

---

561Voir Claude-Richard MBOWOU, *Du conflit ethnique : réflexions à partir des ambiguïtés, des dits et non-dits d'une notion d'usage courant et savant*, http://www.irenees.net, le 26 juillet 2015.

562Voir Éric HOBSBAWM, *Qu'est-ce qu'un conflit ethnique ?* http://www.persee.fr, le 26 juillet 2015.

563 Voir Alpha Amadou BANO BARRY, *Les violences collectives en Afrique : le cas guinéen*, Paris, l'Harmattan, 2000, p.9.

564*Ibid.*

le fonctionnalisme, et le structuralisme[565]. L'UA qui manque de moyens nécessaires dans ses interventions devrait pourtant mettre un accent sur ces questions, organiser des procédures visant à empêcher ces genres de conflits, malgré toutes ces limites qu'elle connaître.

Par ailleurs, la plupart des conflits en Afrique subsaharienne sont d'origine ethnique à cause de la mauvaise gestion des ressources naturelles pratiquée par des régimes politiques. La canalisation, l'orientation, la distribution et la gestion de ces ressources ne profitent qu'une frange d'individus privilégiés. Ainsi qu'ils naissent des tensions socio-économiques qui ouvrent d'abord aux luttes politiques, puis finalement aboutissent au putsch civil ou militaire, remaniement ministériel, élections présidentielles et législatives. Dans ce contexte, les politiques manipulent et arment donc les protagonistes des conflits. Il s'ensuit un développement de violence issue de l'instrumentalisation des différences ethniques pour s'exclurent réciproquement. Cependant, s'il y a querelles de pouvoir, c'est parce que ces leaders politiques en compétition manipulent facilement les communautés culturelles divergentes[566].

En fin de compte, tous ces phénomènes conduisent à un anarchisme insurrectionnel et à une désobéissance civile au détriment de l'ordre établi dans ces États membres de l'UA. Voilà pourquoi ils ont été observés en Tunisie, en Égypte et en Libye étant donné que l'effondrement du régime dictatorial de la Tunisie annonçait celui des autres régimes autoritaires du monde arabe en général et du Maghreb en particulier[567]. En effet, la Tunisie a particulièrement brillé par une dictature policière et une extrême corruption dans la mesure où la gestion de ses ressources a constitué un grand monopole de M. BENALI et sa famille. Ce comportement a occasionné la fuite des moyens financiers qui ont été dissimulés vers les établissements bancaires privés de l'étranger[568].

En revanche, l'insurrection en Égypte a bénéficié d'un soulagement dû à l'intervention des États-Unis, en échange du profit qu'ils tirent à travers cet État, du point de vue de sa position géostratégique dans la sous-région et surtout, en tant que parrains des Accords de Camp David par lesquels l'Égypte a fait la paix avec Israël[569]. Il en est ainsi simplement parce que l'Égypte constitue le tremplin des États-Unis ambitionnant toujours d'y asseoir son influence par un contrôle actif de la communauté internationale. À propos, le professeur Samir AMIN a fait des pronostics pessimistes sur

---

[565]Voir Jean Copans, *Introduction à l'ethnologie et à l'anthropologie* : *Domaines et approches*, Paris, Ed. Armand COLLI N, 2010, 128 p.

[566]Voir Alpha Amadou BANO BARRY, *loc.cit.*

[567] Voir Caroline ROLLAND, *L'insurrection tunisienne pourrait se propager dans le monde arabe,* http://www.rfi.fr/afrique, 27 janvier 2012.

[568] Voir Les invités de Mediapart — 13 janvier 2011, *Soutenir l'insurrection de la Tunisie*

[569] Voir Les Accords de Camp David (17 septembre 1978) et le Traité de paix israélo-égyptien (26 mars 1979), http://www.persee.fr, 06.04.2015

l'accession au pouvoir des frères musulmans[570]. Aujourd'hui, ces pronostics se sont avérés justes au vu de l'histoire récemment vécue par l'Égypte. Soulignons que ces derniers ont été destitués en 2013. Évidemment, ce n'est qu'en Égypte que les Frères musulmans ont accédé au pouvoir jusqu'en juillet 2013 à la destitution de Mohamed MORSI.

En fin de compte, la persistance des situations de troubles et tensions internes au sein de l'UA relève, entre autres, du fonctionnement de certains régimes dictatoriaux et des conflits des civilisations. À terme, il faudrait souligner qu'aucun régime politique ne pourrait asseoir un climat de paix durable en Afrique sans une justice équitable et un respect implacable des droits de l'Homme.

3. Les conflits des civilisations

Pour Samuel Phillips HUNTINGTON, le conflit des civilisations constitue une sérieuse menace pour la paix et la sécurité internationales et sert de garde-fou contre une guerre mondiale[571]. Une civilisation et une culture reflètent la manière de vivre généralement, mais au sens large, la civilisation seule est une culture pure et simple. Lorsqu'il cite BOZEMAN, il affirme que ces deux notions intègrent « les valeurs, les normes, les institutions et les modes de pensées auxquels des générations successives ont dans une société donnée, attaché une importance cruciale »[572]. Ainsi qu'il naît des antagonismes entre États et des groupes qui relèvent des civilisations distinctes[573]. Il est sans conteste que les aspects culturels ont souvent divisé les sociétés humaines. De ce fait, l'Islam s'oppose violemment à d'autres religions au stade régional, tandis que l'Occident manifeste une suprématie souvent dévastatrice sur le reste du monde[574]. Aussi des affrontements entre ces groupes de civilisations différentes ont pu forger les troubles et tensions au sein d'un État.

Dans la plupart des États africains en revanche, les populations de l'Est s'opposent souvent à celles de l'Ouest. Ces conflits qui ne sont pas nécessairement territorialisés ont ainsi opposé des groupes ethniques comme au Rwanda et au Burundi. Dans pareilles circonstances, les minorités aspirent bien plus souvent à la formation d'un nouvel État détaché de l'ancien afin d'acquérir une indépendance vis-à-vis des populations rivales. La création de la République du Soudan du Sud en est un exemple tout à fait

---

[570]Voir SAMIR AMIN, *La géostratégie de l'impérialisme en panne*, www. samiramin1931.blogspot.com, 21 septembre 2015.

[571] Voir Samuel Phillips HUNTINGTON, *Le choc des civilisations*, Ed. Odile Jacob, Paris, 1997, p.10, voir aussi Serge SUR, *Relations internationales, op.cit.*, p. 437.

[572] En se référant à M Braudel il évoque que « une civilisation est un espace, une "région culturelle", une collection de traits et de phénomènes culturels ». Ils continuent de citer d'autres chercheurs ayant défini la civilisation tels que : Wallerstein, Dawson, Durkheim et Mauss, Spengler. Voir M. Samuel Phillips HUNTINGTON *Ibid,* p. 45.

[573]*Ibid.,* p. 265.

[574]*Loc.cit.*

pertinent sur cet aspect. Évidemment, le Soudan est parmi les États membres de l'UA ayant connu une instabilité épouvantable due à une guerre civile atroce.

Mais particulièrement, il y a bien eu des violences entre tribus qui étaient souvent motivées par le vol de bétail, des disputes sur les ressources naturelles ou la vengeance au sud du Soudan. Ce sont principalement les questions idéologiques, politiques et religieuses qui ont opposé les deux régions. Concrètement, c'est à la fin de l'année 2005 qu'un Accord de paix a pu mettre fin à la guerre civile entre le nord musulman et le sud majoritairement chrétien. Cet accord prévoyait des élections générales (présidentielles, législatives et régionales) au Soudan en avril 2010 et la tenue d'un référendum en 2011 sur l'indépendance du sud du Soudan. Il s'agit d'une vaste région sous-développée, mais qui regorge en même temps de ressources naturelles.

La création de la République du Soudan du Sud le 9 juillet 2011 a tenté de résoudre cette question[575]. Mais depuis lors, le Soudan du Sud indépendant connaît paradoxalement un conflit interne à forte connotation ethnique. À propos, les promoteurs du projet « minorité à risque » ont constaté que le sud du Soudan connaître encore la violence. De même, les groupes religieux se sont violemment opposés pour revendiquer la suprématie de leurs religions respectives. Dans ce dernier cas, le Nigeria et le Kenya sont des États africains où les affrontements entre les différentes communautés religieuses ont eu lieu.

Durant le mois de janvier 2010, des violences sanglantes ont éclaté entre chrétiens et musulmans à Jos et dans sa périphérie, une ville de 500 000 habitants qui est située au centre du Nigeria. Au cours de ces affrontements interreligieux, le bilan a été très impressionnant. Environ 300 individus ont été froidement massacrés. Finalement, ces communautés faites de différentes civilisations qui s'affrontent tant de fois créent des situations de troubles et tensions internes au sein d'un même État. Ainsi qu'elles causent régulièrement une grande instabilité qui place le continent africain dans une grande insécurité. Outre ces conflits interreligieux, les affrontements interethniques ont également occasionné des situations de troubles et tensions internes dans de nombreux États africains. Effectivement, l'identité ethnique et son affirmation relèvent de la structuration des rapports humains. Évidemment, les divisions naturelles interethniques sont tout à fait logiques, quoiqu'elles dégénèrent en tensions au même titre que celles naissant entre les États. En réalité, ces conflits sont tributaires d'une certaine concurrence entre ethnies.

Les années 1990 ont été marquées principalement par une forme de guerres intra-étatiques en Afrique. De la sorte, le Rwanda et le Burundi ont

---

[575]Voir AFP, *102 morts dans des combats au Sud-Soudan — jeune Afrique,*www.jeuneafrique.com, 20 février 2013.

été les victimes de conflits interethniques[576]. Ainsi, du point de vue d'un certain dépassement, ces conflits intra-étatiques à caractère purement interethniques ne sont guère soumis à l'autorité effective de l'État. Il est donc question de s'interroger sur les causes réelles des conflits de civilisations. Or si tous ces arguments tels que des violences entre tribus, des disputes sur les ressources naturelles ou la vengeance, les questions idéologiques, politiques et religieuses, les conflits interreligieux, les affrontements interethniques, la concurrence entre ethnies que nous venons d'évoquer sont fondés. Ainsi nous pouvons comprendre aisément la motivation de la prépondérance des troubles dans certains États africains.

Au regard de ce qui précède, il est à retenir que cette argumentation peut s'avérer acceptable, sauf qu'elle doit être singularisée et adaptée suivant les circonstances de l'histoire et des situations particulières sur le terrain. Elle prouve de multiples contradictions ainsi que la récurrence de la violence qui s'avive. Jusqu'à preuve du contraire, la persistance des situations de troubles et tensions internes peut s'expliquer par l'action d'une influence qui vient fréquemment de l'extérieur. Cependant, le professeur Ted Robert GURR soutient que sur le plan international les conflits ethniques diminuent nettement. Effectivement, nous constatons que ces conflits naguère développés à la fin de la guerre froide tendent à s'anéantir. Pour confirmer son assertion, il évoque la démocratisation et la reconnaissance des droits des minorités ; la dévolution d'une large autonomie pour les groupes minoritaires au point de créer de facto des mini États ; et la volonté assez répandue de négocier plutôt que de combattre afin d'obtenir ladite reconnaissance et la fameuse autonomie[577].

Pour ce faire, les émeutes entre les fidèles de différentes religions fréquemment enregistrées au Nigeria remontent au colonialisme arabe qui a islamisé une partie de l'Afrique ou encore au colonialisme européen qui en a christianisé une autre telle que l'Afrique centrale. Évidemment, dans sa pratique, le système colonial a tout mis en œuvre pour provoquer, ménager ou renforcer les divisions entre les populations africaines[578]. Ainsi, le coup d'État du 22 mars 2012 qui a secoué le Mali, longtemps considéré comme l'un des pays les plus stables d'Afrique de l'Ouest pour avoir réussi sa transition démocratique suivie de l'élection de M. Amadou Toumani TOURÉ. Cette déstabilisation du Mali résulterait d'une mauvaise gestion de la crise touarègue dans le nord du pays par les autorités maliennes, semble-t-il[579].

---

[576] Voir Charles - Philippe David *La guerre et la paix : approches et enjeux de la sécurité et de la stratégie*, *op.cit.*

[577] *Ibid..*, p. 154.

[578] Voir ELIKIA M'BOKOLO, *Afrique centrale ; le temps des massacres* dans le livre noir du colonialisme, XVIe — XXIe siècle : de l'extermination à la repentance, Paris, Éditions Robert Laffont, 2003, P. 443.

[579] Voir Thomas POULIN, *Historique de l'opération MISMA,* http://www.operationspaix.net, 20 février 2013.

À cet effet, d'aucuns attribuent cette guerre à une libération des populations noires du traditionnel colonialisme et esclavagisme pratiqué depuis des siècles par les Arabes au nom de l'islamisation en Afrique[580]. Cette œuvre est constitutive d'un héritage commun mal vécu. Ce faisant, la colonisation européenne a créé des divisions ethniques et religieuses de la région où sévissent régulièrement ces troubles dont les passions politiques et ambitieuses ouvrent inexorablement aux affrontements, avec pour enjeu majeur, la domination d'un territoire immense et d'un État. C'est ainsi que la résolution des situations de troubles et tensions internes qui en découlent est incontournable à la stabilité des États.

Paragraphe 2 : La résolution des situations de troubles et tensions internes

L'avènement de l'ère démocratique des années 1990 a véhiculé le courant de la démocratie pluraliste qui a traversé la majorité des États. Le continent africain l'a accueilli comme porteur d'un grand espoir vers une démocratie libérale tant ambitionnée par les populations. Mais contre toute attente, les situations de troubles et tensions internes qui ont secoué ces mêmes États font encore l'objet d'une véritable recrudescence. Dès le départ, l'inefficacité de l'OUA dans la résolution des conflits intra-étatiques s'était déjà largement manifestée. Qu'on le veuille ou non, l'avènement de l'UA qui espère apporter les solutions inscrit des avancées non négligeables à ce jour, malgré la persistance des conflits multiformes du continent. Les questions de l'intégration politique, économique et sociale ne se posent plus du moins depuis l'adoption de nouveaux principes et de nouvelles institutions africaines. Mais y aurait-il des facteurs perpétuels qui pourraient encore entraver la résolution effective des conflits africains ? À cette interrogation, les membres de la Commission de l'UA dans leur Plan stratégique 2004-2007 ont eux-mêmes pensé que les organes mis en place par l'UA sont peu adaptés et favorisent ainsi le cloisonnement entre les structures, d'où l'apparition d'une culture organisationnelle très hiérarchisée et bureaucratique qui s'avère nuisible au bon fonctionnement de ces institutions[581].

580Voir Roland VERNIZEAU, *Islamisation en Afrique : l'autre nom du colonialisme et de l'esclavagisme,* http// : colmardabord.hautetfort.com, 11 février 2013.

581 La Commission de l'Union africaine dans son Plan stratégique 2004-2007 a souligné la faiblesse des capacités actuelles de la Commission. Elle a affirmé que la Commission africaine doit être le moteur de l'Union et du processus d'intégration. Cependant elle accuse la faiblesse et ne possède pas encore les capacités indispensables pour réaliser ses ambitions proclamées. Le modèle institutionnel calqué de l'OUA reflète un déficit de cadres, en nombre et en qualité, des structures peu adaptées propice au cloisonnement entre départements, une culture organisationnelle bureaucratique et très hiérarchisée ; des systèmes et procédures qui empêchent une gestion moderne, transparente et orientée vers le succès. Voir *De la vision à*

Depuis la mise en place de la Cour unique, les activités se sont focalisées sur les contentieux concernant les situations de troubles et tensions internes généralement liés à l'instauration d'un État de droit que les populations revendiquent. Ces réclamations s'intéressent aux violations des droits de l'Homme perpétrées par les leaders politiques africains. Ces revendications ont jadis secoué le Maghreb, ainsi la Cour africaine de justice et des droits de l'Homme a tenté de résoudre des contentieux en Tunisie, en Égypte, en Libye et en Côte d'Ivoire. Quoi que l'on dise, l'UA s'évertue néanmoins à résoudre ces conflits pour finalement asseoir une véritable stabilisation en Afrique symbole de la paix et la sécurité internationales. À cet effet, la Commission jouera alors le rôle d'agent de changement multidimensionnel[582]. Puisque les situations de troubles et tensions internes relèvent des revendications des populations chaque fois que les droits de l'Homme sont violés par les classes dirigeantes, les solutions à prévoir en ce moment sont multiples et variées. Dans cette circonvolution, l'impact du DPI pour stabiliser et réguler ces tensions au profit de l'humanité s'avère indispensable.

Bien entendu, la recherche de solution sur la question de paix et la sécurité du continent obéit aux procédures qui ont été mises en place par l'UA, avec implication des mécanismes sous-régionaux. Ces mécanismes ont d'ailleurs été évoqués dans les textes fondateurs et les autres instruments juridiques subsidiaires de l'UA. Par ailleurs, le dénouement des situations de troubles et tensions internes peut découler de la justiciabilité que l'on redécouvre par le biais de la médiation au plan national. Cependant, c'est en méprisant le droit écrit que la médiation et la conciliation deviennent les moyens privilégiés au règlement de fameuses situations.

Sur le plan international par contre, la résolution des situations de troubles et tensions internes peut provenir de l'intervention des Nations Unies dans le cadre du maintien de la paix. Cependant, l'efficacité du système des Nations Unies pour le maintien de la paix et la sécurité n'est plus à prouver, surtout lorsqu'il s'agit d'accompagner le rétablissement de la paix dans les pays sortant d'un conflit. Pour ce faire, le CS a adopté la Résolution 2086 (2013) le 21 janvier 2013à l'unanimité. À cet effet, les 15 membres du Conseil qui ont salué l'importance de l'aspect multidimensionnel des OMP se proclamaient tous coauteurs. Cette Résolution met l'accent sur les missions de maintien de la paix multidimensionnelles qui ont des avantages comparatifs aux premiers stades de la consolidation de la paix. Il en est ainsi parce qu'elles s'appuient sur leur légitimité internationale et sur le poids politique conféré par le mandat du CS d'une part. Mais d'autre part, c'est aussi parce qu'elles sont

---

*l'action : les défis prioritaires pour 2007*dans*Plan stratégique de la commission de l'Union africaine,* vol.2, *op.cit.*, p. 7.

582Voir *Objectif stratégique : Promouvoir l'émergence de sociétés fondées sur les principes de l'état de droit, de la bonne gouvernance et de la sécurité humaine* dans *Plan stratégique de la commission de l'Union africaine,* vol.2, *op.cit.*, p. 38.

renforcées par des moyens civils, militaires et policiers placés sous une direction unique[583].

Bien entendu, l'intervention des Nations Unies s'opère en application des mesures non coercitives, selon l'article 41 de la Charte des Nations Unies ou des mesures coercitives de l'article 42 de la même Charte. Cependant, la prévention et la résolution des conflits armés intra-étatiques, notamment des rivalités ethniques sont d'une importance capitale aujourd'hui. En revanche, les études de sécurité reposent consubstantielles sur l'État[584]. Généralement, c'est au GS de l'UA à qui revient la charge de rechercher les solutions fiables au profit d'un État. Le module d'alerte précoce est fondé sur des indicateurs politiques, économiques, sociaux, militaires et humanitaires qui sont clairement définis et acceptés. Ainsi, les résultats des analyses permettront de déterminer les actions politiques que le CPS exécutera instantanément.

À cet effet, il existe des groupes analogues au GS dont la mission est de fournir des services consultatifs au CPS ainsi qu'au président de la Commission concernant la promotion de la paix, la sécurité et la stabilité en Afrique. Ces groupes ont été constitués par initiative, sinon par simple imitation dans les différentes régions du continent. Par exemple, la CEDEAO a mis en place un Conseil des Sages, nommé par le Secrétaire exécutif pour promouvoir une diplomatie de prévention dans la région. Cette structure est donc chargée de trouver des solutions fiables aux conflits de la sous-région, en l'occurrence, l'Afrique de l'Ouest.

---

583 Voir Le Rapport du Secrétaire général de l'ONU sur *L'Application des recommandations du Comité spécial des opérations de maintien de la paix*, http://www.operationspaix.net, 12 avril 2015.

584 Voir Charles-Philippe DAVID, *op.cit.*, pp. 358-359.

CHAPITRE II

L'APPORT DES PROCÉDURES ALTERNATIVES DANS LE RÈGLEMENT DES DIFFÉRENDS POLITIQUES

Les conflits d'ordre politique connaissent divers modes de règlement qui sont en proie aux complications protéiformes. Par conséquent, la majorité des différends interétatiques africains sont au mieux résolus par le moyen d'intervention. Au départ, il y avait le mode classique pour régler les conflits interétatiques. Celui-ci reposait sur la victoire militaire assortie d'un traité de paix entre les parties. Ces traités de paix ont malheureusement fait l'objet de nombreuses critiques pour n'avoir pas abouti à une paix définitive au profit des États en conflit. Ils n'ont plutôt apporté qu'une solution partielle et transitoire partout où ils ont été appliqués en Afrique. Pour ce faire, ils n'ont servi que de simple tremplin à une réouverture prochaine de conflit basée sur les frustrations qui ont été générées par ces mêmes traités de paix.

Or un traité de paix devrait définir un cadre normatif et institutionnel permettant à chaque partie de se circonscrire et de reconnaître exactement son cadre même en cas d'échec[585]. À terme, nous retiendrons qu'après le mode classique viendront les armistices ou les cessez-le-feu qui n'ont qu'un caractère provisoire dans la mesure où ils mettent un terme aux actions militaires, sans apporter radicalement des solutions aux oppositions politiques. À la base, ils ne représentent qu'une solution bien incertaine quoique parfois durable[586].

À ce titre, nous retiendrons, entre autres exemples, l'implication de l'UA au Darfour (Soudan) qui a abouti à un Accord de cessez-le-feu humanitaire de N'Djamena. Nous pouvons également citer le cessez-le-feu de Mogadiscio (Somalie) que l'ONUSOM I du CS de l'ONU devrait surveiller avant son retrait du sud de ce pays le 10 septembre 1991. La mission ONUSOM I a été créée le 24 avril 1992 par la Résolution 751 du CS. Ces exemples sont enfin complétés par les deux cessez-le-feu portant sur la

---

[585] Voir Serge SUR, *op.cit.*, p. 431.
[586] *Ibid.*, p.432.

bande frontalière d'Agacher dont le Mali et le Burkina Faso s'en disputent la possession depuis 1974.

Évidemment, les combats aériens et terrestres qui avaient eu lieu du 25 au 30 décembre 1985 ont fait suite aux nouveaux affrontements entre ces deux États, après un recensement tenté par le Burkina Faso dans cette même bande frontalière d'Agacher[587]. Ces combats ne représentent qu'une simple résurgence d'un vieux conflit datant des années 1980, malgré les solutions apportées autrefois par ces deux cessez-le-feu annoncés le 30 décembre 1985. La raison fondamentale de cette réalité concerne les causes profondes du conflit qui restent perpétuellement submergées.

Bien entendu, il est pratiquement impossible de résoudre un conflit politique tant que les problèmes de fond, encore insidieux, ne sont pas définitivement éradiqués. Quelles que soient donc les méthodes qui seraient employées, une résurgence du conflit est toutefois à prévoir. Cependant, il y a d'autres issues aux conflits d'ordre politique qui sont plus diffuses et aléatoires. Ces solutions portent sur les moyens de leur apaisement, aussi bien dans un cadre diplomatique que militaire. Elles nécessitent l'intervention d'une tierce partie relevant le plus souvent des instances internationales comme les Nations Unies. Évidemment, c'est sur le plan politique que ces instances peuvent régler les conflits, contrôler le cessez-le-feu et assurer la prévention des nouveaux conflits. En Afrique par ailleurs, les conflits politiques sont également résolus par des mécanismes juridictionnels. À ce stade, plusieurs chefs d'État ont fait l'objet de poursuites judiciaires du point de vue de leur responsabilité pénale relevant des exactions commises pendant ces événements.

Outre les mécanismes juridictionnels, il y a des moyens diplomatiques qui s'emploient pour les négociations, les accords et les traités de paix. De la procédure du règlement des différends politiques, nous retiendrons essentiellement les moyens non juridictionnels (Section I) et ensuite l'étude des obstacles majeurs au règlement des différends (Section II).

SECTION I : LES MOYENS NON JURIDICTIONNELS

Au plan international, les conflits sont résolus selon leurs classifications par des procédures adéquates aux différents modes de règlement. Ainsi, certains traités affirment que l'obligation spécifique de règlement de conflits répond à chacune de leurs catégories. Bien entendu, selon qu'ils sont politiques ou juridiques, ces conflits ont toujours été réglés conformément aux traités spécifiques en vigueur. Mais, le continent africain éprouve des difficultés à opérer une distinction entre les conflits politiques et les conflits juridiques. Il règne donc une certaine confusion alors que leur différenciation procure un vif intérêt dans la détermination des modes de traitement

---

[587]Voir Équipe de Perspective Monde, *25 décembre 1985 : Conflit entre le Burkina Faso*

applicables à l'une et l'autre catégorie. Cependant, plusieurs traités notifient qu'un conflit ne peut être juridique que si les parties se contestent un droit réciproquement.

Par contre, il est politique lorsque l'une d'elles requiert la modification de l'État de droit qui existe entre les parties[588]. Pour élucider cette confusion, la tradition et la jurisprudence africaines ont par conséquent constitué une donnée inestimable dans la recherche des solutions sur les différends politiques. À cet effet, celles-ci ont constitué une base de refus du recours au droit international classique (paragraphe 1). En revanche, ces moyens non juridictionnels regorgent : le mode de règlement direct entre parties (paragraphe 2) et le mode de règlement par l'intervention d'un tiers (paragraphe 3).

Paragraphe 1 : Le refus du recours au droit international

Le refus du recours au droit international classique incarne manifestement le rejet des mécanismes juridictionnels occidentaux par le continent africain. Si dans un procès occidental, il y a nécessairement une partie qui succombe, bien au contraire, la juridiction traditionnelle privilégie davantage le rapprochement des points de vue des parties. Ce principe relève du droit coutumier généralement doté d'un caractère non écrit en Afrique. Ce dernier participe largement aux problèmes de vérification et d'application au sein des tribunaux généraux et des tribunaux coutumiers statutaires.

Le droit coutumier qui est transmis oralement de génération en génération contient une marge d'erreur qui empêche d'atteindre le niveau de clarté et de précision exigé dans les concepts juridiques occidentaux. Bien entendu, les différents objectifs des systèmes de justice traditionnels renforcent le manque de précision et de certitude des règles du droit coutumier. Il est intéressant de s'appuyer sur la négociation ouvrant sur un arrangement, voire la réconciliation des parties, au lieu d'appliquer durement des règles à une situation de fait[589]. Évidemment, le règlement diplomatique est le corollaire de la diplomatie de contact en Afrique. D'aucuns soutiennent d'ailleurs que l'usage du droit international classique n'est exclusivement destiné qu'à la CIJ de La Haye (Pays-Bas). De nos jours, la justice africaine ne semble plus s'inscrire dans la perspective classique qui renvoie régulièrement à la CIJ.

En effet, c'est sur le plan international que le comportement des chefs d'État africains reflète exactement celui de leurs ressortissants. Ces derniers attribuent un caractère superficiel au droit et privilégient plus le mérite du dialogue. En agissant ainsi, ils incitent les palabres africaines à survivre inexorablement.

---

[588] Jean COMBACAU et Serge SUR, *op.cit.*, pp. 557-558.

[589] Voir Paul KURUK, *Le droit coutumier africain et la protection du folklore* dans bulletin du droit d'auteur, Vol. XXXVI, no 2, 2002, www.unesdoc.unesco.org, p. 24.

Pour ce faire, la plupart des leaders politiques d'Afrique soutiennent que ce droit classique réservé à la CIJ est considéré comme propre à l'occident, parce qu'il n'assure que la sauvegarde des intérêts de grandes puissances. Par ailleurs, ce droit a toujours été qualifié d'incompatible au mode de fonctionnement des mécanismes de règlement des conflits en Afrique. Ainsi qu'ils conçoivent que le droit écrit est typiquement occidental. Il est donc qualifié de droit exotique par rapport au mode de fonctionnement des États en Afrique.

Ce droit que l'on ne considère guère est quasiment inexploré, dès lors qu'on lui reproche d'être purement européen. La justice interne des États africains s'en méfie parce qu'elle croit régler les conflits plus efficacement sans l'application du droit écrit. Pour expliquer les difficultés encourues dans ce domaine, un accent a été mis tant sur la méfiance des Africains envers la CIJ que sur l'efficacité d'une personnalisation de la résolution des différends en Afrique. Nous remarquons aussi que les conséquences impressionnantes des conflits ont indubitablement participé à accréditer le caractère d'une Afrique indocile à l'arbitrage et à la saisine de la CIJ[590].

Le continent africain qui s'obstine à exalter son importante tradition généralisée va autant s'abstenir d'avoir recours aux instruments du droit écrit[591]. Ce refus de l'étrangeté du droit applicable repose sur une suspicion certes, mais aussi sur le manque de contribution des États africains à l'élaboration du droit international. Devant un tel raisonnement, la CIJ s'avère être une structure extérieure parce qu'elle exécute des procédures lourdes et longues, d'autant plus que la référence de règlement judiciaire paraît rigide et contraignante pour les Africains. Jadis, on ne cessait de s'interroger sur le sort de l'ancien chef d'État tchadien, M. Hissein HABRÉ poursuivi pour crimes de guerre et crimes contre l'humanité. Fallait-il le livrer à une juridiction extracontinentale telle que la CPI[592] ?

Finalement, la coopération ambiguë des États africains avec les juridictions internationales pénales (JIP) s'est soldée par une collaboration ardue entre l'UA et la CPI après. Dans cette spirale, M. Raymond RANJEVA a relevé que « l'obligation de se soumettre aux décisions des tribunaux internationaux reste perçue à tort comme une restriction de la souveraineté de l'État ». Depuis deux décennies, ces observations soulignent la réticence des États africains à coopérer avec les JIP, à moins qu'ils n'en soient les mentors ou à l'origine des poursuites. Évidemment, nous soulignons que la plupart d'États africains ont souscrit au Statut de Rome certes. Cependant, il y a eu plus d'États européens ayant ratifié le traité constitutif de la CPI[593].

---

590 Voir Sidy SADY, *op. cit.* p. 133.

591 Voir ABAKAR Tollimi, *op.cit.*, pp. 214-215.

592 Voir ZAKA Alex, *Hissène HABRÉ : un procès ? Où et quand ?*, *Diasporas news n° 22,* septembre 2011, pp. 6-7.

593 Sur les 119 pays Parties au Statut de Rome de la Cour pénale internationale, l'on dénombrait 33 États d'Afrique sur 54 au 20 novembre 2011, 26 d'Amérique latine et des

Si depuis sa chute en 1990, le sort judiciaire du président Hissein HABRÉ n'était pas prêt à être tranché, néanmoins un procès avait enfin été ouvert le lundi 20 juillet 2015 à Dakar (Sénégal)[594]. Ainsi, l'examen de la personnalité de M. Hissein HABRÉ s'est déroulé dans la première phase du procès. D'intenses débats ont été ensuite effectués sur chacune des charges retenues contre lui en présence des victimes, des témoins à charge et à décharge qui ont été conviés. Dans cette spirale, une centaine de témoins en provenance du Tchad étaient ainsi présentés lors de ce procès. Cependant, les contraintes financières ont limité le nombre des victimes à y convier, eu égard à leur impressionnante prépondérance[595]. En un mot, ce procès contre M. Hissein HABRÉ est venu renforcer la justice africaine tant souhaitée[596].

Par contre, il serait quelque peu paradoxal que l'UA rejette la CPI puisque l'Afrique contribue conjointement et entièrement au mouvement universel de multiplication des juridictions internationales, aussi bien à l'échelle sous-régionale que régionale, voire internationale. Il faut avouer que l'Afrique fait partie des acteurs majeurs qui participent au mouvement de juridictionnalisation du droit international, ainsi qu'à la multiplication des juridictions des organisations d'intégration régionale et sous-régionale à caractère sectoriel ou omni fonctionnel. Elle participe également aux Organisations internationales universelles comme l'OMC dotée des mécanismes juridictionnels de règlement des différends.

Ce rejet a probablement permis à l'UA d'envisager la substitution de la CADHP et la CAJDH à la CPI, en tant qu'instance supplémentaire des juridictions et processus nationaux pour lutter contre l'impunité, mais aussi chargée de connaître des crimes commis par les dirigeants africains. Inspirée par la volonté de « préserver et sauvegarder la dignité, la souveraineté et

---

Caraïbes, 17 d'Asie, 18 d'Europe Orientale, 25 d'Europe occidentale et autres États. À cela s'ajoute la Côte d'Ivoire qui a déclaré par consentement et en vertu de l'article 12 (3) du Statut de Rome, à soumettre à la CPI la connaissance des crimes commis dans ce pays à compter des événements du 19 septembre 2002. Le 3 octobre 2011, la Chambre préliminaire III a « autorisé le Procureur à ouvrir une enquête *proprio motu* pour les crimes présumés relevant de la compétence de la Cour, qui auraient été commis en Côte d'Ivoire depuis le 28 novembre 2010, ainsi que sur les crimes qui pourraient être commis dans le futur dans le contexte de cette situation ». Cette enquête vise les crimes commis en Côte d'Ivoire entre décembre 2010 et avril 2011, une période marquant la crise post-électorale. Voir James MOUANGUE KOBILA, *L'Afrique et les juridictions internationales pénales* dans Mélanges offerts Raymond RANJEVA 2011, Cahier Thucydide n°10 - Étude – février 2012, http://www.afri-ct.org, le 11 août 2015.

[594]Voir *L'ex-président tchadien Habré amené de force à son procès « historique » au Sénégal,* http://www.larepubliquedespyrenees.fr, le 13 août 2015.

[595]Voir RFI, *Le procès du Tchadien Hissène Habré s'organise à Dakar,* http : //www.rfi.fr/afrique, le 29 juillet 2015.

[596]Voir Stéphanie Maupas, *Le procès d'Hissène Habré renforce la justice en Afrique,* http://www.lemonde.fr, le 29 juillet 2015.

l'intégrité du continent», cette démarche semble directement menacer l'universalité de la CPI[597].

Il paraît quelque peu paradoxal que la CPI soit rejetée par les mêmes États africains qui avaient pourtant entamé le recours à la CIJ pour résoudre leurs conflits à la fin des années 1980. Effectivement, c'est suivant la saisine de la CIJ faite par le Burkina Faso et le Mali pour un différend frontalier sur l'Agacher qu'il se profilait une possibilité de règlement des crises africaines. Deux décennies après que la CIJ ait rendu sa décision sur cette affaire, la question reste posée sur la conception exacte des Africains à propos de la justice internationale. Nous constatons alors que l'application du droit international dans la résolution des conflits interafricains nous offre l'occasion d'apprécier la potentialité de règlement des conflits par la justice[598].

Ainsi d'autres conflits peuvent encore être cités tels que ceux ayant opposé le Botswana et la Namibie en conflit frontalier ; le Nigeria et le Cameroun pour un conflit territorial sur la presqu'ile de Bakassi. Il y a également eu le conflit entre le Mali et le Burkina Faso à propos de la bande frontalière d'Agacher qui est une zone longue de 160 kilomètres et large de 20 kilomètres réputée par son foisonnement en minerais, dont les deux États s'en disputent la possession depuis 1974. Un autre conflit est d'ordre frontalier du fait qu'il opposait le Sénégal à la Guinée-Bissau sur des tensions inhérentes à la frontière qui les sépare. D'autres conflits peuvent aussi être invoqués comme ceux du Bénin contre le Niger sur le conflit frontalier dont la CIJ a rendu un Arrêt le 12 juillet 2005 ; la RDC contre le Rwanda, le Burundi et l'Ouganda[599] ; la Guinée contre la RDC.

Nous pouvons également mentionner la demande introduite par la Tunisie aux fins de révision de l'Arrêt du 24 février 1982 et celle du Nigeria en vue de l'interprétation de l'Arrêt du 11 juin 1998 sur une affaire qui l'oppose au Cameroun[600]. Dans ce cadre, le différend territorial opposant le Tchad à la Libye avait débouché sur un Accord-cadre en vue d'un règlement pacifique entre les deux pays[601].

Par ailleurs, si les États africains ont commencé à faire un tel recours, ce n'est pas parce qu'ils reçoivent une aide concernant leurs frais de saisine, mais c'est à cause de leur participation actuelle à l'élaboration du droit international, ainsi qu'à l'installation des juges africains à ladite Cour depuis ces dernières décennies[602]. Le nombre de recours des États africains déjà déposés à la justice internationale pour la résolution de leurs conflits a

---

[597]Voir James MOUANGUE KOBILA, *L'Afrique et les juridictions internationales pénales* dans Mélanges offerts Raymond RANJEVA 2011, *op.cit., pp.4-5.*

[598] Voir Sidy SADY, *op. cit.,* pp. 133-134.

[599] Voir Annexe.

[600] Voir Sidy SADY, *op.cit.,* pp. 134-135.

[601] Voir l'Accord-cadre sur le règlement du différend territorial - Alger, 31 août 1989, RGDIP, 1990/1, p. 548-551.

[602]Voir ABAKAR Tollimi, *op.cit.*, pp. 212-213.

suffisamment progressé. Objectivement, ce choix marque la séparation avec la coutume de contestation de la justice internationale[603]. Conformément aux dispositions de l'article 4 (e) de l'ACUA, le règlement pacifique des conflits entre les États membres de l'UA peut être décidé par la Conférence suivant les moyens appropriés. Ce faisant, nous pouvons essentiellement distinguer diverses procédures destinées à résorber ces conflits. De leurs caractères principaux, on peut retenir les procédures pacifiques et des procédures non pacifiques. Mais, il y a eu une graduation consécutive qui s'est opérée parmi les procédures de règlement pacifique. Ainsi, nous retiendrons les systèmes conventionnels qui favorisent d'abord les modes diplomatiques tendant à un règlement direct entre les parties ou impliquant l'intervention d'un tiers. Par contre, le recours à la contrainte armée constitue un critère de base dans des situations dubitatives[604]. Il s'agit d'une procédure qui fait recours ou non à une tierce partie telle qu'un État, une personnalité indépendante ou une OI. À cet effet, le rôle de l'État tiers reste déterminant.

Tout compte fait, nous retiendrons que la procédure de résolution des conflits armés internationaux à caractère purement politique requiert des moyens diplomatiques à solutions non obligatoires, c'est-à-dire facultatifs. Dans les conflits politiques, la mise en jeu des intérêts politiques a toujours été largement exprimée, à tel point que la résolution passe principalement par les moyens non juridictionnels tels que : la négociation, les bons offices, la médiation, la conciliation et l'enquête. Ce mode de règlement direct entre parties qui est typiquement de la diplomatie relève donc du cadre des procédures diplomatiques classiques. Actuellement, la fiabilité de ce mode de règlement est bien appréciée de l'UA qui en fait une priorité dans ces interventions. Quoi qu'il en soit, l'application du droit international dans la résolution des conflits interafricains constitue une issue d'ampleur encore réduite. À cette spirale, le mode de règlement direct entre parties joue un rôle important dans le dénouement de ces différends politiques.

Paragraphe 2 : La négociation comme mode de règlement direct entre parties

Le mode de règlement direct entre parties est une procédure diplomatique classique dont l'efficacité est reconnue et appréciée par l'UA qui en fait d'ailleurs une priorité dans ses interventions. En effet, il s'agit d'un mode de règlement déjà inscrit dans l'ordre des techniques de diplomatie traditionnelle. De toute évidence, ces techniques s'emploient couramment dans l'optique d'une entente directe entre les parties rivales. Elles permettent de les réconcilier, d'éliminer les divergences, les vecteurs d'antagonisme ou des facteurs belligènes. Dans ce registre, les États disposent des techniques variées qui mettent l'accent sur la réconciliation des parties, l'élimination

---

603 Voir Sidy SADY, *op.cit.*, p. 134.

604 Voir Paul REUTER, Jean COMBACAU, *op.cit.*, pp. 222-223.

des divergences, des vecteurs d'antagonismes ou des facteurs belligènes. Ces techniques permettent ainsi aux parties d'exclure les risques de recours à la violence et d'éviter la transformation de la crise en conflits armés. Elles favorisent la dissolution des griefs fondamentaux ou l'expiation de véritables causes d'un conflit potentiel[605].

Vu de cette manière, ce mode de règlement direct entre parties constitue une excellente procédure diplomatique très prisée. Généralement, il comporte les négociations comme principal moyen de résolution des conflits dans ce cadre. Au sens large, le concept de la négociation se définit par un ensemble des modes diplomatiques que l'on peut utiliser dans le règlement des conflits. Dans ce contexte, les tiers prennent part simplement pour prêter leur concours aux parties en conflit, lesquelles sont maîtresses en dernière instance du sort qu'elles lui réserveront. Mais dans un sens restreint et le plus couramment utilisé, la négociation désigne les conversations directes entre les parties au différend. La pertinence d'une étude juridique n'est pas la même selon qu'on adopte l'une ou l'autre définition de la négociation[606]. Au préalable, il s'impose une obligation de négocier nantie d'un fondement coutumier. Elle s'exige d'abord en soi dès que deux sujets du droit international sont en litige. Il en est ainsi parce qu'elle constitue le minimum de ce qui est attendu d'eux pour régler pacifiquement tout différend. Aussi, la négociation directe entre parties constitue la technique de droit commun qui trouve à s'appliquer en toutes circonstances, même sans texte[607]. Néanmoins, elle n'est pas essentiellement formelle, mais possède une portée susceptible de degrés. Le degré inférieur en consiste une obligation « non conditionnée » qui n'est pas seulement d'entamer des négociations, mais encore de les poursuivre autant que possible en vue d'arriver à des accords.

Évidemment, ce système permet la vérification par un tiers au cas échéant, le respect de chaque partie vis-à-vis de son obligation ainsi que leur bonne foi. Nous pouvons illustrer ce cas par des développements politiques et sécuritaires enregistrés de 2007 à 2012 en Somalie. Concrètement, c'est une période des pourparlers de paix qui ont été dirigés par M. Ahmedou OULD-ABDALLAH l'envoyé spécial de l'ONU en Somalie. Ces pourparlers ont été tenus à Djibouti entre le Gouvernement fédéral de transition (GFT) et l'Alliance pour une nouvelle libération de la Somalie (ARS), du 31 mai au 9 juin 2008[608]. À cet effet, les négociations ont abouti à la signature d'un cessez-le-feu, suivi le 18 août par la signature d'un accord de paix en 11 points. L'Accord de Djibouti reste encore la fondation du processus politique sur lequel l'intervention internationale s'appuie dans son effort de stabilisation[609]. D'autres exemples peuvent illustrer cet aspect tel

---

[605]Voir Narcisse MOUELLE KOMBI, *La guerre préventive et le droit international*

[606] Voir Jean COMBACAU et Serge SUR, *op.cit.*, p. 565.

[607] Selon Patrick DAILLIER, Mathias FORTEAU et coll., *op.cit.*, p. 259.

[608] Voir ROP, *Mission de l'Union africaine en Somalie*, http://www.operationspaix.net, le 29.11.2017.

[609]Voir Jean-Guilhem BARGUÈS, *Mission de l'Union africaine en Somalie*

que les attaques qui ont eu lieu à la veille du scrutin sur l'indépendance du Soudan du Sud. En effet, la région d'Abyei a été au centre des différends qui ont engendré un nouveau cycle de violences ayant fait près de 40 morts en quelques jours. À cet effet, les partisans de la tribu Misseriya ont attaqué ceux de la tribu Dinka Ngok à Abyei. Pendant deux jours, des négociations ont été tenues entre ces deux tribus à Kadugli, sous l'égide de l'ONU. À l'issue de celles-ci, les Misseriya et les Dinka Ngok avaient concluent un accord de paix qui définissait trois points prioritaires à savoir : la délimitation de leur frontière commune, la citoyenneté et les dispositions financières concernant le pétrole[610].

En revanche, le degré maximal est l'engagement de négocier que l'intervention d'un tiers transforme en une obligation « conditionnée » afin que les parties concernées mettent les principes de droit équitables en application[611]. Ainsi, nous notifions cet engagement aux négociations de paix opéré par l'équipe de médiation, l'ONU, l'UA et le Qatar courant l'année 2010 au Darfour. Le deuxième exemple concerne la reprise des négociations entre le Soudan et le Soudan du Sud que l'ancien Secrétaire général de l'ONU, M. Ban Ki-moon avait félicité. Toutes ces négociations portant sur les questions sécuritaires et frontalières liées au conflit s'étaient déroulées à Addis-Abeba en mai 2012 sous les auspices de l'UA. En conséquence, la compréhension juridique de la négociation varie selon qu'on donne une définition dans l'un ou l'autre contexte. Or, il est à noter que sur le plan international, la variation de la méthode et de l'objectif de la négociation est fonction de l'extension de son champ d'action.

Si bien que le règlement des différends au sein de l'UA renvoie plus fréquemment aux négociations diplomatiques qui ont un objet plus large que celui du simple traitement des conflits, la négociation constitue la base même de la diplomatie, comme rappelée par le « Testament de Richelieu » qui recommande de négocier partout et en tout temps, sans jamais se lasser. Mais à présent, cette notion qui prend un aspect plus technique joue un double rôle. Il apparaît comme un moyen direct de résoudre les conflits entre États ou de tenter de les résoudre, en inscrivant des contacts réguliers dans la durée, mais aussi comme préalable au contentieux. Parfois, il prend le caractère d'un traité prévoyant l'exigence d'une phase préalable de négociation[612].

En effet, ces négociations diplomatiques relèvent d'une technique très ancienne qui ne met en présence que les États directement concernés par le litige[613]. Entre-temps, elles privilégient les conversations directes pour résoudre une situation, éviter une escalade ou donner une meilleure

---

[610] *Thomas POULIN et Jean-Guilhem BARGUÈS, Le référendum et les consultations populaires dans Historique de l'opération FISNUA, http://www.operationspaix.net,25octobre 2012.*

[611] Selon Patrick DAILLIER, Mathias FORTEAU et coll., *op.cit.*, p. 926.

[612] Selon Emmanuel DECAUX, *op.cit*, pp. 271-272.

[613] Patrick DAILLIER, Mathias FORTEAU et coll., *op.cit.*, p. 924.

opposabilité internationale à la solution négociée. Dès lors que la crise malienne commençait à devenir un enjeu majeur pour la CEDEAO, ses représentants engageaient des négociations avec la rébellion touareg installée au nord du Mali en mars 2012. En marge de ces négociations, les chefs d'état-major des États membres de la CEDEAO s'étaient d'abord réunis à Abidjan le 5 mars 2012, pour ensuite parachever leur stratégie et enfin prévenir toute éventualité[614].

Malheureusement, la situation s'était largement détériorée et a nécessité l'intervention de la France en premier aux côtés des Forces armées maliennes appuyées de quelques États membres de l'UE et de la Communauté internationale. Il s'agit précisément des groupes terroristes et islamistes qui ont attaqué la ville de Konna, dans la région de Mopti, le 10 janvier 2013. Ces attaques ont déclenché l'opération française Serval le 11 janvier 2013 en vue d'appuyer l'Armée malienne désemparée puis recouvrer l'intégrité territoriale du Mali[615]. Elles ont été condamnées avec fermeté par le CPS lors de sa 350ème réunion tenue le 14 janvier 2013. En reconnaissant l'appui de la France demandé par le Mali et dans le contexte de la Résolution 2085 (2012) du CS, le CPS a soutenu la nécessité d'une étroite coordination avec les pays du champ afin de favoriser l'issue des efforts qui ont été déployés[616].

En marge du Sommet des Chefs d'État et en collaboration avec la CEDEAO, l'UA avait organisé une conférence des donateurs, le 29 janvier 2013 à Addis-Abeba. Elle consistait à contribuer au fonds d'affectation spéciale prévue dans la Résolution 2085 du CS, à apporter un appui à la MISMA au plan logistique, humain et financier, ainsi qu'aux forces de défense et de sécurité du Mali[617]. Depuis la fin de violentes confrontations armées qui ont éclaté entre des Forces armées présentes au Mali et les terroristes, les localités libérées sont paradoxalement devenues des victimes d'attentats djihadistes.

Par ailleurs, nous retiendrons que des négociations de paix étaient menées entre 2006 et 2008 après le déclenchement de l'« opération Nord » par le gouvernement ougandais en 1991. En effet, c'était dans le but de vaincre militairement l'Armée de résistance du Seigneur ou LRA (Lord's Resistance Army) que des groupes d'autodéfense acholis, en l'occurrence les « Arrows Groups » étaient mis sur pied au nord de l'Ouganda. Sur le plan militaire, cette opération fut un échec pour ce pays qui ne parvenait pas à juguler la rébellion[618]. Ces négociations ont rapidement conduit à une Déclaration unilatérale de cessez-le-feu de la part de Vincent OTTI qui était le commandant en second de la LRA. Cette Armée est un mouvement qui se

---

614Voir Jérôme N'DRI, http : //news.abidjan.net, le 4 avril 2012.

615 Voir Le rapport du CPS de février 2013.

616Voir Jérôme N'DRI, *Mali, op.cit.*, p. 8.

617*Ibid.*, p. 7.

618 Voir Thomas POULIN, *Historique de l'opération ICR/LRA*, www.operationspaix.net, 12 juillet 2012.

présente comme « chrétien », bien que caractérisé par une rébellion créée en 1988, soit deux ans après le déclenchement de la Guerre civile contre le gouvernement ougandais. Cependant, les conversations directes n'aboutissent pas toujours à ce que le litige opposant les États soit plus fort ou d'origine récente[619]. Régulièrement, un appel est fait aux États tiers par rapport au litige ou d'accepter leur intervention[620].

Objectivement, la négociation constitue un des éléments dont l'engagement est de large portée. Elle n'est pas singulièrement fondée sur le règlement d'un différend existant. Au contraire, une négociation favorise le débouché de l'adoption d'une nouvelle réglementation susceptible de participer à la prévention ou à l'enrayement des sources virtuelles de conflits. De l'ampleur de son objet, la technique de la négociation est conçue comme un instrument essentiel en matière de stabilité au sein de la société internationale[621]. Très souvent, son intervention devient un préalable à une procédure confuse au-devant d'un autre mode de règlement de conflit tel que l'arbitrage.

Le différend frontalier qui avait opposé le Sénégal à la Guinée-Bissau avait fait l'objet d'un arbitrage par l'OUA, l'ascendante de l'UA, qui avait connu un échec avant d'être soumis à la CIJ[622]. La négociation peut également intervenir pour favoriser l'aboutissement d'une procédure suivant un premier procédé de règlement de conflits tel que le règlement juridictionnel[623]. Le 4 mars 2009 par exemple, la CPI avait délivré un mandat d'arrêt contre le président soudanais, M. Omar El-BÉCHIR, pour crimes de guerre et crimes contre l'humanité. Convaincue de la contestation de Khartoum pour ce mandat, la Communauté internationale faisant preuve d'une grande prudence a favorisé une alternative à la situation. Cette attitude a occasionné l'ouverture d'une série de négociations ayant abouti à la situation quasiment résolue du Soudan aujourd'hui.

Au début ou au cours de la négociation, les parties en conflits peuvent faire intervenir d'autres États ou organes d'OI, afin de la charger d'efficacité[624]. Ainsi, la situation à Madagascar a suscité une résolution ayant conforté la médiation jouée par l'Afrique australe à travers la SADC en 2009. Parmi d'autres exemples, nous retiendrons la médiation algérienne réalisée au Mali en 2013 et 2014, et la médiation de l'IGAD effectuée au Soudan en 2005 et celle accomplie au Soudan du Sud en 2015. Il en est de même pour la procédure engagée dans les négociations avec six membres d'une délégation d'Ansar Dine au Mali. Ansar Dine est l'un des groupes islamistes armés qui occupent le nord du pays. Il a été reçu le lundi 18 juin

---

[619] *Ibid.*
[620] Voir Emmanuel DECAUX, *op.cit*, p. 927.
[621] Patrick DAILLIER, Mathias FORTEAU et coll., *op.cit.*, p. 927.
[622] Voir « Affaire relative à la sentence arbitrale du 31 juillet 1989 (Guinée-Bissau c. Sénégal) — contre-mémoire du gouvernement de la république du Sénégal, http://www.icj-cij.org.
[623] *Ibid.*, p. 925.
[624] Patrick DAILLIER, Mathias FORTEAU et coll., *op.cit.*, pp. 928 — 929.

2012 par l'ancien président du Burkina Faso, M. Blaise COMPAORÉ, médiateur de la CEDEAO dans la crise malienne. Le but étant de séparer ce fameux groupe de leurs alliés djihadistes d'AQMI. À cet effet, la CEDEAO avait désigné M. Blaise COMPAORÉ comme représentant du Burkina Faso, conjointement avec son ministre des Affaires étrangères, M. Djibrill BASSOLÉ qui devait assister à ces négociations[625]. Ainsi, tous ces délégués ont eu une obligation juridique de négocier dans certaines circonstances.

Devant un conflit, les parties concernées ont une obligation juridique de négocier. Mais cette obligation établie par certains traités est généralement pourvue d'un contenu très peu consistant. Quoiqu'on puisse même l'interpréter comme une obligation permettant d'ouvrir des négociations, celle-ci n'a jamais été de conclure. Dans certains cas, il peut exister des obligations plus qualifiées de négocier telles que l'obligation de prendre en considération les intérêts adverses, de ne pas recourir à des mesures dilatoires[626].

Or, l'UA connaît de nombreux traités et des clauses sur le règlement de différends par voie non juridictionnelles, au premier rang desquels l'ACUA qui l'exprime dans son article 4 (e)[627]. Au sein de l'UA, on peut finalement constater que le règlement non juridictionnel des conflits conduit à une approche classique tout simplement. Selon l'approche la plus classique, puisque contemporaine de la naissance des relations internationales modernes, le règlement non juridictionnel des conflits internationaux s'est d'abord inscrit par nécessité dans un cadre interétatique. L'apparition des OI n'a pas entraîné l'abandon de cette démarche. Inversement, il a paru réalisable d'inscrire les modalités connues de règlement pacifique dans le cadre de ces organisations et aucune de leurs caractéristiques ne s'y opposait[628].

Généralement, ces traités comportent une clause de négociation préalable telle qu'il est stipulé dans l'article 283 de la Convention de Montego Bay sur le droit de la mer. La négociation est avant tout une procédure qui vise à créer un contact de façon directe ou indirecte entre les parties à un conflit en vue d'un accord concerté sur son règlement. Les négociations diplomatiques comprennent des échanges de points de vue entre les parties, pour définir un accord commun dans la procédure adoptable sur un conflit. Ces négociations qui recherchent un commun accord se distinguent de la consultation et des autres formes d'échanges de vues plus généralement. En effet, la négociation peut être bilatérale ou multilatérale. Pour l'essentiel, elle consiste en une conversation qui peut déboucher soit sur l'acceptation concrète d'une solution éventuellement consacrée par une convention, soit sur le constat d'un échec.

625Voir AFP, *Première rencontre Ansar Dine - COMPAORÉ* dans *Mali/CEDEAO,* http : //www.operationsdepaix.net, 19 octobre 2012.
626 Paul REUTER, Jean COMBACAU, *op.cit.,* pp. 215-216.
627 Voir Alain Plantey, *op.cit.,* p. 294.
628 Patrick DAILLIER, Mathias FORTEAU et coll., *op.cit.,* p. 923.

Or l'objet de la négociation n'est pas forcément ni strictement de résoudre le différend. Au contraire, une négociation doit normalement aboutir à prévenir ou à désamorcer des situations potentiellement conflictuelles. Par son très large objet, la technique de la négociation est finalement un des instruments privilégiés de la stabilité de la société internationale qui s'adapte aux changements de circonstances. Les négociations favorisent une marge de manœuvre considérable aux parties chargées de les exploiter. Justement, c'est de cette faveur que la négociation devrait aboutir aux résultats satisfaisants en Afrique. De la sorte, elle devrait constituer un instrument primordial en matière de paix et de stabilité du continent[629]. S'il peut y avoir un enchaînement d'échecs dans les négociations en Afrique, la pérennité des conflits serait bien évidente. Nous pourrons ainsi nous référer à la situation vécue en Côte d'Ivoire et en RCA dernièrement pour étayer la présence des écueils dans les négociations au sein de l'UA. Dans le premier cas, ce dysfonctionnement sur les négociations se rapportait à l'alternance du pouvoir entre le président sortant Laurent GBAGBO et le président entrant Alassane OUATTARA. En effet, plusieurs tentatives infructueuses de médiation avaient déjà été effectuées par la CEDEAO depuis le début de la crise de la présidentielle du 28 novembre 2010. Ainsi, M. Alassane OUATTARA était tellement épuisé au plan diplomatique. Finalement, il avait opté pour un délogement de son prédécesseur, M. Laurent GBAGBO du palais présidentiel de force. À ce titre, nous pouvons souligner l'attitude absurde de la Côte d'Ivoire vis-à-vis des principes mandés par l'UA pour la préservation de la paix et de la sécurité en son sein.

Mais très souvent, c'est au sein même des institutions de l'UA que règne une certaine confusion souvent condamnée. En effet, le continent africain compte des organisations d'intégrations régionales et sous-régionales diverses. Cependant, beaucoup d'États membres appartiennent à plusieurs de ces organisations à la fois. Dans de pareilles circonstances, le recoupement et chevauchement des mandats génèrent un bouleversement inexorable, notamment dans la coordination des négociations internationales[630]. Un tel comportement ne peut qu'empêcher les négociations d'aboutir. Le cas de l'Angola et la RDC qui sont à la fois membres de la SADC et de la CEEAC illustre convenablement ce phénomène. De même, le Tchad, la République du Congo, la Guinée équatoriale, le Gabon, la République centrafricaine et le Cameroun sont à la fois membres de la CEMAC, la CEEAC, le COMESA, l'APE CEMEC-UE, l'APE OAO-UE ; tandis que le Swaziland et la Namibie font en même temps partie du SACU, de la SADC du COMESA et de l'APE SADEC-UE[631]. Si la négociation peut piétiner et s'empêcher de produire des

[629]*Ibid.*, p. 927.

[630] Voir *Commission de l'Union africaine : Plan stratégique 2004-2007, Volume 2 : Cadre Stratégique 2004-2007, op cit*, pp. 6-7.

[631] Voir *La cacophonie institutionnelle*, dans *Commission de l'Union africaine : Plan stratégique 2004-2007, Volume 2 : Cadre Stratégique 2004-2007, loc.cit.*

résultats satisfaisants par défaut d'initiative ou d'imagination, l'échec qui en découle ouvre inévitablement la voie de recours à un tiers. À ce stade, il devient alors indispensable d'imaginer une solution par le haut[632].

Les dispositions contenues dans la plupart des clauses compromissoires et des traités de l'UA évoquent des moyens diplomatiques de règlement des conflits à solutions non obligatoires. Ils s'emploient lors d'une entente directe entre les parties, encore pour un recours à l'intervention. Ces moyens de règlement aussi appelés modes facultatifs consistent à employer des procédures dégageant les solutions qui ne lient pas les parties au litige. Ces parties ont donc le choix d'accepter ou de refuser ces solutions proposées[633]. Ces modes de règlement des conflits à solutions non obligatoires sont généralement initiés avant ceux qui comportent des solutions obligatoires.

Subséquemment, l'arbitrage ou le règlement judiciaire n'intervient souvent qu'après échec d'une mise en œuvre de ces moyens diplomatiques. Voilà pourquoi le recours à l'arbitrage ou au règlement judiciaire, voire à la conciliation est prévu dans de nombreux traités et clauses compromissoires pour remédier aux échecs dans le règlement des différends par négociation ou par la voie diplomatique. C'est ainsi que la CEDEAO se préparait à envoyer une Force militaire d'intervention composée de 3270 Nigérians, Sénégalais et Nigériens malgré l'absence de soutien du CS de l'ONU. Cette intervention devrait s'exécuter en cas d'échec dans les négociations favorisées par l'ancien président burkinabè et médiateur, M. Blaise COMPAORE, et son ministre des Affaires étrangères, M. Djibrill BASSOLÉ sur la crise malienne.

Ces négociations diplomatiques sont conçues comme les plus simples et les premiers moyens de résolution des conflits internationaux. Elles constituent le mode de règlement le plus étendu et le plus crédible dans l'examen et la résolution des conflits au sein de l'UA[634]. La négociation se fait normalement au début et à la fin d'un conflit, tandis qu'elle peut être entrecoupée par des actions et des procédures diverses[635]. Par exemple, c'est en raison des divergences sur le tracé et la démilitarisation de la frontière que le Soudan et le Soudan du Sud avaient cessé de négocier de façon directe à Addis-Abeba (Éthiopie). Effectivement, des réunions séparées étaient tenues avec les deux parties sous l'égide du Groupe de mise en œuvre de haut niveau de l'UA sur le Soudan (AUHIP), dirigé par l'ancien président sud-africain, M. Thabo MBEKI. À l'issue de ces réunions, chacune d'elles restait sur sa position pour la frontière et les zones tampons. M. Haile MENKERIOS, Représentant spécial de l'ONU pour le Soudan et le Soudan du Sud indiquait que « le processus de négociations ne progressait pas bien,

---

[632] Voir Emmanuel DECAUX, *op.cit.*, p. 272.
[633] Voir Raymond RANJEVA et Charles CADOUX, *op.cit.*, p. 227.
[634] Voir Paul REUTER, Jean COMBACAU, *op.cit.*, p. 214.
[635] *Ibid,* p. 215.

mais qu'on ne pouvait pas dire que les négociations se passaient mal»[636]. Ces négociations directes entre le Soudan et le Soudan du Sud étaient interrompues depuis avril 2012 à cause des affrontements enregistrés autour de la ville d'Heglig. Ce faisant, le Soudan du Sud avait amorcé le retrait militaire d'Abyei. Suivie par le Soudan, cette attitude avait facilité la reprise des négociations en juin 2012 sous les auspices de l'AUHIP. Selon M. Pagan AMUM, le négociateur en chef de la délégation sud-soudanaise, ces négociations reprises se focalisaient essentiellement sur les enjeux sécuritaires, particulièrement sur la démarcation d'une zone non militarisée[637].

Cependant, la négociation n'est très souvent qu'un des éléments d'un engagement plus vaste. Elle peut donc intervenir soit en tant que préalable indispensable à une procédure complexe qui se place en amont d'un autre procédé de règlement tel que l'arbitrage, soit en vue de faciliter l'achèvement de la procédure en se situant en aval d'un autre mode, comme le règlement juridictionnel[638]. Ainsi, plusieurs sortes d'interventions des tierces parties peuvent se mêler à elle. Par ailleurs, diverses catégories de pressions peuvent aussi influencer les négociations qu'elles accompagnent. Ces pressions peuvent être, entre autres, d'ordre psychologique, politique et économique[639].

Ainsi, compte tenu de la détérioration de la situation en Guinée, le retour à l'ordre constitutionnel était négocié moyennant les pressions de tout ordre telles que : l'embargo sur les armes, le blocage de la délivrance des visas, l'interdiction de se présenter à la présidentielle de certains responsables politiques guinéens, le gel des avoirs que des protagonistes ont placés à l'étranger et la restriction de la possibilité de voyager pour les personnes répertoriées. L'obligation de négocier qui relève d'une obligation générale de règlement pacifique des différends constitue par sa nature une obligation liée au comportement des négociateurs qui peut s'avérer pratiquement incontrôlable. L'obligation de négocier impose naturellement un comportement qui peut parfois être difficile à gérer, mais qui n'est sanctionné qu'en cas d'abus. Néanmoins, la négociation n'est efficace que si les parties au différend se montrent volontaires à la négociation afin de s'accorder à la fin.

En revanche, il n'est pas possible d'obliger un État de concéder à un rapprochement du point de vue de son adversaire pour procéder à un accord. Seules les parties peuvent apprécier des perspectives de solution ouvrant à la négociation dans un cas concret. Cette disposition évoquant une appréciation unilatérale est d'ailleurs présente dans certains traités qui prévoient la

---

636 Voir CRI, *Arrêt des négociations directes* dans *Soudan/Soudan du Sud*, http : //www.operationspaix.net, 24 juillet 2010.

637 Voir Reuters, *Les pourparlers reprennent sous l'égide de l'Union africaine* dans *Soudan/Soudan du Sud*, http : //www.operationspaix.net, 24 juillet 2010.

638 Selon Patrick DAILLIER, Mathias FORTEAU et coll., *op.cit.*, p. 925.

639 *Ibid.*

négociation. C'est une appréciation qui peut intervenir n'importe quand et indépendamment d'une obligation conventionnelle antérieure prise par les parties[640]. Mais cette obligation de négocier est avant tout un principe de droit international général qui découle de l'article 33 (1) de la Charte des Nations Unies en concomitance avec l'article 2 (3).

L'obligation de négocier repose d'abord sur le fondement qui est un degré minimum de l'obligation de régler pacifiquement les différends internationaux, et condition de mise en œuvre des procédés plus techniques. L'obligation de négocier a un fondement coutumier. Et pourtant, les fonctions où l'obligation de négocier s'impose d'abord en soi dès que deux sujets du droit international sont en litige. Il en est ainsi parce qu'elle constitue le minimum de ce qui est attendu d'eux pour régler pacifiquement tout différend. À ce titre, la négociation directe entre États en conflit constitue la technique de droit commun qui trouve à s'appliquer en toutes circonstances, même sans texte. Enfin, il s'impose une certaine portée de l'obligation.

En effet, l'obligation de négocier n'est purement formelle, tandis que sa portée est susceptible de degrés[641]. Ces dispositions prévoient que les États règlent les différends pouvant menacer la paix et la sécurité internationales par des moyens pacifiques de leur choix, et avant tout par voie de négociation, d'enquête, de médiation, de conciliation, d'arbitrage, de règlement judiciaire, de recours aux organismes régionaux. Ce principe de droit international général ne profite nullement au continent africain. Il ne garantit pas non plus la recherche des solutions immédiatement sur les conflits en son sein. Il en est ainsi tout simplement parce que ces dispositions sont capables, non seulement, de compliquer la résolution du conflit, mais aussi de prolonger les hostilités au détriment de l'État victime, une fois qu'elles ont été déclenchées.

Effectivement, les événements politiques de la Côte d'Ivoire relatifs aux élections présidentielles ont exprimé un comportement d'atermoiement de la part des dirigeants politiques de ce pays. Ces événements ont entraîné la succession du président sortant, M. Laurent GBAGBO par le président Alassane OUATTARA. À cet effet, malgré les multiples descentes effectuées par de nombreuses délégations de l'UA et étrangères, le président Laurent GBAGBO avait usé des manœuvres dilatoires pour expressément retarder la recherche de solution à leur crise par des moyens pacifiques de leur choix. Pendant ce temps, les combats se sont intensifiés entre troupes gouvernementales et les dissidents dirigés par le président sortant. Il a fallu du temps, des pressions et des interventions de puissances extérieures pour parvenir à trouver une solution définitive qui a mis un terme à cette crise ayant douloureusement secoué la Côte d'Ivoire. Concrètement, toutes ces descentes effectuées ont presque échoué.

---

640 À en croire Photini PAZARTZIS, *op.cit.*, pp. 69-70.

641 Selon Patrick DAILLIER, Mathias FORTEAU et coll., *op.cit.*, pp. 924-926.

De toute évidence, le fait de retarder souvent le règlement d'un différend est un inconvénient qu'on peut néanmoins reprocher aux négociations, parce qu'elles peuvent l'aggraver[642]. Ainsi qu'il serait intéressant de s'interroger sur la persistance des conflits en Afrique malgré l'assistance des institutions étrangères qui s'impliquent pour sa stabilisation. Cette interrogation suscite une certaine croyance en l'existence des systèmes et des procédures au sein de l'UA qui ne favorisent pas une gestion moderne, transparente des atouts juridiques à une résolution efficace des conflits.

Tout compte fait, l'observation très attentive de l'apport de la négociation semble révéler certaines incohérences selon qu'elle est exploitée par les institutions africaines dans la résolution des conflits. À titre d'exemples, nous retiendrons l'examen des situations politiques qui ont prévalu en Côte d'Ivoire, au Mali et en RCA. Ces situations prouvent explicitement que certains leaders politiques africains ont peut-être mal interprété les privilèges de la négociation. Au contraire, ils se sont servis de ces inconvénients qu'ils auraient prétentieusement transmués en embarras politiques dans ces États. Pour s'exhiber ainsi, ils ont simplement profité de cette liberté de choisir les moyens pacifiques qui est portée et favorisée au gré du principe universel de droit international général. Par dilettantisme, ces leaders politiques manquent parfois des initiatives et d'imagination, alors que la négociation leur autorise toutefois une bonne marge de manœuvre pour résoudre ces conflits par des moyens diplomatiques adéquats.

En tout état de cause, ce système sollicite un recours immédiat aux tiers en vue de rechercher une solution par d'autres institutions. Il se déclenche dès lors que ce mode de règlement direct entre parties échoue, bien qu'une marge de manœuvre soit parfois accordée pendant ces opérations. Pour cette raison, il est intéressant d'étudier le mode de règlement par l'intervention d'un tiers.

Paragraphe 3 : Le mode de règlement par l'intervention d'un tiers

Les modes diplomatiques à solutions non obligatoires utilisent les moyens de règlement nécessitant l'intervention d'un tiers. Ces procédures diplomatiques qui se rapprochent des négociations constituent des formes plus souples de règlement direct de conflits, dans la mesure où elles favorisent l'obtention d'un accord entre les parties par le biais d'un tiers. Bien entendu, les procédures diplomatiques mettent les parties litigantes en contact direct. Cependant, le mode de règlement par l'intervention d'un tiers est un type particulier de règlement de conflits. Dans cette procédure, le tiers intervient activement à la résolution du conflit en facilitant la reprise des négociations entre les parties. Il peut directement proposer des suggestions aux parties, des projets ou des avant-projets de règlement du conflit[643].

---

642 Voir Photini PAZARTZIS, *op.cit.*, p. 101.
643 Voir Raymond RANJEVA, *op.cit.*, pp. 228-229.

Entre-temps, les bons offices et la médiation apparaissent comme des aides à la négociation et font rarement l'objet d'obligations spécifiques[644]. Une fois que les contacts directs ont échoué, ces procédures permettent une négociation ou une reprise des négociations au profit des parties au litige et par l'interposition d'une personnalité indépendante jouissant de leur confiance. Finalement, aucune obligation stricte ne peut s'établir ni imposer un recours à l'avance dans de telles circonstances. Cependant, le succès dans ces procédures dépend de la nature du différend, de la qualité des relations nouées entre les parties et du degré de confiance accordée au tiers qu'elles ont sollicité.

La majorité des textes contenant le principe du droit au recours réservent cette intervention généralement facultative. De ce fait, le tiers offre sa médiation ou encore suggère ses bons offices[645]. Les États membres de l'UA prennent des engagements en choisissant ce mode de règlement. Certains engagements sont affectés d'astuces dans la mesure où les États introduisent de multiples moyens d'échapper à leur responsabilité. Bien plus souvent, ceux-ci apportent un texte unilatéral à leur adhésion ainsi que des réserves dont l'objectif est de préciser, limiter, sinon réduire la portée des engagements pris. Il en est ainsi parce que l'extension d'une obligation engendre parfois cette envie d'en réduire les effets[646].

Dans ce mode de règlement nécessitant le recours à l'intervention d'un tiers, nous retiendrons quatre procédures spécifiques à savoir : la médiation (A), l'enquête (B), la conciliation (C) et les bons offices (D).

A. La médiation

Par définition, la médiation suppose l'intervention directive d'un tiers[647]. Au cours de cette intervention, le médiateur exerce une influence sur les parties au conflit, afin de les inciter à la négociation et dans l'optique de régler leurs divergences. Il est à noter que le dénouement des différends implique également l'action souvent discrète du GS de l'UA. Le règlement amiable s'identifie comme un accord des parties qui met fin à un litige par suite d'une procédure de conciliation directe ou en faisant intervenir un tiers (arbitrage, expertise, médiation, etc.). Le médiateur désigne une instance préalablement acceptée par les parties telles que les commissions de médiation ad hoc mises en place par un organisme régional ou encore des commissions placées au sein dudit organe[648]. Cependant, la médiation et les bons offices ont constamment fait l'objet d'une confusion.

À la demande et sur l'assentiment des parties en opposition, le médiateur qui peut être un ou plusieurs États, une OI, ou exceptionnellement une personnalité publique ou privée s'évertue à favoriser le règlement du différend. La reprise des négociations par les parties est donc impulsée par le

---

644 Voir Paul REUTER, Jean COMBACAU, *op.cit.*, p. 42.
645 Voir Photini PAZARTZIS, *op.cit.*, p. 71.
646 *Ibid.*, p. 90.
647 Voir Emmanuel DECAUX, *op.cit.*, p. 273.
648 Selon Narcisse MOUELLE KOMBI, *op.cit.*, p. 65.

médiateur qui participe profondément à la recherche de solutions à travers un suivi des discussions avec des interventions qui vont rapprocher les points de vue et, éventuellement proposer des solutions spécifiques.

Malgré cela, le médiateur ne dispose d'aucun pouvoir de décision comme dans le cadre de bons offices. Les parties sont plus liées uniquement par les solutions qu'elles ont acceptées pour clôturer le différend[649]. Effectivement, ces deux modes d'intervention présentent des caractères très analogues. En contrepartie, la confusion relèverait très certainement de cet aspect. En un mot, c'est d'une origine coutumière que ces deux modes ont été codifiés par les conventions de La Haye du 29 juillet 1899 et du 18 octobre 1907.

À ce stade, les bons offices désignent l'intervention d'une tierce puissance qui juge « bon d'offrir » son entremise pour régler un litige entre deux États, ou qui est invité à le faire par l'un ou les deux États en conflit. C'est le degré le plus modeste de l'intervention d'un État tiers qui use de son influence morale ou politique pour établir le contact ou le rétablir entre les parties au cas où il a été rompu et faciliter l'organisation matérielle de la négociation. Ensuite vient la pratique dans laquelle la médiation et les bons offices sont confiés soit à des représentants de gouvernement tiers, soit à des personnalités indépendantes, soit à des représentants d'ONG. Le recours très singulier à des personnalités généralement investies de fonctions officielles autrefois est devenu plus passablement fréquent[650].

D'aucuns confondent malgré tout, la médiation et les bons offices alors qu'au fond, la différence entre les deux est bien réelle. S'il y a une distinction à opérer des deux concepts, nous retiendrons que les bons offices sont bien différents de la médiation dans l'ensemble. Ainsi, les bons offices concernent une procédure diplomatique où une tierce partie propose amicalement son intervention sans parti pris et non directive pour orienter les parties vers une négociation susceptible d'aboutir à une issue de leur différend. Au contraire, la médiation évoque l'intervention directive d'un tiers qui influence les parties à un conflit pour qu'elles négocient l'aplanissement de leurs rivalités.

Le médiateur est souvent installé par un organisme régional qui peut aussi être d'appartenance, tout comme il peut être une instance de confiance pour les parties telles qu'une commission de médiation *ad hoc*[651]. Or la distinction entre la médiation et les bons offices s'opère plus dans les degrés que dans leurs natures différentes[652]. En conséquence, le vocabulaire de la pratique devient plus flottant que le tiers intervient tour à tour à l'un et l'autre titre. De toute manière, la médiation constitue très nettement le mode de

---

[649] Voir Raymond RANJEVA, *op.cit.*, p. 229.

[650] Selon Patrick DAILLIER, Mathias FORTEAU et coll., *op.cit.*, pp. 929 - 930.

[651] Voir Narcisse MOUELLE KOMBI, *loc.cit.*

[652] Voir la médiation personnelle de V. Umbricht dans le différend entre le Kenya, l'Ouganda et la Tanzanie sur la liquidation des biens des établissements publics de la Communauté d'Afrique orientale, *A.F.P.D.I.* 1984, 129-159) ». Jean COMBACAU et Serge SUR, *op.cit.*, p. 566.

règlement par l'intervention active d'un tiers. C'est au cours d'une médiation que le médiateur amène les parties à la reprise de leurs négociations. En suivant les discussions, celui-ci participe activement à la recherche de solution.

Chemin faisant, le but de l'intervention du médiateur est de rapprocher les points de vue, de même qu'il propose des solutions spécifiques en cas de besoin. Par contre, les bons offices représentent plus le mode de règlement direct entre les parties du fait que les interventions qui sont menées dans ce cadre sont passives. Ils symbolisent une procédure diplomatique classique par laquelle un tiers offre son aimable intervention dénuée des instructions, en toute équité, dans le dessein d'encourager les parties à une négociation susceptible d'aboutir à une solution au conflit. C'est donc par les bons offices qu'un tiers adopte un comportement d'une personnalité discrète, apparemment passif qui sert à véhiculer simplement les intentions, les exigences et les propositions à la fin. Mais, nous remarquons aussi que dans le cadre de bons offices, le médiateur ne dispose pas d'un pouvoir de décision et seules les parties au litige ont la latitude d'accepter leurs propres solutions qui les lient. En tout état de cause, la médiation reste facultative aussi bien du point de vue du recours que de l'acceptation des recommandations du médiateur. Par ailleurs, une pression politique peut accompagner la médiation en vue d'atténuer la liberté des requérants dans d'autres cas. Nous constatons qu'en Afrique, la médiation est le moyen privilégie dans la prévention, la gestion et le règlement des conflits, d'autant plus qu'elle a permis la redécouverte d'une réelle justiciabilité dans les relations internes et externes qui se nouent entre États de l'Union. Malgré tout, les Africains se méfient beaucoup du droit écrit. L'importance d'un tel aspect reste à souligner surtout dans la résolution des conflits interétatiques.

Cependant, la Communauté africaine accorde beaucoup d'intérêts à la médiation et à la conciliation. Ce faisant, avoir recours aux instruments de droit écrit est une simple incohérence, d'autant plus que la tradition orale est profondément ancrée en Afrique. Elle est d'une importance capitale dans le dénouement des litiges relatifs. Effectivement, la tradition africaine qui méconnaître l'écrit privilégie plutôt les contacts humains. Ainsi, la médiation qui se pratique par l'intermédiaire des tierces parties très proches à qui on accorde une certaine estime conviennent mieux à cette tradition. Au cours de cette médiation, ces personnes chargées de véhiculer le message de paix sont des « missi dominici » qu'on envoie spécialement pour la circonstance[653].

En revanche, l'effondrement du bloc soviétique, caractérisé par la chute du mur de Berlin à la fin des années 1980, a constitué le point de départ confirmé de nombreux conflits internes et externes du continent africain. Ces conflits ont souvent été liés à l'avènement de la démocratie pour son multipartisme comme en Algérie, Mauritanie, Guinée, Guinée-Bissau, Burkina Faso, Côte d'Ivoire, Liberia, Niger, Nigeria, Sénégal, Sierra Leone,

---

653 Voir ABAKAR Tollimi, *op.cit.*, p. 215.

Somalie, Érythrée, Éthiopie, Kenya, Burundi, Djibouti, Ouganda, Rwanda, Soudan, Afrique du Sud, Angola, Malawi, Mozambique, République du Congo, RDC, RCA, Tchad, Cameroun, Namibie, Swaziland, Zambie, Zimbabwe, Madagascar, l'Égypte, la Tunisie, la Libye et le Mali.

En 1997 par exemple, un conflit armé opposait M. Pascal LISSOUBA, l'ancien président de la République du Congo à M. Denis SASSOU NGUESSO, l'actuel président de la République. Profitant des relations de bon voisinage et de liens de mariage existant entre l'ancien Président du Gabon M. Omar BONGO et les parents des parties au conflit, une longue médiation traditionnelle était donc engagée sous l'égide de ce dernier, le 24 juin 1997 à Libreville (Gabon).

De même, M. Sidi Ould Cheikh ABDALLAHI, l'ancien président mauritanien destitué par un coup d'État le 6 août 2008, s'était rendu à Tripoli dans le cadre d'une médiation libyenne sur la crise politique en Mauritanie. Ce faisant, c'est lors de la célébration de la fête du Mouloud marquant la naissance du prophète de l'Islam, que l'ex-dirigeant libyen, M. Mouammar KADHAFI avait profité de poursuivre sa médiation traditionnelle dans la crise politique mauritanienne[654]. En revanche, M. Raila AMOLO ODINGA, qui est un homme politique kényan a été mandaté médiateur de l'UA en Côte d'Ivoire après les élections du 28 novembre 2010. Ainsi, porteur d'une « nouvelle offre de paix » à Laurent GBAGBO, M. Raila AMOLO ODINGA avait entamé une autre médiation à Abidjan pour tenter de le convaincre afin de céder le pouvoir à M. Alassane OUATTARA, le vainqueur reconnu universellement de ces élections. Il en était ainsi, en vue de résoudre cette crise ayant occasionné une grave instabilité au sein de la CEDEAO.

À cet effet, les conflits multiformes qui ont été enregistrés au début des années 1990 ont profondément bouleversé l'ordre interne et externe des États. De nombreux conflits ont donc endeuillé la quasi-totalité des États d'Afrique, notamment ceux de l'Afrique centrale. Toutes ces crises n'ont pu être totalement résolues dans la mesure où l'implication et l'impact de la médiation se sont avérés nuls. Les échecs enregistrés dans ce cadre ont constitué une preuve irréfutable sur les tensions internes en République du Congo. Des conflits internes récurrents dus aux échéances électorales en République du Congo l'ont transformé en un véritable théâtre d'opération. Tant, 11 juristes de renommée internationale pris pour des sages de la Commission se sont tous réunis à Genève le 14 octobre 1997. À cet effet, ils ont invité les parties rivales à juridiquement accepter la vacance du pouvoir du Congo. Ces juges ont finalement confirmé l'interprétation des experts congolais à propos de la décision illégale prorogeant le mandat présidentiel de M. Pascal LISSOUBA au-delà du 31 août 1997. Des médiations proposées se sont révélées inefficaces, jusqu'au point où une recrudescence

---

654 Voir *Le processus de sortie de crise sur les rails, op.cit.*

d'offensive généralisée s'est déchainée en une violence meurtrière qui a été dévastatrice en République du Congo.

Dans un contexte purement exceptionnel dont la recherche d'une constitutionnalité de substitution paraît évidente, la Commission internationale de juristes a effectivement suggéré à la médiation internationale de prier les parties au conflit d'accepter juridiquement la vacance du pouvoir à partir du 19 octobre 1997 à zéro heure. Ainsi qu'elles devraient négocier sur la proposition de mise en place d'un Conseil Présidentiel ayant un Gouvernement d'Union nationale qu'un Premier ministre devrait conduire. Ce dernier devrait organiser la transition par la voie consensuelle afin de préparer et adopter l'ensemble des textes constitutionnels, législatifs et réglementaires adéquats ainsi que la programmation des différentes étapes du processus électoral. Cette issue devait conduire aux nouvelles élections présidentielles législatives dans les délais convenus. Une fois sollicitée, la Commission devrait ainsi apporter son assistance selon sa compétence durant la préparation des élections pour des scrutins démocratiques et transparents placées sous le respect de la volonté populaire[655].

Malgré tout, les solutions se sont avérées impossibles à obtenir même par les simples négociations engagées sous l'égide de l'ancien Président Omar BONGO à Libreville le 24 juin 1997. En effet, l'ancien président du Congo, M. Pascal LISSOUBA a décidé de la prolongation de son mandat présidentiel de trois mois. Il s'appuyait sur la délibération illégale d'un Conseil constitutionnel installé pour la circonstance.

Sur 185 parlementaires, 18 seulement ont assisté à la prestation de serment. Ainsi, la délégation de l'opposition congolaise a vigoureusement dénoncé cette décision à Libreville. Par cette occasion, elle a rappelé qu'il n'y a que le gouvernement de transition qui désormais aura le pouvoir de conduire le processus électoral. Cependant, le sud de la République du Congo accueillait 3000 partisans du leader de l'Union nationale pour l'indépendance totale de l'Angola (UNITA) dirigé par M. Jonas SAVIMBI. Ceux-ci avaient traversé la frontière séparant l'enclave de Cabinda au Congo pour soutenir les éléments des milices de Pascal LISSOUBA déjà présents malgré des Résolutions de l'ONU. Des rumeurs accentuées évoquaient la création d'un mini-État qui serait à cheval sur le Congo, la RDC et l'Angola à la faveur de la guerre civile par M. Pascal LISSOUBA[656].

En tout état de cause, nous constatons que la médiation a bien été illustrée par de nombreuses tentatives qui ont connu de grands échecs pour la plupart. Par exemple, à l'heure où le panel africain préconisait d'instaurer une période transitoire pour adopter et installer des réformes politiques

---

[655] *La Consultation et avis de la Commission internationale de juristes* dans *Les guerres civiles du Congo-Brazzaville — document pour l'histoire*, p. 77.

[656] Voir *La parodie constitutionnelle* dans *Les guerres civiles du Congo-Brazzaville — document pour l'histoire*, *op.cit.*, p. 133.

indispensables à l'élimination des causes de la crise libyenne, M. Mohamed ZWEI, le responsable du Congrès général du peuple a annoncé qu'un projet de constitution datant de 2007 serait soumis à un référendum après avoir résolu cette crise.

Quoi qu'il en soit, la tâche de la médiation s'enlisait déjà. Les affrontements s'intensifiaient encore sur le terrain, notamment à Ajdabiya. Ainsi qu'une intervention internationale n'a pu contribuer à la pacification de la situation, tandis que l'OTAN continuait à pilonner Misrata situé à 200 kilomètres à l'Est de la capitale[657]. Par une tyrannie exacerbée et parfois manifestée par certains chefs d'État et de Gouvernement africains dans les pays victimes des situations de troubles et tensions internes, la médiation entreprise, même par de hautes personnalités étrangères, a bien plus souvent provoqué la recrudescence des hostilités par une intensification spectaculaire des conflits au lieu de les résoudre.

Le Congo reste donc un des cas à citer dans ce contexte. De ce fait, il a démontré que la recherche des solutions aux conflits par des moyens non juridictionnels est bien plus souvent source de nombreuses pirouettes, sinon d'atermoiements manifestement affichés dans certains pays africains[658]. Il en est ainsi peut-être pour retarder volontairement la résolution de différentes crises du continent. Dans ce cas, quel serait alors le sens à donner sur de tels agissements ou encore l'intérêt réel pour un continent qui attend énormément d'actions positives de ses leaders politiques ?

Par exemple, lors de la résolution de ces situations de troubles et tensions internes en République du Congo, le président Omar BONGO avait proposée cinq séances de médiation. Ces séances qui ont abouti à un Accord de Libreville n'ont malheureusement pu offrir les résultats escomptés. Effectivement, c'est en 1997 que cet Accord réunissait les plénipotentiaires congolais pour une médiation sur la situation en République du Congo que conduisait M. Omar BONGO, ancien président du Gabon conjointement président du Comité international de médiation, sous l'assistance de S.E.M. Mohamed SAHNOUN, ancien Représentant spécial conjoint de l'ONU et l'OUA avaient conduit[659].

---

[657] Voir C. Ce. *L'Union africaine au chevet de la Libye* dans *le Monde* du 11 avril 2011.

[658] Sur le plan diplomatique, la situation sur le Congo révélait que le président Pascal LISSOUBA s'apprêtait à envoyer ses représentants à Libreville le mardi 26 août1997, malgré ses positions antérieures prises à l'égard du Président BONGO et contre la France. M. Denis SASSOU NGUESSO et sa délégation qui étaient toujours présents à Libreville aspiraient encore à la recherche d'une solution politique. Cependant, M. Pascal LISSOUBA a menacé de rompre les relations diplomatiques avec la France. Il a plutôt privilégié une médiation du président Laurent-Désiré Kabila de la RDC que la médiation engagée par l'OUA et l'ONU à Libreville. Pour M. Pascal LISSOUBA, la médiation d'Omar BONGO n'a été qu'un moyen de compléter son armement. À Pointe-Noire, il a ainsi fait monter six hélicoptères de combat MI 8 et MI 24 achetés en Kirghizie. Voir *Lettre du Bureau d'information de Denis SASSOU NGUESSO ancien président de la République de la République du Congo* dans *Les guerres civiles du Congo-Brazzaville - document pour l'histoire*, *Ibid*, p. 190.

[659] *Ibid*, p. 194.

De cette médiation, les parties concernées devaient au contraire exprimer une volonté politique commune susceptible de sortir le pays de la crise qu'elle traversait. C'est par un règlement politique qu'ils allaient surtout rétablir la paix et la sécurité, préserver l'unité nationale et les acquis démocratiques dans l'intérêt suprême de la nation. Malheureusement, c'est tout le contraire qui s'était produit[660]. Ainsi, l'ordre démocratique instauré dans le pays depuis la Conférence nationale Souveraine serait préservé[661]. Mais, suite aux multiples tentatives ayant échoué, M. Denis SASSOU NGUESSO s'était emparé du pouvoir le 15 octobre 1997 par une conquête armée. La destitution de l'ancien président M. Pascal LISSOUBA était suivie de son exil forcé en Europe. Cette attitude en proie aux virevoltes a tendance à révéler un possible éloignement de certains dirigeants politiques africains des principes démocratiques, gage de paix et de développement.

Bien entendu, ce phénomène a souvent favorisé des tensions perpétuelles au plan interne et international. À un moment donné, les organes de l'UA chargés de stabiliser les pays touchés de telles situations agissent comme s'ils voyaient dans la plus légère difficulté le signe d'une fatalité à laquelle il serait impossible de s'opposer. En conséquence, l'Afrique risquera d'être victime d'une instabilité permanente qui pourrait sévèrement affecter son processus d'intégration et de développement déjà amorcé. La recherche de solution sur la situation de conflit en République du Congo en 1997 révèle parfois ce genre de comportement qualifiable d'absolutisme politique qu'affichent d'ailleurs quelques dirigeants politiques d'Afrique et que la Communauté internationale condamne très fermement. Cette attitude manifestée par ces derniers dans les tentatives de médiation sur la situation de la République du Congo en 1997 ne relève pas des principes démocratiques. Ces actes vont plus à l'encontre du développement et de l'intégration du continent africain. Tous ces leaders politiques africains engagés dans ce domaine devraient, sans aucune raison, faire preuve de la bonne gouvernance dans leurs mandats et user quotidiennement des principes démocratiques.

---

660 Le 7 juillet 1997, le général Denis SASSOU NGUESSO a encore écrit à M. Jacques CHIRAC, Président de la République française pour un plan global négociant un cessez-le feu, l'organisation d'une période de transition sous la gestion d'un gouvernement d'union nationale et la mobilisation d'une force internationale d'interposition. Ensuite M. Denis SASSOU NGUESSO l'ancien président du Congo a été personnellement appelé par M. Jacques Chirac pour examiner les conditions de restauration de la paix au Congo. Mais de l'autre côté Le général YOMBY-OPANGO a proposé au Président Pascal LISSOUBA un plan très onéreux de reconquête des régions du Nord du Congo. Il y a eu d'intenses livraisons d'armes commandées par M. Pascal LISSOUBA le 10 juillet1997 à Pointe-Noire ainsi que des mercenaires qui ont approvisionné des milices gouvernementales en armes de destruction massive. Voir *Les guerres civiles du Congo-Brazzaville, op.cit.*, pp. 135-136.

661 *Ibid.*

B. L'enquête

L'enquête constitue une procédure disponible pour les parties et le CS des Nations Unies[662]. Faisant partie des modes de règlement par l'intervention d'un tiers, l'enquête indique un moyen interétatique de règlement non juridictionnel des conflits. Concrètement, elle a pour objet de s'enquérir de la nature des situations, leurs circonstances collatérales et d'établir la matérialité des faits ayant causé un différend. En tant que moyen interétatique de règlement non juridictionnel, l'enquête « consiste dans la recherche portant sur les faits présentés comme à l'origine d'un litige, en vue d'en constater leur matérialité, leur nature, les circonstances qui les accompagnent, et dans la fourniture d'un rapport aux parties. Cette tâche est le plus souvent confiée à un organe collégial, dit commission d'enquête »[663].

Comme les modes précédents, l'enquête est une procédure facultative aussi bien dans son déclenchement que dans sa portée. Une Commission d'enquête est évidemment constituée en vertu d'un accord spécial conclu entre les parties en litige qui précisera la mission qui lui est confiée : il indique les faits à examiner, les modalités de composition et le délai de constitution, l'étendue des pouvoirs de la Commission. Le rapport de la Commission d'enquête n'a pas de caractère obligatoire : les parties restent entièrement libres de suite à lui donner.

D'autant que la Commission doit s'en tenir à établir les faits, sans chercher à en tirer la moindre conclusion, même lorsque celle-ci découle nécessairement des faits. Ce faisant, elle laisse aux États la liberté de décider des suites des investigations relatives, surtout pour leur responsabilité. L'enquête est au moins une procédure de solution des conflits qu'une méthode destinée à favoriser le règlement du différend[664]. Au plan international, les mécanismes d'enquête, d'établissement des faits (fact-finding), de vérification, d'inspection ou de surveillance (monitoring) se sont pratiquement développés dans un cadre institutionnel[665].

En revanche, les parties peuvent librement constituer une commission internationale d'enquête, si aucun traité international n'a établi une commission permanente à l'avance. À ce propos nous osons souligner que « l'article 90 du premier Protocole additionnel de 1977 aux conventions de Genève de 1949 (DIH dans les conflits armés internationaux) prévoit la convention d'une commission internationale d'établissement des faits »[666].

Pour ce faire, le rapport que la Commission d'enquête conçoit est dépourvu d'une portée obligatoire. Aussi, dans le cadre de protection des droits de l'Homme, l'ACHPR a effectué de nombreuses missions d'enquêtes

---

[662] Voir Narcisse MOUELLE KOMBI, *op.cit.*, p. 65.

[663]Voir Philippe TUNAMSIFU SHIRAMBERE, *Essai et étude de typologie des conflits armés et leur moyen de règlement,* http : //www.memoireonline.com, le 15 avril 2015.

[664]« *Stricto sensu* l'enquête est moins une procédure de solution des conflits

[665]Voir Emmanuel DECAUX, citant V.T. Bensalah, *L'enquête internationale dans le règlement des conflits*

[666]Voir Patrick DAILLIER, Mathias FORTEAU et coll., *op.cit.*, p. 932

qui répondent à ses objectifs de base. Le 1er février 2011, madame Reine ALAPINE-GANSOU, rapporteur spécial sur les défenseurs des droits de l'homme en Afrique et ancienne présidente de l'ACHPR a conduit une délégation de celle-ci pour une mission au Cameroun. Pendant une semaine, l'ACHPR a pu visiter les prisons et rencontrer la presse, les responsables de la société civile et plusieurs membres du gouvernement. Ainsi qu'elle a conclu que la situation des droits de l'Homme dans ce pays était plus ou moins bonne.

En réponse aux objectifs de base de l'ACHPR, cette délégation devra dresser un bilan tant des conditions de mise en œuvre des droits de l'Homme au Cameroun que sur les exactions commises aux victimes[667]. Cependant, l'enquête permet d'établir des faits alors que la conciliation a un objet plus large qui est celui d'orienter les parties vers une solution[668]. De ce fait, l'enquête et la conciliation formalisent la négociation ainsi qu'ils sont susceptibles de faire l'objet d'une obligation conçue au préalable. De même que dans le cadre de la négociation, seules la bonne volonté et la coopération des parties en cause peuvent déterminer leur réussite éventuelle. À ce stade, les parties se sentent libres d'accepter ou de rejeter les propositions de la Commission d'enquête. Or, une Commission d'enquête se constitue en vertu d'un accord spécial entre les parties en discorde. Cet accord devra préciser la mission qui lui est confiée en indiquant d'abord les faits à examiner, les modalités de composition et le délai de constitution, puis l'étendue des pouvoirs de la Commission[669]. Elles restent donc dans le cadre d'une négociation « institutionnalisée ».

Mais une fois institutionnalisées, ces procédures deviennent plus contraignantes, notamment en cas de recours. Voilà pourquoi, le recours à ces procédures est le plus souvent obligatoire avec un engagement dont la disposition assure la constitution effective de l'organe, voire instituer un organe permanent. En conséquence, les éléments subjectifs peuvent être disciplinés si la négociation a été formalisée. Ces procédures peuvent aussi s'appliquer de manière effective selon le moyen dont elles peuvent être exécutées tel que par un accord des parties, une requête unilatérale, ou une intervention d'office de l'organe[670].

C. La conciliation

La conciliation désigne un procédé de règlement qui consiste à faire examiner les aspects d'un différend par un organe conçu à cet effet ou agréé par les parties auxquelles un dénouement est proposé[671]. Effectivement, pour

---

667 Voir Dorothée NDOUMBÈ, *droits de l'Homme au Cameroun : l'Union africaine enquête, http : //*www.afrik.com, le 13 novembre 2011.

668 Voir Paul REUTER, Jean COMBACAU, *op.cit.*, p. 219.

669 Voir Patrick DAILLIER, Mathias FORTEAU et coll., *op.cit.*, pp. 930-931.

670Voir Photini PAZARTZIS, *op.cit.*, p. 72-73.

671 Voir Raymond RANJEVA et Charles CADOUX, *op.cit.*, p. 229.

parvenir à l'élaboration d'une solution, les Commissions de conciliation doivent surtout observer tous les aspects d'un différend au lieu de se limiter au simple examen des faits[672]. Par ailleurs, nous constatons que dans la pratique la compétence de la Commission de conciliation est plus prononcée que celle de l'organe de médiation. En effet, celle-ci se focalise essentiellement sur le fond du différend, tout en examinant les questions de droit, mais aussi les questions de fait. En réalité, la conciliation n'est qu'une procédure récemment dérivée de l'enquête dont la portée reste encore limitée. Incontestablement, la procédure de la conciliation paraît récente pour le fait que ses premiers traités ont apparu pendant la fin de la Première Guerre mondiale[673]. Au même titre que l'enquête, la conciliation est constituée par le recours à des personnalités autonomes ayant pour mission d'établir un rapport sans une liaison juridique des parties.

Concrètement, la conciliation s'oriente plus virtuellement vers une procédure fondée sur un accord des parties pour transiger sur leurs prétentions, afin de trouver une solution mutuellement bénéfique en évitant les désagréments d'un contentieux. Bien entendu, la conciliation s'appuie régulièrement sur un accord qui ne concorde pas avec une obligation coutumière, malgré tout seul un engagement conventionnel est susceptible d'exiger un recours aux États. Dans ce cadre, l'engagement conventionnel peut être un accord de caractère préventif qui aménage au préalable la constitution ainsi que le mode de saisine, et la commission n'est saisie qu'à la suite d'un différend. Cet engagement peut également s'agir d'un accord initié à l'issue d'un litige. Ainsi, on ne pourrait évoquer une uniformisation, voire une unicité concernant la conciliation, compte tenu de la diversification des solutions relatives à ce fondement conventionnel.

Mais nous osons signaler un « droit commun » de la compétence des commissions pour le fait que certaines conventions ont pu servir de référence en la matière. Une disposition de l'article 15 de l'Acte général d'arbitrage de 1928 l'exprime comme suit : « La Commission de conciliation aura pour tâche d'élucider les questions en litige, de recueillir à cette fin les informations utiles, par voie d'enquête ou autrement, et de s'efforcer de concilier les parties. Elle pourra, après examen de l'affaire, exposer aux parties les termes de l'arrangement qui leur paraîtraient concevables et leur impartir un délai pour se prononcer »[674]. Subséquemment, la conciliation peut exiger une procédure contradictoire dans un cadre préconstitué, mais devant un organe non juridictionnel plutôt dénué d'un caractère obligatoire[675]. Ce faisant, lorsque la conciliation a recours à une procédure contradictoire, les deux parties sont priées par la suite de s'exprimer séparément à l'organe prévu dans la conciliation. Ce mode de règlement

---

[672] Voir Patrick DAILLIER, Mathias FORTEAU et coll., *op.cit.*, p. 932.

[673] Voir Raymond RANJEVA et Charles CADOUX, *loc.cit.*

[674] Voir Patrick DAILLIER, Mathias FORTEAU et coll., *op.cit.*, pp. 932-933.

[675] Voir Emmanuel DECAUX, *op.cit.*, p. 273-274.

n'offre pas une solution obligatoire possible aux parties concernées par le différend.

D'une manière générale, c'est par une procédure contradictoire et analogue à celle suivie par les juridictions internationales que la conciliation se rapproche d'une véritable « instance internationale ». Cette posture peut inciter les États à s'abstenir d'elle expliquant le regret d'une partie de la doctrine pour son évolution. La commission de conciliation reste un organe non juridictionnel qui n'impose pas des solutions aux États concernés par le différend, en dépit de l'étendue de ses pouvoirs et de la procédure suivie. Cependant, elle reste faible en théorie. La portée intrinsèque de la conciliation n'est pratiquement pas négligeable lorsque les États se sont engagés, dans le contexte de rejet du rapport ou de la recommandation, à accepter une procédure juridictionnelle ou arbitrale. Le rapport établi par la commission de conciliation est toutefois mis à la disposition des parties en litige qui sont libres du sort à réserver à celui-ci.

En tout état de cause, la conciliation est devenue un mode de règlement que les États ont considéré comme un compromis convenable, au regard d'un grand nombre de traités qui contiennent l'engagement d'y recourir. Mais eu égard à une fréquence très modeste de son application, la conciliation laisse concevoir qu'il n'est qu'une simple échappatoire aux États désireux d'accepter une procédure plus contraignante[676]. Ce comportement est couramment affiché par de nombreux États membres de l'UA. Ainsi, la Libye a vécu une effervescence des situations de troubles et tensions internes ayant entraîné le renversement du régime politique de l'ancien leader Mouammar KADHAFI puis sa disparition. À cet effet, la conciliation tentée par une délégation de l'UA avait connu d'énormes difficultés. Évidemment, cette intervention de l'UA s'était soldée par un échec en dépit de nombreuses tractations entreprises.

D. Les bons offices

La panoplie des moyens diplomatiques de règlement des conflits connaît une distinction de formes qui ont été particulièrement codifiées par la première Convention de La Haye de 1899 pour le règlement pacifique des conflits internationaux. Par définition l'expression « bons offices » désigne toute sorte d'interposition d'un tiers dans les relations conflictuelles des États afin d'empêcher un contact direct entre eux, compte tenu de leur obstacle politique parfois très complexe[677].

Les bons offices représentent une procédure diplomatique classique permettant en toute impartialité à un tiers de proposer son intervention amicale qui sera dépourvue des directives, dans le but d'inciter les parties à une négociation susceptible d'ouvrir à une solution au conflit. Ils constituent

---

[676]Voir Patrick DAILLIER, Mathias FORTEAU et coll., *loc.cit.*

[677] Voir Jean COMBACAU et Serge SUR, *op.cit.*, p. 565.

la modalité la plus assouplie des formes d'intervention d'un tiers dans un conflit. Mais compte tenu de la procédure, les bons offices permettent en même temps à un tiers d'entreprendre des tentatives de rapprochement des points de vue par des contacts formels ou informels entre les parties au litige.[678]

Pour ce faire, de nombreux États membres de l'UA acceptent les bons offices à cause de nombreux avantages qu'ils procurent dans le règlement des conflits. Par exemple, les bons offices ne consistent nullement en l'imposition par un tiers d'une quelconque solution au dénouement d'un différend. Au contraire, c'est par les bons offices qu'un tiers adopte un comportement discret, apparemment passif afin d'emmener les parties en conflit autour d'une table de négociation. À ce titre, nous retiendrons que l'ancien président sud-africain Jacob ZUMA réservait les bons offices lors d'une tentative de recherche de solution au conflit libyen[679]. Par ailleurs, M. Jacob ZUMA s'est plié avant de démissionner le mercredi 14 février 2018de suite d'interminables tractations éprouvées au sein de son parti, le Congrès national africain (ANC)[680].

En revanche, les bons offices font intégralement partie des premières formes d'intervention d'un tiers généralement dénué de pouvoir de décision[681]. Ils représentent une procédure diplomatique dont l'objet principal réside en la facilitation de la reprise des dialogues et des négociations entre les parties. Au cours de la procédure, le rôle de l'État tiers se limite aux simples propositions de bons offices, mais ne participe en aucun cas directement au mécanisme de règlement des litiges. Cette procédure reste respectueuse de la liberté et de la souveraineté des États, d'autant plus que sa mise en œuvre ne crée pas d'obligation à la charge des parties au litige[682].

Quoi qu'il en soit, la procédure de bons offices ne peut être efficace sans une observation préalable des consignes particulières relatives telles que faire preuve d'une grande discrétion à user de l'autorité de la personnalité ou de l'institution chargée de jouer ce rôle. C'est ainsi que l'ancien président burkinabè et médiateur dans la crise malienne, en l'occurrence M. Blaise COMPAORE et son ministre des Affaires étrangères, M. Djibrill BASSOLE étaient délégués par la CEDEAO à Ouagadougou le 8 juin 2012 pour s'entretenir séparément avec les parties au différend. À cet effet, les membres d'Ansar Dine, allié d'Al-Qaïda au Maghreb islamique (AQMI) avaient discuté avec M. Djibrill BASSOLE qui menait sa mission dans la plus grande discrétion. De l'autre côté en revanche, M. Blaise COMPAORE

[678] Voir Emmanuel DECAUX, *op.cit.*, pp. 272-273.

[679] Voir RFI, *A Tripoli, le président Zuma n'obtient pas le départ de Kadhafi*, http://www.rfi.fr/Afrique, le 01.06.2011.

[680] Voir Afrique du Sud : la présidence de Jacob Zuma en 12 dates-clés www.jeuneafrique.com, le 28 février 2018.

[681] Voir Paul REUTER, *op.cit.*, p. 217.

[682]Voir Raymond RANJEVA, *op.cit.*, p. 228.

avait eu des entretiens avec une délégation de rebelles touareg du MNLA le 9 juin 2012.

Concrètement, c'est sur le terrain que les bons offices constituent particulièrement le second mode de règlement direct entre parties. Ils représentent une procédure selon laquelle une tierce partie ou la Communauté internationale s'interpose suivant une demande formulée, sinon de manière spontanée par l'une ou l'autre partie au litige. L'objectif final est celui d'offrir des prestations au profit des parties en opposition qui devront entamer les négociations, voire recourir à d'autres moyens requis pour le règlement des différends. C'est ainsi que le coup d'État du 6 août 2008 renversant le président mauritanien, M. Sidi Ould Cheikh ABDALLAHI fut suivi d'une rencontre entre l'ex-chef de la junte, le général Mohamed Ould ABDELAZIZ et l'ancien président sénégalais M. Abdoulaye WADE en vue d'une sortie à la crise en Mauritanie[683].

Cependant, la pratique internationale révèle que le caractère présenté par les bons offices est purement facultatif du fait que les parties ont le libre choix d'accepter ou de refuser les propositions formulées par la tierce partie intervenant en leur faveur. Comme le droit positif le suppose, les bons offices sont aujourd'hui considérés comme des gestes amicaux et désintéressés par l'une ou l'autre des parties en litige[684]. C'est pour ces raisons que la procédure de bons offices est souvent conduite par un État ou un personnage de confiance tel qu'un diplomate ou un secrétaire général d'une OI. Sur ce point, nous soulignons l'exemple de l'ambassadeur chinois, M. LIU Guijin, représentant spécial de Pékin pour les affaires africaines qui avait été envoyé pour offrir ses bons offices au Soudan et au Soudan du Sud. Il était désigné ainsi pour promouvoir des discussions de paix entre ces deux États[685]. Pareillement M. Djibrill BASSOLÉ, ancien ministre des Affaires étrangères burkinabè avait apporté sa contribution pour le retour de la paix au Darfour en qualité de médiateur de l'ONU[686]. Mais ce rôle est en permanence joué par les organes principaux des OI. Dans ce dernier cas, c'est en marge de l'ONU que les grandes puissances intervenant en qualité de tierce partie imposent régulièrement leur parrainage lors des conférences diplomatiques en signant des traités devant les parties prenantes qu'ils cautionnent de leur hégémonie politique. Pourquoi l'Organisation continentale actuelle continuerait-elle à flancher dans certaines interventions ? Confirmerait-elle l'existence des zones d'ombre probablement liées à un possible volontarisme politique, voire un atermoiement, sinon un esprit d'autoritarisme dans certains États ? Y aurait-

---

683 Voir AFP, *Le processus de sortie de crise sur les rails*, http// : www. Jeuneafrique.com, 27 mai 2010.

684 Voir Raymond RAJEVA, *op. cit*, p. 228.

685Voir Arnaud de La grange, *La diplomatie chinoise tord le cou au sacro-saint principe de « non-interférence »* dans *La Chine joue les médiateurs au Soudan, www.lefigaro.fr*, 25 juin 2011.

686Voir Tiergou Pierre DABIRE, *Afrique Sommet spécial de l'Union africaine sur les conflits* il une certaine divergence d'intérêts ou des abus d'autorité au sein de l'UA ? Croirait-on à une manipulation par certains chefs d'État et de Gouvernement des missions assignées en Afrique ?

Finalement, toutes ces questions posées révèlent un sens afin de saisir avec précision les progrès déjà accomplis par l'UA, malgré ces quelques difficultés qui parviennent à ralentir sa progression vers un réel développement et une intégration du continent africain. C'est l'objet de notre préoccupation sur les obstacles majeurs au règlement des différends politiques.

SECTION II : LES OBSTACLES MAJEURS AU RÈGLEMENT DES DIFFÉRENDS POLITIQUES

L'étude systématique du règlement des différends politiques nous laisse percevoir que les efforts fournis par l'UA rencontrent encore beaucoup d'obstacles dans le dénouement des conflits politiques. Il s'agirait peut-être du fait que des moyens non juridictionnels employés sont supplantés par diverses causes qui les altèrent et les rendent plus ou moins efficaces dans certains contextes de résolutions de conflits. Quelles seraient alors ces causes ? Cette défaillance peut probablement résulter des aspects de conflits politiques (paragraphe 1) et de la conduite des États membres de l'UA au règlement des différends politiques (paragraphe 2).

Paragraphe 1 : Les aspects des conflits politiques

La multiplication, la simultanéité et la pérennité font partie intégrante des difficultés éprouvées par l'UA dans le processus de règlement des conflits politiques. En effet, la plupart des États membres de l'UA se trouvent inlassablement impliqués dans plusieurs conflits politiques à la fois. Ces États vivent les conflits de cette manière parce qu'ils sont victimes de nombreux fléaux encore difficiles à maîtriser à savoir : la porosité des frontières, le trafic d'armes, la corruption et l'incapacité dans la protection des espaces aériens[687]. Ces fléaux ont ouvert aux conflits en Somalie, RDC, Tchad, Soudan, Niger, Guinée, Madagascar, Mali et en RCA. Ces illustrations incarnent exactement l'ensemble des aspects qui empêchent la résolution définitive des différends politiques en Afrique[688].

Un sommet était tenu à Tripoli (Libye) courant fin octobre et début septembre 2009 pour discuter de l'un des plus importants problèmes au

---

[687]Bien que ravagé par les guerres, le continent noir est aussi ravagé par les maladies et la faim. Ces deux problèmes relèvent de certains conflits.

[688]Depuis les années 1990 le continent africain a encore été une fois le théâtre d'opérations de combats de grande envergure aux conséquences grandioses comme le conflit armé de la Somalie.

développement économique et social de l'Afrique. À cette occasion, les crises et les conflits de nature politique ou les conflits armés étaient au centre des préoccupations des leaders politiques africains. La tenue de ce sommet concernait surtout les discussions axées sur plus d'une douzaine de conflits ayant ébranlé de nombreux États membres. À ce titre, nous retiendrons l'exemple du conflit armé de la Somalie qui a été divisée entre « seigneurs de la guerre » pendant une décennie dans leur lutte pour la mainmise sur différents trafics. De ce fait, des milices ont préféré lancer une offensive qui a entraîné la mort et le déplacement de plusieurs personnes, puis la destitution du président de la Somalie et de son gouvernement. D'autre part, c'est pendant plusieurs années que les rebelles ont également déclenché une instabilité au Soudan. Cette guerre a donc provoqué la mort de 300 000 personnes, selon l'ONU, tandis que Khartoum évoquait 10 000 morts et un déplacement de 2,7 millions de personnes[689].

Chemin faisant, environ 100 troupes de l'AMISOM ont été déployées pour mener des offensives conjointes contre les shebabs courant 2012. Effectivement, ces troupes ont quasiment réduit l'emprise des shebabs sur le sud et le centre de la Somalie. Pour sortir de telles crises, les solutions s'obtiennent plus facilement avec la prise en compte de l'attitude des parties au règlement des différends politiques.

Paragraphe 2 : L'attitude des parties au règlement des différends politiques

Une fois que les États membres de l'UA ont pris l'engagement de régler le différend pacifiquement, les attitudes et les aptitudes qu'ils affichent ne conduisent pas à un dénouement acquis. Évidemment, l'obligation relative est bien plus souvent porteuse d'une indétermination qui affaiblit leur souveraineté. Pour se prémunir de cette posture, ces derniers définissent une obligation dans des termes imprécis. Cette obligation doit toutefois faire intervenir une entente complémentaire pour sa mise en œuvre[690].

Dans certains cas, l'attitude déplorable des États incarne le refus de l'application de modes de règlement pacifique par l'une des parties au conflit. Généralement, ce comportement n'envisage aucun recours par les deux parties, chacune d'elles espérant y obtenir un avantage particulier à l'issue d'un probable changement de situation à son profit. Elles hésitent et expriment la non-application de l'engagement tout simplement. Tantôt, ces États sollicitent divers modes de règlement de conflits[691]. Les leaders politiques africains devraient en réalité promouvoir la démocratie et s'acharner sur une véritable justice dans les sociétés qu'ils gouvernent.

---

[689] *Ibid.*

[690] Voir Photini PAZARTZIS, *op.cit.*, pp. 89-90.

[691] *Ibid.*, p. 217-218.

Malheureusement, ces derniers ont parfois tendance à s'enfermer dans un despotisme qu'ils manifestent sans scrupule.

Néanmoins, il est de bon sens que ces dirigeants politiques d'Afrique se préoccupent du règlement des questions politiques, économiques et sociales internes. Cette évidence est d'ailleurs la condition sine qua non pour entamer la question du développement et de l'intégration en Afrique. Toutefois, la promotion de la paix par l'UA corrobore avec la démocratie et l'instauration d'une véritable justice sociale dans les États respectifs.

Par ailleurs, les questions d'intégration et du développement de l'Afrique doivent impérativement incorporer la lutte contre la corruption, les conflits confessionnels et la promotion des cultures locales[692]. Au contraire, ces leaders politiques devraient se focaliser à promouvoir l'émergence de sociétés basées sur les principes de l'État de droit, de la bonne gouvernance et de la sécurité humaine. C'est l'objectif de base pour la stratégie que la Commission de l'UA a conçue[693]. Au cas échéant, des pratiques absurdes de certains leaders politiques en Afrique pourraient engendrer des blocages majeurs au règlement des différends politiques.

Tout compte fait, les aspects de conflit et le comportement déviant des États membres en conflits constituent la base des obstacles fréquemment rencontrés par l'UA dans la résolution des différends. Néanmoins, ce sont des négociations réussies qui peuvent contribuer aux résolutions efficaces des conflits au sein de l'UA. Malheureusement, c'est par l'opposition des intérêts entre États membres que ces négociations échouent fréquemment. Par ailleurs, il y a des moments où une négociation peut être entachée d'opposition d'intérêts au sein d'un même camp. Ainsi, les arbitrages du traité de Versailles ont été opérés avec beaucoup de difficultés entre alliés[694]. C'est aussi parce qu'un engagement de règlement pacifique des conflits internes peut comporter plusieurs alliances. De même, c'est dans son article 8 que le traité de Bruxelles qui a été modifié le 17 mars 1948 et le 23 octobre 1954 fait la distinction entre les litiges juridiques et les désaccords politiques[695].

---

692 Voir Lyes MENACER, *op.cit.*, p. 2.

693 Voir *Le plan stratégique de l'Union africaine,* vol. 2, *op.cit.*, p. 37.

694 L'une des difficultés peut s'agir du désaccord de la Commission des réparations avec le gouvernement allemand à propos de l'interprétation de l'article 260 du Traité de Versailles. Voir Etienne WEILL-RAYNAL, *Les réparations allemandes et la France : l'application du plan DAWES, le plan YOUNG et la liquidation des répartitions (avril 1924- 1936)* Paris, Nouvelles Éditions latines, 1947, p. 125.

695 Alain PLANTEY, *op.cit.*, p. 244.

CHAPITRE III

LES OPÉRATIONS DE MAINTIEN ET DE RÉTABLISSEMENT DE LA PAIX EN AFRIQUE

Les conflits armés qui sévissent en Afrique l'empêchent d'accéder à l'expansion et à l'intégration incontestablement. Évidemment, ce fléau qui contribue au déclin socio-économique aggrave la détérioration des conditions de vie des Africains[696]. L'UA qui est toujours préoccupée par cette épreuve mène régulièrement des opérations de maintien et de rétablissement de la paix en Afrique pour chercher à asseoir une stabilité définitive. Bien entendu, ces opérations s'inscrivent dans un contexte politique plus étendu et permettent d'arrêter les violences et d'inciter à la recherche des solutions profondes. Cependant, celles-ci sont reportées lorsqu'il n'y a pas une reprise des conflits entre les belligérants telle que : « la guerre des Six Jours » en 1967[697].

On pourrait également citer le cas du Liban dans les années 1980 ou encore la guerre en ex-Yougoslavie, sinon les situations de troubles et tensions internes qui ont été enregistrées au sein des États maghrébins[698]. Ces opérations suscitent l'intérêt d'étudier les dispositifs de Sécurité et l'Architecture africaine de Paix et de Sécurité de l'UA (Section I) ainsi que les opérations de maintien et de rétablissement de la paix dans les différentes régions africaines (Section II).

---

[696] Voir Le protocole relatif à la création du Conseil de paix

[697]Le bombardement des aéroports égyptiens du 5 juin 1967 ont déclenché la guerre de six jours entre Israël le vainqueur et trois États arabes frontaliers. Cette guerre qui a été caractérisée par la démission impromptue du président Nasser le 9 juin s'est achevée sur les hauteurs du Golan syrien, le 10 juin 1967. La fameuse démission finalement refusée par l'opinion publique égyptienne a été suivie de son retour au pouvoir. Voir Anne-Lucie Chaigne-Oudin, https://www.lesclesdumoyenorient.com/Guerre-de-juin-1967, le 23/04/2018.

[698] Selon Serge SUR, *op.cit.*, p. 432.

SECTION I : LES DISPOSITIFS DE SÉCURITÉ ET L'ARCHITECTURE AFRICAINE DE PAIX ET DE SÉCURITÉ

Le continent africain qui est affaibli par des conflits multiformes et récurrents, notamment en Afrique subsaharienne, a opté pour un règlement pacifique de toutes ces crises. De ce fait, des procédures diplomatiques ont été élaborées par des instances qui se sont inspirées des forces d'interpositions des Nations Unies. Elles ont finalement installé des dispositifs normatifs et institutionnels pour l'instauration de la paix en Afrique[699]. Des techniques relatives ont également été introduites pour appuyer les solutions plus diffuses et aléatoires. Ces solutions sont d'ordre militaire et diplomatique. En Afrique, la question de paix a finalement conduit à la mise en place d'un dispositif normatif (Paragraphe 1), d'un dispositif institutionnel de sécurité (Paragraphe 2) et d'une Architecture africaine de Paix et de Sécurité (Paragraphe 3).

Paragraphe 1 : Le dispositif normatif de Sécurité de l'Union africaine

Le dispositif normatif de Sécurité en Afrique est constitué d'une gamme d'instruments juridiques. Il s'agit du Protocole relatif à la création du CPS de l'UA, l'ACUA, la Décision AHG/Dec. 160 (XXXVII) portant sur l'Organe central du Mécanisme de l'OUA pour la prévention, la gestion et le règlement des conflits, la Charte des Nations Unies, la Déclaration sur la création d'un Mécanisme pour la prévention, la gestion et le règlement des conflits ainsi que le traité instituant la CEA. L'objectif principal de ce dispositif est d'orienter l'encadrement des procédures de résolution des conflits en Afrique. L'ensemble des normes du dispositif visent généralement le développement des institutions puissantes et de la culture démocratique. Ces normes assurent également le respect des droits de l'Homme et de l'État de droit.

En revanche, le dispositif normatif de sécurité favorise la mise en œuvre des programmes de redressement post-conflits et des politiques de développement durable. Par exemple, l'un des programmes de redressement post-conflit est stipulé par l'article 14(1) du Protocole du CPS. Ce programme évoque le développement institutionnel pour la consolidation de la paix comme suit : « Dans les situations post-conflits, le CPS facilite la restauration de l'État de droit, la création et le développement d'institutions démocratiques ainsi que la préparation, l'organisation et la supervision des élections dans l'État membre concerné »[700].

Cependant, l'article 14(3) du Protocole du CPS évoque la consolidation de la paix à la fin des hostilités. Ainsi, le CPS a l'obligation « d'assister les

[699]Selon Sidy SADY, *op.cit.*, p. 133.
[700] Voir l'article 14 (1) du CPS.

États membres qui ont été affectés par des conflits violents, le CPS doit entreprendre les activités ». Il s'agit plus exactement des aspects tels que : « consolidation d'accords de paix qui ont déjà été conclus ; création de conditions pour la reconstruction politique, sociale et économique de la société et des institutions gouvernementales ; mise en œuvre de programmes de désarmement, de démobilisation et de réinsertion, y compris en faveur des enfants-soldats ; réinstallation et réintégration des réfugiés et des personnes déplacées ; assistance aux personnes vulnérables, y compris les enfants, les personnes âgées, les femmes et d'autres groupes traumatisés de la société ».

Dans ce même cadre, l'article 15(1) dispose que « le CPS participe activement à la coordination et à la conduite de l'action humanitaire en vue du retour à une vie normale en cas de conflit ou de catastrophe naturelle »[701]. Or, il est à noter que ces programmes de gestion de périodes post-conflits sont indispensables à la promotion de la sécurité collective, d'une paix et d'une stabilité durables ainsi que d'une prévention de conflits[702]. En revanche, les politiques de développement durable sont exprimées par l'article 16 du Protocole du CPS. Ces politiques font état des activités menées par le CPS comme entretenir des « relations avec les mécanismes régionaux pour la prévention, la gestion et le règlement des conflits »[703].

Bien entendu, réussir ces programmes et ces politiques au sein de l'UA dépend en partie de la fonction du Président de la Commission. En effet, « le Président de la Commission, sous l'autorité du CPS et en consultation avec toutes les parties impliquées dans un conflit, déploie tous les efforts et prend toutes les initiatives appropriées à la prévention, de la gestion et du règlement des conflits »[704]. Mais depuis l'élaboration du Protocole du CPS et d'autres instruments conçus pour ce dispositif de sécurité, les conflits du continent africain sont encore présents.

Malgré leur mise en œuvre, ces programmes souffrent de diverses carences qui les éloignent d'un fonctionnement propice. Que seraient alors les causes de ces dysfonctionnements ? D'une part, il peut s'agir d'un déficit sévère en moyens matériels nécessaires pour atteindre le succès. D'autre part, nous pouvons apprécier le fonctionnement des organes du dispositif institutionnel de sécurité incarné par l'APSA pour garantir la paix et la sécurité en Afrique.

Paragraphe 2 : Le dispositif institutionnel de sécurité de l'Union africaine

Le fléau de conflits qui a tant achalé la Communauté internationale reste aussi le principal occupant du centre des débats quotidiens en Afrique. A

[701] Voir l'article 15 (1) du CPS.
[702] Voir Le Protocole relatif à la création du conseil de paix
[703] Voir l'article 16 du CPS.
[704] Voir article 10 du CPS.

priori, il y a une nécessité absolue de trouver des solutions à ce phénomène afin d'assurer le maintien de la paix, de la sécurité et de la stabilité de façon durable du continent. Dès l'aube des indépendances, l'OUA commençait déjà à se doter d'un dispositif institutionnel de sécurité qui a évolué afin de relever ce défi, partant contribuer à garantir la paix et la sécurité internationales. Toutefois, le dispositif de l'OUA était appuyé par un Mécanisme de prévention, de gestion et de règlement des conflits adopté par la 29ème session ordinaire de la Conférence des chefs d'État et de Gouvernement, tenue au Caire (Égypte) du 28 au 30 juin 1993. Évidemment, ce même Mécanisme de l'OUA a été reconduit dans l'UA lors du sommet tenu à Lusaka (Zambie) en juillet 2001.

Cette légitimité relève de l'article 52(1) de la Charte des Nations Unies stipulant que les organisations régionales peuvent prendre des initiatives pour résoudre leurs conflits. Des organisations régionales et sous régionales ont donc été pourvues chacune d'un dispositif à la fois juridique et institutionnel de prévention, de gestion et de règlement pacifique des conflits entre les États membres, en vertu de cette disposition. Les sous-régions africaines ont également érigé des dispositifs institutionnels de sécurité dotés des Mécanismes de prévention et de gestion de conflits dont certains remontent à l'époque de l'OUA. C'est le cas de la CEDEAO qui a créé un Mécanisme similaire suivant le Protocole relatif au mécanisme de prévention, de gestion, de règlement des conflits, de maintien de la paix et de la sécurité, signé à Lomé, le 10 décembre 1999. Ce Mécanisme du maintien de la paix et de la sécurité en Afrique de l'Ouest a pour objectif principal de renforcer la Coopération dans la prévention des conflits, de l'alerte précoce, des OMP, de la lutte contre la criminalité transfrontalière, du terrorisme international et de la prolifération des armes légères.

Avec toutes ces précautions prises par les dirigeants politiques africains depuis l'aube des temps, ce continent ne devrait sûrement plus endurer la pérennité des conflits. Aussi, nous déplorons un dysfonctionnement sévère de certaines institutions. Quels seraient alors les obstacles majeurs qui pouvaient le générer. Plusieurs autres causes peuvent justifier des limites remarquables au sein des organisations africaines sur le plan institutionnel (1), sur le plan opérationnel (2), sur le plan politique (3) et sur le plan économique (4).

A. Les limites d'ordre institutionnel

Les limites d'ordre institutionnel font partie intégrante des causes réelles au dysfonctionnement des OI en Afrique. Ainsi, nous pouvons citer la prise d'initiative stipulée par l'article 52(1) de la Charte des Nations Unies. À cet effet, il est accordé aux organismes régionaux de régler les questions de paix et de sécurité internationales, conformément aux buts et principes des Nations Unies, avant de les soumettre au CS. Pour des raisons de leadership malheureusement, cette disposition est prétentieusement exploitée par des organisations régionales et sous-régionales, ce qui suscite de nombreuses incompréhensions. Ainsi, l'interprétation factice de cet article 52(1) compte parmi les causes probables de la concurrence déplorable souvent observée entre organisations africaines sur les questions de règlement des conflits. En conséquence, celles-ci s'affaiblissent en prenant des sanctions compétitrices et antinomiques.

Bien entendu, l'action de la Commission de l'UA a des principes directeurs qui sont axés sur la cohérence des politiques menées, la subsidiarité et la complémentarité envers l'ensemble des organes, les États membres, les institutions et les CER avec lesquelles une coopération et une coordination règnent. Par ailleurs, la Commission qui est un organe statutaire servant de conseil des organes de l'UA peut également assurer une mission de prospection juridique. Cette posture légitime la révision de quelques instruments juridiques déjà adoptés tels que les conventions et les traités. En conséquence, la CUADI devrait nécessairement élucider certaines incommodités d'ordre institutionnel en procédant à la révision desdits instruments juridiques[705]. Ce procédé permettrait donc de délimiter les champs de compétences des organes concernés en vue de consolider leur coopération dans le règlement des différends sur le terrain. Cette attitude pourrait confirmer la complémentarité des organes de l'UA au lieu d'exercer des forces antagoniques qui les épuisent vainement. Ces limites d'ordre institutionnel associées à celles d'ordre opérationnel aggravent les difficultés déjà présentes dans le domaine de règlement des conflits.

B. Les limites d'ordre politique

Les limites d'ordre politique sont légion au sein de l'UA parce qu'elles sont causées par des fléaux variés. Ainsi, l'instrumentalisation des rapports de force entre les entités suscite les questions de leadership chez les dirigeants politiques, ce qui engendre d'ailleurs une rigidité des Résolutions sur le maintien de la paix et de la sécurité en Afrique. Il en est de même pour la médiation qui peut être gangrénée par l'immobilisme des quelques structures de l'APSA telles que le Panel des sages. Si nous soulignons des limites d'ordre politique, c'est à cause d'une foison des Commissions ad hoc en la matière, partant les effectifs pléthoriques des médiateurs qui occasionnent la recrudescence d'anomalies dans ce cadre.

Bien entendu, c'est dans la solidité des institutions et des infrastructures appartenant aux CER que dépend l'installation effective de la FAA pour une conduite efficiente des opérations en Afrique. Il est également intéressant de

---

[705] Voir l'article 8, selon lequel, la CUADI peut« *proposer, le cas échéant, la révision de tout traité de l'OUA/UA en vue de : (a) garantir l'harmonie entre lesdits traités et les développements juridiques en cours ; (b) s'assurer que le processus de contribution au développement du droit international continue, en encourageant l'élaboration des normes ; (c) s'assurer que l'élaboration des normes au sein de l'Union est et demeure appropriée et actuelle ; (d) promouvoir l'harmonisation des obligations internationales* ».

souligner la carence structurelle de l'UMA en Afrique du Nord tandis que la CEDEAO, la CEEAC et la SADC paraissent mieux organisées. Cependant, l'Afrique Australe connaît une concurrence des structures d'intégration sous-régionale à savoir : l'IGAD, le COMESA et l'EAC. Les limites d'ordre politique seraient dues, entre autres, à la méprise de l'approbation préalable de l'opinion publique dans les zones de déploiement des soldats engagés pour les OMP. De toute évidence, cette attitude qui fragilise les interventions privilégiées par les gouvernementaux, partant l'efficacité opérationnelle des institutions s'accable davantage. Ainsi, une révision pour de meilleures conditions de participation des États membres de l'UA aux OMP s'avère nécessaire en pareilles circonstances.

La démobilisation croissante des États africains sur le terrain a été ressentie depuis quelques années, notamment pour les opérations conduites par l'UA. Ceux-ci ont coutume de privilégier plus les interventions plurilatérales qui leur offrent un rayonnement diplomatique ennobli des rendements financiers et technologiques. Malgré cela, l'expérience des soldats africains accomplissant les OMP constitue un atout considérable pour les CER qui devraient au contraire l'exploiter considérablement[706].

C. Les limites d'ordre économique

Le déploiement du CPS qui est tributaire des fonds spéciaux et des contributions annuelles des États membres de l'UA a connu des limites d'ordre économique, depuis la déchéance du leader libyen Mouammar KADHAFI décédé le 20 octobre 2011 à Syrte. La Libye a été le contributeur financier primordial du continent africain. Pour tenter de pallier la difficulté, une mobilisation expresse des fonds pour les OMP avait été évoquée au 50ème anniversaire de l'UA célébré le 25 mai 2013 à Addis-Abeba (Éthiopie). À propos, les débats ont été prévus au sommet sur la paix et la sécurité en Afrique qui devait se tenir à Paris les 6 et 7 décembre 2013.

Par ailleurs, les experts du continent ont été préoccupés par l'amplification des différends régionaux et la détermination pour une indépendance financière réelle de l'Union manifestée par les dirigeants africains. C'est ainsi qu'au 24ème sommet des chefs d'État et de Gouvernement d'Addis-Abeba qui a eu lieu du 29 au 31 janvier 2015, l'UA a entrepris de nouveaux procédés de financement complémentaire pour se soustraire de sa dépendance exténuante à l'aide publique au développement. Ces innovations concernent le prélèvement d'une taxe de 10 dollars US par billet d'avion en aller ou retour vers l'Afrique, la taxe d'hospitalité de 2 dollars US par client en séjour dans un hôtel, les prélèvements sur les communications téléphoniques et le tourisme[707]. À cet effet, une forte

---

[706] Voir Alphonse ZOZIME TAMEKAMTA, *L'architecture de paix et de sécurité de l'Union africaine (APSA) : Articulations et enjeux de la gouvernance sécuritaire au XXème siècle*, www.thinkingafrica.org, le 07.03.2017, p. 5
[707] *Ibid.*

mobilisation des pays membres de l'UA s'avère indispensable pour une contribution financièrement conséquente au fonctionnement optimal du CPS qui est l'organe central de l'APSA.

D. Les limites d'ordre opérationnel

L'efficacité du dispositif institutionnel de sécurité de l'UA dans les OMP est souvent limitée par l'influence de plus de 3100 soldats français présents en Afrique. L'implantation permanente de ces forces françaises est réglementée par des accords majoritairement renouvelés en 2008. Son objectif fondamental est celui d'accompagner le renforcement de la capacité de gestion des conflits et des dispositifs de sécurité collective des États membres de l'UA. Cette action de coopération est incarnée par le RECAMP qui est axé sur la formation, l'entraînement et l'aide à l'engagement des forces africaines[708].

Bien entendu, ces forces de présence stationnées occupent quatre bases militaires françaises dont 1700 militaires à Djibouti, 600 en Côte d'Ivoire, 350 militaires au Sénégal et 450 éléments au Gabon, pour appuyer des opérations, contribuer au règlement de différends où la France est impliquée, défendre des intérêts stratégiques français et des ressortissants présents dans les régions voisines ou les territoires éloignés[709]. Ce dispositif évolue conformément aux enjeux nationaux français et selon un contexte international en vue d'une réponse adaptée à un futur aménagement des Forces armées de l'UA[710]. En dépit de cette coopération, l'UA n'a pas encore atteint tous les objectifs fixés.

L'intervention limitée de l'UA au Mali serait-elle due à la présence des forces française ? Évidemment, certains leaders politiques africains n'ayant pas apprécié cette ingérence ont décidé d'installer la Capacité africaine de réponse immédiate aux crises (CARIC) en mai 2013. Et pourtant, les islamistes intégristes proches d'Al-Qaïda se sont emparés du nord du Mali après le coup d'État du 22mars 2012 en vue d'instaurer la charia. La Force militaire de la CEDEAO qui a été appelée à la rescousse du gouvernement malien pour rétablir son autorité n'a fait que manifester son incompétence à se mouvoir. Des Conférences des chefs d'État et de Gouvernement aux réunions des chefs d'état-major onéreux n'ont offert aucune issue. Paradoxalement, c'est grâce à l'intervention de l'Armée française à travers l'opération « serval » du 11 janvier 2013 que cette crise a été résolue[711]. L'objet de la création de la CARIC est celui de pallier les retards dans la mise sur pied de la FAA, en tant que Force africaine de stabilisation sur le continent, mais aussi de mutualiser les contributions des principales

---

708 Voir *Les forces françaises prépositionnées*, http://www.defense.gouv.fr, le 06.04.2017

709 *Ibid.*

710 Voir Alphonse ZOZIME TAMEKAMTA, *op.cit.*, P. 6

711 Voir Jean-Jacques KONADJE, *Quel rôle la France en attente de la CEDEAO peut-elle jouer au Mali ?* www.opérationspaix.net, 10.04.2017.

puissances militaires africaines. Il reste donc à savoir si la juxtaposition de la CARIC à la FAA sera un dispositif juridique compatible au plan normatif et fonctionnel susceptible de donner un impact considérable à relever les défis du continent.

D'autres limites ont également été engendrées par les barrières linguistiques dans les OMP en Afrique, étant donné que l'efficacité opérationnelle relève quasiment de la meilleure communication, surtout pour des renseignements militaires entre les populations locales, les troupes sur le terrain et les autorités des zones d'intervention[712]. Par ailleurs, les dynamiques sécuritaires qui traversent le continent africain actuellement ont suscité des interrogations sur l'appropriation des processus de réforme du secteur de la sécurité (RSS), ce qui constitue un défi majeur au sujet de la pérennisation des réformes. Les gouvernements sont suspectés de ne pas trop impliquer les sociétés civiles, un vecteur d'appropriation avéré par les populations locales dans ce processus de RSS. Il en est de même pour les parlements qui sont absents du débat démocratique de prise de décision en matière de sécurité[713].

L'Afrique connaît une prolifération persistante des OMP onusiennes qui se manifeste par un atermoiement inhabituel de ses dirigeants politiques au déclenchement des mécanismes de gestion des conflits en amont. Souvent, les troupes militaires n'interviennent qu'après un éclatement profond du conflit, ce qui limite leur capacité d'action sur le théâtre d'opération dans une période où les questions de paix et de sécurité se posent avec acuité en Afrique. Par ailleurs, nous pouvons souligner la présence des flux migratoires, l'insécurité, la criminalité transfrontalière, le trafic des stupéfiants, les diverses contrebandes et le récent cas d'esclavage de migrants enregistré en Libye qui sont des fléaux collatéraux des conflits accentuant les limites d'ordre opérationnel au sein de l'UA.

Quoi qu'il en soit, le dispositif institutionnel de sécurité de l'UA est foncièrement incarné par l'APSA dont le CPS est le pilier central. Ainsi, nous pouvons justifier l'intérêt qu'il y a à examiner le fonctionnement de l'APSA pour tenter de déceler d'autres catégories de limites qui empêchent les organisations régionales et sous-régionales africaines d'accomplir leurs missions avec succès.

Paragraphe 3 : L'Architecture africaine de Paix et de Sécurité (APSA)

L'APSA a été créée pour résorber l'insécurité et l'instabilité générées par les conflits récurrents en Afrique. L'UA est très préoccupée par ce fléau qui

---

712Voir Alphonse ZOZIME TAMEKAMTA, *op.cit.*, P.7.

713 Voir *Le Compte-rendu sur le Séminaire n°1 : Les défis politiques et opérationnels de la paix en Afrique, Addis-Abeba, 29-30 octobre 2012, Siège de l'Union africaine*, www. reffop.francophonie.org, le 10.04.2017

défie l'efficacité des institutions chargées de l'anéantir. Ainsi, le CPS de l'UA a installé l'APSA en 2005 dans le cadre d'une plus grande promotion de la paix et de la sécurité du continent[714]. L'APSA n'est qu'une initiative de quelques anciens présidents africains comme M. Olusegun Obasanjo du Nigeria, Muammar KADHAFI de la Libye et Tabo Mbéki de la RSA. Sa création a été de connivence avec le réengagement politique et financier de certains collaborateurs étrangers envers le continent africain tels que les EUA et la France. Si l'APSA a été instituée pour éradiquer ce fléau de conflits, la recherche de solution est appuyée par la mise en place d'une PACDS. Aujourd'hui, l'APSA est incontestablement conçue comme une véritable pierre angulaire du processus d'intégration politique et du développement socio-économique du continent africain. Son action s'étend donc de la prévention des conflits à la consolidation de la paix.

Dans une certaine perspective, nous pouvons affirmer que la conception de l'APSA fait l'objet de l'efficacité du CPS. Il s'agit d'un arsenal d'organes opérationnels compétents à résoudre les crises d'extrême complexité en Afrique. Par ailleurs, l'UA a créé une plate-forme de coopération avec les CER en vue d'aboutir à la FAA. Cependant, la CARIC a été annoncée le 27 mai 2013 lors de la signature de la Déclaration du 50ème anniversaire de l'OUA-UA à Addis-Abeba (Éthiopie). La mise en place du CARIC a occupé le centre du sommet de l'Élysée tenu à Paris les 6 et 7 décembre 2013 au sujet de la paix et la sécurité en Afrique[715]. Bien entendu, l'UA s'évertue à résorber des crises, malgré les résultats escomptés qui sont encore utopiques. Il en est ainsi à cause de tous ces facteurs qui creusent autant des limites d'ordre opérationnel et des défis politiques à relever, de la prévention à la gestion des conflits en Afrique. Cependant, des résultats positifs ont été enregistrés au cours de la décennie dans quelques opérations de médiation effectuées par la Mission africaine au Burundi (MIAB), ainsi que la Mission de l'UA dans l'archipel des Comores et au Darfour.

Parmi les obstacles, nous citons l'article 4(e) de l'ACUA qui privilégie pourtant le règlement pacifique des conflits entre États membres se heurtant malheureusement au principe de subsidiarité. Juridiquement, la subsidiarité écarte la subordination des organisations régionales à l'ONU en évoquant plutôt leur complémentarité, selon les articles 52, 53 et 54 de la Charte des Nations Unies sur les accords régionaux. Ce principe offre une initiative à

---

[714]La Force africaine en attente qui s'identifie en Architecture de paix et de sécurité africaine (APSA) représente le système de sécurité collective de l'UA. Le projet d'une défense commune date des années 1958. Il a été conçu par le Premier ministre ghanéen, M. Kwame Nkrumah, figure de l'anticolonialisme. Il a évoqué l'installation d'un commandement militaire centralisé. Ce projet a ressurgi des vicissitudes de la Guerre froide plus tard dans l'ACUA.

[715]Voir *La déclaration finale du Sommet de l'Élysée pour la Paix et la Sécurité en Afrique*, www.elysee.fr, le 07.03.2017.

l'institution jugée plus crédible de diligenter les opérations sur le terrain[716]. Évidemment, la rigidité manifeste de l'interprétation faite du chapitre VII de la fameuse Charte suscite les interférences entre organisations, ce qui limite l'efficacité de l'UA dans les actions.

Supposé que l'intérêt fondamental du principe de la subsidiarité reste celui d'accroître l'efficacité et la démocratie au sein d'une organisation, il serait donc préférable d'user une modération préalable dans l'interprétation du chapitre VII[717]. Elle viendrait politiquement conforter la légitimité de l'UA. Or le principe de subsidiarité a souvent démontré que la prise de décisions par l'UA reste improbable en présence de l'ONU sur le terrain, ce qui peut toutefois expliquer ses limites dans ce domaine. C'est ainsi qu'il règne quelquefois une dissension dans les objectifs et les missions accomplies par l'ONU, les organisations régionales et sous-régionales au sein d'un même théâtre d'opérations. Ainsi qu'il y a eu des prises de décisions concurrentes par la CEDEAO et l'UA dans les crises en Guinée et en Côte d'Ivoire pouvant servir de référence dans ce cadre. Bien entendu, l'ingérence des puissances étrangères limite inexorablement les compétences de l'UA, notamment lorsqu'elles interfèrent sur le plan économique, militaire et diplomatique. Cette attitude explique sa perte d'autonomie avérée en matière de décision dans certaines circonstances[718]. Au bout du compte, une PACDS a été mise en place pour consolider la paix et la sécurité en Afrique. Étant donné que l'APSA est composée du (GS) de l'UA (A), du Système continental d'alerte rapide (B), d'une Force africaine en attente (C) et du Fonds spécial pour la paix (D), sa vocation étant de répondre aux problèmes complexes de crises intégralement. Nous pouvons alors comprendre l'intérêt d'examiner chacune de ces institutions du point de vue de leur rôle, leur composition ou encore leur fonctionnement.

A. Le Groupe des sages de l'Union africaine (GS)

Comme prévu par le Protocole de 2002 relatif à la création du CPS, le Groupe des sages (GS) de l'UA fait partie intégrante de l'APSA[719]. Ce GS qui a été inauguré en décembre 2007 à Addis-Abeba (Éthiopie) se compose de cinq personnalités africaines jouissant d'un grand respect et ayant exceptionnellement contribué à la cause de la paix, de la sécurité et du développement en Afrique. Ces cinq membres issus de diverses couches

---

[716] Voir Dominique Bangoura (Dir.), *L'Union africaine face aux enjeux de paix, de sécurité et de défense*, Paris, L'Harmattan, 2003.

[717] Voir *L'Architecture africaine de paix et de sécurité (APSA) : Articulations et enjeux de la gouvernance sécuritaire au XXIème siècle*, www.thinkingafrica.org, P.4, le 15.03.2017

[718] À cet effet, la France est intervenue en Côte d'Ivoire, la Grande-Bretagne en Sierra Leone, le Portugal en Guinée-Bissau et les États — Unies d'Amérique au Liberia. Voir Papa Samba NDIAYE, *Op.cit.*, p. 223.

[719] Voir *Communiqué de presse la présidente de la commission de l'UA se réjouit de la perspective d'une collaboration étroite avec les nouveaux membres du groupe des sages de l'UA,* http://www.peaceau.org, le 09 mai 2015.

sociales sont nommés par la Conférence de l'UA pour un mandat de trois ans. Ils sont sélectionnés par le Président de la Commission après avoir consulté les États membres de leur appartenance, sur la base de la représentation régionale[720]. Ainsi qu'ils sont choisis pour les régions du Nord, du Sud, du Centre, de l' Ouest et de l' Est de l'Afrique.

Le GS a été créé pour appuyer le CPS et le Président de la Commission, notamment en matière de prévention des conflits. Il peut mener des enquêtes ; encourager des parties au dialogue politique et promouvoir les mesures de confiance. Ce Groupe peut également se prononcer sur toutes questions relatives à la promotion et au maintien de la paix, de la sécurité et de la stabilité en Afrique[721]. Conformément aux dispositions de l'article 11(3) du Protocole, le « Groupe des Sages fournit des avis consultatifs au CPS et au Président de la Commission sur toutes les questions relatives au maintien et à la promotion de la paix, la sécurité et la stabilité en Afrique », dans les domaines de leurs compétences respectivement[722]. Malgré une évolution positive d'actions discrètement menées par le GS, l'impact des conflits sur le développement et l'intégration du continent africain demeure un défi qu'il doit relever. Ses efforts sont devenus concrets lors de la retraite tenue les 4 et 5 juin 2012 à Ouagadougou (Burkina Faso). Cette retraite a permis d'examiner tous les défis compromettant les efforts de paix et de sécurité en Afrique, la promotion de l'échange d'expérience, d'enseignements et de bonnes pratiques en matière de prévention des conflits, de même que pour l'adoption d'un plan d'action au sujet du Pan Wise[723].

À cet effet, l'ensemble des institutions africaines pour le maintien et la promotion de la paix, la sécurité et la stabilité ont convenu d'installer un réseau panafricain des sages dénommé « Pan Wise » ou « The panel of the Wise ». Ce réseau encore appelé Panel des Sages regroupe tous les représentants et envoyés spéciaux de l'UA, des institutions engagées dans des activités de médiation à différents niveaux, les Amis du GS et des médiateurs individuels, ainsi que tous les différents mécanismes régionaux. L'objectif étant d'entreprendre des activités conjointes et consolider leur partenariat. Avec la multiplication des réunions et des ateliers sur le maintien et le rétablissement de la paix en Afrique, le GS de l'UA contribue efficacement à lutter contre ce fléau de conflits. Dernièrement par exemple, l'UA a investi les nouveaux membres du GS au siège de l'UA à Addis-Abeba (Éthiopie)[724].

---

[720] Voir article 11 (2) du Protocole relatif à la création du conseil de paix et de sécurité de l'UA

[721] Voir *Communiqué de presse la présidente de la commission de l'UA*

[722] Voir l'article 11(3) du Protocole du CPS.

[723] Voir *Le Groupe des de l'UA organise sa Deuxième Retraite pour faire avancer l'Agenda de la prévention des conflits en Afrique*, http://www.peaceau.org, le 14 mai 2015.

[724]Ces nouveaux membres du Groupe des Sages sont : Lakhdar Brahimi (Algérie), Edem Kodjo (Togo), Albina Faria d'Assis Pereira Africano (Angola), Luisa Diogo (Mozambique) et

B. Le Système continental d'alerte rapide (SCAR)

Le Système continental d'alerte rapide (SCAR) qui est chargé de faciliter la prévision et la prévention des conflits se compose d'un centre d'observation et de contrôle dénommé « Salle de veille » situé à l'UA. Ce système est équipé des unités d'observation et de contrôle des Mécanismes régionaux directement liées par des moyens de communication appropriés à cette Salle. Ce sont donc ces mêmes unités d'observation qui collectent et traitent les données recueillies au plan régional avant de les transmettre à la fameuse Salle de veille[725]. Conformément à l'article 3 du Protocole relatif à la création du CPS de l'UA, l'efficacité du SCAR ne repose que sur la collaboration de la Commission avec les Nations Unies, leurs agences et d'autres OI compétentes, les centres de recherche, les institutions universitaires et les ONG.

Si le SCAR accommode un module d'alerte rapide focalisé sur les indicateurs politiques, économiques, sociaux, militaires et humanitaires conformes que l'on admet dans l'analyse de l'évolution des situations en Afrique, c'est pour réussir l'exécution des opérations[726]. En effet, c'est grâce aux informations recueillies par le SCAR que le Président de la Commission peut informer le CPS sur de virtuels conflits ainsi que des menaces à la paix et à la sécurité du continent, afin de recommander les mesures à prendre. Ces informations permettront donc au Président de la Commission de se libérer des charges et des activités stipulées à l'article 5 du Protocole relatif[727].

Bien entendu, le Président de la Commission est tenu d'élaborer les détails pratiques pour installer le SCAR. Ainsi qu'il peut entreprendre les dispositions exigées pour un meilleur fonctionnement qui devrait être concerté au préalable avec les États membres, les Mécanismes régionaux, les Nations Unies ainsi que d'autres institutions compétentes[728]. En tout état de cause, l'action de ce système va dans le même sens que celui de la FAA en matière de paix et de sécurité en Afrique.

C. La Force africaine en attente (FAA)

Le projet de conception d'une régionalisation renforcée en matière de sécurité relève de la recherche très croissante des capacités internationales de maintien de la paix, mais aussi à la décroissance incontestable des capacités d'intervention de la Communauté internationale et enfin au rétrécissement

---

Specioza Wandira Kazibwe (Ouganda). Voir Xinhua, *L'UA présente les nouveaux membres de son Groupe des Sages*, http://french.peopledaily.com.cn, le 14 mai 2015.

[725] Voir l'article 12 (2) du Protocole relatif à la création du CPS de l'UA

[726] Voir l'article 4 du Protocole relatif à la création du CPS de l'UA

[727] En matière du Système d'alerte rapide, ces informations recueillies permettent également au Conseil de paix et de sécurité et/ou le Président de la Commission d'entreprendre une action rapide que les États membres s'engagent à soutenir, selon l'article 6 du Protocole du CPS.

[728] Voir l'article 7 du Protocole.

d'un budget militaire à tous bords. Cette régionalisation renforcée de la sécurité a finalement forgé la création de la « Force africaine en attente (FAA) de l'Union africaine ». Il s'agit bien d'une Force qui est en voie d'exécution au regard d'une longue durée de préparation qu'elle a connue[729].

En tant que composante majeure de l'APSA en matière de soutien de la paix, la FAA est un dispositif prépositionné comprenant cinq brigades régionales en attente qui reflètent cinq CER dont la FOMAC, la capacité régionale d'Afrique du Nord (NARC), la force en attente de l'Afrique de l'Est (EASF), la force en attente de la CEDEAO et la force en attente de la SADC (Afrique australe). Ainsi, chaque région s'est dotée d'une force constituée de trois structures classiques à savoir : 60 personnes civiles, 720 fonctionnaires de police et cinq unités de police constituées, ainsi qu'une composante de 300 à 500 observateurs militaires et des unités terre-mer-air d'environ 5 000 hommes par région[730].

Évidemment, la FAA est devenue une composante symbolique que cette architecture a intégrée, en vue d'un déploiement rapide pour résoudre les conflits en Afrique. Depuis 2008 donc, l'exécution d'Amani Africa (Paix en Afrique) a pour objectif d'offrir des capacités nécessaires au déploiement de la FAA[731]. C'est en décembre 2003 que le Protocole relatif à la création du CPS avait entériné le principe d'une force panafricaine d'intervention après son adoption. La FAA a été créée pour permettre au CPS d'assumer pleinement ses responsabilités sur le déploiement des missions d'intervention et d'appui à la paix conformément à l'article 4 alinéas (h) et (j) de l'ACUA.

Selon l'article 13 du Protocole du CPS, la FAA est évidemment constituée des contingents multidisciplinaires en attente. Ce sont donc des composantes civiles et militaires de la FAA respectivement positionnées dans leurs pays d'origine et prêtes pour un déploiement rapide, immédiatement après sa réquisition[732]. Ces contingents multidisciplinaires chiffrés à près de 6000 soldats sont précisément composés « des unités commandos, de cavalerie blindée, d'infanterie, d'artillerie, du génie, du train, des unités médicales, des gendarmes ou de la police militaire ». Ils sont fournis par les CER de chacun des cinq pays. Du point de vue des estimations, 25000 à 32000 soldats pouvaient constituer la FAA en 2015[733]. Bien entendu, chaque CER dispose d'une brigade de prévention et de gestion

---

[729] Voir ETH Zurich, *La force africaine en attente* dans *Politique de sécurité : analyses du CSSN° 84 de novembre 2010*, http://www.css.ethz.ch, le 26 octobre 2014.

[730]Voir Alphonse ZOZIME TAMEKAMTA, *L'architecture de paix et de sécurité de l'Union africaine (APSA) : Articulations et enjeux de la gouvernance sécuritaire au XXème siècle*, www.thinkingafrica.org, le 07.03.2017.

[731] Voir *Vers une feuille de route pour le déploiement de la Force Africaine en Attente*, http://www.au.int, le 20 mai 2015.

[732]Voir l'article 13(1) du Protocole relatif à la création du CPS de l'UA.

[733]Voir Laurent TOUCHARD, *Centrafrique : où en est la FAA, Force africaine en attente ?* http : //www.jeuneafrique.com, le 21 mai 2015.

des conflits conformément au principe de subsidiarité pour le maintien de la paix et de la sécurité sous-régionales en Afrique.

Des modalités précises d'organisation des États membres à ce stade ont été stipulées dans l'article 13(2) du Protocole du CPS[734]. Concrètement, la FAA est un dispositif militaire de sécurité prévu pour répondre à la situation de crise permanente en Afrique. Il s'agit d'une Force d'intervention puissante au service du rétablissement et du maintien de la paix en Afrique. Conformément à l'article 13(3) du Protocole du CPS portant sur son mandat, la FAA accomplit, entre autres, des fonctions dans les différents domaines tels que : les missions d'observation et de contrôle ; autres types de missions d'appui à la paix ; des interventions dans un État membre pour certaines circonstances complexes, les déploiements préventifs sur des crises ; consolidation de la paix ; assistance humanitaire ; et toutes autres fonctions confiées par le CPS ou la Conférence[735].

Selon l'article 6 du Protocole du CPS, la FAA ne peut exécuter une opération qu'après nomination d'un Représentant spécial et d'un commandant de la Force par le Président de la Commission. Une fois nommés, ces derniers accomplissent des fonctions et assurent des rôles qui seront détaillés et définis dans des directives propres, en conformité avec les règles de procédure des opérations dans les missions d'appui à la paix[736]. Chacun d'eux va adresser un rapport à sa hiérarchie pour rendre compte des tâches exécutées[737].

Un Comité d'État-major (CEM) regroupant les officiers supérieurs des États membres du CPS est « chargé de conseiller et d'assister le CPS pour tout ce qui concerne les questions d'ordre militaire et de sécurité en vue du maintien et de la promotion de la paix ainsi que de la sécurité en Afrique »[738]. Cette dernière structure se réunit suivant les dispositions prises par le Président de la Commission[739]. Enfin conformément à l'article 17(b), les États membres s'engageront à assister et soutenir l'UA totalement en cas de nécessité concernant « le maintien et la promotion de la paix, la sécurité et la stabilité sur le continent, y compris le droit de passage par leurs territoires »[740].

La FAA était longtemps prévue pour être déployée tant pour des OMP que pour des interventions militaires directes. Son installation était initialement pressentie pour 2010, ce qui n'a pas été le cas, dès lors qu'il a fallu encore du temps pour affiner certaines dispositions nécessaires offrant les conditions optimales pour son efficacité et un meilleur fonctionnement. Son effectif de 30 000 soldats est à fournir par les cinq forces régionales, à

[734] Voir l'article 13 (2) du Protocole du CPS.
[735] Voir l'article 13 (3) du Protocole du CPS.
[736] Voir l'article 6 du Protocole du CPS.
[737] Voir l'article 7 du Protocole du CPS.
[738] Voir les articles 8 et 9 du Protocole du CPS.
[739] Voir l'article 12 du Protocole du CPS.
[740] Voir l'article 17 (b), du Protocole du CPS.

raison de 5 000 soldats chacune. Les cinq forces régionales sont constituées par : la Brigade de la Communauté de développement de l'Afrique australe (SADCBRIG), la Brigade en attente de l'Afrique orientale (EASBRIG), la Brigade de la Communauté économique des États de l'Afrique de l'Ouest (ECOBRIG), la Capacité régionale de l'Afrique du Nord (NARC) et la Brigade de la CEEAC (ECCASBRIG) encore appelée la FOMAC[741].

Par ailleurs, une force panafricaine composée des contingents opérationnels fournis par chaque État membre de l'UA a été créée pour lutter contre la persistance des conflits en Afrique. Bien que constitués à cet effet, ces contingents manquent actuellement de formation adéquate et d'équipement fiable[742]. La FAA devrait fournir à l'UA des capacités civiles et militaires consistantes à intervenir promptement, sans compter sur des appuis extérieurs devant un conflit. Cependant, les modalités d'action de la FAA sont encore à préciser, notamment à propos de son financement, bien que sa mise en œuvre fût prévue en 2015.[743]

D. Le fonds spécial pour la paix (FSP)

Le Fonds spécial pour la paix (FSP) de l'UA permet de soutenir les initiatives africaines de paix et de sécurité, notamment dans l'épreuve du terrorisme. Cependant, la multiplication des mécanismes régionaux tels que le Centre africain d'Études et de Recherche sur le Terrorisme (CAERT), l'African Police Office (AFRIPOL) ainsi que le « Committee of Intelligence and Security Services of Africa » (CISSA) contribue à lutter contre le terrorisme qui est un fléau en pleine émergence en Afrique. Ces Mécanismes régionaux placés sous la tutelle de l'UA sont subventionnés par le FSP afin d'affronter les menaces terroristes en toute efficacité. À titre d'exemple, nous citons l'AFRIPOL qui est un Mécanisme africain de coopération policière créé en 2015 dont le siège se trouve à Alger (Algérie). Cet office de police criminelle intergouvernemental permet aux 40 polices nationales des États membres de sa composition de s'échanger des renseignements concernant les stupéfiants, le terrorisme, le trafic d'armes et la criminalité internationale. Ces initiatives sont souvent présentées sous forme de missions ou de programmes afin de développer la coopération sécuritaire des États situés dans la zone d'intervention[744].

Malgré tout, le FSP est une institution qui aura inexorablement besoin d'appui extérieur pour accomplir ses missions résolument sans échecs.

---

[741] Voir SÉCURITÉ *: Une force d'intervention rapide pour répondre à la situation en Afrique,* www.irinnews.org, 15 avril 2011.

[742] Voir Dounia Ben Mohamed, *Afrique - Sécurité : où trouver l'argent ?*, http://afrique.lepoint.fr, le 21 mai 2015.

[743] Voir *La Force africaine en attente opérationnelle en 2015*, http://afrique.lepoint.fr, le 21 mai 2015.

[744]Voir NAP *L'Union africaine à l'épreuve du terrorisme : forces et challenges de la politique africaine de sécurité*, http://www.thinkingafrica.org, le 10.04.2017.

Évidemment, c'est dans les faits que la question du financement en matière de la paix et la sécurité du continent paraît très complexe. À l'occasion de la première édition du Forum sur la paix et la sécurité en Afrique tenue à Dakar les 15 et 16 décembre 2014, M. Olusegun OBASANJO, l'ancien président du Nigeria a évoqué que ce problème de financement devrait entièrement concerner les Africains eux-mêmes. Par ailleurs, c'est à l'unanimité que la plupart des participants au forum, les leaders politiques, les experts, les partenaires institutionnels et les acteurs de la société civile ont soutenu cet avis.

Tout compte fait, la réalisation des capacités régionales de maintien de la paix concourt fermement à la pacification du continent africain, notamment par l'exécution des opérations de maintien et de rétablissement de la paix dans les régions. Malheureusement, l'UA rencontre encore d'énormes difficultés à mobiliser les contributions annuelles des États membres ainsi que des fonds spéciaux utiles au déploiement du CPS.

SECTION II : LES OPÉRATIONS DE MAINTIEN ET DE RÉTABLISSEMENT DE LA PAIX DANS LES RÉGIONS

La conduite des opérations de maintien et de rétablissement de la paix dans les différentes régions africaines a nécessité la mise en place des dispositifs adéquats. Il ne s'agit donc pas de traiter seulement leurs actions, mais également de mettre l'accent sur la pratique conjuguée de l'UA et des OI quant aux opérations réalisées dans diverses régions africaines dans ce domaine. Ainsi, l'UA a connu la création du CPS à partir d'un Protocole qui lui assigne des missions de grande ampleur pour garantir la paix et la sécurité en Afrique[745]. À ce titre, nous allons finalement nous focaliser sur les actions des dispositifs régionaux de paix et de sécurité (paragraphe 1), ensuite nous examinerons les opérations de paix menées en Afrique de l'Est (Paragraphe 2) et enfin, nous étudierons les opérations de paix au Maghreb et en Afrique subsaharienne (Paragraphe 3).

Paragraphe 1 : Les actions des dispositifs régionaux de paix et de sécurité

Les questions de paix et de sécurité du continent africain ont forgé la nécessité d'appuyer le CPS par les dispositifs régionaux relatifs tels que : la Commission, le Groupe de sages, ainsi que le Système continental d'alerte, la Force africaine prépositionnée et le Fonds spécial. Et pourtant, les conflits

---

[745] Voir Josiane TERCINET, *« L'Union africaine et le maintien de la paix », in : Houchang Hassan-Yari et Abdelkérim Ousman (dir), Régionalisme et sécurité internationale, Bruxelles, Bruylant, collection Études stratégiques internationales, n°6, pp 77-98, 2009,* https://cesice.univ-grenoble-alpes.fr, le 10.04. 2017

qui continuent de déstabiliser ce continent ont conduit à des imbrications régionales. Par conséquent, la dynamique régionale des conflits a influencé l'élaboration et la supervision des politiques de plus en plus. Ces conflits souvent accentués par une forte teneur transfrontalière sont généralement interétatiques. Après leur évolution, ces conflits finissent évidemment par affaiblir des régions entières au sein de l'UA. Des insurgés qui bataillent dans ceux-ci commettent de nombreuses exactions aussi bien à l'intérieur des États qu'au-delà des frontières. Pour ce faire, ils enveniment les conflits au plan régional et provoquent un déplacement massif des réfugiés. Au cours de la décennie écoulée, le continent africain a connu une grande instabilité due aux conflits de forte intensité régionale comme au Soudan, Angola, RDC, Liberia, Mali et RCA. Plus d'une dizaine de pays africains étaient emportés dans cette spirale de la barbarie[746].

D'une part, l'intervention du CPS doit toujours revêtir un caractère global en tant que garant de la paix et la sécurité du continent. D'autre part, lorsque les causes et les conséquences des conflits se régionalisent, les dispositifs régionaux de paix et de sécurité restent les mieux placés pour y apporter des solutions efficaces. À terme, ces conflits ont interpellé la conscience des leaders politiques des États membres de l'UA. Progressivement, ils ont compris la nécessité de réagir, dès lors qu'un conflit est entamé dans des États frontaliers. Effectivement, c'est à ce stade que l'intervention des organisations régionales s'avère indispensable afin de sauvegarder la paix et la sécurité dans la région.

À titre d'exemple, nous allons évoquer entre autres, le rôle joué par la SADC lors des négociations de paix entreprises en RDC. Il s'agit des interventions de la CEDEAO pour le maintien de la paix en Côte d'Ivoire, au Liberia et de l'intervention de l'IGAD dans le déploiement d'une Mission de soutien de la paix en Somalie en 2004[747]. De même, c'est à partir du 4 décembre 2002 que la Force multinationale de la CEMAC était chargée de la protection du président centrafricain, M. Ange Félix PATASSÉ, lorsqu'il se trouvait confronté à une opposition conduite par le général François

---

[746]Voir Lindsay ALEXANDER et autres, *Regional approaches to conflict prevention in Africa : European support to African processes*, publié par le Centre européen de gestion des politiques de développement

[747] Le conseil de sécurité de l'ONU a accueilli l'engagement de l'UA dès octobre 2004, afin de favoriser la transition, notamment à préparer une mission d'appui à la paix en Somalie. Un déploiement d'une telle mission a donc été envisagé par l'UA et l'IGAD (Autorité intergouvernementale pour le développement) lors de la réinstallation des institutions fédérales de transition dans ce pays. Tandis qu'une première réunion du parlement était prévue à Baidoa à partir du 26 février 2006, un possible déploiement d'une mission de soutien à la paix de l'IGAD (IGASOM) était décidé par le sommet de l'UA. Cette mission serait ensuite relayée par une mission de l'UA Finalement c'est le 7 février 2005 que le CPS a autorisé le déploiement de la mission que l'IGAD a créé le 7 avril à hauteur 6800 hommes potentiels, avec 1700 soldats d'abord venus de l'Ouganda et du Soudan. Voir Josiane TERCINET, *L'Union africaine et le maintien de la paix en Afrique : aspects institutionnels et opérationnels, op.cit.*, pp. 92-93.Voir Josiane TERCINET, *L'Union africaine et le maintien de la paix en Afrique : aspects institutionnels et opérationnels, op.cit.*, pp. 92-93.

BOZIZÉ en RCA. En revanche, c'est entre 1993 et 1998 que la CEEAC était confrontée à une période très confuse émaillée de nombreux défis inextricables comme la paralysie des institutions communautaires, l'asthénie fonctionnelle de son siège, le retrait du Rwanda, le manque de contribution presque des États membres et la cessation de paiement. Cette disposition ne lui a pas permis de fonctionner convenablement. La plupart des activités qu'elle a accomplies pour la paix ont été plus orientées vers la formation. Ainsi, les actions des dispositifs régionaux de paix et de sécurité font suite aux opérations afférentes en Afrique de l'Est.

Paragraphe 2 : Les opérations de paix en Afrique de l'Est

Beaucoup d'opérations de maintien et de rétablissement de la paix ont été menées en Afrique de l'Est, certes. Pourtant, celles qui retiennent particulièrement notre attention ont été exécutées en Somalie (A) et au Soudan (B).

A. Les opérations de restauration et du maintien de la paix en Somalie

Le début des années 1990 a été marqué par de violents combats menés par des rebelles en Somalie. Spécifiquement, c'est depuis la chute du régime dictatorial de Siad BARRÉ en 1991 que la Somalie s'est livrée à un long conflit. Ce conflit aux conséquences désastreuses a été précisément déclenché par des islamistes extrémistes qui voulaient installer une République islamique dotée d'une charia rigoureuse.

En effet, les milices des shebabs et du Hizbul Islam avaient procédé à la destitution du président de la Somalie et de son gouvernement[748]. L'offensive qui a été lancée a causé d'importantes pertes humaines et un déplacement massif des populations dans ce pays. Il s'agit bien des conflits internes causés par des insurgés qui se disputaient leurs fiefs respectifs sans parvenir à contrôler l'ensemble du territoire[749]. D'où cette grande instabilité permanente dont le règne a permis aux milices et aux « seigneurs de guerre » de se livrer au chaos aujourd'hui.

Par ailleurs, les affrontements fréquents de ces milices rivales armées en pleine capitale de Mogadiscio ont fractionné la Somalie en multiples territoires qui renvoient aux délimitations de l'époque coloniale. Ainsi, le Somaliland et le Puntland (anciens territoires britanniques) représentent deux États non reconnus au plan international, mais qui vivent sous l'autorité des gouverneurs locaux. En revanche, la Somalie du Sud qui est une ancienne colonie italienne est sujette aux combats des factions qui veulent tenir le

---

[748] Selon Lyes MENACER, *op.cit.*, p. 1.

[749] Voir Jean-Guilhem BARGUÈS, *Mission de l'Union africaine en Somalie, op.cit.*, p. 1.

contrôle de Mogadiscio[750]. Ce climat d'instabilité permanente a occasionné la formation des milices d'autodéfense cherchant à se substituer aux forces nationales qui ne parviennent plus à gouverner le pays.

En réalité, cette conception révèle la principale source des violences perpétuelles qui ont créé une Somalie dépourvue de gouvernement central. Il est donc impossible de restaurer l'autorité d'un État dont les forces armées sont incapables de tenir le contrôle de l'intégrité territoriale de celui-ci. Cette suite ininterrompue de groupes rebelles qui se disputent le territoire somalien contre les forces armées incompétentes aujourd'hui ne peut que créer une instabilité difficile à maîtriser.

Bien qu'il faille souligner des progrès effectués contre les shebabs en Somalie, ceux-ci demeurent une menace importante pour les États membres de la sous-région, notamment sur le Kenya[751]. À titre d'exemple, nous citons l'aboutissement de la transition somalienne couronnée par l'élection du 10 septembre 2012 où M. HASSAN SHEIKH Mohamud a été élu Président de la République fédérale de Somalie, et que le CPS a noté son investiture avec satisfaction le 16 septembre 2012 à Mogadiscio. À cette occasion, l'Honorable Wafula Wamunyinyi, Représentant spécial adjoint du Président de la Commission de l'UA pour la Somalie, a adressé de vives félicitations pour ces élections qui se sont déroulées dans un processus libre. Mais, tant que ce groupe extrémiste constituera encore une menace sécuritaire et déstabilisante pour le nouveau système politique en Somalie, la stabilité et la sécurité seront encore loin d'être acquises dans cette zone[752].

Si les forces nationales somaliennes sont incapables de contrôler ce pays aujourd'hui, c'est parce qu'elles sont en plein dysfonctionnement dû au manque de moyens militaires consistants. Cette limite est courante dans quasiment toutes les armées nationales africaines en dehors de quelques exceptions à relever. Évidemment, c'est en évaluant le rôle de l'UA en Somalie qu'il a été constaté de graves déficiences pour les forces de sécurité africaines. Ainsi qu'elles ne peuvent pas accomplir les missions efficacement. À présent, ces forces sont pratiquement incapables de protéger les populations et les territoires à leur charge. Elles ne fonctionnent qu'avec l'aide des ressources étrangères. C'est une posture qui engendre d'énormes

---

[750]Voir DABIRE Tiergou P., *Afrique : Sommet spécial de l'Union africaine sur les conflits et la sécurité,* http : //www.allAfrica.com. 15 juin 2012.

[751] Voir Rapport sur le CPS — Numéro 57 — avril 2014, p. 1, le 15 octobre 2015.

[752]Devant cette piraterie maritime qui sévit au large des côtes de la Somalie et du Golfe de Guinée, les États membres doivent intensifier leurs efforts pour éradiquer la menace qui affaiblit déjà les efforts de développement socio-économique et créé l'insécurité régionale. Ils ont aussi intérêt à renforcer la coordination entre les différentes initiatives prises dans ce domaine. La lutte contre la piraterie maritime est l'une des missions assignées à la Commission. Elle va donc la faciliter et accélérer le processus d'installation d'une cellule d'information et de coordination en matière de la sécurité et de la sûreté maritimes. Voir *le Rapport du conseil de paix et de sécurité sur ses activités et l'état de la paix et de la sécurité en Afrique*, Assembly/AU/3 (XX) P.49.

conséquences sur l'ensemble des opérations ou les résultats sur le terrain sont toujours insuffisants.

Cette dépendance extérieure complique l'approvisionnement et le déploiement des troupes au moment où les demandes sont souvent très pressantes[753]. Ces forces sont toujours moins nombreuses, sous équipées et nanties d'une formation militaire précaire, ce qui engendre de sérieuses contraintes opérationnelles. Les Forces armées et de sécurité de la Somalie devraient au contraire bénéficier des conditions optimales d'action sur le terrain. Elles devraient aussi s'équiper en matériels militaires très perfectionnés, former leurs hommes dignement pour répondre avec efficacité aux missions qui leur sont assignées. Elles devraient enfin renforcer les rangs en effectifs conséquents par des recrutements très sélectifs afin d'espérer au changement et à l'efficacité dans leur tâche.

Par ailleurs, la situation actuelle en Somalie nécessite davantage d'interventions pour acquérir une stabilité durable. À ce titre, il faudrait très certainement accentuer des interventions internationales qui s'avèrent indispensables pour espérer une issue.

1. Les interventions internationales

Pour la sauvegarde de la paix et la sécurité internationales, les conflits africains ont toujours prescrit les interventions d'organisations intergouvernementales africaines et sous-régionales pour leur résolution. Néanmoins, ils supposent l'intervention de tiers, notamment des instances internationales comme les Nations Unies qui intercèdent fréquemment pour tenter de trouver une issue à chaque conflit. C'est ainsi que des interventions internationales ont été particulièrement multipliées de 1992 à 1995 en Somalie.

À propos, il y a eu les deux interventions américaines désignées respectivement sous les termes « Restore Hope et Continue Hope », ainsi que les Missions de l'ONU telles que (ONUSOM I) créée par la Résolution 751 du CS du 24 avril 1992 et la Résolution 814 du 26 mars 1993 pour (ONUSOM II). L'ONUSOM I est une mission qui a fini le 26 mars 1993, tandis que l'ONUSOM II s'est terminée le 2 mars 1995. Mais en dépit des médiations réalisées par la Communauté internationale, la paix tarde encore à s'installer définitivement dans ce pays. Conformément au chapitre VIII de la Charte des Nations Unies, le CS reste le principal responsable pour le maintien de la paix et de la sécurité internationales et collabore avec les organisations régionales[754]. Ainsi, l'OTAN et l'OSCE ont été étroitement

---

[753] Voir le Rapport su CPS n° 42 — janvier 2013.

[754] La principale responsabilité du Conseil de sécurité est de maintenir la paix et la sécurité internationales. Pour ce faire, il peut utiliser les organisations régionales pour le faire en vertu du chapitre VIII de la Charte de l'ONU. Ainsi dans la Résolution des conflits au Liberia, au Rwanda, au Burundi et son désengagement en Somalie, Le Conseil de sécurité a collaboré étroitement avec des organisations régionales telles que l'Organisation du Traité d'Atlantique

utilisées dans la résolution des conflits au Liberia, au Rwanda, au Burundi par le CS qui s'est malheureusement désengagé de la Somalie[755].

La Mission (ONUSOM I) du CS de l'ONU en Somalie avait pour mandat initial de surveiller le respect d'un cessez-le-feu à Mogadiscio. Mais le 10 septembre 1991, celle-ci s'était retirée du sud de la Somalie. Généralement, les OMP conduites par une organisation visent la séparation des combattants sur le terrain, surveiller les cessez-le-feu et prévenir la résurgence des conflits. Après une nouvelle détérioration de la situation sécuritaire et humanitaire en Somalie, le CS avait adopté la Résolution 794 le 3 décembre 1992. Celle-ci autorisait la création de la Force d'intervention unifiée (UNITAF) par les États membres en vue d'user tous les moyens nécessaires à l'instauration autant que possible des formalités sécuritaires en faveur des opérations relatives en Somalie[756].

D'une manière générale, les interventions internationales menées en Somalie entre 1992 et 1995 n'ont récolté que des revers. Cependant, c'est dès février 1994 que le mandat de la Mission (ONUSOM II) est tombé sous le coup du Chapitre VI de la Charte des Nations Unies pour s'achever le 2 mars 1995. Ce retrait international n'a été qu'un échec qui a occasionné une recrudescence d'insécurité en Somalie. Il a fallu envisager la création d'une Autorité centrale pour tenter d'y remédier. Cette situation a conduit la Communauté internationale ainsi que les États voisins à entamer des efforts de réconciliation et d'établissement d'un gouvernement central qui n'ont malheureusement pas eu d'effet positif. En revanche, une Conférence nationale de réconciliation somalienne avait été mise sur pied pour former un Gouvernement national de transition (TNG) lors d'une série de conférences tenues à Djibouti entre le 20 avril et le 5 mai 2000. Mais les actions du TNG se sont opposées au Conseil somalien de réconciliation et de restauration (CSRR) qui est un mouvement créé en avril 2001, en majorité par des chefs de guerre prétendant au gouvernement. En 2004, ces deux mouvements rivaux ont fini par se réconcilier et travailler ensemble permettant ainsi l'établissement d'un gouvernement central fonctionnel. C'est en janvier 2004 que M. Yoweri MUSEVENI, président ougandais et président de l'IGAD a négocié un Accord dont l'entente des parties sur la

---

Nord (OTAN) et l'Organisation pour la Sécurité et la Coopération en Europe (OSCE). Voir Hassatou BALDE, *Les mécanismes de prévention, de gestion et de règlement des conflits des organisations africaines*, *op.cit.*, p. 1.

755 Dans ce dernier cas, après l'échec des opérations « Restore Hope I et II », l'ONU s'est chargée de sa responsabilité principale sur les organisations régionales comme l'OUA et l'autorité intergouvernementale pour le développement (IGAD). Même si l'insécurité persiste en Somalie, les efforts diplomatiques de ces deux organisations ont permis la tenue d'une conférence de réconciliation en août 2000 entre différentes factions. Ce qui a abouti à la désignation d'un président et à la formation d'un gouvernement de transition. *Ibid.*

756 40 000 membres de l'UNITAF, dont 30 000 Américains constituent son effectif de plus haut niveau dans le cadre de l'opération *Restore Hope*. En revanche, le déploiement de l'UNITAF accepté par le Conseil de sécurité de l'ONU est d'un commandement qui relève des États participants. Voir Jean-Guilhem BARGUÈS, *op.cit.*, p. 1.

création d'un GFT. Ainsi, un parlement de transition somalien en exil à Nairobi et composé de 275 membres avait été investi le 22 août 2004, duquel le président du Puntland, ABDULLAHI Yusuf AHMED était élu président intérimaire de la Somalie le 10 octobre 2004 et a prêté serment le 14 octobre 2004.

Chemin faisant, c'est en 2005 que l'IGAD avait décidé de créer une Mission de l'IGASOM en vue d'appuyer l'action du GFT en lui permettant ainsi d'exercer un contrôle sur l'ensemble du territoire, à l'exception du Somaliland. Malgré toutes ces ambitions, cette mission ne s'effectuera jamais. Elle sera incluse dans celle de l'UA en Somalie (AMISOM). Dans le but de juguler l'influence grandissante de l'Union des tribunaux islamiques (UTI) qui est un groupe composé de 15 tribunaux islamiques somaliens voulant instaurer la charia en Somalie, une Alliance pour la restauration de la paix et contre le terrorisme (ARPCT) avait été créée par un regroupement de chefs de guerre, d'hommes d'affaires et de membres du GFT en 2006. De mars à mai 2006, les affrontements sporadiques enregistrés autour de Mogadiscio entre l'ARPCT et l'UTI ont provoqué l'entrée des troupes éthiopiennes le 20 juin 2006 pour soutenir le GFT. Au bout du compte, cette intervention éthiopienne avait reçu un accueil, pour le moins mitigé, au sein de la population pendant que le gouvernement de transition en quête de légitimité s'évertuait à la réconciliation des Somaliens[757].

Quels seraient alors les obstacles majeurs à ce défi malgré les quelques interventions étrangères réalisées en Somalie ? L'implication du CPS de l'UA devrait peut-être s'ajouter aux interventions internationales pour aboutir à une solution définitive dans ce pays.

2. L'implication du Conseil de paix et de sécurité en Somalie

Après la guerre civile en Somalie, l'organisation continentale a mené une mission régionale de maintien de la paix intitulée AMISOM avec l'aval des Nations Unies. Cette situation sécuritaire a suscité l'intervention de nombreux acteurs pour tenter une solution. Ainsi, la Mission de l'AMISOM fut créée le 19 janvier 2007 par le CPS et entérinée le 20 février 2007 par la Résolution 1744 du CS de l'ONU. Il en a pour un mandat de six mois autorisé le 21 février 2007 dans sa Résolution 1744[758]. Cette Résolution autorise « les États membres de l'UA à établir une mission en Somalie pour

---

[757]Voir Jean-Guilhem BARGUÈS, *op.cit.*, pp. 3 — 4.

[758]La Mission de l'Union africaine en Somalie (AMISOM), créée le 19 janvier 2007 par le Conseil de Paix et Sécurité de l'UA et entérinée le 20 février par la résolution 1744 du Conseil de sécurité de l'ONU, a pour principale mission de fournir un soutien aux Institutions Fédérales Transitoires somaliennes dans leurs efforts de stabilisation du pays et dans la poursuite du dialogue politique et de la réconciliation. Originellement prévue pour être déployée pendant six mois avant le déploiement d'une force de l'ONU, elle a été renouvelée à plusieurs reprises par le Conseil de sécurité puis renforcée en 2012 pour atteindre le seuil des 17 000 soldats déployés. Voir Réseau sur les opérations de paix (ROP) –*La Mission de l'Union africaine en Somalie (AMISOM)*, http://www.operationspaix.net, le 13 octobre 2015.

une période de six mois. Cette mission sera habilitée à prendre toutes mesures nécessaires » en vue de tenir un dialogue pour la réconciliation nationale en Somalie[759].

L'AMISOM est également une opération de soutien à la paix multidimensionnelle en Somalie. En coordination avec des structures telles que les Institutions somaliennes de Défense nationale et de Sécurité publique qu'elle devra renforcer, l'AMISOM prendra toutes les mesures nécessaires pour lutter contre Al-Shabaab et d'autres rebelles. Elle servira également d'appui à l'extension, au contrôle du Gouvernement fédéral somalien (GFS) ainsi qu'aux conditions d'une gouvernance efficace et légitime qu'elle aura à créer en Somalie. L'AMISOM facilitera l'assistance humanitaire du pays et le retour des réfugiés, la stabilisation et la reconstruction de la Somalie, la protection particulière des biens et des personnes de l'UA et de l'ONU, ainsi que le droit à la légitime défense[760].

C'est dans la Résolution 1772 du 20 août 2007 que le CS encourage l'AMISOM à la formation des forces de sécurité somaliennes, à soutenir le gouvernement fédéral de transition, procéder à la mise en œuvre d'une stratégie de sécurité nationale, et contribuer à la création d'un environnement fiable permettant la distribution de l'aide humanitaire aisément. Depuis lors, le mandat de l'AMISOM a été prolongé tous les six ou 12 mois. Ainsi, le CPS l'a prorogé le 8 janvier 2010 pour une nouvelle période de 12 mois. Le CS a autorisé le maintien de l'AMISOM jusqu'au 31 janvier 2011 par sa Résolution 1910 du 28 janvier 2010. Par ailleurs, c'est au cours de la 69ème session que la Décision PSC/PR/Comm (LXIX) avait été adoptée par le CPS pour le déploiement d'une force de paix en Somalie. L'AMISOM a pour objectif principal de soutenir les efforts fournis par les Institutions Fédérales Transitoires somaliennes pour la stabilisation de la Somalie, la poursuite du dialogue politique et la réconciliation nationale[761]. Après quelques controverses sur l'envoi des troupes, le Nigeria, le Burundi, le Malawi, le Ghana et l'Ouganda se sont finalement engagés à rejoindre les premiers États ayant accepté de concrétiser ce déploiement tant attendu de l'AMISOM[762]. Concrètement, c'est le 12 février 2007 que le lancement des

---

759 Voir Nations Unies, *Conseil de sécurité des Nations Unies — Résolution 1744 (2007) : La situation en Somalie,* http://fr.allafrica.com, le 13 octobre 2015.

760 Voir *Mandat de l'AMISOM,* http://amisom-au.org, le 14 octobre 2015.

761 Si en amont l'AMISOM sert de soutien, en aval le gouvernement maîtrise le processus. Cependant, deux grandes approches fondent la stratégie multidimensionnelle de rétablissement de la paix de l'AMISOM. Ainsi qu'il y a une approche pour améliorer la sécurité afin de juguler la rébellion, d'une part. D'autre part nous avons une approche portant sur la politique fondée sur la promotion de la bonne gouvernance. Enfin, c'est en termes de composantes militaire, policière et civile que l'AMISOM a initialement construit son déploiement pour de cibler ces objectifs. Voir *Rétrospective du CPS : Évaluer le rôle de l'UA en Somalie* dans le Rapport sur le CPS N° 41 de janvier 2013, http://www.operationspaix.net.

762En 2010 l'AMISOM compte 5250 soldats, dont 2550 venus du Burundi et 2700 attribués par l'Ouganda. Au 25 février 2011 ses effectifs ont atteint 8 375 soldats et 9700 en novembre 2010. Pour l'année 2012 il y a eu 12000 militaires qui ont été affirmés à savoir : 850 pour opérations avait été annoncé par M. Saïd DJINNIT, le Commissaire à la paix et la sécurité de l'UA. Il était donc prévu un envoi immédiat des trois premiers bataillons sur le terrain. L'adoption de la Résolution 1744 en date du 20 février 2007 marque la prise de note par le CS de la décision du CPS du 19 janvier 2007. Ainsi, le CS de l'ONU décide d'autoriser les États membres de l'UA à établir l'AMISOM pendant six mois. Cette dernière devant s'acquitter de son mandat en prenant toutes les dispositions nécessaires[763].

Au départ, la Mission devait devancer le déploiement d'une force de l'ONU pour six mois. Mais en 2012, le CS a renouvelé et renforcé cette Mission plusieurs fois pour atteindre le seuil des 17 000 combattants déployés[764]. Cependant, l'ONU a manifesté un certain désengagement en Somalie. Effectivement, c'est dans la Résolution 1744 que le CS a insisté à relayer l'AMISOM. Ainsi, M. KOFI ANNAN, l'ancien secrétaire général de l'ONU avait fait opposition au projet, vu les conditions politiques et sécuritaires défavorables du pays. C'est le 14 mars 2008 que M. BAN KI-MOON, un autre ancien secrétaire général de l'ONU ayant remplacé M. KOFI ANNAN avait présenté le rapport (S/2008/178) recommandant l'intégration du volet politique, du volet sécuritaire et du volet programmatique[765].

Chemin faisant, l'AMISOM a bénéficié d'un renforcement immédiat de 2000 combattants supplémentaires suivant la décision prise par les États membres de l'UA lors du sommet extraordinaire de l'IGAD tenu le 15 juillet

---

Djibouti qui devraient arriver en fin 2011 ainsi qu'un contingent de Sierra Leone qui devait être projeté en été 2012 et 20000 sollicités. Enfin 4631 soldats du contingent kényan ont officiellement intégré la Mission de l'UA en Somalie en début de juin 2012. Neuf autres bataillons d'infanterie de 850 hommes chacun devaient initialement composer cette force. Elle devait en outre bénéficier d'un appui des combattants de l'armée de l'air, des forces marines, de 270 policiers et d'une composante civile adéquate.

[763]C'est suite à l'échec au déploiement de la Mission de soutien de la paix de l'IGAD en Somalie (IGASOM) que le Conseil de paix et de sécurité de l'UA avait lancé l'AMISOM en 2007. L'AMISOM avait donc été créée pour remplacer les forces éthiopiennes dont la mission était de défendre le gouvernement de Mogadiscio dans leur lutte contre les shebab. Ainsi l'UA s'était largement impliquée pour transférer le mandat de l'IGAD, d'autant plus que les États occidentaux manifestaient leur réticence à envoyer leurs troupes en Somalie. Cependant la Décision du CPS a été entérinée par le Conseil de sécurité des Nations Unies qui a aussi autorisé l'AMISOM par la Résolution 1744 du 20 février 2007. Bien qu'il soit secondaire, le rôle de l'organisation internationale a été d'une importance déterminante pour l'AMISOM. *Ibid.*, p. 5.

[764] La Décision du CPS datant du 19 janvier 2007 formulait qu'au moins trois bataillons d'infanterie serait d'abord déployés et qui devrait comporter des dispositions appropriées afin de déployer très rapidement des bataillons supplémentaires en cas de besoin. Mais deux bataillons ougandais simplement composés d'environ 1 700 hommes ont été déployés au début de mars 2007 qu'un bataillon burundais a pu rejoindre en 20 janvier 2008. Cependant d'énormes difficultés sur le plan logistiques, l'insécurité sur le théâtre d'opération, les situations essentiellement pénibles des troupes déployées et la difficulté dans la mobilisation les pays contributeurs bloque totalement le déploiement des effectifs prévus. *Ibid.*

[765]*Ibid.*, p. 5.

2010 à Addis-Abeba. Dans cette mission évidemment, le CS a autorisé un accroissement de 12000 militaires au maximum. Progressivement, 4000 combattants ont été complétés aux effectifs pour atteindre ces12000soldats prévus par la Résolution 1964 du CS de l'ONU adoptée le 22 décembre 2010. Mais seuls 8000 soldats participèrent aux opérations[766]. C'est plus dans une guerre asymétrique que toutes ces forces armées sont actuellement en conflit contre Al-Shabaab dont une perte de 250 soldats environ a été enregistrée de 2007 à 2011.

Finalement, c'est face à la menace croissante du terrorisme en Afrique que l'UA a fortement condamné les actes de terreur appelant ainsi à une réponse concertée au plan national, régional et continental. Ainsi, à la clôture du 20ème Sommet de l'UA tenue à Addis-Abeba (Éthiopie), une Déclaration de solidarité avec l'Algérie avait été adoptée pour condamner avec la plus grande fermeté les attaques terroristes intervenues contre le site gazier de Tiguentourine (In Amenas, Illizi en Algérie). Par cette occasion, l'Organisation panafricaine, les chefs d'État et de Gouvernement de l'UA se sont félicités de la réaction victorieuse des autorités algériennes contre ces groupes terroristes[767]. Des réactions similaires ont été entendues dans un communiqué du 19 janvier 2013 annoncé par l'ancienne Présidente de la Commission, Mme NKOSAZANA DLAMINI-ZUMA. Effectivement, elle a condamné ces mêmes attaques survenues suite à l'ouverture de l'espace aérien par Alger dans le cadre de l'intervention française « Serval »[768]. Bien entendu, l'opération Serval qui est d'ordre militaire a été menée par l'armée française dans le territoire Malien pour servir d'appui aux forces armées Maliennes (FAM). Il fallait enrayer une offensive des groupes armés islamistes contrôlant l'Azawad (Nord du Mali), arrêter la progression des forces djihadistes vers Bamako pour sa sécurité et favoriser le recouvrement de l'intégrité territoriale du pays. Finalement, c'est à partir du 1er août 2014 que l'opération Barkhane a relayé cette intervention.

Très fermement, les attaques terroristes menées en Somalie, au Kenya et en Ouganda par le groupe islamiste somalien Al-Shabaab ont été

---

[766] *Ibid.*, p. 7.

[767] « Le Sommet de l'Union africaine (UA), tenu dimanche et lundi, à Addis-Abeba (Éthiopie) a condamné avec la « plus grande fermeté » l'attaque terroriste contre le site gazier de Tiguentourine (In Amenas, Illizi), et salué la réponse « prompte » et « ferme » des autorités algériennes à cet acte d'agression « lâche » et « haineux ». Dans une déclaration de solidarité avec l'Algérie adoptée à la clôture du 20e Sommet ordinaire de l'Organisation panafricaine, les chefs d'État et de Gouvernement de l'UA ont salué la riposte « prompte » et « ferme » des autorités algériennes « qui a fait échouer les desseins criminels des bandes terroristes et a permis de sauver des centaines de vies humaines et de prévenir des dommages matériels incalculables ». « Cette agression terroriste est un acte dirigé non seulement contre l'Algérie, mais également contre la sécurité et la stabilité de l'Afrique dans son ensemble », a souligné le texte. L'attaque terroriste contre le site gazier de Tiguentourine « témoigne des menaces terroristes qui visent l'Afrique », notamment au Mali

[768] Voir *Rétrospective du CPS : Évaluer le rôle de l'UA en Somalie* dans le Rapport sur le CPS N° 41 de janvier 2013, *op.cit.*

condamnées et rejetées. Par conséquent, le CPS a demandé à la Commission de l'UA de soumettre des recommandations dans sa Déclaration PSC/PR/COMM (CCCII). Il en est ainsi pour améliorer le mandat, autoriser l'augmentation des effectifs de l'AMISOM afin de vaincre Al-Shebaab, consolider la paix et la sécurité, enfin pour soutenir les efforts déployés par le gouvernement de transition[769]. Au bout du compte, ces troupes de l'AMISOM ont été augmentées de 12 à plus de 17 000 soldats, composées principalement des Burundais et des Ougandais[770].

La création de l'AMISOM serait-elle une solution suffisante pour concrètement résoudre le conflit en Somalie ? Malgré tout, la création de cette mission est encore loin d'être une solution ultime devant cet immense défi. Ainsi, des appuis internationaux s'imposent encore avec acuité. Si l'intervention du CS de l'ONU semble déjà prouver son inefficacité en Somalie, à plus forte raison, celle des institutions africaines comme le CPS ou l'IGAD n'aura aucun effet sur ce conflit.

Bien entendu, l'IGAD est chargée d'amoindrir des tensions et des conflits transfrontaliers qui affectent les relations entre ses États membres. Pourtant, cette tâche a bien été envisagée par le Secrétariat de l'IGAD, étant donné qu'elle se situe au premier plan de ses préoccupations et des mécanismes pour des initiatives relatives[771]. Pour tenter de résoudre ce conflit avec succès, il faudrait une intensification d'action de l'AMISOM, notamment dans l'implication des États frontaliers au conflit somalien.

2.a. L'AMISOM dans l'implication des États frontaliers au conflit somalien

Étant donné que la Somalie a été fractionnée en différentes entités régionales dirigées par diverses autorités en permanente confrontation et le GFT pour une toute petite portion du pays, l'AMISOM a été particulièrement chargé de le protéger y compris les infrastructures stratégiques de la Somalie[772]. Au plan régional, le conflit somalien a provoqué l'implication de tous les États frontaliers. Ainsi, il y a eu un transfert des rivalités permanentes entre l'Érythrée et l'Éthiopie, entre le Kenya et Djibouti en s'accusant de soutenir les milices dans ce conflit. Cette attitude a suscité la condamnation d'Asmara en 2009 par la Résolution 1907 du CS présenté par l'Ouganda. L'Accord de Khartoum passé entre les Tribunaux islamistes en 2006 le GFT ainsi que la Résolution 1725 de l'ONU autorisant le déploiement de l'AMISOM avaient fomenté le retrait des

---

769 Voir *Rétrospective du CPS : Évaluer le rôle de l'UA en Somalie* dans le Rapport sur le CPS N° 41 de janvier 2013, *op.cit.*

770 Voir *En Somalie*, http://www.geopolitiqueconflits.blog.lemonde.fr, 24 février 2013.

771 Voir *Rôle de l'IGAD dans les processus régionaux en vue de la promotion et du maintien de la paix*, https://www.issafrica.org, le 17 août 2015.

772 Voir *En Somalie*, http://www.geopolitiqueconflits.blog.lemonde.fr, *op.cit.*

troupes éthiopiennes de la Somalie en 2009[773]. Malheureusement, ces mêmes troupes ont été repositionnées en 2011 suivant le déploiement des troupes kényanes en Somalie.

Entre autres missions, l'AMISOM couvre également une formation technique européenne aux forces de sécurité (EUTM Somalia) et un soutien financier de l'UE, des pays du golf et de la Turquie[774]. Cette posture a suscité les progrès politiques de l'AMISOM dans l'accomplissement de sa mission.

2.b. Les progrès politiques de l'AMISOM

L'AMISOM a accompli des progrès remarquables dans le domaine politique. Bien entendu, c'est durant 22 années de faillite étatique caractérisée par une grande instabilité que la Somalie a vécue sans gouvernement ni État. Grâce aux efforts de stabilisation fournis par l'AMISOM, ce pays a connu une situation post-transitionnelle définie par le lancement d'une nouvelle Constitution le 1er août 2012, l'inauguration d'un nouveau parlement fédéral du 20 août 2012 ainsi que l'intronisation de M. HASSAN SHEIKH Mohamud nouveau président de la Somalie[775].

Effectivement, c'est dans un communiqué du 29 août 2012 publié à l'issue de sa 331ème réunion que le CPS s'était félicité de l'adoption d'une nouvelle Constitution provisoire de la Somalie le 1er août 2012 et de l'inauguration d'un nouveau Parlement fédéral, le 20 août 2012. Il s'était également satisfait des contributions coordonnées des Aînés (Traditional Elders), des observateurs internationaux et du Comité de sélection technique pour la finalisation de la transition somalienne. Le Président de la Commission de l'UA sortant, M. Jean Ping, a adressé ses félicitations aux

---

[773] Les derniers contingents ont regagné l'Éthiopie le 25 janvier 2010 parallèlement aux forces éthiopiennes qui ont achevé leur retrait de Mogadiscio le 15 janvier 2010. Ainsi les forces de sécurité du nouveau gouvernement de coalition ont été incapables de sécuriser l'ensemble des positions évacuées par l'armée éthiopienne, en dépit de l'appui des troupes de l'AMISOM qu'elles ont obtenues. Elles ont au contraire créé un espace libre qui a permis aux forces d'Al-Shabaab et à d'autres groupes d'opposition, dont Hizbul Islam, de reprendre le contrôle d'une portion du territoire somalien. Les shebabs ont ainsi tenu la capitale jusqu'à l'été 2011, avant l'offensive de l'AMISOM qui les a forcé à un repli tactique. Voir Jean-Guilhem BARGUÈS, *Mission de l'Union africaine en Somalie, op.cit.*, p.6.

[774] Voir *En Somalie, un conflit régional ouvert*, http://www.geopolitiqueconflits.blog.lemonde.fr, 24 février 2013, *op.cit.*, p. 3.

[775] Les progrès accomplis par le processus de paix en Somalie ont suscité les félicitations de la Commission qui s'est déclarée optimiste à propos de la conclusion effective de la transition pour le 20 août 2012. Cependant, la Commission souhaite que des « réalisations exceptionnelles » de l'AMISOM appuyé par des partenaires internationaux pour s'assurer que les progrès en vue de la paix et de réconciliation en Somalie ne soient pas compromis. (Assembly/AU/Dec.432 [XIX]) ». Voir le Rapport sur le CPS n° 38 de septembre 2012.

participants de l'élection de M. HASSAN SHEIKH Mohamud au poste de président de la République fédérale de Somalie[776].

Jusque-là, les efforts fournis par l'AMISOM ne constituent qu'une partie de sa victoire envisagée du fait que les défis à relever sont très importants[777]. De cette même optique, l'AMISOM venait de développer les techniques et les tactiques militaires couronnées de succès contre Al-Shabaab à Mogadiscio. Dès lors, une nette amélioration de la sécurité dans Mogadiscio a été enregistrée, certes. Mais la stabilité des succès reste encore inattendue dans la mesure où il y a un risque permanent d'attaques de type guérilla ou d'intimidations de la part des rebelles. Par ailleurs, le fait que les forces alliées coopèrent avec le gouvernement dans les zones vulnérables est un atout nécessaire permettant d'éviter Al-Shabaab à reprendre le contrôle de la capitale Mogadiscio, comme le cas du sud de Galgadud en juin 2012[778]. L'expérience de l'AMISOM révèle qu'à défaut d'un financement prévisible, durable et flexible, il est pratiquement impossible de réussir tous types d'opérations engagées sur le terrain[779].

Or, il s'avère qu'après les élections présidentielles du 10 septembre 2012, la Somalie était devenue le théâtre d'attentats-suicides et d'assassinats qui se multipliaient particulièrement dans la capitale Mogadiscio[780]. Ce phénomène n'a pu empêcher la Somalie d'accéder aux progrès et aux développements qu'elle est en train d'enregistrer progressivement. Ces développements qui sont indispensables pour la stabilisation du pays ont engendré un certain espoir au regard d'un processus politique naissant qui réunit tous les Somaliens[781]. En dépit de tous ces progrès accomplis, l'AMISOM et ses partenaires tant régionaux qu'internationaux ainsi que toutes les parties prenantes somaliennes ont encore des défis considérables à relever[782].

---

[776] Voir *Rétrospective du CPS : Évaluer le rôle de l'UA en Somalie* dans le Rapport sur le CPS N° 41 de janvier 2013, *op.cit.*

[777] L'AMISOM appuyé par des forces somaliennes a pu expulser le groupe islamiste Al-Shabaab presque dans toutes les grandes villes du sud de la Somalie

[778] *Ibid.*

[779] Voir *Rétrospective du CPS : Évaluer le rôle de l'UA en Somalie* dans le Rapport sur le CPS N° 41 de janvier 2013, *op.cit.*

[780] Depuis les élections présidentielles du 10 septembre, la Somalie vit dans une insécurité croissante. Mogadiscio la capitale enregistre beaucoup d'attentats-suicides et des assassinats. Ainsi deux jours après son investiture, le nouveau président a été victime d'un attentat qui a échoué grâce à l'intervention l'AMISOM et des forces de sécurité somaliennes. Lorsqu'Al-Shabaab ait menacé d'assassiner successivement les 275 membres du nouveau parlement, le parlementaire Mustafa Haji Maalim qui était le beau-père de l'ancien président Sharif Cheikh Ahmed a été abattu par des hommes armés le 22 septembre. Voir le Rapport sur le CPS N° 39 d'octobre 2012, *op.cit.*, p. 3.

[781] Voir *Rétrospective du CPS : Évaluer le rôle de l'UA en Somalie* dans le Rapport sur le CPS N° 41 de janvier 2013, *op.cit.*

[782] Des défis d'ordre contextuels et structurels sont encore à relever au cours de cette mission. Elles sont d'ordre contextuel simplement à cause de nouveaux défis liés à l'évolution de la situation sécuritaire et politique. Cependant, des insuffisances institutionnelles de l'UA ont empêché l'exécution de la mission dès le départ. Ces déficiences endommagent toutes les opérations de soutien à la paix que l'UA effectue. *Ibid.*, p. 5.

Bien entendu, le mandat de la Mission de l'AMISOM est large à comparer aux ressources humaines et financières indispensables qu'elle dispose[783]. Par exemple, la composante civile de l'AMISOM reste toutefois très insuffisante en effectif devant des objectifs, alors que son amélioration s'avère cruciale à la promotion de la reconstruction et à l'aboutissement d'une paix durable en Somalie[784]. Dans un communiqué publié lors de la 331ème réunion, le CPS a souligné que malgré les progrès réalisés par les Forces nationales somaliennes appuyées par l'AMISOM et les Forces de défense nationale éthiopiennes (ENDF), Al-Shabaab représentait un danger permanent quant à la stabilité de la Somalie[785]. De même, il a exprimé sa préoccupation pour des agissements affichés par certains acteurs ayant tendance à juguler le processus de transition.

Ce faisant, les mêmes préoccupations ont été exprimées par le Représentant spécial adjoint du Président de la Commission de l'UA pour la Somalie, M. Wafula Wamunyinyi dans un communiqué de presse du 14 août 2012. Celui-ci a également condamné les intimidations et menaces proférées envers les membres du Comité de sélection technique[786].Les analystes confirment pareillement ce danger posé par Al-Shabaab du fait qu'il possède encore des sanctuaires en Somalie. Al-Shabaab ou encore « jeunesse » en arabe est un groupe terroriste islamiste de la Somalie issu de la fusion d'une multitude de groupes armés somaliens, particulièrement engendré par la fraction la plus radicale de l'Union des tribunaux islamiques. Ce mouvement de combattants islamistes a été créé lors de l'invasion éthiopienne en 2006. Ses membres couramment appelés shebab ou chebab sont d'idéologie salafiste djihadiste dont le mouvement peut accueillir et former d'autres éléments radicaux, ainsi qu'il est en train de modifier ses tactiques

---

783 « Comparé aux ressources humaines et financières qui sont nécessaires ou disponibles, le mandat de la mission est large. Alors que depuis début 2012, l'expansion de l'AMISOM dans les zones d'opération a été énorme, le nombre de troupes déployées est insuffisant pour garantir la stabilisation dans sa zone d'opérations et ce même après la mise au point du concept stratégique de l'AMISOM. Par exemple, il est difficile de concevoir comment les 2 500 soldats ougandais et burundais déployés à Baidoa pourront être en mesure de stabiliser le secteur, ou comment les soldats djiboutiens parviendront à stabiliser la zone de Beledweyne. D'autres défis ont trait à l'approvisionnement et au déploiement, auprès de la Mission, en termes de personnel et d'aptitudes. Bien que quelques pays fournisseurs de contingents (TCCs) se soient engagés à déployer des troupes, un manque de clarté quant aux aspects logistiques, institutionnels et financiers complique en effet le processus. Le déploiement de troupes sierra-léonaises a par exemple été retardé en raison de problèmes d'approvisionnement logistique liés à l'acquisition de munitions, tandis que le président djiboutien Guellah était en désaccord avec certains de ses hauts responsables militaires au sujet du déploiement d'un bataillon national ». *Ibid.*, p. 6.

784 *Ibid.*, p. 7.

785 « Le gouvernement somalien reste très dépendant des forces internationales, notamment de l'AMISOM, de l'armée éthiopienne et de milices locales alors que la violence menace la fragile stabilité instaurée par les forces somaliennes et qu'Al-Shabaab continue de contrôler certaines zones et mène régulièrement des attaques et des attentats ciblés à Mogadiscio ». Voir le Rapport sur le CPS N° 39 d'octobre 2012, *op.cit.*, p. 6.

786 *Ibid.*, p. 2.

opérationnelles. Désormais, il recourt de plus en plus aux attentats-suicides dans le cadre d'une stratégie de guérilla terroriste. Sans conteste, Al-Shabaab a connu des revers dans sa tactique de combat, notamment au sud de la Somalie où il perdait son influence au fur et à mesure. De sa défaite, il s'est rétracté de Mogadiscio pour rejoindre les contrées très éloignées du pays[787].

Quoiqu'Al-Shabaab soit sur la défensive après son éloignement de la majeure partie de la capitale qu'il a abandonnée aux forces de l'UA, il est possible que le groupe garde encore ses réseaux à Mogadiscio pour attaquer les forces de l'AMISOM et le GFT[788]. Dernièrement, les shebabs ont encore tenté de tenir le contrôle de plusieurs poches à travers le pays, avec la capacité de mener des attaques spontanées, sous forme de guérilla. Ils ont ainsi attaqué un contingent djiboutien de Beledweyne le 31 janvier 2013[789]. De même, les forces spéciales qui ont voulu libérer un agent de la DGSE détenu par des islamistes somaliens ont été mises en échec avec la perte de deux militaires[790].

La Conférence d'Istanbul II tenue du 31 mai 2012 au 1er juin 2012 avait été focalisée sur l'avenir de la Somalie. À cet effet, M. Ban Ki-moon avait déclaré que « la fin de la transition marque le début d'une nouvelle phase dans le processus politique, celle d'un dialogue inclusif où les voix de tous les Somaliens devront être prises en compte »[791]. De son côté, l'UA avait également exprimé sa satisfaction au regard des progrès accomplis par toutes les parties somaliennes concernées au plan politique, ainsi que toutes ces avancées qui ont marqué la fin de la transition et le début d'une nouvelle ère politique dans ce pays[792]. Évidemment, la Somalie constitue un tournant politique et historique à présent. La fin d'une période transitoire de 8 ans environ et l'instauration d'un nouveau gouvernement ont suscité un grand espoir eu égard au développement d'un processus politique inclusif et plus élargi. Ce faisant, la reprise des zones stratégiques aux mains d'Al-Shabaab et la protection des hauts responsables du gouvernement figurent parmi les principaux accomplissements réussis de l'AMISOM. En revanche, la mission de reprendre le contrôle des zones occupées par Al-Shabaab, de sécuriser les zones libérées, d'appuyer l'institutionnalisation du Plan national de Sécurité et de stabilisation (NSSP) revient à la composante militaire de l'AMISOM. Cette mission porte sur l'intégration, l'harmonisation et la gestion des institutions de sécurité, la coordination entre les entités administratives, voire la mise en œuvre des programmes de désarmement, de

---

787« ...Troisièmement, Al-Shabaab continue à perdre de l'influence dans le sud de la Somalie

788 Voir *Rétrospective du CPS : Évaluer le rôle de l'UA en Somalie* dans le Rapport sur le CPS N° 41 de janvier 2013, *op.cit.*

789 « Le 31 janvier, le contingent djiboutien de Beledweyne, en Somalie

790 Voir Isabelle Lasserre, *Somalie*

791Les représentants de 54 pays et quelque 300 « anciens », représentant les différentes factions de la société somalienne, sont réunis jusqu'à demain sous l'égide de l'ONU

792 Voir *Rétrospective du CPS : Évaluer le rôle de l'UA en Somalie* dans le Rapport sur le CPS N° 41 de janvier 2013, *op.cit.*

démobilisation et de réintégration des ex-combattants[793]. L'UA a fermement réitéré sa condamnation pour l'odieuse attaque du 26 juin 2015 contre une base de l'AMISOM située à Lego, précisément dans la région du Shabelle (Somalie). Ainsi qu'elle est déterminée à redoubler d'efforts afin de neutraliser complètement le groupe terroriste somalien Al-Shabaab[794].

C'est au cours de la 521ème réunion tenue le 30 juin 2015 à Addis-Abeba (Éthiopie) que le CPS a adopté une Décision sur la Mission conjointe UA–Nations unie axée sur la revue des critères du déploiement de l'opération de maintien de la paix des Nations Unies, mais aussi sur l'évaluation de la Mission de l'AMISOM. Le CPS qui a pris note du rapport de la Présidente de la Commission sur cette Mission conjointe et des Déclarations faites par le Commissaire à la Paix et à la Sécurité ainsi que la communication du Représentant spécial de la même Présidente de la Commission pour la Somalie et chef de l'AMISOM.

Au cours de cette réunion, le CPS a aussi noté les Déclarations du représentant de l'Éthiopie, au nom de la présidence de l'IGAD et par ceux de la Ligue des États arabes, des Nations Unies, de l'UE, du Royaume-Uni, de la France et des États-Unis qui est membres du CS des Nations Unies, et de l'Italie, le coprésident du Forum des Partenaires de l'IGAD (IPF). Ensuite, le CPS s'est félicité des progrès enregistrés en Somalie dans le domaine politique et en matière de sécurité. C'est avec satisfaction que le CPS prend particulièrement note des perfectionnements enregistrés sur le terrain grâce aux efforts de l'AMISOM et de l'Armée nationale somalienne (SNA). Le Conseil rend également hommage au personnel de l'AMISOM et à celui de la SNA pour leur engagement et leur courage. En outre, c'est dans un communiqué de presse que Maman Sambo Sidikou, Représentant spécial de l'UA pour la Somalie et chef de l'AMISOM depuis le 1er octobre 2014 a promis que l'AMISOM ne se retirera pas des zones libérées d'Al-Shabaab[795]. La sortie dans le conflit de la Somalie suppose généralement une multiplication des dialogues entre les différents mouvements armés et le gouvernement, ainsi que l'intensification des rapports entre les instances de la communauté internationale et le gouvernement.

Enfin, le CPS souligne la nécessité pour le GFS et les diverses parties prenantes de la Somalie de persévérer dans leurs objectifs. Il prend note de la profonde préoccupation de la menace représentée par Al-Shabaab, dès lors

---

[793] *Ibid.*

[794] Sans relâche la Présidente de la Commission de l'UA, Dr Nkosazana DLAMINI-ZUMA, accorde une attention particulière sur la situation en Somalie, ainsi que les efforts déployés par la Mission de l'AMISOM et l'Armée nationale somalienne (SNA) pour une stabilité de la situation sur le terrain et la création des conditions susceptibles de parachever l'actuel processus politique. Elle renouvelle sa satisfaction pour les progrès considérables qui ont été réalisés à propos, par l'engagement et à la Résolution des soldats de l'AMISOM et de la SNA. Voir *L'UA réitère sa ferme condamnation de l'attaque odieuse contre une base de l'AMISOM en Somalie,* www.peaceau.org, le 27 juillet 2015.

[795] Voir *L'AMISOM ne se retirera pas des zones libérées d'Al Shabaab, promet le Représentant Spécial de l'UA,* www.amisom-au.org, le 27 juillet 2015.

qu'il condamne énergétiquement leurs attaques récemment perpétrées contre le personnel de l'AMISOM, les militaires éthiopiens et burundais, respectivement les 11 et 26 juin 2015 dans la zone de Jameco, précisément en régions de Bay et de Lego à Bas-Shabelle (Somalie) ainsi que les assassinats ciblés des responsables gouvernementaux, civils et politiques somaliens[796].

Quoi qu'il en soit, la stabilisation du pays reste une perspective à long terme selon certaines estimations[797]. Elle peut ainsi exiger la conduite des opérations de rétablissement et de consolidation de paix au Soudan.

B. Les opérations de rétablissement et de consolidation de paix au Soudan

Le problème du rétablissement et de consolidation de la paix au Soudan nous permet d'étudier particulièrement la province du Darfour (1), l'implication de l'UA au Darfour (2), le Soudan du Sud (3) et le processus de paix entre le Soudan et le Soudan du Sud (4).

1. La province du Darfour (Soudan)

La province du Darfour qui est située à l'ouest du Soudan a une superficie comparable à celle de la France. Malheureusement, c'est une contrée qui avait été délaissée aussi bien par la colonie britannique que par les différents gouvernements consécutifs depuis 1956. Les conflits armés de la région du Darfour ont concrètement débuté en 2003. À l'origine de cette crise se situent les revendications des populations du Darfour qui se sentaient victimes d'une certaine marginalisation dans le pays. Évidemment, c'est par une sécheresse que les populations du Darfour ont fait ce constat par rapport à la partie Est du Darfour. En vivant donc dans un sous-développement total ainsi qu'une insécurité manifeste, ces populations frustrées ont fini par se révolter à travers des mouvements armés. Ces revendications sur des questions de justice et d'inégalité ont fini par créer un différend qui a entraîné des rivalités intenses au Darfour.

À l'exemple des populations du Soudan du Sud, les Darfouris ont réclamé un partage équitable des ressources du pays, une autonomie de leur région et leur représentativité au plan étatique. Cependant, l'usage des armes fait par le Mouvement de Libération du Soudan (SLM) avait été impitoyablement réprimé par le gouvernement d'El-BÉCHIR. Ce faisant, les milices janjawids qui étaient prévues pour contrer toutes les oppositions

---

[796] Voir *Communiqué de presse de la 521ème réunion du Conseil de Paix et de Sécurité sur la Mission conjointe UA*, www.peaceau.org, le 27 juillet 2015.

[797] *Rétrospective du CPS : Évaluer le rôle de l'UA en Somalie* dans le Rapport sur le CPS N° 41 de janvier 2013, *op.cit.*, p. 2.

supposées ou réelles contre les forces gouvernementales ont fini par violer, tuer et piller les populations du Darfour en dévastant leurs villages[798].

Débuté en 2003, le conflit du Darfour oppose les janjawids et les rebelles issus des trois grandes tribus de cette province. Ces rebelles sont majoritairement représentés par le SLM et le JEM. En revanche, l'Armée de Libération du Soudan (SLA) est un groupe armé du SLM qui est soutenu par le Mouvement de libération du peuple soudanais (SPLM). Le problème du Darfour avait été évoqué au sommet extraordinaire sur les conflits et la sécurité en Afrique. C'est dans le cadre de la résolution des crises africaines que l'ancien président de la Libye, Mouammar KADHAFI avait convoqué un sommet tenu à la veille des festivités du 40ème anniversaire de la Révolution libyenne. Ce sommet spécial était décidé à l'occasion de la 13ème session ordinaire du sommet de l'UA organisé du 24 juin au 3 juillet 2009 à Syrte (Libye).

À cet effet, les chefs d'État et de Gouvernement avaient accepté cette invitation du Guide Mouammar KADHAFI, ancien président en exercice de l'UA. Des idées et des recommandations étaient proposées au Conseil de paix au cours des réunions du 30 août 2009. Ces réunions ont également permis d'évoquer les défis posés par les situations de sortie de crise telles que la reconstruction et la stabilisation, avec des références aux rôles que pourraient jouer les États parties et les mécanismes régionaux de paix. À son tour, ce Conseil de paix se réunissait pour faire des recommandations aux chefs d'État[799]. Au cours de ces travaux, la question des défis inhérents à la sortie de crise tels que la reconstitution et la stabilisation assorties du rôle des États parties et des mécanismes régionaux de paix avait été abordée. L'application des décisions des organes de l'UA sur la paix et la sécurité en Afrique a reçu une nouvelle impulsion suivant cette session spéciale des chefs d'État et de Gouvernement qui a eu lieu à Syrte (Libye)[800].

En revanche, la situation de conflit et de la sécurité au Darfour (Soudan) et aux Grands Lacs avait largement occupé le centre des débats dudit sommet. Particulièrement, l'ouest du Soudan a connu un conflit armé dû aux tensions ethniques depuis 2003. Bien entendu, cette crise est issue des réclamations des mouvements armés pour des questions de justice et d'inégalité. En conséquence, les populations du Darfour victimes de la sécheresse se sont senties marginalisées avec la partie Est du Darfour pour engager des luttes qui se sont intensifiées. La recherche des solutions au fameux conflit a suscité des approches de l'UA et des Nations Unies. Cette démarche a conduit à l'installation de tout ce dispositif de maintien de paix et de médiation. Formellement, ces tensions et troubles internes ont

---

798 Voir Wole SOYINKA, *petit historique sur le soudan*, http://www. *storage.canalblog.com*, 11 août 2012.

799 Voir Tiergou P. DABIRE, *op.cit.*, p. 2.

800 *Ibid.*, p.1.

occasionné de grandes pertes humaines au Soudan[801]. Pour tous ces crimes commis contre l'humanité, la CPI a lancé un mandat d'arrêt international contre le président soudanais, M. Omar El-BÉCHIR, en 2009. Mais, ce dernier a bénéficié d'une protection ou d'un soutien de l'UA qui menace de se soustraire de la CPI.

Par ailleurs, c'est après le Burundi et l'Afrique du Sud que la Gambie et le Kenya ont également manifesté leur intention de quitter la CPI accusée de persécution sur les Africains en général et plus particulièrement sur leurs dirigeants[802]. Il en est ainsi parce que les relations de la CPI avec l'UA et certains gouvernements africains ont rencontré des défis accrus en 2013[803]. Ce projet de rupture de l'UA avec la souscription du statut de Rome vise le jugement des criminels africains par une justice typiquement continentale comme la Cour pénale africaine qu'elle entend créer un jour[804]. Cette position a été concrétisée par l'ouverture du procès Hissein HABRÉ le 20 juillet 2015 à Dakar (Sénégal).

Dans la recherche de solution au conflit du Darfour, le Burkina Faso a dépêché un contingent militaire en participant au corps de maintien de la paix de l'ONU et de l'UA. L'UA et les Nations Unies ont également eu des approches dans ce cadre. Ainsi qu'il y a eu la mise en place du dispositif de maintien de la paix et de médiation au Soudan. Dans cette optique, l'ancien ministre des Affaires étrangères et de la Coopération régionale du Burkina Faso, M. Djibrill BASSOLÉ a discrètement mené sa mission de médiateur conjoint pour l'ONU et l'UA en 2007. Malheureusement, l'atermoiement manifesté par ce médiateur pour le Darfour retarde le processus de paix. En effet, celui-ci a préféré accorder plus de temps aux rebelles récalcitrants à rejoindre le processus de paix au lieu de signer rapidement un accord avec un seul mouvement armé[805].

---

801 « La guerre du Darfour a commencé en 2003, avec le soulèvement de tribus se plaignant d'être marginalisées — tant politiquement qu'économiquement — par le gouvernement majoritairement arabe du président Omar al-Bashir. La campagne anti-insurrectionnelle de Khartoum s'est largement appuyée sur des milices arabes recrutées localement, qui ont été accusées de l'extermination de masse de civils dans des régions non arabes soupçonnées de soutenir les rebelles. D'après les Nations Unies, le conflit a fait pas moins de 300 000 victimes, et 2,5 millions de déplacés. C'est un conflit auquel la communauté internationale semble ne pas avoir de réponse, et qui risque d'être éclipsé par d'autres crises en Afrique de l'Est et au-delà. Les enjeux humanitaires et sécuritaires sont nombreux ». Voir Soudan : *Le conflit s'aggrave au Darfour*, http://fr.allafrica.com, 3 juin 2015.

802 Effectivement, la Gambie avait annoncé son retrait de la CPI le mardi 25 octobre 2016 après le Burundi et l'Afrique du Sud. De son côté, le Kenya a également souhaité suivre ces trois pays depuis l'inculpation de l'ancien président Uhuru Kenyatta et son vice-président William Ruto par la CPI pour leur implication présumée dans des crimes contre l'humanité, au cours des violences après les élections entre 2007 et 2008. Voir Le Monde, *Certains pays africains qui désertent la Cour pénale internationale, http : www.lemonde.fr*, le 11.12.2017.

803 Voir HUMANRIGHTS WATCH, *L'Afrique et la CPI - Novembre 2013*, https://www.hrw.org, 5 août 2015.

804 Voir Alan Wallis, *Vers la création d'une Cour pénale africaine ?*

805 Voir SCE : Sidwaya, *Djibrill Ypénè Bassolé, médiateur conjoint ONU*

Par ailleurs, la poursuite des opérations de pacification au Darfour s'est illustrée par le déploiement d'un bataillon du Burkina Faso dans le cadre de la force conjointe ONU-UA. En compensation, ce sont les membres de l'équipe de médiation au Darfour, dont l'ONU, l'UA et le Qatar qui venaient de déclarer leur engagement de négociations pour la paix dans cette région soudanaise déchirée par les conflits. En définitive, le Soudan a été un exemple très pertinent jusqu'au point où, un Accord de paix a été signé le 9 janvier 2005 à Naivasha au Kenya. Cet accord prévoyait une séparation qui devrait créer un nouvel État, en l'occurrence, la République du Soudan du Sud. En effet, c'est le 9 juillet 2011 que le continent africain a connu la création de ce 54ème État, partant le 193ème État membre des Nations Unies.

Il est à noter qu'au Soudan, trois zones de conflits internes existaient depuis de nombreuses années : le sud, l'Est et l'Ouest (Darfour). Ce faisant, il y a eu d'importants accords qui ont pu être négociés et conclus en faveur de la paix dans chacune de ces zones. En revanche, la question pérenne de rétablissement d'une paix durable dans ces zones reste posée dans tout le territoire. Ce phénomène a finalement ouvert à l'implication de l'UA au Darfour (Soudan).

2. L'implication de l'Union africaine au Darfour (Soudan)

La Conférence africaine qui a réitéré sa grave préoccupation sur la crise dans cette région du Soudan a forgé l'implication de l'UA au Darfour. Elle a mis l'accent d'une manière remarquable sur la situation humanitaire. Il en est de même quant à la persistance des informations recueillies à propos des violations sur les droits de l'Homme. Les populations civiles ont effectivement subi les attaques perpétrées par les milices Janjawids et les autres groupes armés non réguliers. La Conférence africaine réaffirmait la poursuite judiciaire des auteurs des violations des droits de l'Homme au Darfour. Elle s'était félicitée des mesures prises par le GOS. Ces mesures portaient sur la protection des populations civiles et ménageaient le travail des agences humanitaires et des ONG quant à leur accès libre aux populations affectées.

Encore une fois, la Conférence africaine s'est félicitée de l'engagement pris par le GOS sur le désarmement et la neutralisation des milices Janjawids ainsi que d'autres groupes armés. Elle souligne le rôle primordial de l'UA dans les efforts de règlement de la crise que la Communauté internationale devrait inlassablement soutenir. Cette synergie est susceptible d'aboutir à une stabilisation intégrale du Soudan. Les efforts de médiation déployés par le Président Idris Deby du Tchad sous l'appui de la Commission de l'UA et d'autres partenaires ont recueilli les félicitations de la Conférence africaine. Cette dernière invite toutes les parties concernées à poursuivre et intensifier leurs efforts. Les mêmes félicitations ont été adressées pour la mise sur pied de la Commission du cessez-le-feu à El Fashir (la capitale de la province du

Darfour Nord) à partir du 9 juin 2004 ainsi que du déploiement partiel des observateurs militaires de l'UA dans cette région du Darfour.

Chemin faisant, la Conférence avait exhorté la Commission à accélérer le processus y compris la force de protection. Elle a décidé un déploiement immédiat de la force de protection ainsi qu'une augmentation de 80 observateurs. Pour marquer son implication dans les crises du continent, l'UA s'active inlassablement à mobiliser tous les organes concernés par le dénouement des conflits en Afrique. Le Soudan constitue d'ailleurs un des exemples de grande convenance, en dépit des limites multiples et variées qu'elle rencontre souvent dans ce domaine.

C'est avec un grand enthousiasme que la Conférence a salué l'engagement du gouvernement soudanais de coopérer avec la force de protection de l'UA et la volonté à protéger la mission complètement. La Conférence a exhorté les États membres concernés à fournir d'urgence des observateurs et des troupes pour la mission de l'UA. Elle a aussi décidé le cantonnement des forces rebelles dans des sites convenus d'un commun accord. Ainsi, les milices et les autres groupes incontrôlés seraient désarmés par le gouvernement soudanais. L'ensemble de ces deux opérations seraient conduites simultanément et contrôlées par la Mission de l'UA et la nécessité de trouver une solution politique à la crise a également été soulignée. Ainsi qu'il a été décidé de reprendre le dialogue politique le 15 juillet 2004, tel qu'il était prévu au siège de l'UA à Addis-Abeba. C'est en vue d'un accord politique que cette reprise de dialogue prévoyait l'ouverture à la convocation d'une conférence prévue de toutes les parties dans l'Accord de cessez-le-feu humanitaire de N'Djamena.

En poursuivant ses exhortations, la Conférence s'est adressée à l'ensemble des parties pour participer à la réunion d'un plus haut niveau permettant ainsi une prise de décision. À cet égard, la Commission qui serait assistée des États membres et d'autres partenaires devrait veiller à la participation des mouvements rebelles, au plus haut niveau, à la réunion pour éviter des retards. La Conférence a prié instamment aux parties à respecter les dispositions de l'accord de cessez-le-feu et de créer les conditions pour le retour rapide des réfugiés et des personnes déplacées. Ainsi, elle a appelé à la Communauté internationale et aux États membres d'accorder leur appui absolu au processus par une assistance humanitaire très exigée. La Conférence reconnaît l'Accord signé entre le GOS et les Nations Unies pour sa conformité aux efforts de paix de l'UA.

Enfin, le Président de la Commission était convié à suivre en priorité cette question minutieusement pour dresser régulièrement un rapport au CPS[806]. L'instabilité dans cette zone concerne également le Soudan du Sud qui est une victime collatérale de ce conflit. Aujourd'hui, la situation sécuritaire au Darfour est encore marquée par des affrontements sporadiques entre les belligérants armés, ce qui a entraîné des déplacements massifs des

---

[806]*Cf. Assembly/AU/Dec.54 (III) Page 1. La Décision du sommet sur le Darfour.*

populations. Les agences humanitaires présentes au Darfour soulignent qu'au début de 2015, il y a eu près de 200 000 personnes qui ont été déplacées à cause des opérations militaires conduites dans certaines parties de la région.

De nombreux défis entravent encore l'exécution du Document de Doha pour la Paix au Darfour (DDPD). À titre d'exemple, nous citons particulièrement l'absence des financements suffisants pour la mise en œuvre des projets convenus aux termes du DDPD ou encore de nombreux groupes armés qui refusent d'y souscrire. Le GOS a sollicité l'élaboration d'une stratégie de désengagement pour la MINUAD aux Nations Unies. C'est en décembre 2014 qu'une Mission d'évaluation conjointe UA-Nations Unies de la MINUAD pour une Revue stratégique a été entreprise. Le but était d'estimer l'exécution des trois principaux domaines prioritaires qui ont été identifiés par cette Mission d'évaluation UA-Nations Unies de décembre 2013. Ces domaines sont : la médiation entre le GOS et les mouvements armés non-signataires sur la base du DDPD ; la protection des civils, la facilitation de l'acheminement de l'aide humanitaire et la sécurité du personnel humanitaire, ainsi que le soutien à la médiation des conflits intercommunautaires[807]. Le Soudan qui a subi un examen, ainsi qu'il a connu les développements tels que les efforts visant à mettre en œuvre le processus de dialogue national annoncé le 27 janvier 2014 par le président Omar HASSAN AL BASHIR, afin de relever dans l'ensemble les défis auxquels ce pays est confronté. Plusieurs interactions ont eu lieu entre le Groupe de mise en œuvre de l'UA, le GOS, les partis d'opposition et d'autres parties prenantes soudanaises en cette période. Le 4 septembre 2014, ces efforts ont conduit à la signature d'un « Accord sur le dialogue national et le processus constitutionnel » par le Comité de coordination 7+7 du Dialogue national et le groupe signataire de la Déclaration de Paris qui comprend les mouvements rebelles du Darfour, des deux régions du Nil Bleu et du Kordofan méridional ainsi que le Parti national Oumma. Il s'agit précisément d'un parti politique et islamique centriste du Soudan qui a été formé en 1945 après l'indépendance de ce pays.

Quoique le CPS et le CS des Nations Unies se soient félicités de ce développement encourageant, les parties soudanaises doivent faire preuve d'une flexibilité et d'un grand engagement pour créer l'espace politique indispensable à l'avancement du processus[808].

3. Le Soudan du Sud

Le Soudan du Sud a été en proie à une guerre civile intense durant deux décennies environ. Cependant, la persistance des violences entre tribus reste

---

[807] Voir *446ème réunion du CPS sur la situation au Darfour et les activités de la MINUAD,* http://www.peaceau.org, le 23 mai 2018.

[808] Voir *Rapport du Conseil de paix et de sécurité sur ses activités et l'état de la paix et de la sécurité en Afrique-Janvier 2015,* http://www.peaceau.org, le 15 octobre 2015.

motivée par le vol de bétail, des disputes sur les ressources naturelles ou la vengeance dans cette zone. Ce conflit a provoqué la rupture du précédent accord de paix qui existait depuis 1972. Le gouvernement soudanais s'est donc opposé aux Mouvement et Armée de libération du peuple soudanais (SPLM/A) au cours de cette longue crise. Depuis 1983, ce même conflit a provoqué le déplacement de 4 000 000 personnes. Il a totalisé 2 000 000 morts et a approximativement créé 600 000 réfugiés dans les pays voisins.

Ce conflit s'explique généralement par l'inégalité de partage des ressources naturelles entre les parties, notamment le pétrole comme cause fondamentale. D'âpres négociations menées entre 2002 et 2004 ont abouti évidemment à la signature des Protocoles relatifs à la sécurité et au partage de ces ressources. C'est ainsi qu'en mai 2004, le gouvernement et le SPLM/A se sont accordés pour signer les Protocoles relatifs au partage du pouvoir. Ce processus a bénéficié du soutien du CS de l'ONU qui avait dépêché une Mission préparatoire chargée de la création d'une éventuelle opération de paix[809].

Somme toute, c'est le 9 janvier 2005 que le gouvernement soudanais et le SPLM/A avait signé un historique Accord de paix global (APG) à Naivasha au Kenya. Cet Accord qui reprend tous les protocoles signés depuis 2002 était appuyé par le CS. Ainsi que la Mission des Nations Unies au Soudan (MINUS) a été créée le 24 mars 2005 dont les effectifs sont susceptibles d'atteindre 10 000 soldats. En avril 2005, les premiers soldats entamaient déjà leur déploiement sur le terrain pour des opérations. La Résolution 1590 dispose que le mandat de la MINUS consiste d'abord à soutenir l'application de l'Accord de paix global ou « Comprehensive Peace Agreement » (CPA), faciliter et coordonner le retour des déplacés et des réfugiés. La MINUS devrait ensuite aider les parties à l'accord dans le domaine humanitaire et du déminage.

Cette Mission préparatoire devrait permettre la promotion des droits de l'Homme[810]. C'est dans sa Résolution 1997 du 11 juillet 2011 que le CS a décidé de mettre fin à la MINUS. Cependant, les observateurs de l'IGAD ont pu constater de nombreuses violations du cessez-le-feu au Soudan du Sud. À ce titre, cette situation politique et sécuritaire devient extrêmement préoccupante. La situation humanitaire qui demeure précaire a présenté 1,3 million de personnes déplacées en raison de la violence et 3,8 millions d'autres ont eu besoin d'une assistance. Plus de 450 000 personnes ont également fui vers les pays voisins[811]. Au regard des tensions qui agitent ce vaste territoire, aucun apaisement ne pouvait totalement s'installer sans processus de paix entre le Soudan et le Soudan du Sud.

---

[809] Selon Dominique BANGOURA, *op.cit.*, p. 207.

[810] *Ibid.*

[811] Voir *Rapport du Conseil de paix et de sécurité sur ses activités et l'état de la paix et de la sécurité en Afrique, Op.cit.*

4. Le processus de paix entre le Soudan et le Soudan du Sud

La situation sécuritaire entre le Soudan et le Soudan du Sud reste encore très confuse en dépit de multiples tentatives d'apaisement qui ont été initiées. Malgré certains efforts de réconciliation salués par la Chine en mai 2012 et singulièrement félicités par l'ancien secrétaire général de l'ONU, M. Ban Ki-moon, la reprise des négociations entre ces deux États n'a pu apporter la solution attendue. Ces négociations prévues à Addis-Abeba étaient bien placées sous l'égide de l'UA. Effectivement, M. Ban Ki-moon exhortait les parties à faire preuve d'une bonne volonté de façon à parvenir à un accord sur les questions en suspens. Par ailleurs, il a souligné une étape essentielle pour garantir la paix et la sécurité le long de la frontière, celle du démarrage des travaux du Mécanisme conjoint de vérification et de surveillance de la frontière. En revanche, le soutien devrait assurer la Force intérimaire de Sécurité des Nations Unies pour Abyei (FISNUA) à cet égard[812].

Les rivalités ayant conduit à la guerre civile du Soudan pendant près d'une quarantaine d'années se focalisent sur la région d'Abyei. Située à la frontière entre le Nord et le sud du Soudan, Abyei est devenue le point focal du conflit en raison de son importance symbolique et économique que les deux parties revendiquent. Cette région devenue importante pour sa production pétrolière est un enjeu économique et stratégique primordial dans ce conflit soudanais. Ainsi, depuis son indépendance survenue en 1956 jusqu'à la signature du CPA en 2005, Abyei a fait l'objet de plusieurs instruments juridiques pour y parvenir. Ce faisant, il y a eu l'Accord d'Addis-Abeba du 26février 1972 dont les dispositions confèrent un statut spécial à la région et prévoient que les Dinka Ngok pourront voter lors d'un référendum sur le rattachement d'Abyei au Nord ou au Sud.

Chemin faisant, ce long processus de paix a ouvert au Machakos de juillet 2002 qui est le premier d'une série d'accords prévus pour constituer les fondements du CPA de 2005 entre le gouvernement soudanais et le SPLM/A. Ce protocole de Machakos signé le 20 juillet 2002 au Kenya était orienté plus vers la démobilisation des enfants soldats. La poursuite du processus de paix a également ouvert au protocole signé le 26 mai 2004 sur le statut des Monts Nouba (Sud-Kordofan) et le Nil Bleu qui affecte 55% au Parti du Congrès national(PCN) et 45%au SPLA en tant que régions de transition. En revanche, le protocole sur le Statut d'Abyei concerne le revenu du pétrole de ce territoire provisoirement, mais sans autodétermination en sa faveur par manque d'accord entre parties. Il est donc prévu que ces trois régions doivent tenir des « consultations populaires » afin de déterminer leur statut constitutionnel, en d'autres termes, leur rattachement au Sud ou au Nord.

---

[812]Voir Thomas POULIN et Jean-Guilhem BARGUÈS, *Ban Ki-moon salue la reprise prochaine des négociations entre le Soudan*

Bien entendu, un CPA avait été signé le 9 janvier 2005 à Naivasha, au Kenya par le gouvernement soudanais et le SPLM/A[813]. Malheureusement, cela n'a nullement empêché les graves tensions entre le Nord et le Sud au sujet de plusieurs questions encore irrésolues, au premier rang nous citons le différend sur les frontières d'Abyei. Il a fallu que les parties au CPA signent une feuille de route pour le retour des déplacés et pour le traitement du Protocole d'Abyei le 8 juin 2008. Cet instrument prévoyait le retrait des deux forces armées de la région, l'instauration d'une administration intérimaire, le déploiement de la MINUS et d'unités mixtes ainsi que le recours à la Cour Permanente d'arbitrage de La Haye. La cour avait rendu sa décision irrévocable le 22 juillet 2009 sur la question de frontières. Le référendum à propos de l'indépendance du Soudan du Sud a abouti au projet de constitution du Soudan du Sud publié le 24 avril 2011. Cette constitution stipule l'appartenance de la région d'Abyei au territoire Soudan du Sud, comme définie par le Protocole d'Abyei de 2004. La suite n'a pu épargner la résurgence des conflits d'autant plus que le président El-BÉCHIR se déclarait pourtant prêt à faire la guerre au Sud-Kordofan.

Finalement, Khartoum et Juba étaient contraints de signer un accord temporaire de démilitarisation d'Abyei le 20 juin 2011 sous les auspices de M. Thabo MBEKI, médiateur de l'UA au Soudan. La Résolution 1990 adoptée le 27 juin 2011 par le CS autorise le déploiement de la FISNUA pendant six mois. Cette autorisation est intervenue à la suite de cet accord de démilitarisation d'Abyei que Khartoum et Juba venaient de conclure. Les parties à l'accord ont spécifié un mandat concernant les 4200 soldats de Casques bleus et 50 policiers éthiopiens. Ces derniers étaient chargés de contrôler le retrait des forces présentes et permettre l'écoulement de l'aide humanitaire aux populations civiles, appuyer les opérations du Service de police d'Abyei et siéger sur les organes compétents de la zone d'Abyei créés par l'accord de démilitarisation[814].

Cet accord prévoit le redéploiement des troupes hors de la région, l'envoi de Casques bleus, la création d'une enclave à la lisière du Nord et du Soudan du Sud, la formation d'une nouvelle administration composée de deux membres de chaque partie et la création d'une force de police émanant de la communauté locale qui sera supervisée par un comité mixte. Le même jour, M. El-BÉCHIR s'était déclaré pourtant prêt à faire la guerre au Sud-Kordofan. Sur le terrain, la situation est restée très tendue dans cette zone. En définitive, la Résolution 1990 adoptée le 27 juin 2011 et créant la FISNUA a fait place à la signature d'un accord-cadre sur le Sud-Kordofan à Addis-Abeba (Éthiopie) le 28 juin 2011 entre l'officiel Parti du Congrès

---

[813] Voir *« Options d'approfondissement » — Groupe n° 8 : – quel rôle peut jouer la France face au risque de reprise des crises au soudan ?*, www.ena.fr, le 22 mai 2015.

[814]Voir FISNUA, *Historique de l'opération FISNUA : Force intérimaire de sécurité des Nations Unies pour Abyei,* http://www.operationspaix.net, 07 avril 2015.

national (PCN) au pouvoir à Khartoum et le Mouvement populaire de libération du Soudan (SPLM) de l'ex-rébellion sudiste.

Cet accord signé entre le Soudan et le Soudan du Sud prévoit « l'établissement de partenariats politiques et d'accords de gouvernance pour les États du Nil Bleu et du Sud-Kordofan »[815]. Le Soudan qui est déstabilisé par un conflit qui s'éternise exige les efforts que l'UA continue de fournir à travers ses multiples opérations. Ces opérations de paix sont menées également partout comme au Maghreb et en Afrique subsaharienne.

Paragraphe 3 : Les opérations de paix au Maghreb et en Afrique subsaharienne

L'examen des opérations de paix au Maghreb et en Afrique subsaharienne va se focaliser sur le rétablissement et le maintien de la paix en Libye (A), la restauration et la consolidation de paix au Mali (B.) et l'investissement de l'UA en Centrafrique (C).

A. Les opérations de rétablissement et du maintien de la paix en Libye

La crise politique de la Libye a entraîné la déchéance du régime politique du leader Mouammar KADHAFI et finalement son décès. C'est grâce à l'intervention militaire de la coalition internationale que les troubles internes de la Libye ont été à première vue résolus. Cependant, avant de venir à bout du régime dictatorial du président Mouammar KADHAFI, les opérations de rétablissement de la paix en Libye ont d'abord subi de lourdes épreuves sur le terrain. En effet, M. Mohamed Zwei, le responsable du Congrès général du peuple, annonçait la possibilité de soumettre un projet de constitution datant de 2007 au référendum une fois que la crise serait définitivement résolue.

Au même moment, le panel africain préconisait l'instauration d'une période de transition en vue de l'adoption et la mise en œuvre des réformes politiques nécessaires à l'élimination des sources de troubles et tensions internes en Libye. Malgré tout, la tâche de la médiation s'annonçait compliquée. Sur le théâtre d'opérations, c'est singulièrement à Ajdabiya que les affrontements s'intensifiaient.

Ce faisant, même si l'OTAN continuait de pilonner Misrata qui se situe à 200 kilomètres à l'Est de la capitale, l'intervention internationale a tout de même eu beaucoup du mal à pacifier la situation dans cette zone[816]. La Libye qui a également subi un examen traverse malgré tout une période de nombreux défis qui ont suffisamment détérioré la situation sécuritaire du

---

[815] *Ibid.*

[816] Voir Reuters, *Les forces de Mouammar Kadhafi continuent de pilonner Misrata*, http://www.lexpress.fr, 07 avril 2015.

pays. Cette instabilité est due aux affrontements intenses qui s'opèrent entre les milices armées rivales à Tripoli et à Benghazi, ainsi que dans d'autres portions du pays. Ces affrontements ont sérieusement causé de nombreuses violations des droits de l'homme et du DIH. Ils ont ainsi aggravé la situation humanitaire jusqu'au point où il y a eu plus de 400 000 personnes déplacées et plus de 100 000 réfugiés qui se sont retrouvés dans les pays frontaliers. Cette situation a également amplifié la crise politique dans le pays après les élections législatives du 25 juin 2014. De ce fait, il y a eu la création de deux organes législatifs et exécutifs parallèles.

De telles attitudes font preuve d'un antagonisme notoire susceptible de pérenniser le conflit et fragiliser davantage le pays. Il était question de fusionner au besoin ces deux organes définitivement en un seul afin de les rendre ainsi plus solides, au regard de la situation chaotique du pays. C'est ainsi que nous notons d'ailleurs cette menace croissante causée par des groupes terroristes et criminels. Quelques éléments, y compris les étrangers, se sont réfugiés dans certaines parties de la Libye. Ainsi, le CS des Nations Unies a adopté la Résolution 2178 (2014) le 24 septembre 2014 qui a vivement condamné le terrorisme et l'extrémisme violent. Elle a demandé à tous les États d'empêcher le mouvement des groupes terroristes et insister sur l'importance de la lutte contre la menace posée par les combattants terroristes étrangers[817].

En revanche, il est avéré que les opérations de rétablissement de la paix emploient aussi des techniques diplomatiques. Mais ceux-ci peuvent également être interétatiques comme au Mali où l'ancien ministre français des Affaires étrangères, M. Laurent Fabius et M. Dioncounda TRAORE, le président malien par intérim du 12 avril 2012 au 4 septembre 2013 s'étaient entretenus à Paris sur la situation dans le nord du Mali ainsi que la transition dans ce pays. Effectivement, c'est dans un communiqué que le ministère des Affaires étrangères français avait fait part des efforts de la CEDEAO, la mobilisation de l'UA, en particulier la saisine par celle-ci du CS des Nations Unies pour aider le Mali à surmonter la crise. Ces concepts avaient fait l'objet des discussions en connivence avec M. Dioncounda TRAORE. Au lendemain, le Premier Ministre malien par intérim de l'époque, M. Cheikh Modibo DIARRA avait été reçu par M. Laurent Fabius[818]. Pendant ce temps, une délégation du groupe islamiste s'est rendue à Ouagadougou afin de rencontrer l'ancien président burkinabè, M. Blaise COMPAORE, le médiateur de l'Afrique de l'Ouest dans la crise malienne[819]. L'étude sur les opérations de rétablissement et de maintien de la paix en Afrique ne peut être conclue sans évoquer l'énormité du défi que l'UA devra surmonter en matière de paix durable en Afrique. D'une manière générale, c'est en

---

[817]Voir Rapport du Conseil de paix et de sécurité sur ses activités et l'état de la paix et de la sécurité en Afrique, *Op.cit.*

[818] Selon la Source AFP.

[819] Voir AFP *Mali : première rencontre de la rébellion du MNLA avec le médiateur Compaoré,* http://www.lepoint.fr, le 08 mai 2015.

collaboration avec les autres composantes internationales, notamment le CS que l'UA ne cesse de rechercher des solutions dans les zones affectées par les conflits.

Au-delà des constatations faites sur chacun des États secoués, il ressort de cela que les situations de troubles et tensions internes qui y sont légion relèvent des oppositions entre les insurgés et le gouvernement, sinon des rivalités entre milices armées, voire des affrontements entre insurgés et rebelles soutenus par un gouvernement comme le cas du Darfour au Soudan. Toutes ces confrontations devraient ouvrir à la restauration et la consolidation de la paix en Libye comme dans d'autres pays tels que le Mali.

B. La restauration et la consolidation de paix au Mali

Les violences relatives au coup d'État du jeudi 22 mars 2012 à Bamako ont désétatisé le Mali tout en créant un climat d'insécurité intense aux populations. Ce coup d'État perpétré contre le président Amadou Toumani TOURÉ est l'œuvre d'une junte militaire conduite par le capitaine Amadou Sanogo du Comité national pour le redressement de la démocratie et la restauration de l'État (CNRDRE). Cette révolte largement soutenue par une grande partie de la population s'est félicitée de la destitution du président malien par une action sous influence du fameux CNRDRE. L'intérêt était simplement de finir avec son incompétence et son laxisme manifestés dans la lutte contre les différentes entités nuisibles dans le pays comme les « hommes-bleus » ou la rébellion touarègue. Cependant, les Touaregs qui avaient repris des armes en janvier 2012 régnaient en maîtres absolus dans l'immense territoire désertique appelé Azawad situé au nord du Mali. Cette disposition avait duré un certain temps avant qu'ils ne soient délogés par les islamistes qui en tenaient désormais le contrôle[820].

En effet, c'est depuis l'indépendance du pays que les rébellions touarègues aspirent à l'autonomie de la zone nord du Mali par le Mouvement national de libération de l'Azawad (MNLA). Par conséquent, la désorganisation des Forces armées maliennes consécutive au coup d'État a favorisé les Touaregs qui sont appuyés par des mercenaires maliens en vue de s'emparer des trois villes de la région à savoir : Tombouctou, Kidal et Gao. Ces mercenaires lourdement armés sont venus de la Libye après avoir participé au renversement du leader libyen Mouammar KADHAFI. Il y a eu également des groupes armés islamistes qui sont venus appuyés ces Touaregs aux côtés des mercenaires déjà présents. Parmi ces mercenaires, nous citons les salafistes du groupe Ansar Dine qui est lui-même défenseur de la foi d'Iyad Ag Ghaly, un chef touareg très charismatique. Ce dernier est largement réputé pour ses relations solides qu'il entretiendrait avec AQMI. La plus grande ambition des salafistes est d'imposer la charia au Mali.

---

[820]Voir Bérénice DUBUC, *Décryptage sur la crise du Mali*, http *: //www.operationspaix.net, 12 juillet 2012.*

Au bout du compte, les rebellions touarègues ont proclamé « l'État de l'Azawad » après avoir proclamé l'arrêt des opérations militaires, puis proclamer son indépendance dans un esprit de justice et de paix[821]. Finalement, c'est dans un communiqué que le MNLA a annoncé la reconnaissance des frontières à l'égard des États voisins, avec la promesse de créer un État démocratique fondé sur les principes de la Charte des Nations Unies. Vu l'énorme préoccupation par la situation sécuritaire profondément altérée au Mali, un sommet extraordinaire des chefs d'État et de Gouvernement consacré dans ce cadre avait été organisé à Dakar (Sénégal). Ainsi, un déploiement de 3000 soldats avait été prévu pour tenter de rétablir l'ordre constitutionnel et bloquer la progression des rebelles[822].

Mais concrètement, il a fallu créer la Mission multidimensionnelle intégrée des Nations Unies pour la stabilisation du Mali (MINUSMA) le 25 avril 2013 par l'adoption de la Résolution 2100 (S/RES/2100 [2013]) du CS de l'ONU[823]. La MINUSMA a remplacé la Mission internationale de soutien au Mali sous conduite africaine (MISMA) de la CEDEAO et de l'UA au Mali. Elle devait être constituée de 12 600 Casques bleus, dont 11 200 soldats et 1 440 policiers. L'entrée en fonction de la MINUSMA était prévue le 1er juillet 2013. C'est le 19 mai 2013 que Mme Ameerah Haq, la secrétaire générale adjointe à l'appui aux missions avait conduit une délégation de l'ONU à Gao pour préparer le déploiement de la MINUSMA. Ce déploiement qui s'effectuait en vertu du chapitre VII de la Charte des Nations Unies devrait essentiellement permettre à la MINUSMA de stabiliser les principales villes du pays et de contribuer au rétablissement de l'autorité de l'État au Mali. Elle devait également participer à l'application de la feuille de route dédiée à la transition, la promotion et la défense des droits de l'Homme, l'appui de l'action humanitaire et sauvegarder le patrimoine culturel du Mali.

Entre autres objectifs, la MISMA a servi à protéger les populations civiles et le personnel de l'ONU sur le terrain[824]. Même si, le CS des Nations Unies s'est inquiété de la situation au Mali, c'est plutôt à la demande de l'État français qu'une Déclaration avait été adoptée pour réclamer aux insurgés d'abandonner le pouvoir à Bamako, puis arrêter les hostilités dans

---

[821] *Ibid.*

[822] « Pendant ce temps, impuissante à endiguer cette progression fulgurante et soumise aux pressions africaines, la junte militaire au pouvoir depuis moins de deux semaines à Bamako a promis le retour au pouvoir civil et la mise en place d'un gouvernement de transition, sans fixer de calendrier ». *Ibid.*

[823] Le mandat de la MINUSMA est articulé autour de sept axes, à savoir : 1) la stabilisation des principales agglomérations et contribution au rétablissement de l'autorité de l'État dans tout le pays ; 2) la contribution à la mise en œuvre de la feuille de route pour la transition ; 3) la protection des civils et du personnel de l'ONU ; 4) la promotion et la défense des droits de l'Homme ; 5) le soutien de l'action humanitaire ; 6) l'appui à la sauvegarde du patrimoine culturel ; et 7) l'action en faveur de la justice nationale et internationale.

[824] Voir Thomas POULIN *Historique de l'opération MINUSMA*, http://www.operationspaix.net, le 14 octobre 2015.

le Nord du pays. En revanche, les États-Unis ont pris des sanctions portant sur la suspension de leur aide financière allant de 60 à 70 000 000 de dollars au Mali. L'UA avait interdit les voyages des militaires putschistes et gelé les comptes du capitaine Amadou Sanogo, le leader putschiste de la junte militaire[825].

En effet, c'est le 23 mars 2012 que l'UA avait suspendu le Mali jusqu'au recouvrement de son ordre constitutionnel. Elle a également décidé de l'envoi d'une mission conjointe avec la CEDEAO à Bamako en vue de faire pression sur ces militaires putschistes. C'est ainsi que le ministère ivoirien de l'Intégration africaine a indiqué qu'un sommet extraordinaire des chefs d'État de la CEDEAO était prévu le 27 mars 2012 à Abidjan (Côte d'Ivoire). Ce sommet devrait permettre les discussions sur la situation au Mali. Cependant, 15 membres de la CEDEAO imposaient des sanctions d'ordre diplomatique, commercial et financier à l'égard de la junte au pouvoir, en vue de restaurer l'ordre constitutionnel et restituer le pouvoir aux entités civiles du pays.

En conséquence, toutes ces sanctions imposées ont provoqué la recrudescence de la violence. Ainsi, face aux sanctions infligées par la CEDEAO, les Maliens s'étaient rués sur divers produits tels que l'essence et l'argent en espèces pour faire des réserves. En revanche, des factions salafistes qui revendiquaient l'application de la charia avaient fini par imposer leurs règles dans les villes du Nord placées sous leur contrôle. De même, un déplacement massif des populations fuyant les hostilités vers les pays limitrophes avait été enregistré.

Entre-temps, M. François Hollande, l'ancien président français, avait reçu un dossier de M. Boni Yayi, ancien président de l'UA et du Bénin, portant sur les conflits de l'Afrique subsaharienne, notamment sur la crise au Mali. Ce faisant, M. Boni Yayi avait d'abord rappelé le soutien de l'UA à une intervention militaire de la CEDEAO avant de requérir enfin une couverture de l'ONU fondée sur une puissante résolution qui engage la Communauté internationale. Le dossier sur les conflits africains était spécialement remis au président français dans l'espoir de jouer un rôle de leadership au sein du CS. Ainsi, les questions concernant le continent africain seraient examinées avec une attention particulière.

La crise malienne a sérieusement secoué plusieurs entités. De nombreux États et des OI sont donc intervenus dans l'espoir de restaurer un climat de paix dans ce pays. C'est ainsi que la Russie a soutenu les efforts déployés

[825]Le président en exercice de la CEDEAO, Alassane Ouattara, "m'a instruit de conduire une mission aujourd'hui (23 mars) à Bamako", a déclaré devant la presse à Ouagadougou Kadré Désiré OUÉDRAOGO, à la sortie d'un entretien avec le président burkinabè Blaise COMPAORÉ. "L'étape suivante", faute de retour rapide à l'ordre constitutionnel, "c'est que des sanctions seront prises", qui pourraient inclure des interdictions de voyage et le gel d'avoirs à l'étranger des auteurs du putsch, a pour sa part menacé Jean Ping. Voir Catherine MAIA, *ACTU : Suspension du Mali par l'Union africaine* dans *Crises*, www. lepoint.fr, 15 juillet 2012.

par la CEDEAO et l'UA pour le règlement de la crise au Mali. Cependant, une première rencontre entre le MNLA et M. Blaise COMPAORE, le médiateur dans cette crise malienne avait eu lieu le 9 juin 2012. Précisément, le groupe Ansar Dine et le médiateur avaient eu une rencontre sur le dénouement de la crise[826]. Malheureusement, celle-ci n'avait donné aucun résultat satisfaisant. En réalité, le groupe Ansar Dine rejetait toute l'indépendance de la partie nord du Mali[827]. En revanche, la Guinée et le Niger avaient opté pour une intervention militaire au Mali.

Or le CS n'appuie pas une éventuelle mission dans ce pays, tandis que la CEDEAO avait prévu une force de 2270 soldats pour reconquérir le nord du Mali. La restauration et la consolidation de paix dans ce pays est une opération de l'Union qui connaît déjà quelques succès de manière progressive. Par ailleurs, l'investissement de l'UA qui se poursuit en Centrafrique pourra peut-être donner de meilleurs résultats dans le cadre de la restauration et la consolidation en Afrique.

C. L'investissement de l'Union africaine en République centrafricaine

La République centrafricaine (RCA) vit une instabilité politique quasiment inscrite dans la pérennité. En réalité, il s'agit d'une crise qui dure depuis plusieurs décennies déjà. Évidemment, c'est depuis 1996 que ce pays entamait la traversée d'une grave crise politique et économique qui a menacé le régime du président Ange Félix PATASSÉ. Vu l'éclatement des mutineries enregistrées au sein des forces armées, ce dernier a été forcé à solliciter une trêve entre les troupes loyalistes et les mutins, au cours de la 19ème Réunion du sommet des chefs d'État et de Gouvernement de France et d'Afrique, tenue du 4 au 6 décembre 1996 à Ouagadougou (Burkina Faso). La négociation à ladite trêve avait été confiée aux présidents gabonais, burkinabè, malien et tchadien. Les Accords de Bangui ont donc été conclus le 25 janvier 1997 sous le contrôle d'un comité composé des quatre présidents médiateurs précités[828]. En somme, une coalition des pays africains a créé la Mission interafricaine de surveillance des Accords de Bangui (MISAB) à compter du 31 janvier 1997. La MISAB a été déployée le 8 février 1997 et autorisée le 6 août 1997 par la Résolution 1125 du CS de l'ONU. Son mandat s'est achevé le 15 avril 1998 après le retrait du soutien

---

[826] L'un des porte-parole d'Ansar Dine, Oumar Ag Ahmed, annonce aujourd'hui qu'une délégation du groupe islamiste est en route pour Ouagadougou afin de rencontrer le président burkinabè, Blaise Compaoré, médiateur de l'Afrique.

[827] Le chef du groupe islamique malien Ansar Dine, Iyad Ag Ghali, a rejeté toute forme d'indépendance de la moitié nord du pays et a promis de poursuivre les plans visant à imposer la charia dans tout le pays. Cette position risque fortement d'approfondir la division entre les islamistes et les rebelles Touaregs du MNLA. Il a affirmé qu'Ansar Dine « veut l'unité de tous les frères et sœurs du Mali.

[828] Voir *APPENDICE III - Déclaration des chefs d'État,* http://peacemaker.un.org, le 18 août 2015.

financier et logistique de la France. La MINURCA a donc immédiatement remplacé la MISAB qui arrivait à son terme[829].

La MINURCA a été créée par la Résolution 1159 du CS le 27 mars 1998. Cette mission s'est achevée en février 2000. Elle était chargée de contribuer énormément en matière de sécurité, de stabilité ainsi que de la liberté de circulation à Bangui et ses environs. Elle devrait également servir d'un appui technique aux organismes nationaux de gestion électorale afin d'organiser les élections législatives prévues entre août et septembre 1998. Les troupes militaires de la MINURCA sont venues du Burkina Faso, Canada, Côte d'Ivoire, Égypte, France, Gabon, Mali, Sénégal, Tchad et Togo[830].

Au cours des deux dernières décennies, la République centrafricaine a réellement connu trois guerres civiles les plus caractéristiques de son histoire à savoir : une première guerre civile qui s'est déroulée de 2004 à 2007 (A), puis une deuxième guerre civile enregistrée entre 2012 et 2013 (B), enfin une troisième guerre civile qui a agité le pays de 2013 à 2014 (C). Toutes ces guerres ont évidemment provoqué la recrudescence d'instabilité politique en RCA. La CEMAC a créé une FOMUC le 2 octobre 2002 à l'issue d'un sommet, une Force qui a été installée en décembre 2002. Pour freiner cette instabilité, les États membres de la CEMAC ont décidé de la déployer en raison de 350 soldats en Centrafrique. La FOMUC a été mandatée pour sécuriser le président Ange-Félix PATASSE, restructurer les forces armées et surveiller le travail des patrouilles mixtes le long de la frontière avec le Tchad, avant de participer au processus électoral à partir de 2004. Au fur et à mesure, cette mission militaire a atteint 380 soldats venus du Gabon, de la République du Congo, du Tchad et du Cameroun[831]. Au fond, l'UA s'est investie en RCA depuis que la récente guerre civile a éclaté.

---

[829] La crise politique et économique qui a secoué la Centrafrique en 1996, a menacé le régime du président Ange-Félix PATASSÉ au moment de l'éclatement des mutineries. Voir *Historique de l'opération MISAB*, http://www.operationspaix.net, le 18 août 2015.

[830] Voir le Département de l'information des Nations Unies, *République centrafricaine – MINURCA*, http : //www.un.org, le 18 août 2015.

[831]La RCA vit dans un cycle de soulèvements politico-militaires depuis le milieu des années 1990. Ces événements ont énormément déstabilisé le contour politique du pays ce qui a contribué à la détérioration plus importante des perspectives socio-économiques en centrafricaine. En 1996 trois mutineries des Forces armées centrafricaines (FACA) ont poussé le président élu Ange-Félix Patassé à solliciter l'intervention de l'armée française. Depuis lors, l'instabilité est devenue perpétuelle en RCA. Dans cette crise politico-économique M. André KOLINGBA ancien président de 1981à 1993 a essayé un coup d'État contre le président Patassé le 28 mai 2001. L'échec est venu de l'intervention de la Libye et des soldats du Mouvement de libération du Congo (MLC). Voir Thomas POULIN, *historique de l'opération MICOPAX,* http://www.operationspaix.net, le 17 août 2015.

1. La Première guerre civile en Centrafrique (2004-2007)

La Première Guerre civile centrafricaine a commencé depuis que M. François BOZIZÉ s'était emparé du pouvoir par un coup d'État en 2003[832]. Celle-ci était suivie par la rébellion de l'Union des forces démocratiques pour le rassemblement (UFDR) dirigée par Michel DJOTODIA[833]. Ce conflit qu'on a souvent assimilé à celui du Darfour (Soudan) voisin a réellement commencé en 2004. Effectivement, c'est en novembre 2004 qu'au moins 20 personnes ont été tuées lors d'un violent combat sur Birao qui est une ville située dans le nord-est de la RCA. C'est en 2006 que des combats entre belligérants se sont intensifiés pendant cette première guerre civile. Ainsi, près de 10 000 personnes ont été déplacées en raison des violences selon Human Rights Watch.

Cependant, plusieurs alliés ont entouré l'UFDR dans son action à savoir : le Mouvement des libérateurs centrafricains pour la justice (MLCJ), le Front démocratique centrafricain (FDC) et le Groupe d'action patriotique pour la libération de Centrafrique (GAPLC). Une procession des milliers de Centrafricains a parcouru Bangui la capitale, le 8 novembre 2006. Elle a ainsi appelé à une confrontation entre les troupes gouvernementales et l'Union des Forces démocratiques pour le rassemblement (UFDR) suivant une attaque ayant entraîné la mort des 3 rebelles et 20 membres du

---

[832]Revenu du Tchad après son exile depuis le 9 novembre 2001 suite à sa participation au coup d'État de mai 2001, le général François BOZIZÉ soutenu par des groupes armés tchadiens devient président en Centrafrique. Ce coup d'État a lieu malgré l'influence des 310 soldats africains de la FOMUC et de 300 militaires français, chargés entre autres choses de protéger le gouvernement et le président. Lors des élections législatives et présidentielles simultanées, BOZIZÉ élu président dirige une coalition parlementaire majoritaire le 8 mai 2005. Sur le plan sécuritaire, les élections sont suivies d'une nouvelle période d'instabilité suivie de plusieurs rébellions armées. Voir Thomas POULIN, *historique de l'opération MICOPAX, Ibid.*

[833]En voyage au Niger, Ange-Félix PATASSÉ président depuis 1993 a été renversé par le général BOZIZÉ, le 15 mars 2003. François BOZIZÉ a remporté les élections présidentielles organise en 2005 et prétend être réélu en janvier 2011 pour un second mandat. Le pays a connu une instabilité politique et sécuritaire depuis 2005 au Nord et à l'Est. Des groupes politico-militaires ont causé de nombreux actes de violence, affrontements et rébellions. Pour engager des programmes de désarmement, de démobilisation et de réinsertion, finir l'instabilité présente dans le pays et rétablir le dialogue national, il a fallu progressivement signer des Accords de paix entre les rebelles et le gouvernement entre 2007 et 2011. Cependant, l'application partielle de ces Accords a déçu une coalition de groupes rebelles (CPJP, UFDR et CPSK) composés de miliciens armés et la Seleka a décidé de se révolter et renverser M. François BOZIZE le 24 mars 2013, président depuis dix ans. Ainsi M. Michel DJOTODIA, le chef de la coalition s'est autoproclamé président. Après son nouveau gouvernement composé d'opposants, de membres de la rébellion et de la société civile a été formé, celui-ci a émis un mandat d'arrêt international contre l'ancien président en exil au Cameroun. Ainsi la France a renforcé le contingent de ses soldats déjà placés, de 200 à 550 hommes pour protéger ses ressortissants. Voir *République centrafricaine - France ONU*, www.franceonu.org, le 30 juillet 2015.

gouvernement[834]. Lors de ces attaques, l'UFDR aurait emporté de nombreux véhicules blindés ainsi qu'un avion de transport du matériel militaire ayant atterri à Birao[835]. Le 13 novembre 2006, les Forces rebelles de l'UFDR ont tenu le contrôle de Sam-Ouandja, une ville située dans le nord de la RCA, puis celle d'Ouadda trois jours plus tard.

Par ailleurs, les villes voisines de Bambari et Bangui ont accueilli entre 5 000 et 10 000 personnes qui ont fui les exactions de la ville d'Ouadda. L'UFDR a ciblé les villes de Bria et Ndele dans l'enchaînement de ses attaques. Heureusement que l'Armée de l'air française qui est intervenue le 14 novembre 2006 à Birao a pu stopper cette progression sur la ville. Cette action militaire de la France a permis d'entamer des négociations entre parties sur place, sous la protection de l'Armée tchadienne et d'une Force africaine internationale mandatée par l'ONU. Ces deux contingents militaires se sont donc déployés dans la ville sur autorisation de la République centrafricaine.

Malgré la présence d'une petite garnison comptant une vingtaine d'hommes à Birao depuis la fin de 2006, les troupes tchadiennes ont attaqué le village de Bémal en décembre de la même année. En mars 2007 la ville de Birao a été détruite par de violents combats. Heureusement que la moitié de la 13ème brigade de Légion étrangère appuyée par des Mirages F1 est intervenue. Un Accord de paix fut signé entre l'UFDR et le gouvernement à Birao le 13 avril 2007 pour tenter de mettre un terme à cette première guerre civile. Cet accord prévoit une amnistie pour l'UFDR, sa reconnaissance en qualité de parti politique et l'intégration de ses combattants dans l'Armée[836]. En revanche, des négociations additionnelles ont conduit à un accord en 2008 pour une réconciliation nationale, un gouvernement d'union nationale, la planification d'élections locales en 2009, puis celles des parlementaires et présidentielles en 2010.

Après la formation du nouveau gouvernement en janvier 2009, le contrôle de la ville de Birao a été tenu par l'Armée centrafricaine. Elle a été immédiatement reprise par les rebelles de la Convention des patriotes pour la Justice et la Paix (CPJP) le 15 novembre 2010. C'est enfin au nom du gouvernement centrafricain que l'Armée tchadienne est intervenue de nouveau pour reprendre cette même ville contrôlée naguère par les rebelles. Bien entendu, la décision de transférer le maintien de la paix avait été prise en octobre 2007, lors du sommet des chefs d'État de la CEEAC à Brazzaville en République du Congo. Ensuite, la FOMUC a été

[834] Voir *JournalDeBangui.com : Comprendre la guerre civile en RCA*, www.journaldebangui.com, le 17 août 2015.

[835] Voir *République centrafricaine - France*, www.franceonu.org, le 17 août 2015.

[836] Voir *Le texte de l'Accord de BIRAO : Accord de paix entre le gouvernement centrafricain et l'UFDR*, www.sangonet.com, le 28 juillet 2015.

officiellement transformée en MICOPAX le 12 juillet 2008, après une période de planification de plus de six mois[837].

La MICOPAX a été une Mission de la FOMAC inscrite dans l'architecture de paix et de sécurité de la CEEAC. Elle était chargée de renforcer le climat de paix et de stabilité, aider au développement du processus politique, promouvoir le respect des droits de l'Homme, coordonner l'aide humanitaire et contribuer à la lutte contre le VIH/SIDA. Cette Mission était dirigée par un représentant spécial gabonais bénéficiant d'un soutien financier de l'UE et logistique de la France. En 2013, le mandat de la MICOPAX a été modifié pour insérer la mise en œuvre des Accords de Libreville entre la coalition rebelle du Seleka et le gouvernement centrafricain[838]. La MICOPAX était composée de 2694 militaires et policiers en fin octobre 2013 à savoir : 500 militaires (Cameroun), 500 militaires et 173 policiers (République du Congo), 500 militaires et 180 policiers (Gabon), 200 militaires (Guinée équatoriale), 610 militaires et 31 policiers (Tchad). La MICOPAX a pris fin le 15 décembre 2013 et a été remplacée le 19 décembre 2013 par la Mission internationale de soutien à la Centrafrique sous conduite africaine (MISCA) qui sera évidemment dirigée par l'UA.

Bien entendu, il y a eu des Accords préalables qui ont été signés en juin 2008 entre les différentes parties. Il s'agit des Accords de paix globaux de Libreville avec l'Armée populaire pour la restauration de la République et la démocratie (APRD), l'UFDR, le Front démocratique du peuple centrafricain (FDPC) et l'Union des Forces vives de la Nation (UFVN) en vue d'instaurer un climat de paix durable en RCA.

En revanche, c'est en décembre 2008 que le MLCJ a signé un accord de paix avec le gouvernement. Au bout du compte, il y a eu la signature d'une loi d'amnistie générale et d'un document-cadre pour le lancement du DDR en RCA. Les absents caractéristiques de ce processus de paix de 2008 ont été le CPCJ et le FDPC[839].Entre-temps, les problèmes récurrents au sein des FACA n'ont pas permis de rétablir la sécurité en RCA, parce que les soldats

---

[837] La MICOPAX a connu un mandat plus étendu que celui de la FOMUC initialement limité au domaine sécuritaire classique de protection du gouvernement. Ce mandat élargi est en fait une tentative de mettre en place une mission de paix régionale intégrée pour éradiquer la crise en RCA. La CEEAC a adopté le 12 juin 2008 la « Décision N°02/CEEAC/CCEG/XIII/08 portant sur le mandat de la Mission de Paix du 12 juillet au 31 décembre 2008 et Mission de Consolidation de la Paix du 1er janvier 2009 aux environs de l'année 2013 du Conseil de paix et de sécurité de l'Afrique centrale en République centrafricaine ». Cette Décision établit le mandat de la MICOPAX pour une période de six mois renouvelables jusqu'en 2013.Voir Thomas POULIN, *historique de l'opération MICOPAX, op.cit.*, p. 2.

[838] La MICOPAX avait pour mission de consolidation du climat de paix et de stabilité, de contribuer au développement du processus politique, de promouvoir le respect des droits humains, de coordonner l'aide humanitaire et de participer à la lutte contre le VIH/SIDA. Voir Thomas POULIN, *historique de l'opération MICOPAX, Ibid.*, p. 1.

[839]*Ibid.*, p. 2.

qui la composent ne jouissent pas des conditions physiques et matérielles requises pour réussir cette mission.

Par ailleurs, nous pouvons souligner la survenue de nombreux fléaux de société comme le banditisme, les violations récurrentes des droits de l'Homme par les Forces de sécurité gouvernementales et les Groupes armés, la prolifération des armes légères, les retards dans les programmes de DDR, la multiplication des factions armées, l'ethnicisation progressive des violences et autres défis sécuritaires à relever par le gouvernement et les missions internationales présentes en Centrafrique.

Malgré toutes ces difficultés présentes qui empêchent la stabilité en RCA, l'ancien président François BOZIZÉ avait pu impulser en décembre 2008, l'ouverture du Dialogue politique inclusif qui s'est déroulé jusqu'en janvier 2009 entre la majorité des acteurs politiques et les militaires de la Centrafrique. Ce dialogue a favorisé le respect des échéances aux élections présidentielles susceptibles de pacifier la situation politique du pays en guerre[840].

2. La deuxième guerre civile en Centrafrique (2012-2013)

La reprise des hostilités entre 2012 et 2013 a marqué le véritable déclenchement de la deuxième guerre civile en RCA. Dirigée par Michel AM-NONDOKRO DJOTODIA, la Seleka qui est une coalition rebelle a repris le conflit armé le 10 décembre 2012 pour faire respecter les accords de paix. La Seleka est essentiellement composée des partis politiques et des forces rebelles opposées à l'ancien président centrafricain François BOZIZÉ à savoir : les membres de la Convention des patriotes pour le salut du Kodro (CPSK), la CPJP, l'UFDR et le FDPC. Cette coalition créée en août 2012 était appuyée par des mercenaires tchadiens, libyens et soudanais. Avant sa dissolution en septembre 2013, la Seleka comptait à peu près 20000 membres appartenant tous à la confession musulmane. La Seleka a reçu un soutien du Tchad parce qu'elle considère que le nord de la Centrafrique est stratégique du fait des ressources pétrolières dont il dispose, ce qui provoque de nombreux affrontements entre divers mouvements rebelles et les FACA. Selon les rebelles, le président François BOZIZÉ a failli au respect des accords de 2007 ayant clôturé la Première Guerre civile.

Le 10 décembre 2012, les membres de la Seleka ont donc commencé une offensive militaire où ils se sont emparés de plusieurs villes majeures dans le Centre et l'Est du pays. Ainsi, la Seleka a défié les FACA qui ne parvenaient pas à résister devant cette offensive. Le Tchad voisin qui a répondu aux appels du président BOZIZÉ a envoyé des troupes d'interposition. Dans un premier temps, la France a refusé de s'engager parce que M. BOZIZÉ était arrivé au pouvoir en 2003 à la suite d'un coup d'État qui a provoqué une guerre civile du pays. Au bout de leur offensive, la Seleka a annoncé la prise

---

[840]Voir Thomas POULIN, *historique de l'opération MICOPAX, Ibid.*

du palais présidentiel, tandis que son chef Michel DJOTODIA s'est autoproclamé président de la République. Depuis lors, la situation s'est enlisée et la crise a débouché sur des affrontements interreligieux.

À l'Est, les rebelles ont eu des affrontements à Kabo le 21 décembre 2012, tandis qu'ils se sont emparés de Damara le 26 décembre 2012 qui est une dernière ville stratégique avant d'atteindre Bangui. Le 25 décembre 2012, des villes ont encore été conquises au Nord, au Centre et à l'Est de la RCA comme Bria, Bambari, Ouadda, Ndele, Batangafo et Kaga-Bandoro. Bien entendu, il y a eu la signature d'un accord entre les forces gouvernementales et les rebelles que le gouvernement a annoncé officiellement le vendredi 11 janvier 2013. Cet accord stipulait que le président François BOZIZÉ devrait rester en fonction jusqu'en 2016, la date qui était prévue pour la tenue des élections présidentielles. Cependant, le Premier ministre, M. Faustin-Archange TOUADERA a été destitué de ses fonctions le samedi 12 janvier 2013 par le dirigeant centrafricain, conformément à l'accord passé entre le gouvernement et la Seleka. La reprise des combats et la prise de Bangui par la Seleka ont donc caractérisé cette deuxième guerre civile en Centrafrique.

En effet, la rupture des négociations entre les rebelles de la Seleka et le gouvernement centrafricain a été suivie d'un ultimatum lancé à Sibut le 17 mars 2013. Dans celui-ci, les rebelles ont réclamé la libération de leurs prisonniers, la validation des grades des officiers rebelles autoproclamés, l'intégration des 2 000 combattants issus de la Seleka dans l'Armée nationale et le départ des militaires sud-africains présents en RCA. Au cas contraire, l'offensive serait reprise au bout de trois jours.

Évidemment, c'est le 22 mars 2013 que les Seleka partis de Sibut se sont emparés de Damara, en passant forcément par la route de Bangui tenue par la Force africaine. Ces combats se sont donc poursuivis sur cet axe routier Bangui-Damara-Sibut situé à 55 kilomètres de Banguila capitale le 23 mars 2013. Une deuxième colonne rebelle s'est emparée plus à l'Ouest de Bossembele et de Bouali. Prises à revers par la deuxième colonne, les Forces sud-africaines ont finalement subi des pertes.

Au 23 mars dans la soirée, la Seleka s'est positionnée à 12 kilomètres du centre-ville de Bangui. L'entrée des rebelles de la coalition Seleka à Bangui a été annoncée le 23 mars 2013, dès lors qu'ils avaient franchi le point kilométrique 12 (PK 12). Ils ont donc pris le palais présidentiel après la chute du président François BOZIZÉ qui s'est enfui vers la RDC voisine[841].

---

[841] Le texte de cet Accord stipule qu'un « nouveau Premier ministre issu de l'opposition » irrévocable devra être nommé par le chef de l'État. Une dissolution de l'Assemblée nationale devrait avoir lieu pour organiser des élections législatives dans les douze prochains mois. Ledit Accord signale à son article 6 que « Le Premier ministre ainsi que les autres membres du gouvernement ne peuvent être candidats à la prochaine présidentielle » de 2016, pendant qu'il est prévu un « retrait de toutes les forces militaires étrangères », en dehors de la FOMAC (Forces multinationales de l'Afrique centrale). Voir *Accord politique de Libreville sur la*

Toutes ces hostilités de la Deuxième Guerre irrésolues ont finalement conduit à la troisième guerre civile en RCA.

3. La troisième guerre civile en Centrafrique (2013-2014)

La troisième guerre civile en Centrafrique est un conflit intercommunautaire qui a été vécu en 2013. Cette guerre avait longtemps opposé les milices de la Seleka attachées à M. Michel DJOTODIA, le nouveau président rattaché aux chrétiens et animistes des groupes d'autodéfense appelés anti-balaka. Le terme d'anti-balaka désigne « anti-machette » dont les miliciens s'affirment être invulnérables aux machettes et aux sabres de leurs ennemis. Ce terme est également synonyme des milices d'autodéfenses placées par des paysans en RCA. Elles ont été créées en 2009 pour combattre les « Zaraguinas » qui sont des redoutables brigands et coupeurs de routes. Ils opèrent au Nord et à l'Ouest de la RCA. Les anti-balaka ont été suspectés d'être appuyés par d'anciens militaires des FACA attachés à M. François BOZIZÉ l'ancien président. De nombreuses exactions commises au cours de ce conflit ont provoqué une crise humanitaire importante en RCA.

Par la Résolution 2127, le CS des Nations Unies a autorisé le « déploiement de la MISCA pour une période de 12 mois », afin de stabiliser la situation sécuritaire chaotique en RCA[842]. Les Forces françaises appuyant la MISCA pouvaient ainsi prendre toutes les dispositions susceptibles de restaurer la stabilité du pays. Le CPS de l'UA a donc décidé de soutenir la mise en place de la MISCA lors de sa 380ème réunion tenue le 17 juin 2013. Cette décision a été confirmée le 19 juillet 2013 dans le Communiqué PSC/PR/COMM.2 (CCCLXXXV) du CPS. Les indications de la mission confiée aux Forces de la MICOPAX déjà présentes en Centrafrique y sont précisées. La Mission est dotée d'un effectif de 3 500 hommes en uniforme dont 2 475 pour la composante militaire et 1 025 pour celle de la Police ainsi que 152 civils. L'UA a autorisé le renforcement des effectifs de la MISCA à 6 000 hommes en mi-décembre[843].

Évidemment, c'est à partir du 24 novembre 2013 que la France a projeté une trentaine de militaires du 25ème régiment du génie de l'air à l'aéroport international de Bangui. Elle a également acheminé par Antonov An-124 une vingtaine d'engins de travaux lourds. Ces engins ont été complétés par d'autres éléments en provenance de la base aérienne comme le 125 Istres-Le Tubé afin d'aménager les plates-formes de l'aéroport M'Poko de Bangui. Une fois aménagées, ces plates-formes pouvaient accueillir le renforcement

Résolution de la crise politico-sécuritaire en République centrafricaine, http : //peacemaker.un.org, le 19 août 2015.

842 Au départ, la MISCA a été composée de 3500 soldats, dont 2475 militaires, 1025 policiers et 152 civils. Cependant l'UA a autorisé d'augmenter ces effectifs jusqu'à 6000 hommes. Voir *MISCA : Fiche informative*, http://www.operationspaix.net, le 19 août 2015.

843 Voir Historique de l'opération MISCA, http://www.operationspaix.net, le 14 octobre 2015.

probable du dispositif souhaité par l'ancien Président de la République française, M. François HOLLANDE et la Communauté internationale selon l'ancien ministère de la Défense français. Tous ces aménagements effectués concernent la remise à niveau de la zone aéronautique de l'aéroport, la création des plates-formes logistiques et l'extension de la zone « vie ».

Cette intervention militaire française a su mobiliser tous les moyens possibles de combat. Il y a eu des moyens maritimes tels que le Bâtiment de projection et de commandement (BPC) Dixmude escorté par Le Commandant L'Herminier qui est un aviso type A69. Ce bâtiment a accosté dans le port de Douala (Cameroun). Il y a eu aussi des moyens aériens comme les deux hélicoptères Gazelle accueillis par le BPC le 28 novembre 2013. Des moyens terrestres ont également été déployés comme des véhicules blindés de combat de type VAB et VBL, des camions logistiques, ainsi qu'un détachement de 350 militaires de la 11ème brigade parachutiste de l'Armée de terre. Un autre détachement composé d'un plus de 200 militaires spécialistes des transmissions a été complété le 30 novembre 2013[844].

Tout compte fait, M. Michel DJOTODIA vainqueur de la deuxième guerre civile en Centrafrique contre M. François BOZIZÉ en mars 2013 n'a pu ramener la stabilité dans le pays. Plusieurs affrontements entre les anti-balaka et les troupes de la Seleka dès octobre 2013 ont déstabilisé le pays qui devenait incontrôlable ni par l'État ni par la Force multinationale de l'Afrique centrale déployée par la CEEAC pour contribuer à sécuriser la région. Chemin faisant, un Accord de cessation des hostilités entre les belligérants a été signé le 23 juillet 2014 à Brazzaville[845]. Une fois déchue, la coalition des Seleka n'a pas manqué de commettre des exactions sur des civils. Par ailleurs, elle a pu affronter les Forces françaises de l'opération Sangaris en 2014. L'opération Sangaris est le nom d'une opération militaire de l'Armée française qui a été conduite en République centrafricaine à partir du 5 décembre 2013 jusqu'au 31 octobre 2016. Cependant, la coalition Seleka a évincé le président François BOZIZÉ du pouvoir le 24 mars 2013. Ainsi, elle a déstabilisé le climat politique et sécuritaire du pays en causant ainsi de graves crises humanitaires. La situation a donc suscité le lancement de la fameuse opération Sangaris le 5 décembre 2013 en RCA. Cette opération a été la 7e intervention militaire française depuis l'indépendance du pays en 1960. Elle a officiellement été déclenchée dans la nuit du 5 au 6 décembre avec l'arrivée à Bangui du général Francisco Soriano chargé de commander l'opération. Son déploiement a servi d'appui à la Force africaine la MISCA. L'intervention française relève d'une demande formulée par les autorités centrafricaines de transition. Elle s'effectue suivant la Résolution 2127 du CS des Nations Unies[846].

---

[844] Voir EMA, *Centrafrique : des éléments prépositionnés au Cameroun*,http://www.defense.gouv.fr, le 20 août 2015.

[845] *MISCA : Fiche informative*, http://www.operationspaix.net, le 19 août 2015, *op.cit.*

[846] Voir *République centrafricaine – France ONU*, http://www.franceonu.org, *op.cit.*

Lancée du 5 au 8 décembre 2013, l'opération Sangaris a participé au rétablissement d'un niveau de sécurité minimal et la montée en puissance de la MISCA en janvier 2014. Elle a également contribué à l'opération de sécurisation et de désarmement des groupes armés entre février et mars 2014. La troisième phase de cette opération a favorisé l'installation de la MISCA qui a opéré d'avril 2014 à mai 2015. La quatrième phase a permis la mise en place d'un dispositif de Force de réaction rapide à partir de juin 2015. Effectivement, c'est en juin 2015 que la France a retiré l'essentiel de ses forces et les effectifs ont diminué de 1 700 à 900 hommes à la fin du mois. Le 23 juillet 2015, les militaires de l'opération Sangaris ont été visités par le ministre français de la Défense de l'époque pendant qu'ils ont été quelque peu réarticulés en dispositif de Force de réaction rapide. Le 3 août 2015, la force Sangaris a enfin cédé la Base opérationnelle avancée (BOA) de Bambari au Bataillon congolais de la Mission multidimensionnelle intégrée des Nations Unies pour la stabilisation en Centrafrique (MINUSCA)[847].

Par ailleurs, il y a eu la sensation d'un risque de génocide évoqué par l'ancien secrétaire général des Nations Unies en RCA devant l'ampleur des violences et des exactions commises par les rebelles. Cet aspect a occasionné le début de l'opération militaire EUFOR/RCA pour participer à la stabilisation de Bangui la capitale (RCA). Finalement, le 10 avril 2014, le CS a adopté la Résolution 2149 autorisant le déploiement de la MINUSCA qui a pris le relais de la MISCA le 15 septembre 2014[848]. La MINUSCA est une opération de maintien de la paix des Nations Unies en Centrafrique qui intervient dans le cadre de la guerre civile en RCA. Elle peut prendre toutes les mesures nécessaires pour s'acquitter du mandat de stabilisation de la situation dans les principales agglomérations et contribution au rétablissement de l'autorité de l'État partout dans le pays. L'ONU a autorisé un déploiement maximal de 12 000 personnels, dont 11 200 soldats pour la MINUSCA. La MISCA elle-même a pris officiellement le relais de la FOMAC le 19 décembre 2013[849].

C'est donc à Bangui que le transfert d'autorité entre la CEEAC et l'UA a eu lieu. Cependant, l'UA reste toujours préoccupée par la situation de conflit en RCA. Ainsi, c'est en sa 408ème réunion tenue le 13 décembre 2013 que le CPS a adopté une décision. Il a d'abord noté la communication de la Commission sur les derniers développements de la situation en RCA et les

[847] Voir EMA, *Centrafrique : des éléments prépositionnés au Cameroun, op.cit.*

[848]Depuis décembre 2013, la force africaine MISCA a tenté d'enrayer les violences en Centrafrique. À propos la MINUSCA projette aussi d'aller plus loin : le doublement des effectifs doit favoriser une meilleure couverture du territoire. Face à cette mission le cadre onusien doit favoriser la disposition des moyens de transport et de communication qui ont cruellement affaibli les soldats de la paix africains. Voir RFI, *Centrafrique : la MINUSCA prend le relais de la MISCA,* www.rfi.fr/afrique, 30 juillet 2015.

[849] Voir *Sangaris : transformation de la FOMAC en MISCA*, www.defefnse.gouv.fr, le 30 juillet 2015.

efforts visant à rationaliser les opérations de la Mission internationale de soutien à la RCA conduite par l'UA. Le CPS a ensuite rappelé son communiqué PSC/PR/COMM.2 (CCCLXXXV), adopté lors de sa 385ème réunion tenue le 19 juillet 2013 autorisant le déploiement de la MISCA qui devrait englober les Forces de la MICOPAX déjà présente sur le théâtre d'opération. Il a également rappelé un autre communiqué PSC/PR/COMM.1 (CDVI) adopté lors de sa 406ème réunion, tenue le 13 novembre 2013. Par ailleurs, il s'est félicité de l'adoption de la Résolution 2127 (2013) par le CS le 5 décembre 2013. Cette Résolution autorise le déploiement de la MISCA pour 12 mois. Le Conseil félicite la Commission pour les mesures prises, en consultation avec la CEEAC et d'autres parties prenantes pour la mise en place opérationnelle de la MISCA, y compris le transfert d'autorité entre la MICOPAX et la MISCA. Le CPS a décidé d'autoriser l'augmentation temporaire de 6.000 soldats environ pour la MISCA. Cette situation devrait être réexaminée en 3 mois suivant l'évolution de la situation et les moyens exigés sur le théâtre d'opérations puis en fonction du rapport de la présidente de la Commission[850].

Après cette réunion, la MISCA a succédé à la FOMAC le 19 décembre 2013 à Bangui. Les 4500 militaires africains déployés auparavant ont augmenté à 6000 militaires en janvier 2014[851]. Retenons que la situation de conflit en RCA qui a mobilisé toutes les Forces militaires de l'Afrique centrale en particulier et de la Communauté internationale en général a fait l'objet de plusieurs Résolutions du CS de l'ONU[852].

La complexité du conflit centrafricain préoccupe inlassablement la Communauté internationale, ce qui explique les prises de décision de l'UA et la création des diverses missions déjà accomplies par des Forces multiples qui ont été créées. Cet aspect peut donc justifier l'implication de l'EUFOR/RCA qui est une Force opérationnelle dirigée par l'UE en République centrafricaine. Son principe a été approuvé au Conseil

---

850 Voir Communiqué de la 408ème réunion du CPS, http://www.peaceau.org, le 29 juillet, 2015.

851 Dans ces opérations, le Tchad 850 soldats et le Burundi en a fourni 800. Le Tchad a également cédé deux avions de chasse qui se sont posés à Bangui. Le Cameroun a déployé un hélicoptère de combat et deux pour la Guinée équatoriale. Le Congo a mobilisé un hélicoptère de transport. À cette époque, l'installation de la force africaine a été complétée de quelque 1600 militaires français. Cependant, la Belgique a soutenu ces opérations en matière d'aviation de transport, tandis que les États-Unis ont pourvu un C-17 pour acheminer des troupes centrafricaines à Bangui. Voir Quentin Michaud, *La MISCA prend le relais à Bangui*, www.infosdefense.com.

852 Nous retiendrons entres autres : Résolution 2121 sur le BINUCA, Résolution 2127, 2134 sur la MISCA (déployée à partir du 19/12/2013), Sangaris, EUFOR RCA et la création du régime de sanctions, Résolution 2149 sur la MINUSCA, Résolution 2181 étendant le mandat de l'EUFOR RCA jusqu'au 15 mars 2015, Résolution 2196 renouvelant le régime de sanctions contre la RCA, Résolution 2212 autorisant l'augmentation du plafond de troupes de la MINUSCA.

des ministres des Affaires étrangères de l'UE tenu le 20 janvier 2014[853]. Cette opération a été lancée le 1er avril 2014. Deux Antonov AN-124 100et 1000 soldats ont été fournis à la Force pour se déployer à Bangui afin de protéger l'aéroport ainsi que les civils et les opérations humanitaires. Sur place, le commandement de la Force Headquarters (FHQ) a été confié au général Thierry Lion avec l'installation du Quartier général de l'opération à Larissa (Grèce). Le 30 avril 2014, les premiers soldats de l'EUFOR/RCA ont pris la relève des Forces de l'Opération Sangaris à l'aéroport de Bangui qu'il fallait sécuriser. Au total, 150 soldats français et estoniens composaient ce premier contingent pour cette mission. À la réunion informelle du 10 septembre 2014 tenue à Milan, l'ancien ministre français de la Défense Jean-Yves LEDRIAN avait évoqué la possibilité de prolonger l'opération jusqu'au 15 mars 2015, ce qui la ramenait à trois mois supplémentaires. Un contingent de 700 soldats déployé à Bangui était composé des Espagnols, des Finlandais, des Italiens, des Géorgiens, des Polonais et 260 Français[854]. La mission de l'EUFOR qui a pris fin le 15 mars 2015 à minuit a été remplacée par une « Mission militaire européenne de conseil » en République centrafricaine (EUMAM/RCA). Cette Mission a été créée le 19 janvier 2015 par la Décision 2015/78/PESC du Conseil de l'UE et lancée le 16 mars 2015 pour succéder à l'EUFOR/RCA[855]. Il s'agit d'une mission militaire dénuée de pouvoir exécutif. Mais elle serait chargée de conseiller les autorités militaires de la RCA. Ces orientations porteraient sur les réformes nécessaires à la transformation des FACA en une « Armée professionnelle, démocratiquement contrôlée et représentative de toutes les ethnies » du pays.

De même, elle devrait aussi apporter son soutien à la Force de l'ONU, la MINUSCA chargée de réaliser son mandat sur la réforme du secteur de sécurité (RSS) et du processus de vérification de l'accord de paix. Les experts européens de diverses compétences feraient donc partie du Ministère de la Défense et de l'État-major des FACA. Leur expertise devrait servir sur les conditions d'un programme de formation pour les Forces armées. Cette nouvelle mission de la PSDC européenne permettrait d'organiser des formations de façon délimitée, pour l'amélioration du potentiel militaire en RCA ainsi que des prochaines réformes à faire.

Malgré tout, les efforts conjugués pour tenter de sortir la RCA de sa crise ne semblent pas donner des résultats escomptés jusque-là. Le manque déplorable de structures que nous soulignons suffirait-il de justifier cette

---

[853]Le 20 janvier, le Conseil des ministres des Affaires étrangères de l'Union européenne a approuvé un concept de gestion de crises en République centrafricaine. Le quartier général (OHQ) est à établir à Larissa (Grèce) pour sa première utilisation. Ce faisant, le général français Philippe Pontiès a été désigné pour commander l'opération.

[854]Voir *Centrafrique : double bascule de Sangaris,* http// : far-maroc.forummpro.fr, le 20 août 2015.

[855] Voir Historique de l'opération EUMAM RCA, http://www.operationspaix.net, le 14 octobre 2015.

pérennité du conflit ? Un manque de volonté politique des dirigeants africains aurait-il empêché le dénouement total de cette crise ? Autant de questions sur la RCA ne semblent toujours pas trouver de vraies réponses et des hypothèses entières jonchent encore le parcours de cette énigme.

Tout compte fait, les opérations de maintien et de rétablissement de la paix déjà entreprises en Afrique donnent parfois l'impression d'une certaine volonté politique bien déterminée que manifestent de nombreux chefs d'État et du Gouvernement africains. Mais les insuffisances des moyens constatées au niveau des structures concernées par ces opérations de paix empêchent d'accomplir les missions efficacement. Devant cette fragilité les structures affaiblies deviennent incapables de garantir la sécurité dans certains domaines comme celui du respect des droits de l'Homme, ce qui est incompatible à l'idéal d'un l'État de droit. D'où cette persistance de conflits qui repousse l'application des politiques de développement durable. Cette attitude ne peut donc assurer ni la prévention ni la gestion fiable des conflits. En conséquence, la promotion de la sécurité collective, de paix et de la stabilité durable au continent africain reste une question encore entière. Il faudrait nécessairement juguler ces conflits pour s'orienter vers le succès sur la question. Finalement, le renfoncement des capacités opérationnelles de l'UA dans le domaine du maintien et du rétablissement de la paix peut intéresser l'étude de la substance des conflits juridictionnalisés.

DEUXIÈME TITRE

LA SUBSTANCE DES CONFLITS JURIDICTIONNALISÉS

En tant qu'organisation continentale, les interventions de l'UA en matière de règlement des conflits visent le rétablissement de l'ordre au sein de la Communauté africaine. Bien entendu, il s'agit d'une préoccupation qui concerne le règlement des conflits dans leur diversité. Cependant, les conflits juridictionnalisés sont ceux qui prennent un caractère juridique en dépit de leur nature d'origine. Quoique ces conflits puissent porter sur l'interprétation ou l'application du droit existant, néanmoins les situations qui continuent d'altérer les relations entre les États africains conduisent inexorablement à un conflit international.

Dans les rapports internationaux, toutes les situations de crise ne sont pas considérées comme des différends. En revanche, des constatations de plusieurs natures opposant les parties peuvent bien porter sur un objet plus ou moins déterminé. Pourtant, les situations internationales conflictuelles sont celles qui remettent la paix en cause. Nous distinguons donc les situations sur la violation des normes régissant les rapports interétatiques dans le cadre de la coexistence pacifique. Ainsi, nous porterons notre intérêt sur l'étude des fondements des conflits juridictionnalisés (chapitre 1) et enfin le mode de règlement des conflits juridictionnalisés (chapitre II).

CHAPITRE I

LES FONDEMENTS DES CONFLITS JURIDICTIONNALISÉS

À l'image de l'UE dont elle s'est inspirée, l'UA regroupe les États membres qui sont de principaux acteurs des relations internationales[856]. Tous les États membres sont souverains et égaux au sein d'une Communauté. Malgré cette disposition, certaines adversités affectant les rapports interétatiques aboutissent souvent aux conflits qui engagent la responsabilité de chacun entièrement. Or dans n'importe quel système juridique, un État devient responsable lorsqu'il manque à l'observation de ses obligations. À propos, on évoque donc la responsabilité de l'État en droit international. Naturellement, d'autres sujets du droit international sont aussi responsables, dès lors qu'ils violent leurs obligations[857]. Évidemment, cette responsabilité peut aussi relever de plusieurs autres facteurs.

En revanche, ces États qui ont créé l'UA jouent un rôle international lié à leur existence. De cet attribut, les États accomplissent des missions essentiellement axées sur la consolidation de la société internationale en général et à la Communauté africaine en particulier. Ces missions sont normalement d'ordre territorial, humain et politique. Et pourtant, certains États membres se livrent à des comportements disproportionnés à l'égard des autres, ce qui déstabilise souvent le climat de paix et de sécurité entre membres de la communauté. Si ces États pouvaient garantir une Union africaine pacifique, ils pourraient participer pleinement au développement d'une coopération régulière et d'une coexistence débonnaire entre eux. Ainsi, ils vont concourir à la pacification de la société internationale en général et du continent africain en particulier[858].

En définitive, les conflits juridictionnalisés dégradant les relations entre les États membres au sein de l'UA proviennent bien plus souvent des

---

[856]Voir Marc PERRIN DE BRICHAMBAUT, Jean-François et coll., *op.cit.,* p. 17.
[857]DJ Harris, *Cases and Materials on International Law*, London, edition Sweet and Maxwell, 2004, p.504.
[858] Voir Serge SUR, *op.cit.*, p. 159.

divergences interétatiques (Section I) et de la violation des traités (Section II).

SECTION I : LES DIVERGENCES INTERÉTATIQUES

Dans le cadre des relations interétatiques, la reconnaissance d'un État membre de l'UA par ses paires lui couvre immédiatement des droits et obligations similaires. Ces prérogatives de large portée restent acquises jusque dans la nature même des principes des relations internationales. Toutefois, l'exercice des relations interétatiques est d'ailleurs fondé sur des principes qui sont à la base de la Charte des Nations Unies. En revanche, nous remarquons que l'exactitude de ces principes est focalisée, entre autres, sur la coexistence pacifique à consolider malgré la divergence des États. Ces divergences interétatiques relèvent généralement d'une opposition d'opinions ou d'intérêts au sein de l'UA. Du point de vue de leur quintessence, nous remarquons qu'elles restent imputables aux relations conflictuelles des États membres de l'Union (paragraphe 1) et à l'inégalité entre ces États membres (paragraphe 2).

Paragraphe 1 : Les relations conflictuelles

La question des conflits entre les États est l'un des aspects les plus marquants des relations internationales. C'est ainsi que la recherche de solutions dans ce domaine doit être une question de détermination, pour la sauvegarde de la paix et la sécurité internationales. En effet, la coexistence d'une multiplicité d'États souverains est reconnue comme la pierre angulaire de la société internationale, mais celle-ci constitue également le fondement de grandes difficultés qui y règnent[859]. D'aucuns affirment d'ailleurs que cette coexistence est génératrice des relations anarchiques, voire conflictuelles existantes entre ces États qui composent ladite société internationale[860]. Ainsi, nous assistons aux tensions, aux crises et même aux conflits qui résultent des oppositions dues aux mutations sociales[861]. En revanche, la résolution des conflits qui se pérennisent en Afrique est une grande préoccupation, tant pour les Nations Unies que pour et l'UA. En ce sens, la menace de la paix et la sécurité internationales paraît plus évidente. Cependant, la dégénérescence des relations entre les États peut relever de la violation d'un traité dans son interprétation et son application.

D'une manière générale, les relations conflictuelles entre les États membres de l'UA dépendent à la fois des objets mineurs et des problèmes

[859] Voir Serge SUR, *op.cit.*, p. 5.
[860] *Ibid*, p. 5.
[861] *Ibid.*

fondamentaux[862]. À la création de l'UA, les chefs d'État et de Gouvernement du continent avaient déclaré avoir été inspirés puis en avoir convenus à promouvoir l'unité, la solidarité, la cohésion et la coopération pour les Africains entre eux ainsi que l'harmonie entre les États membres de l'UA également[863].

Bien entendu, l'établissement de la violation du traité est une démarche difficile. La violation du traité est un concept indéterminé au contenu extensible et aux limites changeantes est dotée d'une signification énigmatique ainsi qu'une portée équivoque. La violation du traité requiert ainsi l'examen, la comparaison et le contrôle des attributs. À ce stade, les éléments examinés sont essentiels, mais sont insuffisants à composer la violation. La violation du traité ne peut donc être établie que si ce dernier est encore en vigueur, que s'il a des obligations exigibles et que le manquement est dénoncé, puis attribuable à une partie[864]. Comment pourrait-on expliquer ces relations conflictuelles qui sont légion entre États membres de l'UA dans certains cas ? Bien plus souvent, les États membres refusent de participer activement au règlement d'un conflit par des atermoiements. Cette attitude constitue un obstacle majeur au dénouement du conflit, car ceux-ci sont plus soucieux de la préservation de leur souveraineté. Ce phénomène est fréquent sur le plan interne des États de l'Union, dans la mesure où la majorité des parties au litige parfois ne sont pas disposées à concéder certains points indispensables à la résolution du conflit. Ce cas a été vécu en Côte d'Ivoire dans l'opposition d'intérêts entre le président sortant Laurent GBAGBO et le président entrant Alassane OUATTARA. À propos, le Premier ministre kényan Raila Odinga, médiateur de l'UA, avait entamé une nouvelle conciliation à Abidjan.

De telles divergences qui existent entre parties opposées d'un même État peuvent aussi s'observer au niveau des États membres de l'UA à cause de l'inégalité de fait des États.

Paragraphe 2 : L'inégalité de fait des États

L'inégalité de fait des États fait partie intégrante de principales sources des divergences interétatiques au sein de l'UA[865]. Effectivement, cette inégalité relève de la différence qu'il peut y avoir dans les prérogatives d'un État membre à un autre. Cette inégalité peut être physique, géographique, démographique, économique ou politique[866]. Ainsi, certains États sont dotés de territoires immenses et couronnés d'une grande population, tandis que d'autres ont une situation géographique qui n'accorde pas l'accès à des

[862] Voir Paul REUTER, Jean COMBACAU, *op.cit.*, p. 39.
[863] Voir le préambule de l'Acte constitutif de l'Union africaine.
[864] Voir Caroline LALY-CHEVALIER, *op.cit.*, pp. 19-27.
[865] Voir Alain PLANTEY, *op.cit.*, p. 12.
[866] Voir Paul REUTER, Jean COMBACAU, *op.cit.*, pp. 85-92.

communications internationales faciles, voire un accès pratiquement difficile à la mer. Cependant, nous soulignons aussi la présence des territoires complètement enclavés dans d'autres. Enfin, une autre catégorie regroupe les États dépourvus de littoral maritime tout simplement. Compte tenu des conséquences relatives, il est intéressant de mentionner la question de la navigation aérienne qui se pose avec acuité dans les mêmes conditions[867].

En revanche, il y a des États qui ne disposent pas d'une puissance économique consistante. Quoi qu'il en soit, nous approuvons que ces atouts constituent un élément fondamental des relations internationales. À ces inégalités spéciales peuvent s'ajouter des inégalités plus radicales. Elles incarnent la valeur d'un État dans les questions internationales d'une part, et de la présence de structures hégémoniques d'autre part[868].

Finalement, une situation géographique qui diffère d'un État à un autre devient un facteur déterminant dans leur coexistence au sein de l'UA. Elle décide des solidarités qui atteignent des dimensions régionales et favoriser ainsi la création des traités[869]. Cette même situation géographique génère des contradictions permanentes entre les États de l'UA, mais qui sont compensées par la création des alliances dans un système de déterminisme politique perpétuel[870].

Tout compte fait, nous pouvons constater avec pertinence que c'est par l'hétérogénéité des États que s'opèrent des oppositions régulières. Ils règnent donc des divergences interétatiques qui conduisent aux conflits juridictionnalisés, à tel point que la coexistence pacifique s'avère parfois utopique à ce stade[871]. Jusqu'à présent, il n'y a complètement rien d'achevé dans ce domaine. Et pourtant, l'article 4(i) de l'ACUA évoque une coexistence pacifique entre les États membres ainsi que leur droit de vivre dans la paix et la sécurité[872]. L'UA devrait toutefois mettre l'accent sur ces inégalités qui génèrent des conflits juridictionnalisés de manière itérative.

D'autre part, elle devrait aussi veiller sur les moindres signes d'abus d'autorité et la manipulation éventuelle des missions assignées au sein de l'Union par certains États membres. Bien entendu, le principe d'égalité des États témoigne d'une certaine durée acceptable d'autant plus qu'il est lié au principe de la souveraineté de l'État. C'est ainsi que l'article 2 de la Charte des Nations Unies dispose que : « l'Organisation est fondée sur le principe d'égalité souveraine de tous ses membres ». En procédant conformément aux dispositions de l'ACUA qui prône une égalité souveraine des États, la question d'inégalité de faits des États serait indubitablement résolue[873]. Au

---

[867]Voir Josiane TERCINET, *Relations*
[868]*Ibid,* pp. 31-32.
[869]*Ibid*, p. 96.
[870]*Ibid,* p. 89.
[871]Voir Serge SUR, *op.cit.,* p. 422 - 425.
[872] Voir Article 4 de l'Acte constitutif
[873] Voir Raymond RANJEVA, *op.cit,* p. 83.

bout du compte, cette démarche devrait améliorer la coexistence des États membres, partant éviter la violation des obligations du traité.

SECTION II : LA VIOLATION DES OBLIGATIONS DU TRAITÉ

Dans l'existence d'un traité, la violation de ses obligations suscite des différends entre sujets du droit international[874]. Cependant, plusieurs termes viennent conjuguer avec cette violation, ce qui ne permet pas de dégager une définition exhaustive du concept. Selon les termes de Jules Basdevant, la violation est un « manquement grave d'un État à une règle de droit international, à une obligation résultant pour lui du droit international ou d'un traité, à un engagement par lui pris »[875]. Par ailleurs, la société internationale est constituée des relations qui se nouent entre les États. À tous égards, ces relations interétatiques sont régies par les traités relatifs. Dans ce contexte, nous retiendrons simplement que c'est par la volonté déterminante des États que les traités sont élaborés.

En revanche, ces États sont tenus à respecter les obligations des traités qui les lient[876]. Ce faisant, les normes du traité doivent être appliquées et interprétées convenablement, dès lors qu'elles sont jugées obligatoires et inviolables[877]. Malheureusement, certains États membres de l'UA comme la RCA, le Rwanda, le Burundi et l'Ouganda affichent une attitude typiquement contraire au fameux principe, à tel point qu'ils finissent par violer les obligations des traités. Contrairement aux principes de l'Union, la RCA avait accueilli des rebelles étrangers qui ont créé un climat d'instabilité en son sein autour des années 2000. En revanche, le Rwanda, le Burundi et l'Ouganda utilisent les insurgés qui opèrent en RDC voisine où ils commettent d'énormes exactions fermement condamnées par la Communauté internationale. Ces États portent atteinte à l'interprétation et à l'application du traité parce que la plupart d'entre eux ignorent leur droit et leur devoir, sinon l'un des deux aspects tout simplement. Ils font donc preuve d'une mauvaise interprétation et d'une application erronée des dispositions contenues dans l'ACUA et dans d'autres instruments juridiques subsidiaires. En effet, la non-application des obligations du traité est susceptible d'engendrer un conflit juridictionnalisé. En dépit de ces observations, certains États s'obstinent délibérément à enfreindre ces normes. Ainsi qu'ils violent les obligations du traité au mépris du contrôle régulièrement appliqué[878]. À propos, l'article 4 du Protocole relatif à la création du CPS évoque que ce dernier se laisse pourtant guider par un certain nombre de principes qui sont stipulés dans l'ACUA, la Charte des

[874] Voir Caroline LALY-CHEVALIER, *op.cit.*, p. 26.
[875] *Ibid*, pp. 3-4.
[876] *Ibid.*, pp. 1-2.
[877] Voir Emmanuel DECAUX, *op.cit.*, p. 44.
[878] Voir Paul REUTER, Jean COMBACAU, *op.cit.*, p. 281.

Nations Unies et la DUDH. Mais il est particulièrement orienté par l'alinéa (e) du même article portant sur le respect de la souveraineté et de l'intégrité territoriale des États membres. À cet effet, aucune ingérence d'un État membre envers un autre ne serait justifiée, quel que soit le degré de convoitise. Sinon, cela procéderait de la violation de la souveraineté et de l'intégrité territoriale de l'État que l'UA devrait sanctionner durement pour consolider la paix et la sécurité internationales.

Par conséquent, les frontières datant de la période de l'accession à l'indépendance énoncées dans l'article 4(i) devraient être scrupuleusement respectées. À défaut, les conflits juridictionnalisés vont se pérenniser et ouvrir aux conflits. D'une manière générale, la violation des obligations du traité peut porter sur la souveraineté des États (paragraphe 1) ou bien sur leur intégrité territoriale (paragraphe 2).

Paragraphe 1 : La violation de la souveraineté de l'État

La souveraineté est l'un des concepts faisant l'objet de nombreuses contestations en droit international[879]. Néanmoins, la souveraineté d'un État incarne son autorité suprême et son indépendance vis-à-vis des autres États[880]. Bien entendu, un traité a pour but de produire un effet de droit entre les États. Ainsi, le respect de la souveraineté fait partie des normes fondamentales dont il dispose. Ce principe est d'une grande priorité pour la société internationale et l'UA dans la coexistence des États. À propos, l'article 4(a) de l'ACUA portant sur les principes insiste quant à l'égalité souveraine et l'interdépendance de tous les États membres de l'Union[881]. De même, l'article 2(1) de la Charte des Nations Unies dispose que « l'Organisation est fondée sur le principe de l'égalité souveraine, de tous ses membres ». À terme, une application effective de cette norme pourrait inexorablement engendrer la coexistence pacifique des États, partant créer une parfaite harmonie au sein de l'UA. D'une manière générale, ces relations interétatiques paisibles qui reposent, entre autres, sur la non-violation de la souveraineté de chaque État peuvent définitivement garantir l'ordre du continent africain en particulier et de la société internationale en général.

En revanche, nous reconnaissons que l'État demeure indiscutablement le sujet naturel du droit international jouissant à la fois de la souveraineté interne et de la souveraineté internationale. Cependant, il peut aussi être victime de plusieurs vicissitudes. Toutefois, les États sont placés entre l'obligation de respecter l'égalité juridique et la tentation d'un certain

---

879 Voir Serge SUR, *op.cit.*, p. 202.

880 Voir Raymond RANJEVA, *op.cit.*, p. 80.

881 Voir Article 4 portant sur les principes qui notifie que *« L'Union africaine fonctionne conformément aux principes suivants :(a) Égalité souveraine et interdépendance de tous les États membres de l'Union ;... ».*

unilatéralisme en vue d'exiger la loi aux États les plus faibles[882]. C'est d'une manière permanente que les États vivent cette réalité. Cette attitude des États génère des tensions dans les conditions de leur existence, pendant l'exercice de leurs relations interétatiques, ainsi qu'au niveau de la répartition des espaces étatiques.

Il est bien entendu que la souveraineté est le fondement de la compétence internationale de l'État[883]. Mais très souvent, c'est de ce même acquis que certains États tentent paradoxalement d'extérioriser leur autorité sur les autres[884]. Ainsi, les États membres peuvent rentrer dans une série des conflits juridictionnalisés tributaires d'une diversité de fondements. Subséquemment, ces conflits deviennent la cause principale de la destruction de ladite souveraineté qui est ordinairement compétitive et antagonique[885].

En fin de compte, la coexistence de la souveraineté juxtaposée résulte des bienfaits de cette stratégie des conflits juridictionnalisés, mais cet aspect reste encore utopique en Afrique. D'où il serait plus acceptable de se baser sur le principe de légitimité des États qui est un paramètre indispensable dans l'existence, aussi bien de la société internationale que des collectivités politiques internes de l'UA. Or la coexistence pacifique des États est fonction essentiellement des principes généraux de droit et des consignes d'abstraction telles que : la non-intervention, la non-ingérence et la gestion des espaces internationaux.

En effet, il faut toutefois disposer des solutions inspirées des principes équitables pour un meilleur exercice des relations interétatiques en Afrique. En un mot, la coexistence des États est soumise aux normes du traité existant entre les États membres[886]. Le manque d'observation de ces normes entraîne inéluctablement la violation, notamment la violation de l'intégrité territoriale de l'État qui est parfois source de conflits entre les États.

Paragraphe 2 : La violation de l'intégrité territoriale de l'État

L'attribution d'un territoire fait intégralement partie des conditions d'existence d'un État. Elle constitue la condition fondamentale de la souveraineté. La souveraineté exclusive de l'État s'applique dans un territoire quoique celui-ci puisse l'exercer en dehors de ses limites dans un cadre purement conventionnel avec d'autres États[887]. Les États parviennent à contrôler leur territoire en toute légalité par la souveraineté conformément aux obligations des traités[888]. Cependant, la question de la répartition des espaces étatiques représente un enjeu fondamental dans les relations

[882] Voir Emmanuel DECAUX, *op.cit.*, p. 127.
[883] *Ibid*, pp. 80-81.
[884] Voir Serge SUR, *op.cit.*, p. 423.
[885] Voir Paul REUTER, Jean COMBACAU, *op.cit.*, p. 202.
[886] Paul REUTER, Jean COMBACAU, *op.cit.*, p. 280.
[887] Voir Emmanuel DECAUX, *op.cit., p.*129.
[888] Voir Marc PERRIN DE BRICHAMBAUT et coll., *op.cit.*, p. 61.

internationales. Elle constitue d'ailleurs la source de grandes rivalités et de contentieux entre les États membres au sein de l'UA. Ces rivalités découlent particulièrement des espaces terrestres, aériens et maritimes[889].

Sur ce point, l'article 4(b) de l'ACUA portant notification sur les principes de l'UA évoque la question du respect des frontières[890]. De ce fait, lorsqu'un État se permet de violer la souveraineté territoriale d'un autre État, les relations interétatiques se désagrègent immédiatement et deviennent conflictuelles[891]. Cette violation de souveraineté territoriale engendre incontestablement les discordes sur les tracés des frontières et les territoires. Cette situation est très prononcée en ce qui concerne l'usage des eaux des fleuves qui traversent plusieurs États à la fois[892]. En parcourant plusieurs pays africains à la fois, ces fleuves deviennent de véritables sources de violations de la souveraineté territoriale. Les cas du fleuve Congo, du fleuve Niger, du Nil et du Zambèze sont des illustrations irréfutables sur cet aspect. Dans le cas des fleuves ouverts à la navigation internationale, il est essentiel que les souverainetés nationales qui s'appliquent sur les différentes parties du fleuve puissent modérer une portion de leurs droits absolus, afin d'éviter l'entrave de la navigation par des obstacles qui risqueraient la soustraction des avantages économiques. Ce sont également des situations très sensibles et déclencheuses des conflits juridictionnalisés auxquels le CPS devrait accentuer sa politique de paix et de sécurité internationales.

Par ailleurs, la violation de la souveraineté peut être imputable à une extension abusive des zones d'exploitation par l'État mis en cause. Elle concerne la redistribution des profits de l'industrialisation des États par d'autres États. Il en est ainsi afin de combler ses propres insuffisances inhérentes à la baisse de prospérité ou une dépression économique souvent due à la croissance et à l'affluence de ses populations. À ce stade, il est tout à fait évident de constater comment la quête de ressources peut également placer un État dans les conditions d'expansion et finalement de concupiscence pouvant simplement conduire à la violation d'un traité[893]. À terme, ce phénomène crée des divergences interétatiques inéluctables qui conduisent inexorablement aux conflits juridictionnalisés ouverts. Évidemment, c'est dans cette diversité de rivalités et de contentieux sur les espaces que les conflits frontaliers ont acquis une prédominance exceptionnelle en Afrique.

Au même titre que le premier, sous-estimer de tels facteurs générateurs de conflits juridictionnalisés serait source d'affaiblissement des capacités opérationnelles du CPS. Ainsi, nous avons les contentieux qui opposent la RDC au Rwanda, au Burundi et à l'Ouganda. Ces différends s'inscrivent dans le cadre des conflits territoriaux dont le règlement a nécessité

---

889 Voir Emmanuel DECAUX, *op.cit.,* p. 141.
890 Voir Article 4 de l'Acte constitutif
891 Voir Paul REUTER, Jean COMBACAU, *op.cit.,* pp. 253-254.
892 *Ibid.,* pp. 255-256.
893 Voir Charles-Philippe DAVID, *op.cit.*, p. 146.

l'intervention de la CIJ. Une prudence accrue s'impose donc sur ces conflits territoriaux qui suscitent autant d'interrogations. Effectivement, il faudrait au préalable déterminer s'il s'agit des différends territoriaux d'ordre politique ou juridique.

Il est très intéressant de souligner que l'UA traverse une période de grande confusion actuellement dans la distinction entre les aspects politiques et les aspects juridiques des conflits territoriaux. En dépit de quelques progrès remarquables pourtant enregistrés à la fin des années 1980, il y a paradoxalement de nombreux Africains qui affirment encore que le droit international classique est spécialement réservé à la CIJ. Ainsi, l'Afrique ne semble plus se situer logiquement dans cette perspective. Au départ, ce contentieux de la RDC contre le Rwanda, le Burundi et l'Ouganda avait la forme d'un conflit territorial aux enjeux politiques et économiques. Progressivement, il a pris de l'importance qui a finalement envenimé les relations de voisinage.

Au bout du compte, ce conflit s'est dégénéré en incident de frontière qui fragilise régulièrement le climat de paix dans cette région des Grands Lacs. D'une manière générale, ces différends sur les problèmes frontaliers évoluent très rapidement en violation de souveraineté. Dans ce cadre, nous notons le conflit entre l'Érythrée et l'Éthiopie, entre la Libye et le Tchad, entre le Cameroun et le Nigeria ou entre le Mali et le Burkina Faso. Le rôle du CPS de l'UA est de taille sur cet aspect s'il fallait concrètement assurer la paix et la sécurité en Afrique.

Dans leur globalité, les nouveaux contentieux techniques entre les États du même voisinage sont fréquents en Afrique. Du point de vue de la pratique, nous constatons bien qu'ils sont encore loin d'être totalement éradiqués. Il faudrait que le CPA et les autres structures de l'UA concernées parviennent à résoudre cette question radicalement.

CHAPITRE II

LE MODE DE RÈGLEMENT DES CONFLITS JURIDICTIONNALISÉS

Si le CPS peut entreprendre « des activités de rétablissement et de consolidation de la paix lorsque des conflits éclatent en vue de faciliter leur règlement », rétablir l'ordre perturbé au sein de l'UA est un enjeu majeur critique[894]. Dans ce contexte, les États en conflit sont obligés de se soumettre à l'arbitrage ou au règlement judiciaire pour restaurer la stabilité. Bien entendu, les conflits politiques et les conflits juridiques sont les deux grandes catégories des conflits qui fragilisent le continent africain. D'une manière générale, les conflits juridiques représentent l'une d'elles où l'UA intervient en mettant en jeu des règles de droit. Par ailleurs, la distinction entre un conflit politique et un conflit juridique pose particulièrement d'énormes difficultés en Afrique. Il est également difficile de différencier le conflit frontalier du conflit territorial. L'exemple du différend frontalier sur l'Agacher opposant le Mali au Burkina Faso constitue une parfaite illustration sur ce point.

Effectivement, le conflit entre ces deux États reste difficile à distinguer sur tous les plans. Ce conflit entre le Mali et le Burkina Faso qui date de 1974 avait pourtant connu l'annonce de plusieurs trêves qui n'ont jamais été respectées. Il y avait eu deux cessez-le-feu qui ont été annoncés le 30 décembre 1985. La Libye et le Nigéria avaient supervisé le premier, tandis que le second était sous les auspices de l'ANAD. C'est un Pacte qui était conclu par la Haute-Volta (l'actuel Burkina Faso), la Côte d'Ivoire, le Mali, la Mauritanie, le Niger, le Sénégal et le Togo en 1977. À l'issue de ce conflit, il y a eu des Forces aériennes et des Forces terrestres maliennes de très haut niveau qui tenaient le contrôle des localités disputées. Le conflit territorial était finalement réglé en janvier 1986. La CIJ demandait aux deux parties de respecter le statu quo administratif qui prévalait avant le début du conflit. Prenant l'aspect d'un conflit politique, c'est le 17 janvier 1986 que

[894]Voir Article 7 du Protocole relatif à la création du conseil de paix et de sécurité de l'Union africaine.

les anciens présidents M. Moussa TRAORE du Mali et M. Thomas SANKARA, du Burkina Faso avaient convenu à Yamoussoukro (Côte d'Ivoire) de retirer leurs troupes de la bande d'Agacher. Finalement, c'est le 30 janvier 1986 que ce conflit opposant les deux États frontaliers était définitivement réglé[895]. Il est donc plus difficile de trancher sur un conflit sans savoir s'il est politique, juridique, frontalier ou territorial.

Mais, les États africains qui se confrontent à un tel dilemme privilégient le règlement par la voie diplomatique que celui basé sur des moyens juridictionnels. Au cas échéant, les États se refusent ouvertement de transiger avec la partie adverse devant un certain seuil et ne peuvent recourir au droit que pour des aspects techniques relatifs aux problèmes de délimitation des frontières. Serait-il un choix convenable pour espérer régler les conflits africains efficacement ? Bien entendu, le continent africain qualifie le droit écrit d'Occidental. Mais, il a certainement raison de choisir le règlement par la voie diplomatique et met en relief des personnalités jouissant de la légitimité sociale comme le Groupe de sages pour régler les conflits. Celle-ci prône le rapprochement des points de vue des parties, ce qui conduit évidemment au dénouement définitif d'un conflit.

Par ailleurs, un État ne peut faire justice lui-même pour un dommage subi. Au cas contraire, il manifesterait un comportement faisant preuve d'une contre-mesure. Cette attitude engendre les rétorsions et les représailles[896]. Pour ce faire, les États doivent obligatoirement recourir aux modes de règlement de conflits requis. Une fois que ces États acceptent le règlement par des moyens juridictionnels, c'est à la limite de ses possibilités que la Cour peut chercher à apaiser les tensions en imposant des solutions équitables conformément au droit. Selon l'article 29(2), « La Cour n'est pas ouverte aux États non membres de l'Union. Elle n'a pas non plus compétence pour connaître d'un différend impliquant un État membre non partie au présent Statut ».

Quoi qu'il en soit, le règlement des conflits juridictionnalisés renvoie généralement aux mécanismes juridictionnels (Section I). Mais dans la pratique, ces mécanismes ont souvent connu des désagréments. C'est ainsi que le règlement judiciaire des conflits a souvent montré ses limites en Afrique (Section II).

---

[895] Voir Équipe de Perspective Monde, *25 décembre 1985 : Conflit entre le Burkina Faso*

[896] Dans une *société décentralisée* comme l'est la société internationale, le *droit de se faire justice à soi-même* est reconnu à tous quand l'auteur du dommage se refuse ou tarde à donner réparation, sous réserve néanmoins de certaines limites. Il n'y a là qu'une application du *principe de réciprocité.* Les *contre-mesures visent des mesures décidées par les États agissant individuellement et pour leur propre compte.* En ce sens, elles se distinguent des sanctions adoptées par le Conseil de sécurité sur la base du chapitre VII de la Charte de l'ONU

SECTION I : LES MÉCANISMES JURIDICTIONNELS

Dès lors que l'idée de concevoir l'ordre international sur la sécurité et la coopération de tous les États avait fini par s'imposer, le recours à la force avait été conventionnellement proscrit dans le système des Nations Unies[897]. Ce faisant, les prérogatives générées par l'arbitrage international et le règlement judiciaire jugulent l'usage unilatéral et à titre préventif de la force[898]. À l'inverse des moyens non juridictionnels, l'arbitrage et le règlement judiciaire sont deux modes les plus perfectionnés où sont regroupés les principaux éléments d'une fonction juridictionnelle[899]. Par ces procédés, les tiers imposent une solution aux parties concernées par le différend. En effet, c'est à l'issue d'une procédure contradictoire qu'un organe indépendant des parties au litige prononce une décision obligatoire basée sur les considérations juridiques avec une garantie des droits de défense et d'égalité des parties. Il faut avouer qu'au sein d'une OI, la coexistence pacifique entre les États ne s'établit concrètement qu'avec un règlement préalable de la question des conflits. Ainsi, le traité de base devra stipuler les procédés requis pour la résolution du conflit que les États sont obligés d'observer rigoureusement. Son application par les États membres de l'organisation va donc imposer une surveillance accrue[900]. Sur ce point, les textes fondateurs de l'UA ont été conçus avec des termes classiques. C'est à travers les organes adéquats que l'Organisation peut intervenir pour remettre de l'ordre en son sein. Cela peut s'effectuer soit par sa propre initiative, soit à la demande des États membres.

En tout état de cause, le règlement des conflits juridictionnalisés passe inexorablement par des procédures et des actions qui peuvent formellement être basées sur le droit comme cela est le cas pour l'arbitrage (paragraphe 1) ou la justice (paragraphe 2).

Paragraphe 1 : Le règlement par l'arbitrage

L'arbitrage représente un procédé de règlement juridictionnel des différends interétatiques par le biais d'un arbitre ou d'un organe collégial au choix des parties dont l'impératif est de régler le différend sur la base du

---

[897] Voir Emmanuel DECAUX, *op.cit.*, p. 318.

[898] Selon Narcisse MOUELLE KOMBI, *op.cit*, pp. 64-65.

[899] « De tous les modes de règlement des différends, les modes juridictionnels sont les plus perfectionnés ; ainsi les principaux efforts dans le domaine du règlement des différends internationaux, ont-ils porté sur la conclusion d'engagement rendant obligatoire le recours à l'arbitrage ou à la justice. Mais l'acceptation d'obligations juridictionnelles préalables a toujours été accompagnée par le souci de la part des États de restreindre l'étendue des tels engagements. Pour ce faire, les États ont souscrit des obligations d'arbitrage ou de règlement judiciaire pour certaines catégories de différends, et ont renoncé à trouver une solution pour les différends restant en dehors de ce cadre ou encore les ont orientés vers d'autres voies de solution ». Photini PAZARTZIS, *op.cit.*, p. 35.

[900] Voir Paul REUTER, Jean COMBACAU, *op.cit.*, p. 282.

droit. À se référer sur l'article 37 de la première Convention de La Haye du 18 octobre 1907 nous retiendrons que : « l'arbitrage international a pour objet le règlement des litiges entre les États par des juges de leur choix et sur la base du respect du droit ». Il constitue le premier mode de règlement obligatoire juridictionnel. L'arbitrage moderne fait référence à l'affaire très célèbre de l'Alabama ayant opposé les États-Unis à la Grande-Bretagne, à la suite du Traité de Washington du 8 mai 1871. L'arbitrage représente le mode de résolution le plus efficace dans la société contemporaine à cause de sa posture face à la responsabilité des parties dans la conduite du procès[901]. Cependant, le recours à l'arbitrage est une juridiction facultative. Il est fondé sur la volonté des parties au différend.

Après avoir pris un engagement conventionnel, ces parties reconnaissent son rôle particulièrement actif et caractéristique pendant le déroulement de toute la procédure. Cette volonté des États se traduit par la conclusion d'un compromis d'arbitrage, la conception d'une clause compromissoire inscrite dans un traité et la présence d'un traité d'arbitrage permanent[902]. Le règlement par l'arbitrage et celui par la justice sont deux procédures de résolution des conflits où des sentences sont obligatoires pour les parties. D'où, ces procédures comportent des sentences qui sont rendues sur la base du respect du droit. Effectivement, c'est la décision sans appel des arbitres qui clôture l'instance.

D'une part, la sentence arbitrale est à caractère obligatoire dont le fondement de sa force résulterait soit de la souveraineté étatique à travers l'acceptation préalable des parties qui ont signé le compromis d'arbitrage, soit par le fait que la sentence a été rendue sur la base du droit. En effet, elle est nantie de l'autorité de la chose jugée au même titre que tous les autres Actes juridictionnels. Conformément au droit commun pour cette autorité, la sentence ne s'impose qu'aux parties à l'instance arbitrale. Elle a une autorité relative, et non absolue. Ce faisant, elle n'a pas d'effet « erga omnes »[903].

D'autre part, la sentence arbitrale est dotée d'un caractère non exécutoire. Ainsi, il n'y a jamais eu d'exécution forcée des sentences arbitrales contre les États en droit international. Seule la bonne foi des États détermine leur mise en œuvre. En revanche, elle peut être encouragée par des pressions de la Communauté internationale et par la conception d'une procédure chargée d'examiner les griefs que les parties adressent à la sentence. Selon le droit commun, c'est l'engagement de la responsabilité de l'État défaillant qui devra sanctionner le refus d'exécution de la sentence[904].

Dans l'arbitrage, ce sont les parties qui choisissent les arbitres eux-mêmes. De l'arbitrage au recours à la CIJ, le règlement juridictionnel est constitué de trois aspects communs. D'abord, nous citons la volonté des

---

[901] Voir Raymond RANJEVA et Charles CADOUX, *op.cit.*, pp. 239-240.
[902] Voir Marc PERRIN DE BRICHAMBAUT et coll., *op.cit.*, p. 387.
[903] Selon Patrick DAILLIER, Mathias FORTEAU et coll., *op.cit.*, p. 981.
[904] Voir Patrick DAILLIER, Mathias FORTEAU et coll., *op.cit.*, pp. 981-982.

États membres d'accepter ces procédures pour leur souveraineté et ne se soumettre au jugement d'un tiers que s'ils en sont consentis. Ensuite, nous allons souligner la solution qui s'applique est obligatoire pour les parties. Ce faisant, il y a eu moins d'affaires qui ont été résolues par un tribunal arbitral avec application d'un engagement arbitral général ou spécial[905].

Concrètement, c'est l'arbitrage ad hoc qui a été plus mis en pratique au lieu de l'arbitrage obligatoire évoqué dans l'article 40 de la Convention de La Haye de 1907 à savoir : « Indépendamment des traités généraux ou particuliers qui stipulent actuellement l'obligation du recours à l'arbitrage pour les puissances contractantes, ces puissances se réservent de conclure des accords nouveaux, généraux ou particuliers, en vue d'étendre l'arbitrage obligatoire à tous les cas qu'elles jugeront possible de lui soumettre ».

En effet, c'est à partir des Conférences de La Haye de 1899 et 1907 que la conclusion des traités d'arbitrage et l'introduction des clauses compromissoires ont connu un grand essor dans les accords interétatiques[906].

Au sein de l'UA en revanche, le choix de l'arbitrage a été plus exprimé par les États membres pour le règlement des conflits correspondant aux modes juridictionnels. Il faudrait avouer que les sentences arbitrales n'ont pas été assez prépondérantes en Afrique. Néanmoins, celles-ci ont été prononcées pour des différends dramatiques nécessitant pourtant la saisine de la CAJDH, voire de la CIJ. Contrairement à la CIJ, les États africains ont préféré signer des compromis d'arbitrage.

Pourquoi donc l'arbitrage serait-il toujours privilégié par les États africains dans la résolution de leurs conflits au lieu de la CIJ ou la CADHP qui est une composante de la future CAJDH ? Offrirait-il plus de prérogatives ou de meilleures garanties à couvrir facilement les manquements de certaines parties au litige dans ce cadre ? Il en est ainsi probablement compte tenu de léthargie manifestée par certaines institutions mises en place comme la Commission de médiation, de conciliation et d'arbitrage.[907]

Sur cette question, la Commission de l'UA a élaboré un plan stratégique et soutient que ces institutions sont reprochées d'un manque de dynamisme. Elles sont tellement limitées à réaliser des ambitions annoncées qu'il y a une résurgence d'écueils de l'OUA à l'UA sur le plan institutionnel. Ce phénomène se traduit par une inadéquation de la qualité et du nombre des cadres, l'existence des structures plus ou moins adaptées favorisant un cloisonnement entre les départements d'une part. D'autre part, il y aurait présence d'une culture très hiérarchisée et bureaucratique des organisations ;

---

905 « La convention d'arbitrage ou clause arbitrale peut être conclue après la surveillance d'un litige en cours. C'est la technique de l'arbitrage facultatif. Elle présente des inconvénients, en cas d'absence de précisions techniques et de pouvoirs limités conférés aux arbitres. L'article 58 de la convention de La Haye conseille donc de laisser la rédaction du compromis à la commission des arbitres ». ABAKAR Tollimi, *op.cit.*, p. 146.

906 Selon Photini PAZARTZIS, *op.cit.*, pp. 185-203.

907 Voir Josiane TERCINET, *L'Union africaine et le maintien de la paix*

des procédures et des systèmes qui empêchent une gestion moderne transparente axée sur la réalisation des objectifs de l'Union[908]. Si ces propos sont avérés, il serait donc souhaitable de mener des réformes dans ce domaine. Concrètement, ce choix aurait été opéré surtout à cause de multiples prérogatives offertes par le procédé d'arbitrage.

Parmi ces avantages, nous retiendrons cette grande souplesse que l'arbitrage offre aux États membres concernés par le différend. En effet, ces parties peuvent interroger l'arbitrage sur une question qu'ils ont déterminée au préalable, ses pouvoirs et les délais raisonnables pour rendre la sentence. En outre, les parties ont la possibilité de porter des modifications sur les données du conflit, sinon changer de formule. Enfin, comparativement à l'intervention du prononcé de l'Arrêt de la CIJ, l'arbitrage est le plus expéditif d'entre eux. Pourtant, en dehors de cet intérêt, le recours à l'arbitrage n'est pas non plus répandu. En un mot, cette attitude porte un grand préjudice à l'étendue quantitative du renouveau judiciaire en Afrique[909]. Jusque-là, l'arbitrage n'est intervenu que plus tard dans le règlement des différends interafricains.

Néanmoins, la Charte de l'OUA de 1963 avait déjà prévu la création d'une Commission de médiation, de conciliation et d'arbitrage. Et pourtant, cette institution devait d'ailleurs constituer l'un des quatre principaux organes de l'OUA. Mais celle-ci n'est pas parvenue à la rendre opérationnelle.

À sa création, l'UA devrait à la rigueur s'inspirer d'un tel projet pour augmenter ses potentialités au règlement des conflits par ces moyens. Jusqu'à preuve du contraire, l'arbitrage est malgré tout un mode de règlement juridique des différends internationaux couramment employé dans les conflits territoriaux en Afrique de l'OUA à l'UA. Nous citons l'exemple du conflit qui a éclaté en octobre 1963 entre le Maroc et l'Algérie quelques mois après la création de l'OUA. Ce conflit maghrébin a préoccupé tout le continent africain, dès lors que son règlement décidé au Mali a généré un arbitrage continental sous l'égide de l'OUA[910]. D'autres cas d'arbitrage ont eu lieu dans le conflit entre la Somalie et l'Éthiopie, puis entre la Guinée et la Côte d'Ivoire. En dehors du règlement par l'arbitrage, nous avons le règlement par la justice qui fait également partie des mécanismes juridictionnels.

Paragraphe 2 : Le règlement par la justice

La résolution des conflits internationaux emprunte une démarche relevant de l'approche générale agréée. Bien entendu, le droit positif est doté d'un

[908]Voir *Le plan stratégique de la Commission de l'UA*

[909]Voir Sidy SADY, *op.cit,* p. 140.

[910]Voir Boutros Boutros-Ghali, *L'Organisation de l'unité africaine : bilan et perspectives*, https://books.google.fr

juge habileté à résoudre les différends. Cependant, le droit international connaît des règles qui s'appliquent impérativement au règlement des différends. Ainsi, les procédures définies pour la résolution des conflits par des moyens juridictionnels se distinguent des procédures diplomatiques. En revanche, les processus judiciaires exigent le respect des règles reconnues dans les textes juridiques. Ce principe est clairement évoqué dans l'article 34(2) du Statut de la CIJ à savoir : « la Cour, dans les conditions prescrites par son règlement, pourra demander aux organisations internationales publiques des renseignements relatifs aux affaires portées devant elle, et recevra également lesdits renseignements qui lui seraient présentés par ces organisations de leur propre initiative ».

Cependant, l'UA fonctionne conformément aux principes stipulés dans l'article 4 de son ACUA. Ces dispositions évoquent, entre autres, le « Règlement pacifique des conflits entre les États membres de l'Union par les moyens appropriés qui peuvent être décidés par la Conférence de l'Union. Interdiction de recourir ou de menacer de recourir à l'usage de la force entre les États membres de l'Union ». Ce faisant, la CAJDH qui sera habilitée à régler les conflits interétatiques ne sera saisie que pour des questions relatives à l'interprétation ou de l'application de l'ACUA conformément à son article 26[911]. Outre l'interprétation ou l'application de l'ACUA, ces questions portent essentiellement sur l'interprétation, l'application ou la validité des traités et de tous les autres instruments juridiques subsidiaires de l'UA ; tous les sujets relatifs au droit international ; tous les Actes et décisions, Règlements et directives des organes de l'Union et autres[912].

D'aucuns soutiennent que les structures juridictionnelles et non juridictionnelles de l'UA prouvent leur incapacité à éradiquer les conflits souvent, parce qu'ils subissent les influences intérieures et extérieures, au point où il leur manque une indépendance judiciaire effective dans l'accomplissement de leurs missions. Ce sont des écueils majeurs aux Mécanismes de résolution des conflits en Afrique. De même, certains gouvernants africains feignent lorsqu'il s'agit d'investir des moyens financiers nécessaires à l'accomplissement des missions. La manifestation d'un tel manque de volonté politique est vraisemblablement une autre situation qui vient accabler ces structures déjà critiques dans la résolution des conflits. Parfois, ils affichent des attitudes d'atermoiements quand ils sont conviés à s'impliquer dans des procédures de résolution pacifique des différends moyennant une part de leur pouvoir. Tous ces aspects de problèmes constituent les sources des limites de l'Organisation continentale qui a de la peine à résorber les conflits avec succès. Par conséquent, les

911 Selon l'article 26 de l'Acte constitutif : « La Cour est saisie de toute question née de l'interprétation ou de l'application du présent Acte. Jusqu'à la mise en place de celle-ci, la question est soumise à la Conférence qui tranche à la majorité des deux tiers ».
912 Selon Guy MVELLE, *op.cit.*, p. 201.

structures juridictionnelles et non juridictionnelles de l'UA manifestent une certaine incapacité opérationnelle due au sous-développement continental, d'où ce déficit de moyens adéquats à leur fonctionnement que nous constatons actuellement.

Tout compte fait, l'arbitrage et le règlement judiciaire leur confèrent un aspect de procédure complémentaire. Mais dans la pratique, ces deux procédés ne deviennent des moyens définitifs de règlement qu'après l'échec des modes diplomatiques. Cependant, le contenu de l'obligation peut du fait qu'il existe une diversité de degré d'obligation entre les dispositions. En outre, l'efficacité des clauses est étroitement liée à la portée de l'obligation souscrite[913].

SECTION II : LES LIMITES DANS LE RÈGLEMENT JUDICIAIRE DES CONFLITS EN AFRIQUE

La résolution des conflits basée sur l'application des normes juridiques a souvent fait preuve de ses limites en Afrique. Il en est ainsi, simplement parce que certains différends redoutables parviennent à défier le droit dès que la procédure accuse les moindres faiblesses. La plupart des procédés déclenchés par l'UA dans la résolution des conflits témoignent encore de cette réalité. Au fil des années, son incapacité à résoudre les conflits définitivement a pris le caractère d'un défi difficile à surmonter.

Malgré les textes juridiques, les questions de stabilité, de l'intégration et du développement restent encore un mythe incontestable en Afrique. Pour l'instant, les Mécanismes juridictionnels et diplomatiques régulièrement exécutés sont encore loin d'apporter des résultats escomptés. Cet aspect expliquerait partiellement la pérennité des conflits en Afrique. Malgré tout, il faut avouer qu'il règne un certain climat de méfiance généralisée au sein de l'UA. Cette attitude paralyse parfois la mise en œuvre de ces procédures pourtant applicables dans les conflits. C'est ainsi que, même à propos des conflits dont les parties s'accordent à un règlement par la justice, l'exigence des conditions favorables préalablement réunies est permanente donc, être devant les relations confiantes et stables susceptibles de générer une application régulière d'un droit suffisamment établi, en vue d'une résolution équitable. En un mot, il suffit que les services à rendre par les mécanismes juridictionnels soient limités à des matières spéciales, sinon à des relations interétatiques tissées dans un espace restreint où une communauté plus ou moins circonscrite s'est créée[914]. Évidemment, la pratique semble démontrer que les organes de règlement de différends de l'UA manquent d'atouts majeurs pour assumer concrètement les tâches de grande envergure

[913] Voir Photini PAZARTZIS, *op.cit.*, pp. 62-63.
[914] Voir Paul REUTER, Jean COMBACAU, *op.cit.*, p. 44.

auxquelles ils sont exposés[915]. Pour relever ce défi, les États membres devraient accentuer leur participation à contribuer davantage pour donner les possibilités d'un meilleur rendement à l'UA. Les limites du règlement judiciaire à évoquer sont d'ordre géographique (paragraphe premier). Elles sont inhérentes à la nature des conflits (paragraphe 2).

Paragraphe 1 : Les limites liées à la nature des conflits

La compétence des organes juridictionnels va au-delà de la théorie de la justiciabilité des conflits qui est fondée sur la différenciation entre conflits politiques et conflits juridiques. Ce sont plutôt les réserves qui engendrent l'exclusion de certaines catégories dont la restriction peut intéresser la justiciabilité des différends juridiques. Les limitations de cette nature expriment l'un des soucis des États à l'exclusion des affaires considérées comme suffisamment sérieuses de l'obligation assumée ou la limitation de sa portée tout simplement. Lorsque certaines clauses ont été conçues pour le règlement d'un différend, leur exception est possible par un État qui les apprécie dans des circonstances qu'il a volontairement appréciées. Cependant, les restrictions de l'engagement s'établissent dans un style purement vague, sinon subjectif accordant ainsi une certaine liberté d'interprétation aux États qui pourront décider de leur application ou non. Néanmoins, ces restrictions ne sont nullement favorables à l'engagement dans ce sens, étant donné qu'elles l'affectent jusqu'au point où celle-ci retire sa portée obligatoire. Ainsi qu'il peut se réduire à un engagement potestatif, c'est-à-dire non contraignant[916].

Par ailleurs, les limites des instruments juridiques de droit international ont été prouvées par leur application restreinte au règlement des différends entre États africains. Ce faisant, c'est surtout devant les conflits plus importants que ces instruments se sont avérés superflus. À la rigueur, ce sont surtout les conflits plus ou moins souples qui ont été résolus par le biais du droit international.

En matière de règlement des conflits, la faiblesse des instruments juridiques relatifs est une particularité pour le continent africain. L'inefficacité de ces instruments fait souvent l'objet d'un certain mépris

---

[915]D'une part, il est important de renforcer les réseaux formels et informels déjà créés entre des individus et des groupes. Normalement, ceux-ci ont intérêt à échanger les idées et les expériences en vue de développer de projets et d'entreprises collectifs. Dans la pratique, il a été constaté que les universités et autres centres du savoir échangent difficilement des étudiants et ne communiquent pas régulièrement entre eux. Les associations et les organisations de la société civile ne travaillent pas ensemble. Par conséquent, ils ont du mal à bénéficier suffisamment des opportunités offertes par les réseaux étendus. Au contraire, ces réseaux et des liaisons essentiels sont malheureusement isolés et parcellaires. Néanmoins, ils devraient constituer un ensemble beaucoup plus puissant et cohérent susceptible d'encourager l'intégration.

[916] Voir Photini PAZARTZIS, *op.cit.*, pp. 90-91.

fréquemment placé en amont d'un règlement de conflit. Chaque fois, les parties au litige sont pessimistes et redoutent l'efficacité des instruments juridiques de l'UA dont les limites selon eux n'ouvrent aucune issue favorable, sinon difficilement. Nous constatons bien que ces limites sont à la fois internes et externes. Elles proviennent simplement de la manière dont les instruments juridiques ont été conçus. Il s'agit de l'imprécision qui règne sur la nature des conflits dont ils sont fondés, leurs compétences exactes, leur cadre, la règle d'action de l'UA relative, tous les paramètres liés à leur application et leur portée ainsi que le résultat concret obtenu en matière de règlement de conflits.

Bien entendu, les caractéristiques des conflits ont un grand ascendant aussi bien sur ces instruments juridiques que sur leurs limites en Afrique. Malgré les efforts déployés par le système international de son appui aux ambitions de la nouvelle Organisation continentale, la pratique n'a cessé de nous démontrer que beaucoup d'efforts restent à consentir pour parvenir au succès définitif. Le cas échéant, c'est le contraire qui risquera de se produire[917].

Or après l'OUA, la Commission de médiation, de conciliation et d'arbitrage (CMCA) n'avait nullement conduit aux résultats escomptés. De son côté, le droit international classique n'a pu constituer un apport considérable en dehors de l'espoir qu'il a tenté de véhiculer à la suite de ce grand tournant en pareille période. Si bien que les conflits dont la CIJ ou l'arbitrage sont saisis ne portent que sur une catégorie précise, ce faisant, la plupart des conflits soumis à un jugement sont avant tout interétatiques tandis que la seconde catégorie de ces conflits concerne la question de délimitation de frontières existantes au moment de la décolonisation en Afrique.

Par exemple, la seconde limite axée sur la nature des conflits qui sont soumis au mode judiciaire de règlement des différends tient au caractère restrictif de l'objet des conflits. En dehors de leur caractère interétatique, les conflits soumis aux juges sont donc ces conflits frontaliers. Ces frontières peuvent être terrestres telles que celui entre le Mali et le Burkina Faso, le Bénin et le Niger, le Tchad et la Libye, soit des frontières maritimes comme celle entre la Tunisie et la Libye, le Sénégal et la Guinée-Bissau, la Guinée et la Guinée-Bissau enfin entre le Nigeria et le Cameroun.

Au niveau des frontières, les rivalités ont coutume de devenir brusquement des litiges orientés vers la violation de souveraineté, comme le cas du différend entre le Tchad et la Libye, le Burkina Faso et le Mali, le Nigeria et le Cameroun ou entre l'Éthiopie et l'Érythrée[918]. Les textes juridiques portant sur la compétence de la Cour concernent les différends qui opposent les États membres au sein des OI. Cependant, le continent africain est constamment cahoté par les conflits intra-étatiques sous forme des

[917]*Ibid.*, p. 205.
[918]Voir Sidy SADY, *op.cit.*, pp. 141-142.

situations de troubles et tensions internes qui se déroulent au sein des États souverains. La réalité dans ces différends est telle que : dans la plupart des cas, ce sont les groupes armés qui s'opposent aux forces gouvernementales. Apparemment, la CIJ n'aurait aucune compétence devant ces individus qui ne sont pas justiciables où ni l'État ni les individus ne peuvent la saisir. Cette cour a compétence dans les conflits interétatiques, comme il est souligné dans l'article 36 du Statut de la CIJ. Paradoxalement, ce sont pourtant des différends qui découlent des questions à caractère purement juridique à la base.

À cet effet, il est possible de noter que la faiblesse du droit international classique au sein de l'UA est une limite qui peut se mesurer par la fréquence et la nature des différends soumis au règlement judiciaire. Finalement, il est apparu un autre aspect de limite relative à la nature des conflits réglés par les moyens juridictionnels dont le caractère restrictif de l'objet des différends est son fondement. Les États membres de l'UA ont limité la portée du droit international classique en réduisant les contentieux justiciables de la Cour uniquement aux litiges sur les frontières. Seul l'aspect technique posé par les complications de délimitations des frontières semble les renvoyer au droit, ce qui leur permet de se soustraire à un règlement personnalisé des conflits.

D'une manière générale, les Africains ont connu une sorte d'avancée dans le règlement des différends par le droit, dès lors qu'ils l'ont accepté comme une norme de référence en la matière[919]. Le règlement judiciaire des conflits en Afrique connaît également des limites géographiques dont une étude détaillée permettra de les comprendre et trouver de bonnes résolutions dans ce domaine.

Paragraphe 2 : Les limites géographiques

Le nombre restreint des affaires soumises au règlement judiciaire et la nature de celles-ci a suffi pour démontrer jusqu'à quel point ce mode de règlement n'est pas encore répandu au sein de la Communauté africaine. Ces limites sont surtout d'ordre géographique, mais l'aspect quantitatif du sujet a eu un impact considérable dans l'appréciation des limites au règlement judiciaire des conflits en Afrique.

En pratique, ce sont les États de l'Afrique septentrionale qui ont eu recours à la CIJ dans le règlement de leurs différends, contradictoirement aux États de l'Afrique subsaharienne qui ont privilégié l'arbitrage. Cette disproportion entre les États de l'Afrique du Nord et ceux de l'Afrique subsaharienne est relative. Elle repose surtout sur des bases techniques, historiques, politiques et religieuses. En effet, les différends dans cette région du Maghreb relèvent surtout de la délimitation des frontières terrestres ou maritimes aux enjeux purement techniques et ne peuvent se régler que par la CIJ.

---

[919] *Ibid.*,

En revanche, les affaires soumises à la CIJ par les États subsahariens sont peu nombreuses, en dépit d'un léger progrès enregistré autour de l'année 1997. Contrairement aux États de l'Afrique du Nord, ce recours à la justice internationale a souvent fait suite à un conflit en pleine effervescence, comme le conflit du Tchad contre la Libye, le Cameroun contre le Nigeria, du Burkina Faso et le Mali, de la RDC et ses voisins immédiats. Souvent, cette intervention de la Cour succède à une tentative échouée de l'arbitrage, tel que le cas du différend opposant la Guinée-Bissau au Sénégal.

La saisine de la CIJ n'a concrètement aucune influence sur la prévention des conflits en Afrique subsaharienne. Elle n'a d'utilité que pour l'apaisement des conflits qui seront résolus à titre définitif après. Si les États subsahariens ont une préférence de l'arbitrage à la CIJ, c'est peut-être tenant compte de nombreux avantages regorgés par ce procédé. Cette attitude suffit pour comprendre jusqu'à quel ordre les sentences arbitrales minimes ont pu remplacer plusieurs décisions de la Cour dans des différends redoutables, mais convenables au règlement par celle-ci.

En tout état de cause, le règlement judiciaire des différends qui a souvent rencontré des écueils au sein l'UA doit repousser ses limites considérablement, malgré un appréciable renouveau qu'il a pu enregistrer. Des efforts restent encore à fournir pour atteindre les objectifs fixés dans cette perspective, partant aboutir au développement, à la stabilité et à l'intégration du continent africain.

CONCLUSION DE LA DEUXIÈME PARTIE

L'examen minutieux des opérations menées par l'UA en matière de résolution des conflits permet tout d'abord de faire une distinction entre les conflits politiques et les conflits juridictionnalisés. Il ressort de cette étude que la résolution des conflits politiques répond mieux aux procédures diplomatiques en Afrique. Effectivement, les leaders politiques africains préfèrent ce mode de règlement par rapport à la juridiction internationale appliquée par la CIJ et qu'ils jugent propre à défendre les intérêts des puissances occidentales. Malheureusement, les résultats escomptés par les Africains sont encore utopiques.

Dans l'ensemble, l'UA fait réellement preuve d'une grande ambition dans ses interventions sur les conflits. Mais quelques manquements au plan opérationnel bloquent encore l'avancée des procédures dans le dénouement des conflits. Cela reste valable dans les opérations de paix et de sécurité ainsi que dans le règlement de conflits. Les crises vécues en Côte d'Ivoire, au Maghreb, au Mali, en Centrafrique et au Burundi sont une preuve suffisante. Ensuite, nous retiendrons que les opérations de résolution des conflits menées par l'UA se heurtent souvent à la concurrence des autres institutions internationales.

Ainsi, le CPS de l'UA se trouve supplanté par l'autorité du CS de l'ONU sur le terrain. En revanche, ce sont les États membres de l'UA qui préfèrent contourner sa compétence en faveur des organisations régionales de leur appartenance. Cette attitude fragilise le rôle de l'UA et empêche la résolution des conflits efficacement.

CONCLUSION GÉNÉRALE

Le fléau des conflits constitue un obstacle majeur dans tous les domaines en Afrique. Ainsi qu'il paraît indispensable de promouvoir la paix, la sécurité et la stabilité, ce qui constitue un tremplin pour le développement et l'intégration continentale. Cependant, l'étude portant sur « Les limites de l'Union africaine dans la résolution des conflits » nous a permis de connaître le fonctionnement réel des nouveaux organes de l'UA. Ainsi, nous avons pu examiner les principaux obstacles qui bloquent sa réussite dans le règlement des différends. Malheureusement, l'immaturité ou la durée d'existence encore courte d'une organisation continentale comme l'UA nous empêche de dégager une conclusion exhaustive de sa mission. Néanmoins, nous pouvons évoquer les quelques progrès déjà accomplis ainsi que les limites révélées au cours de cette première décennie écoulée.

Toutefois, les interventions que l'UA réalise font partie des missions cardinales axées sur le développement, l'intégration et la stabilité du continent. À ce titre, le principe du règlement des conflits par des voies pacifiques paraît fondamental. Il représente par conséquent une alternative incontestable au recours à la force dans les relations interétatiques. Nous soulignons également sa majestueuse réaffirmation par l'application du droit. En revanche, les compétences de l'UA dans la résolution des conflits sont attribuées par les textes fondateurs. Ces compétences sont déclarées, implicites, normatives et opératoires d'une part. D'autre part, elles sont exclusives, partagées ou concurrentes, servant ainsi de contrôle et de sanctions. Dans la pratique, ces compétences sont complémentaires ou subsidiaires.

Par ailleurs, le principe de subsidiarité qui est d'ordre constitutionnel reste un principe d'action publique dans la construction africaine. Ce faisant, la subsidiarité qui est soit implicite soit explicite peut présenter un aspect positif ou négatif. En somme, les compétences permettent à l'UA d'accomplir ses missions telles qu'elles sont définies. Il s'avère que l'ACUA est constitué des termes peu explicites qui posent de problème d'interprétation.

Néanmoins, c'est partant des compétences implicites que les initiatives peuvent être prises par un organe judiciaire pour pallier les difficultés à certains niveaux. En Afrique, plusieurs instruments juridiques sur les conflits sont souvent déviés devant des situations critiques nécessitant pourtant leur inadaptation d'une manière imprévue. Ces instruments juridiques ne conviennent que pour le règlement des conflits envisagés. C'est ainsi que pour un continent qui connaît des conflits multiformes et variés, les Africains préfèrent un règlement diplomatique de ceux-ci[920].

Par principe, l'UA a reconduit certains objectifs de l'OUA, tandis que d'autres ont été simplement adoptés. Par contre, les interventions de l'UA ont été circonscrites dans des domaines bien spécifiés. Cependant, les limites d'ordre procédural ou institutionnel ont simplement été constatées dans la résolution des conflits. En revanche, des obstacles d'approche concurrentielle ou ceux relevant du contrôle parviennent souvent à atténuer les efforts de l'Union dans ses opérations. C'est ainsi qu'à l'heure actuelle, la persistance de nombreux conflits en Afrique constitue un fléau typiquement récusable à l'intégration, au développement et à la stabilité du contient. D'où cet intérêt pour l'UA d'intervenir dans les différends régionaux, d'autant plus que le règlement des conflits internes et internationaux par l'UA présente encore des complications au regard des limites qu'elle rencontre dans ce domaine. En dehors de tous ces obstacles déjà présents, l'UA se livre constamment à une rude concurrence avec la multiplicité d'institutions en matière d'intervention. Notamment, il s'agit des interventions du CS des Nations Unies qui supplantent celles de l'UA, ou encore les opérations menées par les organes régionaux tels que la CEDEAO qui contourne fréquemment l'autorité de l'Organisation continentale en Afrique de l'Ouest.

En revanche, l'UA n'intervient essentiellement que par le biais des organes concernés dans ce cadre. De la même manière dont les objectifs ont été reconduits de l'OUA, trois organes de base de celle-ci ont fait l'objet d'une reconduction matérielle par l'UA à savoir : la Conférence des Chefs d'État et de gouvernement, le Conseil des ministres, le Secrétariat général. Au sein de l'UA, ces organes sont respectivement devenus : la Conférence, le CE et la Commission. Cependant, l'exécution des missions du CPS se focalise sur l'appui de cette Commission de l'UA, d'un Groupe de sages, d'un Système d'alerte rapide, et d'une FAA. C'est ainsi qu'un fonds spécial d'appoint a été mis à sa disposition pour une meilleure réalisation des opérations sur le terrain.

Cependant, c'est au lendemain de sa création que cette nouvelle Organisation panafricaine sentait l'effet des forces d'inertie et des écueils se manifester en son sein. À ce stade, la capacité réelle et globale de l'UA en matière de paix et de sécurité constituait déjà un grand défi à relever[921]. Il n'en demeure pas moins que les interventions de l'UA peuvent connaître de nombreuses restrictions aujourd'hui. Ces limitations sont dues à l'hégémonie du CS des Nations Unies sur les organisations régionales en vertu de la

[920]ABAKAR Tollimi, *op.cit.*, pp. 234-235.
[921] Voir Dominique BANGOURA, *op.cit.*, p. 201.

Charte des Nations Unies. Sur le plan international bien entendu, le CS de l'ONU a la responsabilité principale de la paix et la sécurité internationales. Pourtant, c'est conformément aux dispositions de l'article 52(1) du chapitre VIII de ladite Charte que l'ONU peut confier ou déléguer ses pouvoirs totalement ou partiellement aux organisations régionales.

Par ailleurs, les Mécanismes sous-régionaux pour la prévention, la gestion et le règlement des conflits entretiennent des relations directement avec l'ONU. Par conséquent, les États en conflit préfèrent saisir les Mécanismes des sous-régions au lieu de s'adresser à l'UA qui est pourtant l'Organisation africaine de base. Même s'ils sont intégrés dans l'architecture de paix et de sécurité de l'UA, ces Mécanismes ne devraient pas contourner le pouvoir hiérarchique de l'UA tel qu'ils le font couramment. Leur comportement peut provoquer le fléchissement de l'UA dans ces interventions pour le règlement des conflits. Cette attitude qui exprime le mépris de la hiérarchie au niveau des OI est à proscrire afin de permettre à l'UA d'atteindre ses objectifs avec succès.

Sur ce point, les relations entre l'ONU et l'UA d'une part, puis entre l'UA et les Mécanismes régionaux d'autre part ne s'effectuent pas convenablement. Selon les textes fondateurs, l'UA se réfère à la Charte des Nations Unies et adhère logiquement au principe de subordination de son système focalisé sur le Mécanisme universel de l'ONU. Sa posture naturelle lui confie pourtant la responsabilité de s'occuper des questions de paix et de sécurité en Afrique.

Par ailleurs, les Mécanismes régionaux de prévention, de gestion et de règlement des conflits sont intégrés dans la charpente de sécurité de l'UA, selon l'article 16(1) du Protocole du CPS. Or c'est par un travail d'étroite collaboration que le CPS devrait assurer un partenariat efficace avec ces Mécanismes régionaux, et conjointement avec le président de la Commission[922]. Au contraire, l'expérience nous démontre que les Mécanismes sous-régionaux prennent souvent des initiatives et des décisions délibérées dans certaines situations délicates, sans tenir compte de l'Organisation de base qui est l'UA.

Ainsi, régulièrement affaiblie par les pressions et les surprises qu'elle enregistre, l'UA se trouve souvent dans l'obligation de céder et d'accepter la volonté de ces Mécanismes sous-régionaux. Cette forme de collaboration peut créer des rivalités assorties des divergences et d'antagonismes dans une OI comme l'UA. Ce désagrément contraint l'UA à revenir parfois sur sa propre décision à l'égard d'un État membre ayant fait l'objet d'une condamnation antérieure. L'exemple du changement anticonstitutionnel de gouvernement par le coup d'État de mars 2003 en Centrafrique en est une preuve incontestable. Les changements anticonstitutionnels de gouvernement sont pourtant proscrits par l'article 4(p) de l'ACUA. Malgré tout, celui de la RCA a été toléré par l'Organisation continentale qui a officiellement

[922] *Ibid.*, p. 202.

reconnu le régime du général BOZIZÉ, après les recommandations pressantes de la CEMAC qui s'était réunie le 3 juin 2003 à Libreville au Gabon.

À ce titre, l'examen de la conduite des États dans la résolution des conflits révèle une discordance entre les textes conventionnels du droit communautaire africain et leur inapplication sur le terrain. Et pourtant, c'est quand l'UA affaiblie ne peut plus gérer, freiner ou empêcher une telle absurdité que des discussions entre ces institutions africaines permettraient de désamorcer la crise.

À propos, un sommet de l'UA s'organisait à Tripoli (Libye) dès le 30 août 2009. Convoqué par le guide libyen, ce sommet extraordinaire sur les conflits et la sécurité en Afrique se tenait à la veille des festivités marquant le 40ème anniversaire de la Révolution libyenne. Le guide libyen voulait simplement s'impliquer dans la résolution de crises africaines. La guerre civile au Darfour qui était un conflit armé, le conflit de la Somalie et celui des Grands Lacs avaient largement figuré dans ce sommet. En réalité, la fameuse résolution des conflits sur le continent avait bien été marquée par une série de dysfonctionnements.

D'une part, l'UA était créée à la suite de la déchéance de l'OUA, certes. Mais en dehors des progrès très remarquables déjà enregistrés, celle-ci constitue une Institution innovée qui connaît aussi quelques déficiences dans la résolution des conflits, particulièrement dans les domaines juridiques, diplomatiques et militaires. D'autre part, l'UA était placée sous l'influence d'un seul individu, en l'occurrence, l'ancien président, libyen M. Mouammar KADHAFI qui aspirait d'une Union de l'Afrique où la politique des États devrait être intégrée et conduite conjointement par un gouvernement continental. Mais, animé des réactions qualifiées de saugrenues et des ambitions démesurées, M. Mouammar KADHAFI avait finalement échoué dans ce projet.

Dans certaines circonstances par exemple, ses ingérences ont pu provoquer des réticences de l'Afrique du Sud et du Nigeria qui sont les deux États membres très influents au sein de l'Organisation panafricaine[923]. Effectivement, cette option fédéraliste suggérée par M. Mouammar KADHAFI a été écartée pour faire place au renforcement et à la consolidation des CER. Ce choix était donc destiné à affermir la réalisation des objectifs de la CEA ainsi qu'à l'installation de l'UA[924].

Si la prévention, la gestion et le règlement des conflits par l'UA découlent d'une pratique inspirée de l'ONU, il faut garder à l'esprit que la juridiction de la CIJ était d'abord inacceptable pour les Africains. Ces derniers privilégient plus un règlement par la justice traditionnelle basée sur le rapprochement des points de vue des parties. Concrètement, cela se passe par un dialogue sans une condamnation ouverte de l'une ou de l'autre partie

---

[923]Voir Éric Laurent, *op.cit.*, p. 1.
[924]Voir Guy MVELLE, *op.cit.*, p. 335.

au litige, ceci dans la crainte d'inciter une éventuelle résurgence du conflit. Mais c'est au cours de l'évolution du temps et des conceptions que certains États ont commencé par accepter cette juridiction internationale de la CIJ de plein gré.

Quoiqu'accepté, ce règlement par voie judiciaire des conflits ait été paradoxalement loin de l'emporter sur l'application du droit international africain qui est basé sur l'égalitarisme et l'unitarisme. La solution judiciaire des conflits ne peut non plus supplanter les moyens diplomatiques et militaires de règlement de conflits[925]. En revanche, si l'on veut apprécier la manière de gouverner les États membres de l'UA, nous retiendrons simplement qu'il existe encore certains chefs d'État et de Gouvernement qui incarnent un manque de volonté politique commune dans leurs agissements. Ainsi qu'il y a encore la présence des violations massives des droits de l'Homme et des peuples en Afrique.

Ce sont surtout de multiples limites qui freinent l'élan de l'UA dans le règlement des différends. Au lieu donc de promouvoir et protéger lesdits droits, consolider les institutions, la culture démocratique, promouvoir la bonne gouvernance et l'État de droit, ces quelques dirigeants politiques d'Afrique font étonnamment preuve d'une mauvaise gouvernance. Il s'agit d'une attitude qui se traduit, entre autres, par la dictature, la défiance de l'autorité de la loi, le despotisme, la corruption et l'impunité qui accompagne ces fameuses violations massives des droits de l'Homme. Ces phénomènes qui persistent dans certains États de l'UA se réverbèrent sur quasiment toutes les institutions africaines qu'ils finissent par altérer du point de vue de leur efficacité dans les missions.

Par exemple, l'UA a exprimé sa grande préoccupation sur la situation au Soudan du Sud où se poursuivent des combats et des attaques contre les civils. Cette Déclaration a été faite suivant une discussion sur un rapport que le CPS a reçu de la Commission d'enquête de l'UA pour le Soudan du Sud. Dans sa Déclaration, le CPS a très fermement condamné les violations de l'Accord de cessez-le-feu du 23 janvier 2014, ainsi que les attaques perpétrées contre les organisations humanitaires et les civils. Le CPS a été très indigné par une réticence perpétuelle et un manque de volonté politique manifesté par des leaders bellicistes aux compromis indispensables à la conclusion d'un accord mettant un terme au conflit[926]. Au bout du compte, ils risqueront de placer la quasi-totalité du continent dans une situation de conflits récursifs. Ces leaders pourront ainsi compromettre toute initiative de développement, de l'intégration et de la stabilité durable du continent[927].

De gros efforts restent encore à fournir dans ce domaine afin d'éradiquer définitivement ces fléaux rédhibitoires aux objectifs fixés par l'Union. Il

---

[925]Voir Sidy SADY, p. 143.

[926]Voir L'expression, *L'Union africaine préoccupée par la poursuite des combats au Soudan du Sud,* http://www.lexpressiondz.com, le 27 juillet 2015.

[927] Voir *Le plan stratégique de la Commission de l'UA*

faudrait également souligner d'autres irrégularités qui se posent dans des États membres de l'UA comme celui de l'alternance politique en Afrique. C'est un problème fréquent aux élections où il manque d'alternatives sur la présidence pour de nombreux États africains. L'UA se trouve encore limité sur cet aspect. À cette spirale, certains présidents dictateurs d'Afrique modifient toutefois les constitutions afin de s'éterniser au pouvoir par des élections truquées et sans alternance. Ce phénomène a été constaté, entre autres, au Congo, en RDC et au Burundi. Or ce sont les élections libres qui permettent une alternance pacifique des coalitions politiques dans les conditions normales. Cette anomalie qui caractérise la succession présidentielle dans les régimes africains découlait d'une conception encore acceptée du pouvoir politique[928]. Évidemment, l'alternance du pouvoir pose encore un problème sérieux dans le domaine de la stabilité en Afrique. Elle est source des situations de troubles et tensions internes inévitables dans la majorité des États de l'UA en période électorale. Vu les changements sociaux, économiques et politiques qui se produisent dans le monde, l'UA est tenue de relever les défis multiformes auxquels tout le continent africain est confronté.

À terme, bien que l'UA se préoccupe pratiquement de la résolution des conflits tant politiques que juridiques, la pratique n'a cessé de démontrer que les résultats sont encore loin de satisfaire les attentes des Africains. Les conflits politiques renvoient au traité, tel que celui concernant les frontières naturelles du fleuve Congo situé entre le Congo et la RDC.

Les conflits juridiques quant à eux renvoient à une résolution par des voies purement juridictionnelles telles que : l'arbitrage, et la Cour de justice. Cette catégorie des conflits concerne par exemple les discussions sur les tracés des frontières territoriales. Ils renvoient plus à la jurisprudence et à la coutume. Évidemment, les tensions restent palpables au sein des États membres et au-delà, tandis que les décisions rendues ne sont souvent guère appliquées. Par conséquent, l'UA présente encore des faiblesses majeures à ce stade.

Tant que l'UA sera dépourvue des moyens matériels et humains indispensables au règlement des conflits, le nombre impressionnant d'institutions présentes au plan continental et international resteront inefficaces devant ce fléau de conflits. Il faudrait donc accentuer la mobilisation des États membres de l'UA à contribuer au renforcement des capacités opérationnelles nécessaires.

Loin de toutes les considérations possibles, et parmi tous les autres obstacles qui minent le continent africain, le problème fondamental de l'UA repose avant tout sur l'absence des conditions fiables et indispensables à l'accomplissement de sa mission avec succès. Quoi qu'il en soit, l'UA a encore du chemin à parcourir avant d'atteindre pleinement les objectifs qu'elle s'est fixés dans son traité de base, en l'occurrence l'ACUA.

---

[928] Voir El Hadj MBODJ, *op.cit.*, p. 448.

BIBLIOGRAPHIE

1. Ouvrages généraux

- ARON Raymond, *la société industrielle et la guerre,* Paris, Librairie Plon, 1959, 183 p.
- BEAUFILS Thomas, BENOT Yves, BERNAND Carmen et autres (sous la direction de FERRO Marc), *Le livre noir du colonialisme, XVIe — XXIe siècle : de l'extermination à la repentance*, Paris, Éditions Robert Laffont, 2003, 843 p.
- Charles Philippe David, *la guerre et la paix*, Paris, Presses de Science po, 2013, 554 p.
- COPANS Jean, *Introduction à l'ethnologie et à l'anthropologie* : *Domaines et approches*, Paris, Ed. Armand Colin, 2010, 128 p.
- CORNU Gérard, *Vocabulaire juridique*, Paris, PUF, 1987, 986 p.
- COUTEAU-BÉGARIE Hervé, *Traité de stratégie,* Paris, Édition Economica, 2006, 1049 p.
- DAVID Charles-Philippe, *La guerre et la paix : Approches contemporaines de la sécurité et de stratégie,* Paris, Presse de Science Po (2è éd. revue et augmentée), 2006, 463 p.
- HUNTINGTON Samuel Phillips, *Le choc des civilisations*, Paris, Ed. Odile Jacob, 1997, 545 p.
- LAFERRIÈRE Julien, *Manuel de droit constitutionnel*, Domat-Montchrestien, 1947, 1112 p.
- MACHIAVEL Nicolas, *Le prince*, Paris, Édition Flammarion, 1992, 220 p.
- ROBERT Paul et REY Alain, *Dictionnaire alphabétique et analogique de la langue française*, Tome V, Paris XIe, Édition Les dictionnaires ROBERT, 1992, 882 p.
- WEILL-RAYNAL Etienne, *Les réparations allemandes et la France : l'application du plan DAWES, le plan YOUNG et la liquidation des répartitions (avril 1924 — 1936)* Paris, Nouvelles Éditions latines, 1947, 976 p.

2. OUVRAGES SPÉCIALISÉS

- ALVAREZ José E., *International Organizations as Law-makers,* Oxford, Oxford University Press, 2005, 660 p.
- BAKKER Christine A.E., *Le principe de complémentarité et les « auto-saisines » : un regard critique sur la pratique de la Cour pénale internationale,* Éditions A. Pedone, Paris, 2008, Tome CXII — 2008, 364 p.
- BERCIS Pierre, *Guide des droits de l'Homme,* Seconde édition, Vanves, EDICEF, 1996, 255 p.
- BERGER Vincent, *Jurisprudence de la Cour Européenne des droits de l'Homme,* Paris, édition Dalloz, 2009, 880 p.
- BERTRAND Geneviève, *les institutions mondiales (petit guide),* Vichy, AEDIS édition, 2004, 8 p.
- BRAILLARD Philippe, *Théorie des relations internationales*, Paris, Presses Universitaires de France, 1977, 459 p.
- BROWNLIE Ian, *Principles of Public International Law,* Oxford, Oxford University Press, 1998, 743 p.
- CHARPENTIER Jean, *Institutions internationales*, 14e édition, Paris, Éditions Dalloz, 1999, 131 p.
- CALLEJON Claire, *La réforme de la Commission des droits de l'Homme des Nations Unies – de la Commission au Conseil*, Paris, éditions A. Pedone, 2008, 427 p.
- COMBACAU Jean et SUR Serge, *Droit international public*, Paris, Montchrestien, Lextenso éditions, 2008, 818 p.
- COT Jean-Pierre, PELLET Alain et FOURTEAU Mathias, *La Charte des Nations Unies : Commentaire article par article (tome 1 et 2),* Paris, Edition Economica (3ème éd.) 2005, 3729 p.
- CRAWFORD James, *the Creation of States in International Law,* Oxford, Oxford University Press, 2006, 870 p.
- DAILLIER Patrick, FORTEAU Mathias, PELLET Alain, *Droit international public,* Paris, LGDJ-Lextenso éditions (8 éd.), 2009, 1673 p.
- DECAUX Emmanuel droit *international public*, Paris, édition Dalloz, 2008, 452 p.
- DIEZ VELASCO VALLEJO Manuel, *Les organisations Internationales*, Paris, éd. Economica, 2002, 883 p.
- DISTEFANO Giovanni, P. BUZZINI Gionata, *Bréviaire de jurisprudence internationale*, Bruxelles, édition Bruylant, 2005, 1548 p.
- DOBELLE Jean-François — FAVRE Jean-Michel, *Le différend entre l'Érythrée et le Yémen : la sentence arbitrale du 9 octobre 1998 sur le champ du différend et la souveraineté territoriale*, Annuaire français de droit international XLIV - 1998 – CNRS Éditions, Paris, 355 p.

- DREYFUS Simone, *Droit des relations internationales, élément des droits des international public édition*, 4e édition, Cujas, Paris, 1992, 484 p.
- DUPUY Pierre-Marie, *Droit international public* - Paris, Édition Dalloz, 2008, 893 p.
- EISEMANN P.M., PAZARTZIS P. *La jurisprudence de la Cour internationale de justice,* Paris, Éditions A. Pedone, 2008, 993 p.
- FISHER Roger, URY William, PATTON Bruce, *Comment réussir une négociation ?,* Paris, éditions du Seuil, 1993, 257 p.
- GUILLAUME Gilbert, *Progrès et limites de la justice internationale, La Cour Internationale de Justice à l'aube du siècle – Le regard d'un juge*, Paris, Pédone, 2003, 331 p.
- GUILHAUDIS Jean-François, - *Relations internationales contemporaines,* 3e édition, Paris, Éditions Litec, 2010, 874 p.
- HARRISD. J., *Cases and Materials on International Law*, London, Sweet and Maxwell, 2004, 1151 p.
- LALY-CHEVALIER Caroline, *la violation du traité,* Bruxelles, édition de l'Université de Bruxelles, 2005, 641 p.
- LOUIS Jean-Victor, *l'ordre juridique communautaire*, Bruxelles, Collection « Perspectives européennes », 1993, 241 p.
- LUCAS-ALBERNI Katia, *Le revirement de la jurisprudence de la Cour européenne des droits de l'Homme,* Bruxelles, Édition Bruylant, 2008, 584 p.
- MALONE, Linda A., *Les droits de l'Homme dans le droit international,* traduit de l'américain par Bruno Baron-Renault, édition Nouveaux horizons, ARS, Paris 2004, 172 p.
- MILLON-DELSOL Chantal, *L'État subsidiaire : ingérence et non-ingérence de l'État : le principe de subsidiarité aux fondements de l'histoire européenne*, Paris, Presses universitaires de France, 2010, 232 p.
- MOUELLE KOMBI Narcisse, *La guerre préventive et le droit international*, Chennevières-sur-Marne, Éditions Dianoïa, 2006, 141 p.
- OBERDORFF Henri, *L'UE,* Grenoble, collection EUROPA, PUG, 336 p.
- PAZARTZIS Photini, *Les engagements internationaux en matière de règlement pacifique des différends entre États.*, Paris, Librairie générale de droit et de jurisprudence, 1992, 349 p.
- PERRIN DE BRICHAMBAUT Marc, DOBELLE Jean-François, COULÉE Frédérique, *Leçons de droit international public*, Paris, Presses de sciences po et Dalloz, 2e édition, 2011, 701 p.
- PLANTEY Alain, *Négociation internationale au XXIème Siècle,* Paris, CNRS édition, 2002, 769 p.
- RANJEVA Raymond et CADOUX Charles, *Droit international public*, Vanves, Universités francophones, édition UNICEF, 1992, 279 p.
- REUTER Paul et COMBACAU Jean, *Institutions et relations internationales,* Paris, Presse Universitaire de France, 1988, 589 p.

- SHAW Malcolm N., *International law*, Cambridge, 6[e]Edition, Cambridge University Press, 2008, 1541 p.
- SOCCOL Brice, *Relations internationales*, Orléans, Éditions Paradigme-Centre de publications Universitaires, 2002,567 p.
- SUR Serge, *Relations internationales*, Paris, Montchrestien, Lextenso éditions, 2011, 598 p.
- TERCINET Josiane, *Relations internationales : La scène internationale contemporaine*, Tome I, Grenoble, Presses universitaire de Grenoble, 2006, 1 vol. 271 p.
- TERCINET Josiane, *Relations internationales : les principaux acteurs et leur encadrement juridique*, Tome II, Grenoble, Presses universitaire de Grenoble, 2006, 1 vol. 232 p.
- TERCINET Josiane, *Les tribunaux judiciaires juges de l'Action administrative*, Grenoble, Service de reproduction des thèses de l'Université des sciences sociales de Grenoble (SRT), [s.d.], 408 p.
- TCHIKAYA Blaise (préface Alain Pellet), *Mémento de la jurisprudence – Droit international public,* Paris, 5è Édition, Hachette, 2010, 159 p.
- TSHIYEMBE Mwayila, *Organisations internationales : Théorie générale et étude de cas*, Paris, Ed. L'harmattan, 2012, 167 p.
- TZEVELEKO Vassilis P., *Vers la reconnaissance d'un droit étatique à l'autoprotection ? Entre le droit et la politique,* Éditions A. Pedone, Paris, 2008, Tome CXII — 2008, 322 p.
- VERHOEVEN Joe, *Droit international Public*, Bruxelles, Éditions Larcier, 2000, 831 p.
- VIRALLY Michel, *Panorama du droit international,* RCADI, 1983-V, 382 p.

3. Ouvrages spécialement consacrés à l'Afrique et l'Union africaine

- ABAKAR Tollimi, *La résolution des conflits frontaliers en Afrique*, Paris, Edition l'Harmattan, 2010, 249 p.
- ABDULQAWI A. Yusuf, Fatsah OUGUERGOUZ, *L'Union africaine : cadre juridique et institutionnel : manuel sur l'organisation panafricaine,* Paris, Éditions A. Pédone, 2013, 491 p.
- CALIGIURI Andrea, *Le droit d'intervention de l'Union africaine et l'interdiction de l'usage de la force en droit international*, Paper — juin 2004, 7 pages.
- BANO BARRY Alpha Amadou, *Les violences collectives en Afrique : le cas guinéen*, Paris, l'Harmattan, 2000, 224 p.
- BIPOUN-WOUM Joseph-Marie, *Le droit international africain : problèmes généraux — règlement de conflits,* Paris, Librairie générale de droit et de jurisprudence, 1970, 328 p.

- CORNEVIN Marianne, *Histoire de l'Afrique contemporaine,* Paris, Édition Payot, 1978, 447 p.
- DIOP Cheikh Anta, *Les fondements économiques et culturels d'un État fédéral d'Afrique Noire,* Paris, édition Présence Africaine, 1974, 124 p.
- GONIDEC Pierre-François *Relations internationales africaines*, Paris, Librairie générale et de jurisprudence, EJA, 1996, 210 p.
- LABRECQUE Georges, *Les différends territoriaux en Afrique – Règlement judiciaire*, Paris, édition L'Harmattan, 2005, 482 p.
- MALUWA Tiyanjana, « La transition de l'Organisation de l'Unité Africaine à l'UA » *in L'Union africaine : cadre juridique et institutionnel : manuel sur l'organisation panafricaine*, Paris, éd. A. PEDONE, 2013, 492 p.
- MINEAR Larry et GUILLOT Philippe, *Soldats à la rescousse : les leçons humanitaires des événements du Rwanda*, Paris Service des Publications, OCDE, 1996, 216 p.
- MVELLE Guy, *L'Union africaine*, Paris, édition l'Harmattan, 2007, 336 p.
- NKRUMAH Kwame, *l'Afrique doit s'unir*, Paris, Édition PAYOT, 1964, 467 p.
- NACHMBACK Charles, *La force interafricaine de maintien de la paix au Tchad : un essai non concluant,* Article paru in Dominique Bangoura (éd.), La recherche de la paix en Afrique, Paris, OPSA, 1998, 11 p.
- NDIAYE Papa Samba, *Les organisations internationales africaines et le maintien de la paix : l'exemple de la CEDEAO*, Paris, Ed. L'Harmattan, 2014, 303 p.
- NGUONG MOUSSAVOU Ernest, *Françafrique, Ces monstres qui nous gouvernent,* Édition L'Harmattan, Paris, 2012, 122 p.
- ROPIVIA Marc-Louis, *Géopolitique de l'intégration en Afrique noire*, Paris, Édition l'Harmattan, 1994, 236 p.
- SIAD Arnaud, *L'intervention en Libye : un consensus en Relation internationales ?* Paris, Éditions l'Harmattan, 2014, 113 p.
- TCHIKAYA Blaise, *Le droit de l'Union africaine : principes, institution et jurisprudence,* Paris, Éditions Berger-Levrault, 2014, 247 p.
- WADE Abdoulaye, *un destin pour l'Afrique*, Paris, édition Karthala, 1989, 190 p.

4. MÉLANGE(S)

- MOUANGUE KOBILA James, *L'Afrique et les juridictions internationales pénales* dans Mélanges offerts Raymond RANJEVA 2011, Cahier Thucydide n°10 — Étude — Février 2012, http://www.afri-ct.org, le 11 août 2015.

5. Actes de colloque(s)

- Le colloque « droit international et développement » organisé par la SFDI à l'Université Lyon 3 (Jean Moulin) du 22 au 24 mai 2014.

6. Articles

- ADJAMI Mirna E, « African Courts, International Law, and Comparative Case Law : Chimera or Emerging Human Rights Jurisprudence? » *Michigan Journal of International Law*, Vol. 24, automne 2002, pp. 103-167.
- Agence France Presse, *102 morts dans des combats au Soudan du Sud*, Jeune Afrique, N°2545-2546, 2009, 26p.
- ALEXANDER Lindsay, HIGAZI Adam, MACKIE James, NIÑO-PEREZ Javier, SHERRIFF Andrew, « Regional approaches to conflict prevention », *Africa : European support to African processes*, 2003, 12 p.
- AUMOND Florian, « La situation au Darfour déférée à la CPI– retour sur une résolution « historique » du Conseil de sécurité », *Revue générale de droit international public,* Tome CXII, 2008, pp. 111 - 134.
- BALMOND Louis, « Cour pénale internationale : Accusation de génocide contre le président soudanais, 14 juillet 2008 », *Revue générale de droit international public* Éditions A. Pedone, Paris, 2008, Tome CXII — 2008, p.874.
- BALMOND Louis et BOURICHE Marie, CHERIFI Islam, CHOUKRI Ilène, COLETTE Christophe, HOEFFNER Werner, LAGELLE Anaïs, LE COUVIOUR Karine, PAVOT David, POMES Éric, TOURNY Eve, « Chronique des faits internationaux », *Revue générale de droit international public*, 2009, Tome CXIII - 2009, pp. 391 — 430.
- BALMOND Louis et BOURICHE Marie, COLETTE Christophe, GOUIN Anne-Paule, LAGELLE Anaïs, MILLET-DEVALLE Anne-Sophie, NEDELCHEVA Antoniya, PANOSSIAN Anaïd, PAVOT David, PERI Alexandra, RANCUREL Alix, TOURNY Ève, « 15 mars — 15 juin 2008 : Chronique des faits internationaux », *Revue générale de droit international public*, 2008, p. 623 - 668.
- C. Ce., « L'Union africaine au chevet de la Libye », *le Monde* du 11 avril 2011.
- BANGOURA Dominique, « L'Union africaine et la gestion des conflits sur le continent », *Enjeux diplomatiques et stratégiques 2007,* Paris, Édition Économisa, 2007, p. 198.
- BEKOUTOU Nahounngar Bélemgoto, *Le principe de subsidiarité : ses origines et son applicabilité* dans Revue juridique et politique des États francophones, Paris, Éditions JURIS AFRICA, Vol.67, n°2, 264 P.

- BITAR KARIM Émile, *Les intellectuels français et le printemps arabe*, Revue international et stratégique, 2011/83 n°3, Ed. Armand Colin/Dunod, 216 p.
- BOUBACAR Barry, « Histoire et perception des frontières en Afrique aux XIXe et XXe siècles : les problèmes de l'intégration africaine », *Des frontières en Afrique du XIIe au XXe – Bamako, 1999,* Paris, Édition STEDI-MÉDIA, 2005, p. 65.
- BOUMAKANI Benjamin, « La protection des droits et libertés au Congo », *droits de l'Homme en Afrique centrale,* Paris, Édition Karthala, 1996, 283 p.
- BOURICHE Marie, LEHARDY Magali, GOUIN Anne-Paule et ROURNY Ève, (sous la direction de BALMOND Louis), « Chronique des faits internationaux », *Revue générale de droit international public*, Tome CXI — 2007, p. 148.
- BRAUD Philippe, « Recherche sur l'État tiers en droit international public », *Revue générale de droit international public*, n°1, janvier-mars 1968, 80 p.
- CARTER Raymond H.A., « la résolution des conflits ethniques par le droit pénal international : l'exemple de la Yougoslavie », *Enjeux diplomatiques et stratégiques 2007*, 2007, 329 p.
- CHABAL Pierre, « De la décolonisation bilatérale à la construction régionale : le cas de l'Afrique de l'Ouest », *Revue juridique et politique des États francophones*, n° 3, 2004, 476 p.
- CHABAL Pierre « L'idée de région : un concept sécuritaire » *in* CHABAL Pierre (dir.), *Régions, Institutions, Politiques : Perspectives euro-asiatiques institutionnelles et fonctionnelles*, Paris, Apopsix, 2010, 328 p.
- CHABASSE Philippe, « Les grands enjeux humanitaires », *Enjeux diplomatiques et stratégiques 2007*, 2007, 329 p.
- République du Congo, les guerres civiles du Congo-Brazzaville (Novembre 1993 — janvier 1994, 5 juin — 15 octobre 1997) : *Document pour l'histoire*, 231 p.
- CORTEN Olivier, « La licéité douteuse de l'action militaire de l'Éthiopie en Somalie et ses implication sur l'argument de l'intervention consentie », *Revue générale de droit international public*, Tome CXI — 2007, p. 535.
- COUMA Tidiani, (sous la direction de Philippe WECKEL), « Chronique de jurisprudence », *Revue générale de droit international public*, Tome CXI-2007, p. 951.
- DJUIDJE KOUAM Reine « L'Union africaine comme réponse africaine au défi de la mondialisation », *Afrique et Développement,* Vol. XXX, Nos. 1&2, 2005, pp. 125-151.
- Francisco Djedjro MELEDJE, « La guerre civile du Liberia et la question de l'ingérence dans les affaires intérieures des états » *Revue belge de droit international 1993/2* — Éditions BRUYLANT, Bruxelles, p. 395.

- GABOU Alexis, « Principes et mécanismes de protection des droits de l'Homme et des peuples : la Charte de Banjul » *Revue congolaise de droit*, n° 10, 1991, p. 111.
- GASTAUT Thérèse, « La vie des Nations Unies en 2006 », *Enjeux diplomatiques et stratégiques 2007*, 2007, p. 325.
- GESLIN Jean Dominique, « L'état de l'Afrique », *Jeune Afrique*, hors-série N° 21. mai, 2009.
- JEANGENE VILMER Jean-Baptiste, *L'Afrique face à la justice pénale internationale, Études internationales*, Québec, Bibliothèque et Archives nationales du Québec, 2014, Vol. XLV, n° 1, 171 p.
- L'Observateur Paalga, « L'aveu d'impuissance de l'Union africaine », *Courrier international*, N° 1060, 2011, 59 p.
- LAGRANGE Philippe, « Responsabilité des États pour actes accomplis en application du chapitre VII de la Charte des Nations Unies », *Revue générale de droit international public*, Tome CXII — 2008, p. 105.
- *La Semaine Africaine*, n° 2314, 2001, p. 15.
- LECOUTRE Delphine, « Revitaliser le comité d'état-major de l'Union africaine », *Géopolitique africaine,* n° 24, 2006, p. 239.
- MBODJ El Hadj, « *la succession du chef d'état en droit constitutionnel africain* », thèse de doctorat, Dakar, Université cheikh Anta Diop, 1991.
- MUTOY MUBIALA, « Le Tribunal international pour le Rwanda : Vraie ou fausse copie du TPIR ? », *Revue générale de droit international public*, 1995, p. 935.
- MUTOY MUBIALA : « CADHP : Mimétisme institutionnel ou avancée judiciaire ? », *Revue générale du droit international public*, n° 3, 1998, pp.765 — 780.
- MWAYILA TSHIYEMBE, « L'Afrique face au défi de l'État multinational », *Le Monde diplomatique*, septembre 2000, pp. 14 -15.
- NALDI G. J. « Peace-keeping Attempts by the Organization of African Unity », *International Comparative Law Quarterly,* 1985, p. 593.
- NGOUILOU MPEMBA YA MOUSSOUNGOU Victor, manuscrit : « La réception des droits de l'Homme dans le droit positif congolais mythe et réalités », in FERRAND Jérôme et PETIT Hugues (dir.), Enjeux *et perspectives des droits de l'homme : L'odyssée des droits de l'Homme. III*, L'Harmattan, Paris, Volume 1, 2003, 259 p.
- SADY Sidy, « La « judiciarisation » des conflits en Afrique », *Géopolitique africaine*, n° 24, 2006, p. 137.
- SIAD Arnaud, *La « responsabilité de protéger » et le recours à la force : leçons libyennes*, dans Regards des doctorants IHEDN sur le Livre blanc défense et sécurité nationale, 213 p.
- SZUREK Sandra, « Responsabilité de protéger, nature de l'obligation et responsabilité internationale », *Société française pour le droit international-colloque de Nanterre*, 2008, p. 91.
- TERCINET Josiane, *« L'Union africaine et le maintien de la paix en Afrique : aspects institutionnels et opérationnels », in* HOUCHANG

Hassan-Yari et OUSMAN Abdelkérim (dir.), *Régionalisme et sécurité internationale*, Bruylant, Bruxelles, 2009, pp. 77-98.

- VAN STEENBERGHE Raphaël, « Le Pacte de non-agression et de défense commune de l'Union africaine : entre unilatéralisme et responsabilité collective », *Revue générale de droit international public*, 2009, p. 127.
- WANDJI K. Jérôme Francis, *L'organisation panafricaine dans son rapport au principe d'humanité*, dans Revue juridique et politique des États francophones, Paris, Éditions JURIS AFRICA, Vol.67, n°4, 2013, 518 P.
- ZAKA Alex, « Hissein HABRÉ : un procès ? Où et quand ?», *Diasporas news n°22,* septembre 2011, pp. 6-7.

TABLE DES MATIÈRES

Structures éditoriales du groupe L'Harmattan

L'Harmattan Italie
Via degli Artisti, 15
10124 Torino
harmattan.italia@gmail.com

L'Harmattan Hongrie
Kossuth l. u. 14-16.
1053 Budapest
harmattan@harmattan.hu

L'Harmattan Sénégal
10 VDN en face Mermoz
BP 45034 Dakar-Fann
senharmattan@gmail.com

L'Harmattan Cameroun
TSINGA/FECAFOOT
BP 11486 Yaoundé
inkoukam@gmail.com

L'Harmattan Burkina Faso
Achille Somé – tengnule@hotmail.fr

L'Harmattan Guinée
Almamya, rue KA 028 OKB Agency
BP 3470 Conakry
harmattanguinee@yahoo.fr

L'Harmattan RDC
185, avenue Nyangwe
Commune de Lingwala – Kinshasa
matangilamusadila@yahoo.fr

L'Harmattan Congo
67, boulevard Denis-Sassou-N'Guesso
BP 2874 Brazzaville
harmattan.congo@yahoo.fr

L'Harmattan Mali
Sirakoro-Meguetana V31
Bamako
syllaka@yahoo.fr

L'Harmattan Togo
Djidjole – Lomé
Maison Amela
face EPP BATOME
ddamela@aol.com

L'Harmattan Côte d'Ivoire
Résidence Karl – Cité des Arts
Abidjan-Cocody
03 BP 1588 Abidjan
espace_harmattan.ci@hotmail.fr

L'Harmattan Algérie
22, rue Moulay-Mohamed
31000 Oran
info2@harmattan-algerie.com

L'Harmattan Maroc
5, rue Ferrane-Kouicha, Talaâ-Elkbira
Chrableyine, Fès-Médine
30000 Fès
harmattan.maroc@gmail.com

Nos librairies en France

Librairie internationale
16, rue des Écoles – 75005 Paris
librairie.internationale@harmattan.fr
01 40 46 79 11
www.librairieharmattan.com

Librairie l'Espace Harmattan
21 bis, rue des Écoles – 75005 Paris
librairie.espace@harmattan.fr
01 43 29 49 42

Lib. sciences humaines & histoire
21, rue des Écoles – 75005 Paris
librairie.sh@harmattan.fr
01 46 34 13 71
www.librairieharmattansh.com

Lib. Méditerranée & Moyen-Orient
7, rue des Carmes – 75005 Paris
librairie.mediterranee@harmattan.fr
01 43 29 71 15

Librairie Le Lucernaire
53, rue Notre-Dame-des-Champs – 75006 Paris
librairie@lucernaire.fr
01 42 22 67 13

www.ingramcontent.com/pod-product-compliance
Lightning Source LLC
LaVergne TN
LVHW011143061026
849535LV00003B/578
* 9 7 8 2 3 4 3 1 3 5 1 3 7 *